BEIHEFTE ZUM *Euphorion*
Zeitschrift für Literaturgeschichte
Heft 122

Herausgegeben von
Wolfgang Adam
Jan Standke
Dirk Werle

ANDREAS KABLITZ

Die Justiz auf der Bühne

Heinrich von Kleists
Der zerbrochne Krug

Mit einem Exkurs
zur Theorie von Metapher,
Metonymie und Symbol

Universitätsverlag
WINTER
Heidelberg

Bibliografische Information der Deutschen Nationalbibliothek
Die Deutsche Nationalbibliothek verzeichnet diese Publikation
in der Deutschen Nationalbibliografie;
detaillierte bibliografische Daten sind im Internet
über *http://dnb.d-nb.de* abrufbar.

UMSCHLAGBILD
Bojan Stojanović

ISBN 978-3-8253-9568-1

Dieses Werk einschließlich aller seiner Teile ist urheberrechtlich geschützt. Jede
Verwertung außerhalb der engen Grenzen des Urheberrechtsgesetzes ist ohne
Zustimmung des Verlages unzulässig und strafbar. Das gilt insbesondere für
Vervielfältigungen, Übersetzungen, Mikroverfilmungen und die Einspeicherung
und Verarbeitung in elektronischen Systemen.

© 2023 Universitätsverlag Winter GmbH Heidelberg
Imprimé en Allemagne · Printed in Germany
Umschlaggestaltung: Klaus Brecht GmbH, Heidelberg
Druck: Memminger MedienCentrum, 87700 Memmingen

Gedruckt auf umweltfreundlichem, chlorfrei gebleichtem
und alterungsbeständigem Papier

Den Verlag erreichen Sie im Internet unter:
www.winter-verlag.de

Andreas Voßkuhle
anläßlich seines 60. Geburtstags zugeeignet

Inhaltsverzeichnis

1. Vorwort 9

2. Die Janusköpfigkeit der Geschichte(n) als hermeneutischer Präzedenzfall und Gegenstand der Interpretation: zur semantischen Struktur des *Zerbrochenen Krugs* 21
   - 2.1. Bildwissenschaft 22
   - 2.2. Erzählforschung 38
   - 2.3. Die Geburt der Komödie aus der Deutung eines Bildes 48

3. Komisches Sprachspiel und sein Tiefsinn 69

4. Der Prozeß: Verfahrenslogik und Handlungsintention 79
   - 4.1. Präliminarien des Prozesses 79
   - 4.2. Prozeßführung und Verhandlungsverlauf 97
   - 4.3. Ein System und seine Umwelt – Zum Verhältnis von Justiz und Alltagswelt 131
   - 4.4. Das Sprachspiel des Prozesses 149

5. Sündenfall und Ödipus: die Referenzmythen des *Zerbrochenen Krugs* 161

6. *Michael Kohlhaas* und *Der Zerbrochene Krug*. Kleists literarische Variationen über das Thema der korrupten Justiz 197
   - 6.1. Tragisch vs. Komisch 197
   - 6.2. *Michael Kohlhaas*: tragische Inversion der Tragödie 204
   - 6.3. *Der Zerbrochene Krug*: die entfremdete Komödie 231

7. Exkurs. Metapher – Metonymie – Symbol. Anmerkungen zur hermeneutischen Struktur figürlicher Rede 243

8. Bibliographie 293

1. Vorwort

Literatur und Recht – unter diesem Titel hat sich in den letzten Jahrzehnten (auch wenn man die Anfänge weiter zurückdatieren mag)[1] vor allem im angelsächsischen Raum – aber nicht nur dort[2] – zwischen Rechts- und Literaturwissenschaft ein Forschungsfeld etabliert, das den verschiedenen Beziehungen zwischen ihren jeweiligen Gegenständen und Fragestellungen nachgeht. Infolge der Vielfalt dieser – bisweilen etwas kontingent wirkenden, weil für das Verhältnis zwischen beiden Disziplinen kaum distinktiven – Bezüge versammeln sich unter dem zitierten begrifflichen Dach unvermeidlich sehr unterschiedliche und wohl auch disparate Fragestellungen. Richard A. Posner hat sie in einer frühen und in erneuten Auflagen dem jeweiligen Entwicklungsstand der Diskussion angepaßten Synthese, die

---

[1] Das wissenschaftliche Interesse für die Beziehung zwischen der Literatur und Fragen des Rechts ist zweifellos älter als die Etablierung eines Forschungsfeldes, das eine solche Bezeichnung rechtfertigt. Siehe etwa bereits Gustav Radbruch, „Wilhelm Meisters sozialpolitische Sendung. Eine rechtsphilosophische Studie", in: *Logos* 8 (1919/1920), S. 152-162 oder das postum erschienene Werk von Erich Wohlhaupter, *Dichterjuristen*, hg. von H. G. Seifert, 3 Bände, Tübingen: Mohr, 1953-1957. Als eigentliche Gründungsurkunde von *Law and Literature* gilt allerdings gemeinhin eine Publikation von James Boyd White, *The Legal Imagination. Studies in the Nature of Legal Thought and Expression*, Boston: Little, Brown and Co., 1973. Im Vorwort *(Preface)* seines Buchs beansprucht der Autor in der Tat – mit Erfolg, wie man sieht – die Etablierung einer neuen Forschungsrichtung: „The task of telling the reader what sort of book he has in his hand is unusually difficult in this case, for this book does not fit easily into any existing category. Since it might be said to have as its purpose the definition of a new subject, or at least a new way of addressing one, it cannot be classified by identifying its subject matter in traditional terms, and any introductory remarks can be at best only suggestive" (S. XIX). Umrissen werden die dem Band zugrunde liegenden Fragen, wie folgt: „In the course of the book the student is asked to write as lawyer, judge, and legislator, and to reflect as a mind and a person on what he has done, to speak in his own voice about his experience of writing and thinking. He is asked to see what the lawyer does as a literary activity, as an enterprise of the imagination" (ebd.). Zu einer bibliographischen Übersicht über die ältere Entwicklung des Forschungsfeldes siehe David R. Papke, „Law and Literature. A Comment and Bibliography of Secondary Works", in: *Law Library Journal* 73 (1980), S. 421-37. Die Existenz eines solchen Forschungsbereichs ist jedoch strittig geblieben. Siehe etwa Peter Goodrich, „Screening Law", in: *Law and Literature* 21 (2009), S. 1-3.

[2] Bernhard Greiner, "Das Forschungsfeld ‚Recht und Literatur'", in: *Recht und Literatur*, hg. von Bernhard Greiner, Barbara Thums und Wolfgang Graf Vitzthum, Heidelberg: Winter, 2010, S. 7-26.

dem rasch expandierenden Forschungsbereich gewidmet ist, summarisch zusammengestellt.[3]

Kleists Lustspiel *Der Zerbrochne Krug*[4] eignet sich für die Frage nach dem Verhältnis von Literatur und Recht naheliegenderweise schon allein aufgrund seines zentralen Sujets; denn im Mittelpunkt der Handlung dieser Komödie steht bekanntlich ein Gerichtsverfahren.[5] Doch nicht dieser thematische Sachverhalt als solcher bildet das hauptsächliche Interesse an der Beschäftigung mit Kleists Drama in diesem Buch. Den Ausgangspunkt der im Folgenden angestellten Überlegungen stellt vielmehr ein strukturelles Muster dieses Lustspiels dar, das die Beziehung von Literatur und Justiz im *Zerbrochnen Krug* maßgeblich bestimmt.

Wie ich zu zeigen versuchen werde, verfolgt Kleists Theaterstück selbst bereits ein Anliegen, das mit den Fragestellungen des bezeichneten Forschungsfeldes *Literatur und Recht* durchaus vergleichbar ist. Es läßt sich, in einer ersten Annäherung, wie folgt umreißen: Indem *Der Zerbrochne Krug* die Justiz auf die Bühne holt, erkundet dieses Lustspiel die Beziehungen zwischen der für einen Prozeß

---

[3] Reich ist die Fülle der Themen, die sich anzubieten scheinen: „[…], law is a rhetorical discipline, and the judicial opinions of some of the greatest judges, such as Oliver Wendell Holmes, have literary merit and repay literary analysis. Opinions and briefs are like stories; they have a narrative structure. A literary sensibility may enable judges to write better opinions and lawyers to present their cases more effectively. And the literary critic's close attention to text has parallels in the judge's and the lawyer's close attention to their authoritative texts – contracts, statutes, and constitutions. The law even regulates literature, under such rubrics as copyright infringement, defamation, and obscenity. Some law professors, moreover, have tried to make legal scholarship itself literary by incorporating narrative, memoir, anecdote, and fiction into their scholarship, and others have claimed that the study of literature in general – literature not limited to works that take law for a subject – can humanize the practice of law and the outlook of judges" (Richard A. Posner, *Law & Literature*, Cambridge (MA): Harvard University Press, ³2009, S. xi f.). Ob man dem Eingang der zitierten Sätze, „law is a rhetorical discipline", in vollem Umfang wird zustimmen wollen, sei hier nicht im Einzelnen diskutiert (ebenso wenig wie die Frage, ob „opinions and briefs" wirklich grundsätzlich narrative Strukturen aufweisen).

[4] Meine erste Bekanntschaft mit diesem Stück machte ich durch Erzählungen meiner Mutter. Sie war in den 50er Jahren des vergangenen Jahrhunderts eine begeisterte Besucherin des *Deutschen Theaters* in Göttingen und berichtete sehr anschaulich über eine eindrucksvolle Aufführung von Kleists Komödie, bei der der damalige Intendant Heinz Hilpert Dorfrichter Adam, die männliche Hauptrolle des Lustspiels, virtuos verkörperte.

[5] Ungeachtet dessen kommt Kleists Komödie in dem zitierten Band, trotz der Fülle an Literatur, die in dessen Rekonstruktion des von seinem Titel namhaft gemachten Forschungsfeldes eingehend behandelt wird, noch nicht einmal kursorisch vor. Kleists Werk und seine Beziehungen zur Justiz werden ausschließlich anhand seiner Erzählung *Michael Kohlhaas*, wiewohl kaum mehr als erwähnungsweise, besprochen. (Auch in diesem Band werde ich Kleists Novelle – im Vergleich mit dem *Zerbrochnen Krug* – behandeln. Siehe dazu das Kapitel 6.2).

typischen Rekonstruktion und Deutung eines vergangenen Geschehens und den für die Literatur charakteristischen literarischen Verfahren der Gestaltung und Interpretation einer Geschichte. Die Erkundung dieser hermeneutischen Affinität zwischen den Verfahren der Justiz und dem literarischen Umgang mit der Welt bildet – so unsere Ausgangsthese – ein strukturelles Kernstück von Kleists Lustspiel.

Diesem Zusammenhang werde ich in dem hier vorgelegten Buch ausführlich nachgehen. Denn hierin – auch dies werde ich im Folgenden zu begründen versuchen – scheint mir das im *Zerbrochnen Krug* entfaltete *tertium comparationis* von Prozeß und Dichtung angelegt zu sein. Und indem Kleists Komödie vermittels seiner Handlung (wie nicht zuletzt vermittels seiner Sprache) dieses Bezugsfeld auslotet, kommt zugleich der allgemeine Belang zum Vorschein, den die Rekonstruktion und Deutung von Geschichten in unserem Umgang mit der Vergangenheit schlechthin besitzen. Kleists Erkundung des Zusammenhangs zwischen der literarischen und der juristischen Interpretation von Ereignissen illustriert insoweit die Bedeutung einer solchen diskursiven Praxis über die beiden Institutionen der Literatur und der Justiz hinaus.

Aufgrund des hier – wenn auch kaum erst ansatzweise – skizzierten konzeptuellen Grundmusters der poetischen Konstruktion eines Gerichtsverfahrens im Theater fällt dem Publikum der Aufführung (wie einem jeden Rezipienten dieses Stücks) eine besondere Aufgabe zu. Die Zuschauer übernehmen gewissermaßen eine doppelte Rolle. Denn zum einen bildet das Publikum eine Öffentlichkeit ab, die einem Prozeß beiwohnt. Doch zum anderen wächst es über eine solche Rolle hinaus, und der Zuschauer gerät ebenso zu einem Beobachter der Welt, *in* der dieser Prozeß spielt.

Eine solche doppelte Beobachterposition birgt ein beträchtliches analytisches Potential in sich, tritt doch dadurch die Beziehung *zwischen* der Justiz und der sie umgebenden Wirklichkeit in den Vordergrund; und auf diese Weise wird die Literatur selbst zu einem Medium der Frage nach der Beziehung zwischen Literatur und Recht. *Hier* ist der Ansatz dafür zu finden, daß sich Kleists Komödie und die Interessen des seit einiger Zeit entstandenen Forschungsfeldes *Law and Literature* (um es mit seinem angestammten englischsprachigen Begriff zu benennen) überschneiden.

Man wird aufgrund der – wenngleich vorerst nur höchst skizzenhaft gekennzeichneten – Koordinaten einer wesentlichen Facette seiner semantischen Konstruktion den *Zerbrochnen Krug*[6] übrigens durchaus treffend als einen selbstrefe-

---

[6] Um einem möglichen Mißverständnis entgegenzuwirken: Aus stilistischen Gründen werde ich mir in dieser Untersuchung die Freiheit nehmen, den Titel von Kleists Lustspiel grammatisch den jeweiligen syntaktischen Erfordernissen anzupassen und gleichwohl den *Zerbrochnen Krug* auch unter diesen Umständen durch Kursivierung als eine Wiedergabe des Titels dieses Stücks zu markieren. Wo immer eine solche Kursivierung hingegen fehlt, ist vom zerbrochenen Krug als dem im Titel genannten Requisit der Handlung die Rede. (Die gleiche grammatische Freiheit der Anpassung an den

rentiellen Text bezeichnen können. Wenn diese Komödie – angefangen bei ihrem Titel, der ein Sprichwort biblischen Ursprungs zitiert[7] – die Gemeinsamkeit einer hermeneutischen Erschließung von Ereigniszusammenhängen in unterschiedlichen kulturellen Praktiken vorführt, dann hat sie selbst an diesen Praktiken Teil. Mit dem Prädikat der Autorefentialität läßt sich ihr deshalb eine Eigenschaft zusprechen, die in den letzten Jahrzehnten als ein (wo nicht das) Konstitutionsmerkmal literarischer Rede besondere Beachtung gefunden hat.[8] Indem dieses Stück die Justiz und die Literatur – in vielfältiger Weise, wie die folgende Untersuchung ergeben wird – ins Verhältnis zueinander setzt, trifft es unweigerlich, wiewohl weithin *implicite*, auch Aussagen über den Status poetischer Rede und damit Aussagen, die in poetologischer Hinsicht über den Belang dieses Stückes selbst hinausreichen. Indessen bietet *Der zerbrochne Krug* zugleich ein plastisches Beispiel dafür, daß und wie die Selbstreflexion der Literatur sie keineswegs in eine metapoetische Selbstbezüglichkeit einschließt, welche Funktion man der Literatur in jüngerer Zeit allzu oft zugewiesen hat.[9]

---

syntaktischen Kontext werde ich mir auch im Fall anderer Zitate nehmen, ohne dabei auf Anführungszeichen zu verzichten.)

[7] Siehe hierzu des näheren S. 35ff.

[8] Maßgeblich für die Karriere dieses Begriffs war vor allem Jakobsons epochemachender, eminent wirkungsmächtiger Artikel: Roman Jakobson, „Linguistics and Poetics", in: *Style and Language*, hg. von Thomas A. Sebeok, Cambridge (MA): MIT, 1960, S. 350–377. Die von Jakobson in diesem Aufsatz als eine von sechs Funktionen der Sprache bezeichnete und über das Kriterium der Selbstreferentialität definierte „poetische Funktion" tritt in seinem Modell bezeichnenderweise als der – schon terminologisch als solcher bemerkbare – Gegenspieler der referentiellen Funktion auf: eine durchaus symptomatische Opposition, die die Konsequenzen der auf Selbstbezüglichkeit festgelegten poetischen Sprache bereits recht deutlich zu erkennen gibt. Schließlich benennt die referentielle Funktion eine grundlegende Aufgabe allen Sprechens, gehört es doch zu ihren vornehmlichen Zwecken, über Sachverhalte der Wirklichkeit zu informieren. Literarische und nicht-literarische Rede sind in Jakobsons Funktionsmodell – und dies sollte für das Verständnis der Literatur als einer autoreferentiellen Rede prägend werden – in ein auf Konflikt angelegtes Verhältnis zueinander gestellt. (Zur Kritik an diesem Konzept einer „poetischen Funktion" der Sprache siehe Andreas Kablitz, „Selbstreferenz und Gestaltungspotential poetischer Rede. Anmerkungen zur strukturalistischen Definition von Dichtung [exemplifiziert an Joseph von Eichendorffs *Im Abendrot* und Johann Wolfgang von Goethes *Wandrers Nachtlied I* und *II*]", in: *Saussure et l'épistémè structuraliste. Saussure und die strukturalistische Episteme*, hg. von Ludwig Jäger und Andreas Kablitz, Berlin 2022, S. 175–220.)

[9] Vielleicht kein zweiter hat diese These so entschieden propagiert wie Paul de Man, der in der Literatur das Medium einer letztlich ontologischen Sprachkritik vermutet. Die post-modern, dekonstruktive Literaturwissenschaft hat, wofür das Werk de Mans paradigmatisch steht, Jakobsons Kriterium der *Selbstreferentialität* als des fundierenden Merkmals poetischer Rede fortgeführt und in das Postulat einer *Selbstreflexion* der Sprache vermittels der Literatur umgedeutet und damit zugleich radikalisiert. Während Jakobson in „Linguistics and Poetics" noch zwischen der selbstreferentiellen poeti-

schen Funktion und einer metasprachlichen Funktion – übrigens aus gutem Grund – unterscheidet, fallen bei de Man die poetische Selbstreferentialität und deren metapoetische reflexive Leistung – nachgerade selbstverständlich – zusammen. Damit hängt auch die erwähnte Radikalisierung einer schon in Jakobsons Funktionsmodell der Sprache beobachteten Tendenz zusammen. Denn die bei ihm noch latenten Implikationen einer Separierung von Dichtung und Welt infolge poetischer Selbstbezüglichkeit geraten nun zu einer programmatischen Botschaft der Literatur, durch die der Sprache schlechthin jeder – stets nur scheinbare – Zugriff auf die Wirklichkeit abgesprochen wird, weshalb die Literatur jegliche Referenz als pure Illusion zu entlarven hat: „Literature is fiction not because it somehow refuses to acknowledge ‚reality', but because it is not *a priori* certain that language functions according to principles which are those, or which are *like* those, of the phenomenal world" (Paul de Man, „The Resistance to Theory", in: ders., *The Resistance to Theory*, Foreword by Wlad Godzich, Manchester: Manchester University Press, 1986, S. 3-20, hier S. 11). Mag man in dieser Formulierung noch einen Rest an ontologischer Zurückhaltung verspüren, so läßt de Man andernorts keinen Zweifel mehr daran aufkommen, daß die Literatur den metaphysischen Abgrund der Welt und des Lebens offenlegt (resp. offenzulegen hat): „Here the human self has experienced the void within itself and the invented fiction, far from filling the void, asserts itself as pure nothingness, our nothingness stated and restated by a subject that is the agent of its own instability" (Paul de Man, *Blindness and Insight. Essays in the Rhetoric of Contemporary Criticism*, Introduction by Wlad Godzich, Minneapolis: University of Minnesota Press, ²1983, S. 19). Zu den kuriosen und für die Konsistenz seiner Theorie fatalen Konsequenzen aber zählt de Mans Position gegenüber dem Phänomen poetischer Vieldeutigkeit. Denn er verordnet mit seinen ausgesprochen entschiedenen konzeptuellen Vorgaben allen Lesern (und Zuschauern) einen Umgang mit der Literatur, der sich die Entlarvung der unhintergehbaren Rhetorizität *aller* Rede zum Ziel setzt und zu diesem Zweck vorzüglich die irreduzible Polysemie – jeglicher – Literatur aufzudecken hat. Doch der Aufweis einer solchen, nicht aufzuhebenden Mehrdeutigkeit hat, genau besehen, ironischerweise das Gegenteil ihrer selbst zur Folge. Denn im Sinne der aufklärerischen Leistung, die einer solchen Interpretation poetischer Rede abverlangt ist, besitzen alle literarischen Texte unter dieser Voraussetzung letztlich die gleiche Bedeutung: Sie dienen allesamt dazu, die anderweitig höchst wirksamen und nur in der Literatur zu durchschauenden Repräsentationsillusionen der Sprache offenbar zu machen. Dem *methodisch* postulierten Aufweis von irreduzibler Polysemie steht – in nachgerade dialektischer Verkehrung – *hermeneutisch* eine bemerkenswerte, ja irritierende Einsinnigkeit poetischer Semantik gegenüber. De Mans Theorie schreibt dem literarischen Text – und augenscheinlich ganz unabhängig von seiner jeweiligen historischen Bestimmtheit – stets dieselbe Botschaft ein (besser gesagt: vor), deren unweigerlich entstehende Redundanz diese Rede jedoch letztlich um jegliche Bedeutung bringt. Eine solche Entsemantisierung des poetischen Textes aber geht bezeichnenderweise mit dem skizzierten Konsistenzverlust von de Mans eigener Theorie einher. Der Literatur und – *a fortiori* – der Sprache ihren Wirklichkeitsbezug zu nehmen, fällt auch theoretisch offensichtlich nicht ganz leicht. (Mir kommt es hier auf die konzeptuelle Kohärenz von de Mans Argumentation an. Indessen stellen sich schon in empirischer Hinsicht bezüglich der Voraussetzungen literarischer Kommunikation gehörige Zweifel an der Plausibilität seiner theoretischen Erwägungen ein. Besitzt es

Worum man alle Dichtung dabei allerdings bringt, ist ihr Potential einer *Gestaltung* der Wirklichkeit – eine Eigenheit, die sie mit allen anderen Künsten als ihrem konstitutiven Element teilt. Und diese Leistung allein rechtfertigt es, auch die Literatur in das Paradigma der verschiedenen Künste einzureihen.[10] Doch ein solches

---

    nämlich sonderliche Evidenz, daß man, um es an einem prominenten Beispiel zu veranschaulichen, Thomas Manns *Buddenbrooks* liest, um sich darüber belehren zu lassen, welchen Illusionen man anheimfällt, wenn man glaubt, unsere Rede *über* die Welt habe irgendetwas *mit* dieser Welt zu tun? Hätte die Literatur ihre Berechtigung wirklich nur als theoretische Lehranstalt, die alles mimetische Interesse am literarischen Text über seine Absurdität aufzuklären aufgerufen wäre? Paul de Mans Literaturkonzept legt ziemlich schonungslos eine generelle Tendenz postmoderner Theoriebildung bloß, nämlich die Vereinnahmung diskursiver Praxis für die Belange der Theorie. Wir werden dieser selbstreferentiellen Versuchung literaturwissenschaftlicher Arbeit an ihrem Gegenstand auch im Hinblick auf Kleists *Zerbrochnen Krug* verschiedentlich begegnen.)

[10] Mir scheint deshalb so etwas wie ein Paradigmenwechsel in der Literaturwissenschaft angebracht zu sein. Man hat die Literatur in der jüngeren theoretischen Diskussion zuvörderst als eine spezifische Form der Sprachverwendung begriffen. Die konzeptuellen Konsequenzen haben wir in der vorstehenden Anmerkung erörtert. Sie scheinen mir übrigens in der Tat ziemlich schlüssig aus diesem Ansatz als solchem zu resultieren. Denn literarische Rede dominant als eine spezifische Form der Sprachverwendung zu verstehen, bedeutet, sie über eine Abweichung gegenüber anderweitiger Rede zu begreifen, sie also wesentlich in Kategorien der Negativität zu beschreiben. Auch in der – im Ansatz ja latent oxymoralen – Vorstellung von einer *selbst*referentiellen Rede steckt im Grunde eine Kategorie der Negativität. Was bei Paul de Man geschieht, bedeutet deshalb bei näherer methodischer Betrachtung die Hypostasierung einer theoretischen Differenz zum essentiellen Merkmal des solchermaßen unterschiedenen Diskurstyps. Aus dieser theoretischen Logik heraus wird die abweichende Rede der Literatur deshalb zu einer programmatischen Absage an das, *wovon* sie sich unterscheidet, erklärt: Jegliche Referenz gerät zur unabwendbaren Illusion. Doch gilt es eben, die theoretischen Ursachen einer solchen Position zu erkennen. Die hier skizierte, für die Literaturwissenschaft charakteristische sprachzentrierte Sicht geht so weit, daß man die Kunst schlechthin nach dem Modell der Sprache organisiert gesehen hat. In einer der prominentesten Literaturtheorien der vergangenen Jahrzehnte, bei Jurij M. Lotman heißt es dazu: „[…] die natürliche Sprache ist nicht nur eins der ältesten, sie ist auch das mächtigste Kommunikationssystem im menschlichen Kollektiv. Durch ihre Struktur allein übt sie eine gewaltige Wirkung aus auf die Psychik des Menschen und auf viele Bereiche des sozialen Lebens. Daher sind die sekundären modellbildenden Systeme (wie überhaupt alle semiotischen Systeme) *nach dem Typ der Sprache* gebaut. […] Insofern das Bewußtsein des Menschen sprachliches Bewußtsein ist, können alle Arten von Modellen, die auf dem Bewußtsein aufbauen – darunter eben auch die Kunst – als sekundäre modellbildende Systeme definiert werden. Die Kunst kann somit beschrieben werden als eine Art sekundärer Sprache, und das Kunstwerk folglich als ein Text in dieser Sprache" (Jurij M. Lotman, *Die Struktur literarischer Texte*, München: Fink, 1972, S. 23). Die These, daß alle Kunst nach dem Modell der Sprache gebaut ist, scheint mir allerdings Anlaß zu erheblichen Zweifeln zu geben, wie schon ein kurzer

vergleichender Blick auf Malerei und Musik verdeutlichen kann. Beide Künste nämlich leben von der Bindung an eine bestimmte Sinneswahrnehmung. Das Bild ist nicht nur ein visuelles Phänomen, es unterscheidet sich von seiner nicht-bildlichen Umgebung gerade dadurch, daß an der Grenze zu ihm jede andere Form der Sinneswahrnehmung an ihr Ende kommt: Geruch, Geschmack, Gehör und Tastsinn verlieren allesamt an der Grenze zu einem Bild ihren Belang. Und ebenso ist die Musik an akustische Wahrnehmung und nur an sie gebunden. Genau dies verhält sich bei der Sprache anders. Sie ist gerade *nicht* an eine bestimmte Form der Sinneswahrnehmung gebunden. Sprache bedient sich zwar zumeist der Laute. Aber dies ist keineswegs erforderlich. Sie kann sich ebenso visueller Zeichen bedienen, wie die Gebärdensprache belegt. Für die Sprache ist also nicht die Bindung an eine bestimmte Sinneswahrnehmung konstitutiv, sondern sie bedient sich eines letztlich austauschbaren materiellen Substrats, um eine Übermittlung von Bedeutungsinhalten zu ermöglichen. Umgekehrt muß man sagen, daß – um bei diesen beiden zu bleiben – Musik und Malerei zwar auf ein bestimmtes materielles Medium festgelegt sind, daß sie aber nicht unbedingt bedeutungstragend sein müssen. Zwar kann die Musik durchaus Semantik produzieren, so in der Programmmusik oder in einem Choralvorspiel, das den Text des Liedes vorausdeutend in Töne umsetzt, aber sie *muß* keine Bedeutung produzieren. Für die sog. absolute Musik, eine Symphonie von Brahms oder eine Klaviersonate von Beethoven gilt dies nicht. Daß die Kunst, die Kunst schlechthin, also nach dem Typ der Sprache gebaut ist, diese These Lotmans steht auf ziemlich tönernen Füßen. Wenn ein Blick auf sein theoretisches Modell gleichwohl sehr lehrreich ist, dann deshalb, weil sich den Eigenheiten der Literatur m. E. gerade dann auf die Spur kommen läßt, sofern man seinen Ansatz genau umkehrt: Lotman begreift die verschiedenen Künste als semiotische Systeme, die nach dem Modell der Sprache gebaut sind. Statt dessen läßt sich die Literatur als der Sonderfall eines Artefakts beschreiben, das sich der Sprache bedient. Der von mir vorgeschlagene Perspektivwechsel zielt mithin auf eine Umkehrung der Hierarchien: Literatur bildet nicht primär eine bestimmte Form des Sprachgebrauchs, sondern sie stellt ein Artefakt dar, das sich der mit ihr selbst nicht identischen Sprache bedient. Artefakte aber treten, wie festgestellt, als eine *Gestaltung* von Wirklichkeit in Erscheinung. Am deutlichsten kommt diese Eigenheit aller Kunst vielleicht in der Musik zum Vorschein. Sie gestaltet Geräusche zu Tönen und Tonfolgen. Die Malerei gestaltet Formen und Farben. Die Literatur hingegen – und dies bildet den wesentlichen Unterschied der Wortkunst gegenüber den anderen Künsten – gestaltet mit Hilfe von Sprache. Die Besonderheit der Literatur im Vergleich mit den anderen Künsten besteht also in der Tat darin, daß sie sich eines anderen Mediums bedient. Malerei, Skulptur und Musik verfügen über ein eigenes Medium, das durch ihre Gestaltung von Wirklichkeit zugleich konstituiert wird. Die Dichtung setzt statt dessen zur Gestaltung von Wirklichkeit ein von ihr verschiedenes Medium, eben die Sprache, ein. Dieser Sachverhalt hat für sie eine weitere Konsequenz. *Weil* sie sich eines mit ihr nicht identischen Mediums bedient, kann sich das für ein jedes Artefakt konstitutive Gestaltungspotential auch auf dieses Medium selbst richten. Die elementarste Form einer solchen Gestaltung der Sprache ist die Ausbildung von Lautmustern in versgebundener Rede. (Ich gehe in meiner in Arbeit befindlichen Monographie *Der Text der Lyrik* auf die hier nur skizzierte Konzeption der Literatur des Näheren ein.) Kleist bedient sich im *Zerbrochnen Krug* beider poetischen Gestaltungsformen. Es ist ein Versdrama (wenn auch in der vergleichsweise reduzierten, von

Potential der Gestaltung wird ihr genommen, sofern sie sich auf eine Selbstbezüglichkeit reduziert findet, die ihren Zusammenhang mit der Wirklichkeit – in welchen Transformationen auch immer sie sie zur Darstellung bringen mag – zum Verschwinden bringt.[11] Heinrich von Kleists Komödie *Der zerbrochne Krug* bietet

> der Alltagssprache nur rhythmisch unterschiedenen Form eines Blankverses); und seine Komödie gestaltet natürlich – wie jegliche Fiktion einer Handlung — Wirklichkeit. Es bildet, um Antoine Artauds treffenden Begriff zu verwenden, eine *réalité virtuelle* aus (Antonin Artaud, *Le théâtre et son double. Le Théâtre de Séraphim*, Paris: Gallimard, 1985). Und *weil* es eine gestaltete Wirklichkeit darstellt, lädt dieses Lustspiel zur Deutung ein. Denn es ist für keinen anderen Zweck als für die Kommunikation mit einem Publikum gemacht. Die Realität seiner Virtualität *ist* dieser Kommunikationsprozeß. Auch Kleists Komödie tritt insofern als eine Mitteilung in Erscheinung, deren Informationsgehalt es durch die Bestimmung ihrer Bedeutung – alias durch eine Interpretation, wie sie in dem vorliegenden Band versucht wird – ausfindig zu machen gilt. (Vordergründig mag es übrigens den Anschein haben, als schildere das in dieser Anmerkung kritisierte Konzept einer Sprachzentriertheit der Literatur ein Forschungsparadigma, das spätestens mit der kulturwissenschaftlichen Wende der Literaturwissenschaft überholt sei. Doch der Schein trügt. Die Annahme einer schlechthinnigen Zuständigkeit dieser Disziplin für alle kulturellen Belange fußt ihrerseits auf der – radikalisierten – Prämisse, daß die Welt grundsätzlich sprachlich strukturiert sei.)

[11] Wenn die jüngere Forschung rhetorische Muster der Verwendung von Sprache mit der Selbstbezüglichkeit ihres Gebrauchs in Verbindung gebracht hat, dann zeichnet sich im Hinblick auf dieses Verhältnis eine auch für das Forschungsfeld *Literatur und Recht* durchaus interessante – zugleich systematische wie historische – Fragestellung ab. Bekanntlich ist die antike Rhetorik nicht zuletzt im Hinblick auf Reden vor Gericht entwickelt worden. In Anbetracht eines solchen pragmatischen Zwecks aber erscheint es geradezu abwegig, rhetorischen Mustern der Rede eine dominant selbstreferentielle Wirkung der Sprache bescheinigen zu wollen. Denn Anliegen eines jeden Anwalts muß es doch gerade sein, einen bestimmten Sachverhalt oder Tathergang so günstig wie nur irgend möglich für seinen Mandanten darzustellen. Diese Absicht aber zielt zweifellos auf referentielle Effekte seiner Rede. Sie auf eine selbstreferentielle Wirkung beschränken zu wollen, erscheint deshalb nachgerade widersinnig. Rhetorische Strategien der Rede legen es im Gegenteil darauf an, Phänomene der außersprachlichen Wirklichkeit besonders effektvoll zur Geltung zu bringen. Daß sie dabei das Augenmerk auch auf eine besonders gelungene Verwendung der Sprache selbst richten, bleibt davon unberührt. Aber augenscheinlich steht eine solchermaßen zum Einsatz gebrachte Selbstbezüglichkeit der Rede ihrer referentiellen Wirkung durchaus nicht im Weg. Vielmehr verhält es sich so, daß eine originelle Sprechweise – plastische Metaphern bieten dafür ein ganz besonders prägnantes Beispiel – die Plausibilität einer Darstellung gerade erhöht. Die irrtümliche Entgegensetzung beider Wirkungen der Rede beginnt vermutlich schon bei ihrer terminologischen Fixierung. Denn die referentielle, mit Hilfe eines konventionellen Zeichensystems erfolgende Bezugnahme der Sprache auf Sachverhalte der außersprachlichen Realität, über die sie informiert, ist von gänzlich anderer Art als eine Lenkung der Aufmerksamkeit auf die Rede als solche. Sie kommt gerade durch eine ungewöhnliche, die Konventionen dieser Rede transgredierende Sprechweise zustande. Schon durch die Äquivalenz der Begriffe ‚referentiell' und ‚selbstreferentiell' werden

deshalb Typen von Relationen einander gleichgesetzt, die gänzlich unterschiedlicher Natur sind und sich schon allein deshalb keineswegs ausschließen müssen – deren sachliche Differenz aber gleichsam terminologisch verschleiert wird. Die Frage, die eine solche Überblendung des betreffenden Unterschieds auslöst, ist unweigerlich diejenige nach ihrer Motivation. Denn, wie gesehen, läßt sich die Fortune des Konzepts der Selbstbezüglichkeit kaum auf einen empirischen Textbefund zurückführen. Es muß deshalb einen anderen Grund für ihre Popularität geben; und so bietet es sich an, sie in die Tradition einer prestigeträchtigen Kategorie der philosophischen Ästhetik zu stellen. Die vom Postulat der Selbstreferenz betriebene Separation von Dichtung und Wirklichkeit läßt sich als eine zeichentheoretisch reinterpretierte Verlängerung der für das Kunstverständnis der Moderne weithin als konstitutiv betrachteten Autonomie verstehen. Der Begriff der Autoreferentialität nimmt sich nachgerade wie eine semiotische Explikation der Mechanismen aus, die einem sprachlichen Artefakt seine Autonomie sichern, ja sie allererst herzustellen vermögen. Und vielleicht bedarf das poetische Kunstwerk in besonderer Weise des Nachweises seiner Autonomie, kennt es doch – anders als andere Künste – kein eigenes Medium, sondern bedient sich der Sprache und mithin eines Mediums, dessen außerkünstlerischer Gebrauch vor allem der Information über das Gegebene, über das Faktische dient. Da scheint es willkommen, wenn sich anhand von sprachlichen Mitteln beschreiben läßt, auf welche Weise die Dichtung die für den anderweitigen Sprachgebrauch konstitutive Referenz auf die Wirklichkeit in Selbstreferenz – alias in die Autonomie des Kunstwerks – zu verwandeln vermag. Aus einer historischen Perspektive betrachtet, ist die Wertschätzung der Autonomiekategorie und ihrer Derivate unschwer zu begründen. Insofern sich die Ästhetik seit ca. 1800 gegen die in der Frühneuzeit vorherrschende Vorstellung von der Kunst als einer Mimesis der Natur entwickelt, gehört nachvollziehbarerweise die Sicherung ihrer Autonomie zu ihren vordringlichen Anliegen. Das Prestige dieser Kategorie partizipiert an der Aura der Freiheit, und von hierher bezieht auch die Autoreferentialität letztlich noch immer ihre Reputation (auch wenn dieser theoriegeschichtliche Zusammenhang in der Selbstreferenz des Wissenschaftsdiskurses seine Evidenz verloren haben mag). Indessen sollte angesichts des fortwährenden Ansehens, über das die Autonomie in der Ästhetiktheorie der Moderne verfügt, nicht in Vergessenheit geraten, daß dieselbe Epoche im Zeichen der, vor allem im Kontext des Marxismus entwickelten, sog. Widerspiegelungsästhetik der Kunst ebenso ein Maß an Abhängigkeit von einer ihr vorausliegenden Wirklichkeit bescheinigt hat, das selbst ihre Verpflichtung auf die Natur in der überkommenen Nachahmungstheorie erheblich übersteigt. Gemessen am Konzept einer Widerspiegelung nimmt sich die aristotelische Mimesis-Poetik nachgerade wie eine Schule dichterischer Freiheit aus. Kennzeichnend für die Ästhetiktheorie der Moderne ist mithin – entgegen ihrem eigenen Selbstverständnis – gerade die Konkurrenz einander widersprechender Positionen. Insofern bietet die Rhetorik, in der sich die auf den Sprachgebrauch selbst richtende Aufmerksamkeit durch kunstvolle Gestaltung der Rede und deren referentielle Wirkung überschneiden, nicht nur, ausgehend von der Praxis der antiken Gerichtsrede, eine lohnende Fragestellung für das Forschungsfeld *Literatur und Recht*. Sie eröffnet ebenso die Möglichkeit einer theoretischen Versöhnung zweier Positionen ästhetischer Theoriebildung, deren fortwährende Koexistenz ebenso unüberwindlich erscheint, wie sie zum anderen einer Aufforderung zu ihrer Vermittlung gleichkommt.

im Gegenteil ein Musterbeispiel dafür, wie sich die Selbstreflexion der Literatur mitnichten in bloßer Selbstreflexivität erschöpft. Plastisch führt die Komödie vielmehr vor, wie sie gerade vermittels einer solchen Selbstbezüglichkeit ihren Ort in der Welt definiert und den Beitrag, den sie zu deren Verständnis zu liefern imstande ist, erkundet. Auch in methodischer Hinsicht gestattet Kleists Lustspiel insofern wertvolle Einsichten.

Eine technische Bemerkung zur Machart dieses Buches sei zu Ende dieses Vorworts angefügt. Die hohe Komplexität der Sprache in Kleists *Zerbrochnem Krug* ergibt sich nicht nur aus der häufig mehrfachen Lesbarkeit derselben Äußerungen. Sie kommt auch durch die Fülle der impliziten Querverweise zwischen einzelnen Äußerungen innerhalb dieses Lustspiels zustande, die nicht selten weit auseinander liegende Verse in einen Zusammenhang rücken und auf diese Weise die weithin kontextuellen Umständen geschuldete Entstehung ihrer jeweiligen Bedeutung illustrieren. Kleists Komödie läßt sich nicht zuletzt als eine Studie zur perspektivischen Abhängigkeit der Produktion von sprachlicher Semantik verstehen. Sein Lustspiel greift mit seinem analytischen Scharfblick für die Pragmatik der Sprache insofern manchem voraus, das theoretisch erst wesentlich später – unter diesem Begriff – eingeholt werden wird.[12]

Diese Komplexität im Einzelnen innerhalb des Haupttextes des vorliegenden Bandes zu verfolgen, würde die Transparenz des dort entwickelten Gedankengangs möglicherweise unnötig behindern. Die betreffenden Analysen, die allerdings häufig über die jeweiligen kontextuellen Untersuchungen hinausreichen und in denen mitunter auch allgemeine Überlegungen angestellt werden, sind aus dem genannten Grund sehr weitgehend in die Fußnoten verlagert. Deshalb werden die Anmerkungen auch vielfach umfänglicher ausfallen, als es vielleicht für ein Buch wie das hier vorgelegte zu erwarten sein mag.[13] Sie seien gleichwohl der Aufmerk-

---

[12] Einen – kürzlich festgestellten – Ansatz zur Verstrickung in einen „tragischen" Selbstwiderspruch der Sprache vermag ich in Kleists Komödie allerdings nicht zu entdecken: „Auch oder gerade weil es eine Posse ist, muss man den *Zerbrochnen Krug* mehr als die Herstellung eines Geheimnisses lesen denn als dessen Enthüllung. Schon früh ist dem Leser, muss dem Zuschauer im Theater alles über Adam und seine stolpernden Verse klar sein; dass er am Ende seiner eigenen Gerichtsstube entkommt, kann man dann als einen Erfolg der Rhetorik des Stücks verstehen, wenn es um die Person als Hüter eines Verborgenen geht und man in Adam nicht nur die Komödie eines burlesken Bauernstücks vorgetragen sieht, sondern die Tragik eines bedrängten, weil auch selbst drängenden Ichs. Sprache ist dann der Ort, im Sprechen etwas nicht zu sagen" (Martin Roussel, „Todverfallenheit. Eine Einführung in das Verhältnis von Leben und Werk Kleists", in: *Kleist-Jahrbuch* 2014, S. 106-116, hier S. 111). Wird der – vorsichtig ausgedrückt – ziemlich pflichtvergessene Dorfrichter um eines erkennbar erwünschten sprachtheoretischen Befunds willen mit einer solchen Deutung seiner Person nicht etwas über Gebühr aufgewertet?

[13] Schon dieses Vorwort bietet dafür einen sprechenden Beleg. Doch geht es mir darum, in dessen Fußnoten einige methodische Vorentscheidungen zu begründen.

samkeit der Leser empfohlen, weil sie zum Verständnis dieses Bandes nicht unerheblich beitragen.

Wie stets wäre auch dieses Buch nicht ohne die Unterstützung anderer zustande gekommen. Ich danke meinen Mitarbeitern Matthea Keser, Til Eyinck und Axel Rüth, die sich der Mühe des Korrekturlesens unterzogen haben. Ich danke dem Winter-Verlag, vor allem seinem Leiter Andreas Barth und Ralf Stemper sowie allen, die mit der Fertigung dieses Bandes beschäftigt waren, für dessen auch diesmal vorbildliche Betreuung. Und ich danke den Herausgebern der Beihefte zum *Euphorion*, im Besonderen Wolfgang Adam und Dirk Werle, für die Aufnahme des Bandes in ihre Reihe. Für die Veröffentlichung einer Studie zu einer deutschen Komödie, die aus der Verwandlung einer griechischen Tragödie entstanden ist,[14] kann man sich kaum einen passenderen Ort wünschen als ein Organ, das den Namen des Sohnes von Faust und Helena trägt.[15]

---

[14] Wolfgang Schadewaldt hat es, in den – genieästhetisch inspirierten – Begriffen seiner Zeit, einmal so formuliert: Der *Zerbrochne Krug* sei ein „Zeugnis für eine nicht klassizistisch enge, sondern echt schöpferische Begegnung des deutschen Geistes mit den Griechen" (Wolfgang Schadewaldt, „Der *Zerbrochene Krug* von Heinrich von Kleist und Sophokles' *König Ödipus*", in: *Heinrich von Kleist. Aufsätze und Essays*, hg. von Walter Müller-Seidel, Darmstadt: Wissenschaftliche Buchgesellschaft, 1967, S. 317-325, hier S. 318). Gerade das Schöpferische hat man in der älteren Forschung dem *Zerbrochnen Krug* – nicht zuletzt aufgrund seiner vielfältigen intertextuellen Verflechtung mit anderer Literatur – absprechen wollen. Friedrich Gundolf hat dies mit großem Nachdruck getan und sich zu der ziemlich gönnerhaften Bemerkung verstiegen, Kleists Komödie sei ein „Werk meisterlicher Mache" (ders., *Heinrich von Kleist*, Berlin: Bondi, 1922, S. 61f.). Schon Georg Lukács hat Gundolfs abfälligen Äußerungen sehr entschieden entgegengehalten: „*Der zerbrochene Krug* ist künstlerisch Kleists vollendetestes Werk" (hier zitiert nach: Georg Lukács, „Die Tragödie Heinrich von Kleists", in: ders., *Werke*, Band 7, *Deutsche Literatur in zwei Jahrhunderten*, Neuwied / Berlin: Luchterhand, 1964, S. 201-231, hier S. 225). Schadewaldts 1960 erstmals erschienener Artikel ist, so erstaunlich dies angesichts der Fülle der Forschungsliteratur zu diesem Stück wirken mag, eine der ersten Studien, die konsequent den Beziehungen zwischen Kleists Komödie und Sophokles' *König Ödipus* nachgegangen ist, ihren tieferen Sinn erfaßt hat und sie darum angemessen zu würdigen verstand. Seine Studie ist ein überzeugendes Dokument einer Forschung, die – entgegen einem (kurzsichtigen) romantischen Originalitätsphantasma – durch die Abkehr von bloßer ,Quellenforschung' das ingeniöse Potential literarischer Intertextualität entdeckte und in angemessener Weise zur Geltung zu bringen vermochte. (Zum Verhältnis von Quellen- und Intertextualitätsforschung siehe auch Anm. 56).

[15] Man hat Goethes Euphorion im 19. Jahrhundert sogar zum Symbol der modernen Dichtung erklärt: „Euphorion, c'est tout simplement l'expression de la poésie moderne" (*Le Faust de Goethe*, traduction revue et complète, précédée d'un essai sur Goethe par Henri Blaze. Édition illustrée par M. Tony Johannot, Paris: Michel Lévy frères, 1847, S. 294).

Es könnte vermessen erscheinen, jemandem, der für beträchtliche Zeit die Justiz auf der Bühne des deutschen Staates repräsentiert hat, demjenigen, der während eines Jahrzehnts das höchste richterliche Amt in unserem Land bekleidet und sich in dessen Ausübung großen Respekt erworben hat, ein Buch über ein Lustspiel zu dedizieren, in dessen Mittelpunkt ein strauchelnder Dorfrichter steht. Bedenkt man allerdings, daß vermutlich kein zweites Stück in deutscher Sprache die Justiz so prominent auf die Bühne gebracht hat wie *Der zerbrochne Krug*,[16] dann mag eine solche Widmung gleichwohl statthaft sein.

In diesem Sinn sei dieser Band Andreas Voßkuhle aus Anlaß eines runden Geburtstags in dankbarer Freundschaft zugeeignet.[17]

Andreas Kablitz,
Halle an der Saale, im September 2023

---

[16] Immerhin haben im Jahre 2003 Repräsentanten des Bundesgerichtshofs (Generalbundesanwalt Kay Nehm, der Vorsitzende Richter Eike Ullmann und Verteidiger Hermann Heil) auf Initiative des Badischen Staatstheaters mit Schauspielern in einem Theaterschauprozeß Dorfrichter Adam unter den Bedingungen des modernen Gerichtswesens wegen Urkundenfälschung, Korruption, Amtsmißbrauchs, sexueller Nötigung, Unterschlagung von Staatsgeldern, Falschaussagen, Erpressung und Bestechung angeklagt. Siehe dazu den Kommentar von M.[artin] H.[aller], „Der Fall Adam" in: *FAZ*, 7. 12. 2003. Die Karlsruher Unternehmung war nicht die erste dieser Art. Schon 2001 hat die Große Strafkammer des Landgerichts Osnabrück ein ähnliches Verfahren in Angriff genommen und im Zuge eines solchen Prozesses Adam aufgrund seiner verschiedentlichen Vergehen zu einer Strafe von fünf Jahren Haft verurteilt. (Siehe hierzu: Elmar Schürmann und Herbert Hähnel, „Sexuelle Nötigung, Freiheitsberaubung, Rechtsbeugung. Der Prozeß gegen Adam u. a. vor dem Landgericht Osnabrück. Edition der Gerichtsakten", in: *Heilbronner Kleist-Blätter*, 17 [2005], S. 88–130.) Die höhere Instanz sollte deutlich milder urteilen und sich mit zwei Jahren und vier Monaten für den gestrauchelten Amtsträger begnügen. (Der Anwalt kündigte dennoch an, gegen das Urteil – natürlich in Utrecht – Revision einlegen zu wollen.)

[17] Andreas Voßkuhle hat sich selbst für Kleists literarisches Werk in rechtshistorischer bzw. rechtsphilosophischer Perspektive interessiert und zu dessen Erzählung *Michael Kohlhaas* einen Artikel veröffentlicht: Andreas Voßkuhle und Johannes Gerberding, „Michael Kohlhaas und der Kampf ums Recht", in: *Juristen Zeitung* 67 (2012), S. 917-925. In dieser Studie bezieht Voßkuhle auch grundsätzlich zu Fragen des Verhältnisses von Literatur und Recht Stellung, wobei er das Potential des mit diesen Begriffen bezeichneten Forschungsfeldes sehr positiv einschätzt (ebd., S. 918f.). Zu einem Vergleich zwischen *Michael Kohlhaas* und dem *Zerbrochnen Krug*, der von Voßkuhles Interpretation der kleistschen Novelle ausgeht, siehe das Kap. 6 in diesem Band.

2. Die Janusköpfigkeit der Geschichte(n) als hermeneutischer Präzedenzfall und Gegenstand der Interpretation: zur semantischen Struktur des *Zerbrochnen Krugs*

Bekanntlich können Irritationen erkenntnisfördernd sein. Die sog. Stilistik wußte davon. Sie hat einer Abweichung[18] – oder dem *écart*, wie die französische Entsprechung des deutschen Begriffs lautet – eine besondere Bedeutung für literarische Texte beigemessen und sie zum Ansatzpunkt von deren Deutung erklärt.[19] Es war nicht zuletzt eine solche Beobachtung bei meiner Lektüre von Kleists Lustspiel *Der zerbrochne Krug*,[20] die mich auf den Gedanken gebracht hat, von dem meine Beschäftigung mit diesem Stück in diesem Band ausgehen wird.

---

[18] Siehe hierzu: Ulla Fix, „Muster und Abweichung in Rhetorik und Stilistik", in: *Rhetorik und Stilistik. Ein internationales Handbuch historischer und systematischer Forschung*, hg. von Ulla Fix, Andreas Gardt und Jochen Knape, Berlin / New York 2009, S. 1300–1315.

[19] In der methodischen Diskussion über die Stilistik ist darüber debattiert worden, ob das Phänomen der Abweichung, das den Ansatz zur hermeneutischen Bearbeitung biete, gegenüber einer allgemeinen Norm zu beobachten sei oder ob es sich aus dem jeweiligen Kontext aufgrund von syntagmatischen Relationen innerhalb eines Textes ergebe. Für letzteres hat vor allem Michel Riffaterre, *Essais de stylistique structurale*, Paris: Flammarion, 1970, plädiert. Bei der für den vorliegenden Fall erörterten Irritation handelt es sich zweifelsfrei um eine kontextspezifische Störung, geht es doch um die Frage nach der Schlüssigkeit der Handlung, also ihre interne Logik. Aber stellt der Gegensatz zwischen beiden Positionen bis zu einem gewissen Grad nicht eine Scheinkontroverse dar? Denn auch eine kontextuelle Abweichung erweist sich ja als ein Verstoß gegen jenes allgemeine Prinzip, das in der Annahme durchgängiger Kohärenz besteht.

[20] Sämtliche Textstellen aus Kleists Lustspiel werden im Folgenden ohne Seitenangabe zitiert nach der Ausgabe: Heinrich von Kleist, *Sämtliche Werke* (Brandenburger Ausgabe), hg. von Roland Reuß und Peter Staengle, I/3, *Der zerbrochne Krug*, hg. von Roland Reuß in Zusammenarbeit mit Peter Staengle, Basel / Frankfurt am Main, 1995. Die Beschäftigung mit Kleists Komödie in diesem Buch erfolgt, soweit nicht anders angegeben, auf der Grundlage der von 1811 stammenden Druckversion, die gegenüber der 1808 am Weimarer Hoftheater unter Goethes Leitung stattgefundenen Uraufführung eine wesentlich kürzere Version des 12. Auftritts aufweist. (Zu der – unglücklich verlaufenen – Uraufführung siehe: Helmut Sembdner, *In Sachen Kleist. Beiträge zur Forschung*, zweite vermehrte Auflage, München: Hanser, 1984, S. 57ff.) Kleist hat in der Ausgabe von 1811 unter dem Titel *Variant* auch die längere Fassung des ursprünglichen Textes des 12. Auftritts hinzugefügt. Dessen Status ist in der Forschung umstritten. Eine Erklärung von Kleists Absichten, die ihn dazu bewogen haben, auch diese Fassung zu dokumentieren, gelangt deshalb über bloße Spekulationen nicht hinaus. Daß

Zur Debatte steht dabei ein Detail der Handlung, das sich anfangs gänzlich nebensächlich ausnimmt und das dennoch irritiert, weil seine Funktion ein Stück weit undurchsichtig wirkt. Jedenfalls verhält es sich zunächst so, wie der guten Ordnung halber hinzugefügt sei. Denn ein genauer Blick auf den Verlauf der Handlung wird der betreffenden Szene durchaus einen Sinn für die Logik des Komödiengeschehens abgewinnen lassen.[21] Doch selbst in Anbetracht dieser bei eingehender Überlegung zu gewinnenden Einsicht in die Bedeutung der betreffenden Szene für die Schlüssigkeit der Lustspielhandlung überschießen nicht nur der Umfang, den die betreffende Szene in Anspruch nimmt, sowie die Fülle der Einzelheiten, mit der sie aufwartet, eine solche Funktion. Vor allem die Komplexität der dabei artikulierten Rede läßt sich mit diesem Zweck nicht in Einklang bringen. Und so drängt sich die Vermutung auf, daß der betreffende Abschnitt der Komödienhandlung nicht nur um der Logik ihrer Ereignisfolge willen eingefügt ist, sondern eine darüber hinausgehende Bedeutung besitzt. Beachtung verdient diese Szene schon allein deshalb, weil sie das titelgebende Requisit des Dramas, eben den zerbrochenen Krug, in ihr Zentrum rückt.[22]

Worum aber geht es dabei?

2.1. Bildwissenschaft

Von Dorfrichter Adam aufgefordert, ihre Klage vorzubringen, schildert die Besitzerin des Krugs, Marthe Rull, die den die Handlung der Komödie beherrschenden

---

    mit dem anderen und umfänglicheren Wortlaut allerdings eine grundsätzlich andere Komödie verbunden sei, vermag ich nicht zu erkennen. Womöglich signalisiert der von Kleist benutzte Begriff selbst mit seinem semantischen Gehalt allerdings bereits, wie sich die beiden Versionen zueinander verhalten. Besagt er nicht etwa das Folgende? Man *kann* auch die längere Fassung spielen. Doch zugleich gibt der Tatbestand, daß diese Version des 12. Auftritts eben nur als eine denkbare Alternative angedruckt wird, eine gewisse Hierarchie zwischen den Fassungen durchaus zu erkennen.

[21] Wie wir im Einzelnen noch erörtern werden, stellt die Beschädigung des in Eves Kammer zu Bruch gegangenen Krugs nur den vorgeblichen Grund für den Prozeß dar, den ihre Mutter anstrengt. Deshalb muß sie um so mehr darauf bedacht sein, dem Gericht vor Augen zu führen, wie viel ihr dieses außergewöhnliche Gefäß bedeutet. Daß Marthe Rull ihr Anliegen indessen auf *diese* Weise verfolgt, ist nicht nur durch den Umfang ihrer Einlassungen auffällig, der deren Zweck offenkundig überschießt, vielmehr überschneidet sich ihr hohes Lob des verlorenen Prachtstücks in systematischer Hinsicht ebenso mit vergleichbaren Phänomenen an anderer Stelle in Kleists *Zerbrochnem Krug*. Hier wie dort geht es um eine Deutung von Geschehen.

[22] Es ist nicht zuletzt das Verdienst von Ilse Appelbaum-Graham, auf die Bedeutung des – in der Forschung lange in seiner Bedeutung unterschätzten – Krugs für Kleists Lustspiel aufmerksam gemacht zu haben, worauf schon der signifikant-einfallsreiche Titel ihrer vorzüglichen Studie hindeutet: Ilse Appelbaum-Graham, „The Broken Pitcher: Hero of Kleist's Comedy", in: *Modern Language Quaterly* 16 (1955), S. 99–113.

Prozeß anstrengt, in beredten Worten die Schönheit dieses nun in Scherben liegenden Gefäßes. Vor allem die Bebilderung, die ihn vor seiner Beschädigung zierte und eine anschaulich und mit vielen Einzelheiten auf seiner Oberfläche dargestellte, wichtige Szene aus der Geschichte der Niederlande darbot, hat es ihr erkennbar angetan und schien den besonderen Reiz dieses Kruges für sie auszumachen. (Frau Marthes ostentativ zur Schau gestelltes Bedauern über seinen Verlust wirkt zumindest ziemlich überzeugend – um nicht zu sagen: authentisch). Doch zugleich gerät ihre Beschreibung der verlorenen Pracht des inzwischen zerstörten Gerätes zu einer so hellsichtigen Analyse der Funktionsweise wie der Wirkung von Bildern, daß man nicht allein zu zweifeln beginnt, ob diese Episode im Prozeßverlauf ihren Sinn allein aus der Logik des Geschehens im *Zerbrochnen Krug* gewinnt. Noch schwerer tut man sich, der Klägerin Rull selbst einen derart entwickelten medientheoretischen Scharfsinn zuzutrauen, wie er in ihrer Schilderung der Bemalung des nun in Scherben liegenden Gefäßes zutage tritt.

Betrachtet man ihre Rede nämlich nur genau genug, dann läßt sich bis in deren grammatische Muster hinein Marthe Rulls Beschreibung des auf dem Krug Dargestellten zugleich als eine Erläuterung der Wirkung verstehen, die von den betreffenden Bildern ausgeht. Und so kommt es zu der Annahme, daß sich die Immanenz des Stücks an dieser Stelle auf eine Reflexion *über* diese Komödie hin öffnet und ein analytisches Interesse zu erkennen gibt, das der Autor Kleist mit und in seinem Lustspiel schlechthin – wie wir noch genauer sehen werden – verfolgt.

Emphatisch setzt Marthe mit dem ersten Vers ihrer Rede ein, um allerdings bereits im zweiten Vers im Vergleich mit ihm stilistisch gleichsam abstürzen – ein Stilbruch, der ihre Worte auch weiterhin kennzeichnen wird und sie dadurch mitunter sprachlich ein wenig unbeholfen wirken läßt (obwohl, wie wir sehen werden, prozeßstrategisch der ‚Exkurs' der Klägerin zur Bebilderung des Krugs gar nicht schlecht angelegt ist.[23] Gleichwohl wird man sich kaum dazu bereit finden, ihrer

---

[23] Auch wird man ihr nicht absprechen wollen, daß sie die Adressaten ihrer Worte geschickt zu manipulieren versteht, und dies schon zu Beginn ihrer Rede, als der Richter ihr das Wort erteilt: „A d a m. – Frau Marthe Rull! Bringt Eure Klage vor. / F r a u M a r t h e . Ich klag', Ihr wißt's, hier wegen dieses Krugs; / Jedoch vergönnt, daß ich, bevor ich melde, / Was diesem Krug geschehen, auch beschreibe, / Was er vorher mir war. A d a m. Das Reden ist an Euch. / F r a u M a r t h e . Seht ihr den Krug, ihr werthgeschätzten Herren? / Seht ihr den Krug? A d a m. O ja, wir sehen ihn. / F r a u M a r t h e . Nichts seht ihr, mit Verlaub, die Scherben seht ihr" (V. 639-646). Geschickt versteht es die Klägerin, die zum schmerzhaften Verlust für sie erklärte Beschädigung des Krugs sprachlich sinnfällig zu machen, indem sie diejenigen, an die sich ihre Rede richtet, auf eine falsche Fährte lockt. (Ihre Worte bieten übrigens auch ein erstes plastisches Beispiel für Kleists analytischen Blick auf den Sprachgebrauch, den er allenthalben im *Zerbrochnen Krug* zu erkennen gibt und dem ich im *Vorwort* dieses Bandes [S. 18] eine gewisse Nähe zur späteren linguistischen Pragmatik bescheinigt habe.) Ihr

Person die bemerkenswerten Einsichten zuzugestehen, die ihre Rede über die Modalitäten der Wahrnehmung von Bildern gleichwohl zutage befördert. Hinter ihnen läßt sich schwerlich eine andere Instanz als diejenige des Autors Kleist vermuten.)

Doch lassen wir Marthe – endlich – selbst zu Wort kommen (von dem sie, als sie es schließlich hat, gar nicht mehr lassen zu wollen scheint):

> Frau Marthe.
> Der Krüge schönster ist entzwei geschlagen.
> Hier grade auf dem Loch, wo jetzo nichts,
> Sind die gesammten niederländischen Provinzen
> Dem span'schen Philipp übergeben worden.
> Hier im Ornat stand Kaiser Carl der fünfte:
> Von dem seht ihr nur noch die Beine stehn.
> Hier kniete Philipp, und empfing die Krone:
> Der liegt im Topf, bis auf den Hintertheil,
> Und auch noch der hat einen Stoß empfangen.
> Dort wischten seine beiden Muhmen sich,
> Der Franzen und der Ungarn Königinnen,
> Gerührt die Augen aus; wenn man die Eine
> Die Hand noch mit dem Tuch empor sieht heben,
> So ist's, als weinete sie über sich.
> Hier im Gefolge stützt sich Philibert,
> Für den den Stoß der Kaiser aufgefangen,
> Noch auf das Schwerdt; doch jetzo müßt' er fallen,
> So gut wie Maximilian: der Schlingel!
> Die Schwerdter unten jetzt sind weggeschlagen.
> Hier in der Mitte, mit der heil'gen Mütze,
> Sah man den Erzbischof von Arras stehn;
> Den hat der Teufel ganz und gar geholt,
> Sein Schatten nur fällt lang noch übers Pflaster.
> Hier standen rings, im Grunde, Leibtrabanten,
> Mit Hellebarden, dicht gedrängt, und Spießen,

‚Trick' besteht darin, daß die von ihr gestellte Frage, „Seht ihr den Krug, ihr werthgeschätzten Herrn?" zu implizieren scheint, daß man ihn *de facto* (noch) sehen kann. Man muß sich zu ihren Worten ja vermutlich noch eine Geste hinzudenken, mit der sie den Angesprochenen das Gefäß, soweit es weiterhin existiert, hinhält und damit den Eindruck erweckt, auch sie setze voraus, *daß* man diesen Krug sehen könne. Doch nutzt sie die Suggestion dieser Annahme nur, um sie zurückzuweisen, und die Unmöglichkeit hervorzuheben, ihn mit einem Begriff zu bezeichnen, der seinem jetzigen Zustand nicht mehr entspreche. Linguistisch-technischer formuliert, spielt sie mit den Präsuppositionen ihrer eigenen Rede, um sie gegen die Semantik des Lexems ‚Krug' auszuspielen und damit dessen Zerstörung in der Sprache selbst zum Vorschein zu bringen. Denn sie setzt die Unangemessenheit der Verwendung dieses Wortes in Szene und macht sich damit eine semantische Unschärfe des Begriffsgebrauchs zunutze, durch die sie die Bedeutung des Ausdrucks pragmatisch gegen sie selbst ausspielt – ein zweifellos ausgesprochen ‚cleverer' Einstieg in die Begründung ihrer Klage.

> Hier Häuser, seht, vom großen Markt zu Brüssel,
> Hier guckt noch ein Neugier'ger aus dem Fenster:
> Doch was er jetzo sieht, das weiß ich nicht.
>
> (V. 647-674)

Nicht erst Zuschauer und Leser werden sich fragen, welche Bedeutung diese überaus detaillierte Schilderung der Bebilderung des in Scherben liegenden Krugs für die Handlung der Komödie besitzt.[24] Schon Dorfrichter Adam reagiert verärgert über Marthe Rulls allzu umfängliche Beschreibung seiner inzwischen beschädigten Bemalung, versteht doch auch er nicht, was dieser Umstand mit der zur Verhandlung stehenden Causa zu tun haben soll.[25] Die Klägerin aber läßt sich von seinem Einspruch nicht beirren und beteuert, daß gerade die Schönheit des Krugs für ihr Anliegen von Belang sei und darum eine ausführliche Darstellung verlange.[26]

---

[24] Marthe Rull zu einer „Anwältin der Kunst" zu erklären, die „ein kunstgewerbliches Objekt ins Licht der Öffentlichkeit" rückt, tut ihr allerdings wohl zu viel der musealen Ehre an. So bei Michael Diers, „Ein Scherbengericht. Zur politischen Ikonographie von Heinrich von Kleists Lustspiel *Der zerbrochne Krug*, in: *Bild / Geschichte. Festschrift für Horst Bredekamp*, hg. von Philine Helas, Maren Polte, Claudia Rückert und Bettina Uppenkamp, Berlin 2007, S. 461-478, hier S. 466. Die Absichten der Klägerin dienen allzu offensichtlich anderen Zwecken, um das Interesse an einer Beförderung des öffentlichen Kunstbetriebs für eine plausible Motivation ihres Verhaltens bei Gericht zu halten.

[25] „A d a m . Frau Marth! Erlaßt uns das zerscherbte Pactum, / Wenn es zur Sache nicht gehört. / Uns geht das Loch – nichts die Provinzen an, / Die darauf übergeben worden sind" (V. 675-678). Auch Adam begibt sich mit diesen Worten in eine aufschlußreich irritierende Redeweise über den Zusammenhang zwischen dem Krug und seiner Bemalung. Denn auf dem „Loch" kann nichts „übergeben worden" sein, weil „darauf" – schon dieses Adverb selbst ist aufschlußreich – nun einmal nichts mehr zu sehen ist. Der Dorfrichter setzt insofern stillschweigend den Zustand des beschädigten Krugs mit dem intakten Gefäß gleich. Doch damit nicht genug. Denn ebenso identifiziert er kurzerhand die Darstellung des Ereignisses mit diesem selbst. Wie wir sehen werden, bestätigt er damit den illusionistischen Effekt der Bemalung, den Marthe Rull in ihrer Schilderung derselben zu erkennen gibt. Aber daraus geht ebenso hervor, daß sie eine solche Wirkung augenscheinlich auch vermittels ihrer eigenen Beschreibung der Bilder sogar bei anderen hervorzurufen versteht. Denn unter dem Eindruck ihrer Darstellung behandelt auch Adam in seinen Worten den Krug so, als befände er sich noch immer im Vollbesitz seiner bebilderten Pracht. Schon hier zeichnen sich bemerkenswerte medientheoretische Einblicke ab, die in der untersuchten Szene des *Zerbrochnen Krugs* – augenscheinlich bis hin zu einer Reflexion über (um einen heutzutage geläufigen Begriff zu verwenden) intermediale Verhältnisse – unausdrücklich zur Sprache gebracht sind.

[26] „F r a u M a r t h e . Erlaubt. Wie schön der Krug gehört zur Sache –" (V. 679). Und zweifellos gehört das zu *ihrer* Sache, gilt es doch zu kaschieren, daß der Bruch des Kruges nur den Vorwand für ihre Klage liefert. In diesem Sinn scheint es in der Tat zur

Gleichwohl bleibt nicht zuletzt der Zusammenhang des Gegenstands der Malerei, die dort zu sehen ist, der Historie der Niederlande, mit dem Verlauf der Geschehnisse dieser Komödie letztlich unklar – verräterisch unklar, möchte man sagen.[27] Denn gerade die Überschüssigkeit der Schilderung der bildlichen Repräsentation des historischen Ereignisses im Verhältnis zur Handlungslogik macht das betreffende Phänomen transparent für eine Frage, die – wie wir sehen werden – die Struktur von Kleists Lustspiel wesentlich prägt und die auf diese Weise nicht zuletzt die ‚Botschaft' des *Zerbrochnen Krugs* in sehr grundsätzlicher Weise bestimmt.

Paradigmatisch kommt in den zitierten Versen ein wesentlicher struktureller Unterschied zwischen der Figurenperspektive und derjenigen eines Zuschauers zum Vorschein: Was innerhalb der Handlung für die an ihr beteiligten Akteure – mit Ausnahme Marthe Rulls selbst – letztlich rätselhaft bleiben muß, stellt sich dem Rezipienten des Theaterstücks hingegen nicht zuletzt deshalb in metapoetischer Hinsicht als Ausgangspunkt einer Deutung dar, die auf ein elementares Prinzip der Wirklichkeitsgestaltung in Kleists Komödie hinzuweisen vermag. Die hermeneutische Leerstelle mangelnden Verständnisses, die im Rahmen des dargestellten Geschehens für den Rezipienten – wie schon für die an diesem Geschehen beteiligten Akteure selbst – im Blick auf dessen innere Logik zurückbleibt, gerät gerade aufgrund dieses Defizits zur Aufforderung, nach einer Interpretation zu suchen, die für diese *Leerstelle* als solche eine Erklärung anzubieten imstande ist. Die hermeneutische Lücke innerhalb der dargestellten Handlung schlägt auf diese Weise um in eine Frage nach den Prinzipien der Konstruktion dieser Komödienhandlung.

In diesem Perspektivwechsel kommt die im *Vorwort* der vorliegenden Untersuchung erwähnte doppelte Rolle des Publikums und das darin angelegte analytische Potential recht prägnant zum Vorschein: Als Repräsentant einer Öffentlichkeit, die einem Prozeß beiwohnt, hat es Teil an der Sicht der Dinge, die für die *dramatis personae* bestimmend ist. Der Zuschauer des Theaterstücks nimmt statt dessen die Position eines Beobachters ein, der dieses Geschehen als solches deutet und zu diesem Zweck auch die Prinzipien der Konstruktion der Komödienhandlung (und ihre Bedeutung) zu erfassen versucht. Die bezeichnete hermeneutische

---

Stärkung der Glaubwürdigkeit ihres Verhaltens nützlich, ihre Anhänglichkeit an das nun in Stücken liegende Gefäß besonders eindringlich vorzuführen.

[27] Daran können auch alle Versuche einer geschichtsphilosophischen Interpretation von Kleists Komödie, die sich wesentlich auf Marthe Rulls Schilderung des Krugs und seiner Bemalung stützt, nichts ändern. So bei Dirk Grathoff, „Der Fall des Krugs. Zum geschichtlichen Gehalt von Kleists Lustspiel" in: *Kleist-Jahrbuch* 1981/1982, S. 290-313, S. 295ff. Grathoffs Postulat eines Zusammenhangs zwischen dem Zerbrechen des Krugs und der Geschichte der Niederlande, die ein Kernstück seiner Interpretation des Stücks ausmacht, vermag ich nicht nachzuvollziehen: „Mit dem Krug zerbricht vielmehr das, wofür er einstand: der Status gesellschaftlichen Subjektseins der Niederländer" (ebd., S. 299).

Leerstelle innerhalb des Dargestellten wird auf diese Weise zur Gelenkstelle des Umschlags in eine Hermeneutik, die das Dargestellte insgesamt zum Gegenstand (s)einer Interpretation macht.

Von Belang für eine solche Deutung des *Zerbrochnen Krugs* und seiner semantischen Koordinaten ist in dieser Hinsicht vor allem Marthe Rulls *Kommentar* zu der historischen Darstellung auf dem Krug, insofern er sich von einer – bloßen – *Schilderung* seines Bilderschmucks kaum unterscheiden läßt. Und schon diese Interferenz zweier verschiedener diskursiver Funktionen als solche ist durchaus sprechend. Denn ihr Kommentar führt damit vor Augen, daß die Darstellung eines Geschehens von seiner Interpretation schwerlich zu trennen ist; und damit beginnt bereits innerhalb der Handlung der Komödie ein hermeneutischer Prozeß, der aus der Warte eines Zuschauers in die Deutung der Handlung dieses Lustspiels insgesamt mündet. Es ist die Unhintergehbarkeit einer Interpretation, die auf diese Weise plastisch in Erscheinung tritt und die dargestellte Wirklichkeit in einen unmittelbaren Bezug zum unvermeidlichen hermeneutischen Umgang *mit* dieser Wirklichkeit rückt.

Diese Unvermeidlichkeit der Hermeneutik bildet in Kleists *Zerbrochnem Krug* insofern eine Brücke zwischen der außerliterarischen Welt und ihrer literarischen Gestaltung. In der Rezeption des Stücks setzt sich mithin etwas fort, das schon *in* der Welt der dargestellten Handlung unverzichtbar ist, und so weitet dieses Verfahren zugleich wiederum auf die Welt schlechthin aus. Und darum kommt dem Titel von Kleists Komödie eine besondere Bedeutung zu. Denn bereits seine doppelte Lesbarkeit erweist sich als ein erster Fingerzeig, der auf die auf die semantische Struktur von Kleists Lustspiel vorausdeutet: Der Titel benennt zu einen ein wesentliches Requisit der Handlung. Aber er zitiert eben zugleich ein Sprichwort biblischen Ursprungs, das eine Deutungsmöglichkeit – wie immer sie auch *in concreto* ausfallen mag – für das Geschehen dieses Lustspiels insgesamt bereitstellt und in dieser Hinsicht ein allgemeines Prinzip menschlichen Lebens namhaft macht.[28]

Wichtiger als die konkrete inhaltliche Ausgestaltung der solchermaßen suggerierten Interpretation der Komödienhandlung aber ist der Sachverhalt, *daß* schon Kleists Titel die Möglichkeit, ja das Erfordernis einer Deutung des Bühnengeschehens zum Ausdruck bringt. (Womöglich wird sich übrigens gerade das Faktum der Vieldeutigkeit des mit dem biblischen Sprichwort verbundenen Sinns als ein Hinweis darauf herausstellen, daß im *Zerbrochnen Krug* die Demonstration der Unausweichlichkeit einer Deutung seines Handlungsverlaufs Vorrang vor deren genauer Bestimmung besitzt.) Und weil der mit dem Titel benannte zerbrochene Krug zugleich ein zentrales *Element* dieser Handlung namhaft macht, markiert er auch schon den Zusammenhang *zwischen* der Handlung und den Modalitäten ihrer – unvermeidlichen – Deutung.

---

[28] Siehe hierzu des Näheren unten S. 35ff.

Dieser Zusammenhang wird im Übrigen noch dadurch deutlicher hervorgehoben, daß der Status des zerbrochenen Krugs bereits innerhalb der Handlung selbst alles andere als evident ist – und mithin schon hier einer (keineswegs einfach zu bewerkstelligenden) Deutung seines Status wie seiner Funktion bedarf. (Wir werden auf die sich hier stellenden Fragen später im Einzelnen noch ausführlich einzugehen haben.)

Bei der auf dem zerbrochenen Krug abgebildeten Szene, die Marthe Rull so irritierend eindringlich schildert und die, wie vermerkt, ein wichtiges Ereignis für die Geschichte der Niederlande festhält (das von manchen gar als deren Gründungsakt begriffen wird), handelt es sich um die am 25. Oktober 1555 in Brüssel stattfindende Übergabe der siebzehn niederländischen Provinzen durch Kaiser Karl V., der sie im Zuge seiner Abdankung seinem Sohn Philipp überträgt. Frau Marthes umfängliche Beschreibung der Darstellung dieses historischen Augenblicks besteht wesentlich in einer Aufzählung der auf dem Krug abgebildeten Personen, die an der Zeremonie teilgenommen haben.

Was an dieser Schilderung nicht unmittelbar auffällt, im Hinblick auf ihre Machart aber sehr wohl Beachtung verdient, ist eine sich steigernde Identifikation der – beschädigten – Darstellung mit ihrem Gegenstand, also mit der historischen Szene, die auf dem Krug abgebildet ist, durch Frau Marthe. Um diese Tendenz zur Verwischung der Grenze zwischen beiden Sphären zu bemerken, bedarf es allerdings einer äußerst genauen Lektüre ihrer vordergründig so naiv erscheinenden Rede, die sich bei näherem Zusehen indessen als äußerst raffiniert komponiert erweist und eine ganze Psychologie der Bildbetrachtung zu erkennen gibt.[29]

---

[29] Ohne auf die ebenso raffinierten wie komplexen grammatischen Verfahren einzugehen, die den von ihr als zweiten beschriebenen Effekt von Marthes Bildbeschreibung (und dies auch nur partiell) bewirken, stellt Monika Schmitz-Emans fest: „Frau Marthes Ekphrasis ist auf mehreren Ebenen bedeutsam. Nicht allein, daß sie dem zerstörten Krug nebst Bild mit ihren Worten zur Auferstehung verhilft, sie ignoriert auch die semiologische Differenz zwischen Zeichen (Darstellung) und Bezeichnetem (Dargestelltem), indem sie den Krug selbst als Schauplatz der Ereignisse beschreibt, welche auf ihm dargestellt waren. Indem durch Frau Marthes Rede Zeichen und Bezeichnetes als eine Einheit behandelt werden, die sie eigentlich gar nicht sein können, legt der Text den Gedanken nahe, es gehe mit dem Plädoyer der naiven Frau um weitaus mehr als um ein Schmuckstück ihres Haushalts, nämlich um die Klage über den Bruch, der normalerweise zwischen Zeichen und Bezeichnetem verläuft" (Monika Schmitz-Emans, „Das Verschwinden der Bilder als geschichtsphilosophisches Gleichnis. *Der zerbrochne Krug* im Licht der Beziehungen zwischen Text und Bild", in: *Kleist-Jahrbuch* 2002, S. 42-69, hier S. 59). Sollte eine solche Deutung zutreffen, müßten wir allerdings annehmen, daß es sich nicht mehr um die Klage der „naiven Frau" über „den Verlust dieses semiologischen Paradieses" (ebd., S. 60) handelte – übrigens eine etwas aporetische Vorstellung, der Klägerin solches anzumuten –, daß vielmehr nun der Autor Kleist höchstpersönlich diesem einstigen – wenn auch utopischen – Idealzustand des Zeichengebrauchs (oder Zeichentheorie) nachweinte. Situiert man indessen, wie im Folgenden vermittels eines *close reading* ihrer „Ekphrasis" versucht sei, Marthe Rulls

Vor allem vom Ende der Schilderung des bedeutsamen historischen Momentes her betrachtet, gewinnt diese Eigenart der Darstellung eine besondere Prägnanz: „Hier standen rings, im Grunde, Leibtrabanten, / Mit Hellebarden, dicht gedrängt, und Spießen, / Hier Häuser, seht, vom großen Markt zu Brüssel, / Hier guckt noch ein Neugier'ger aus dem Fenster: / Doch was er jetzo sieht, das weiß ich nicht". Zumal die Handhabung der Tempora in diesen Versen ist von großer Raffinesse. Üblicherweise bedient man sich bei Bildbeschreibungen[30] des Präsens, und dies auch dann, wenn es sich dabei um eine Abbildung vergangener Ereignisse handelt. Deshalb scheint es allen Anlaß zu geben, das Vergangenheitstempus des ersten der hier zitierten Verse zunächst auf die Beschädigung des Kruges zu beziehen. Marthe Rull berichtete mithin, was darauf zu sehen war, bevor das Gefäß in Scherben lag.

Interessanterweise funktioniert eine solche Annahme für den dritten dieser Verse nicht mehr: „Hier Häuser, seht, vom großen Markt in Brüssel". Den entscheidenden Hinweis liefert der dorthin wohlkalkuliert platzierte Imperativ „seht", gibt er doch eindeutig zu erkennen, daß an dieser Stelle trotz der Beschädigung des Kruges seine Bemalung erkennbar erhalten geblieben ist. Man kann also nach wie vor *sehen*, was dort dargestellt ist.

Syntaktisch aber hängt auch dieser Vers noch vom ersten der hier zitierten ab und wird folglich auch von dessen Tempus regiert. Wir müssen also davon ausgehen, daß Frau Marthe sagt: „Hier [standen] Häuser". Weil man sie auf den Resten des zertrümmerten Krugs jedoch noch immer sehen kann, ihre Erwähnung mithin zur Bildbeschreibung gehört und aus diesem Grund ein Gegenwartstempus verlangen würde, kann das Präteritum an dieser Stelle nur den historischen Sachverhalt meinen, daß hier dereinst – im Augenblick des abgebildeten Geschehens – Häuser *standen*. Das Vergangenheitstempus changiert deshalb zwischen der Bezeichnung der Zerstörung des (zerbrochenen) Krugs und der Markierung der Tatsache, daß die dargestellten Geschehnisse der Vergangenheit angehören (was um so auffälliger ist, als sich auch zu der Zeit, in dem die Handlung des Stücks spielt, daran nichts geändert hat. Diese Häuser stehen dort noch immer.)

Verzichten wir für den Augenblick darauf, aus der auf diese Weise entstehenden Äquivalenz zwischen der Zerstörung des Krugs und dem Vergangensein der

---

– eben nur zeitweilige – Identifikation des Bildes mit dem darauf Dargestellten, so werden wir ihre Rede weit weniger als den Ausdruck einer dekonstruktiven Sorge um den unheilbaren Riß zwischen Zeichen und Bezeichnetem verstehen, sondern sie als eine höchst kunstvoll arrangierte – und insofern in der Tat die Signatur des Autors tragende – Reflexion über die suggestive Wirkung von Bildern (wie ebenso über die symbolischen Effekte ihrer Zerstörung) begreifen können.

[30] Gernot Müller hat auf den Zusammenhang zwischen dieser Bildbeschreibung und der Tradition der Ekphrasis, im Besonderen ihrem kanonischen Ausgangspunkt, Homers Beschreibung von Achills Schwert, hingewiesen, auf das Kleist in verändernder Weise Bezug nimmt (Gernot Müller, *Man müßte auf dem Gemälde selbst stehen. Kleist und die bildende Kunst*, Tübingen / Basel: Francke, 1995, S. 130).

auf ihm abgebildeten Ereignisse weitergehende Schlüsse zu ziehen. Wenden wir uns zunächst vielmehr den beiden letzten der soeben noch einmal zitierten Verse zu. Und wenn sie unsere Aufmerksamkeit verdienen, dann vor allem deshalb, weil sie mit einer bemerkenswerten Veränderung gegenüber der soeben gemachten sprachlichen Beobachtung aufwarten.

Wieder beschreibt Marthe, was man auch nach seiner Beschädigung weiterhin auf dem Krug sehen kann: „Hier guckt noch ein Neugier'ger aus dem Fenster". Die Frage, die dieser Vers zunächst und vor allem aufwirft, bezieht sich auf die Bedeutung des Adverbs „noch". Ist die Umstandsbestimmung solchermaßen zu verstehen, daß damit benannt wird, was man *auch* noch, d. h. neben dem schon Genannten, sehen kann? Oder ist dieses Wort in einem zeitlichen Sinn zu deuten? In diesem Fall wird mit Hilfe der Umstandsbestimmung „noch" bekräftigt, daß der betreffende Teil der Bebilderung des Krugs ebenfalls dessen anderweitige Beschädigung unversehrt überstanden hat. Zwischen beiden Alternativen läßt sich allerdings nicht entscheiden, denn Kleists Text bietet keinerlei Entscheidungskriterium dafür. Doch diese Uneindeutigkeit des betreffenden Ausdrucks scheint keineswegs unbeabsichtigt zu sein. Sie bereitet vielmehr eine bemerkenswerte Veränderung im Tempusgebrauch vor, die sich im letzten der zitierten Verse („Doch was er jetzo sieht, das weiß ich nicht") vollzieht und der wir uns nun zuzuwenden haben.

Wieder verlangt auch in diesem Vers ein Adverb, nämlich die Zeitangabe „jetzo" die besondere Aufmerksamkeit des Zuschauers (oder Lesers, wobei man fairerweise wird zugestehen müssen, daß sich beim bloßen Anhören dieser Verse im Rahmen einer Theateraufführung kaum wird erkennen lassen, wie komplex, d. h. wie semantisch dicht sie gebaut sind. Kleists *Zerbrochner Krug* ist, wo wird an einer Stelle wie dieser deutlich, jedenfalls *auch* ein Lesedrama, weil sich die Komplexität der Semantik einzelner Sätze seiner Komödie wie ebenso die Fülle der sprachlichen Bezüge, die den Dialog der Figuren in diesem Stück durchziehen, letztlich erst einem genaueren – und insofern der Lektüre vorbehaltenen – Studium des Wortlauts erschließt.) Was also besagt das Adverb „jetzo"?

Diesmal scheint kaum ein Zweifel daran bestehen zu können, daß es sich um ein Zeitadverb handelt. Aber worin genau besteht dessen Bedeutung im vorliegenden Zusammenhang?

Eine seiner Lesarten besagt, daß das Gegenwartstempus im Sinn der üblichen Zeitform einer Bildbeschreibung die Darstellung bezeichnet, das Adverb „jetzo" sich folglich auf den Moment des im Bild dargestellten Ereignisses bezieht und ‚in dem betreffenden Augenblick' meint? Oder korrespondiert der damit bezeichnete Zeitpunkt dem Tempus des Hauptsatzes: „das weiß ich nicht"? Versetzte sich also Marthe bei ihrer Beschreibung des verbliebenen Bildrestes in die Situation desjenigen, der dort etwas anschaut, wobei sie jedoch nicht weiß, *worauf* sein Blick fällt? Die Bedeutung des Zeitadverbs nähert sich in diesem Fall einer Angabe zu einem Ort an. „Was er jetzo sieht" bedeutet dann im Grunde ‚was er *dort* sieht'. Weil das Tempus der Gegenwart als ein *praesens historicum* bereits die

Vergangenheit der historischen Ereignisse bezeichnet, wird die Zeitangabe gleichsam frei für eine von der Angabe des Zeitpunkts verschiedene Information und meint darum statt dessen vor allem den Punkt im Raum, auf den der Blick des „Neugier'gen" sich in diesem Augenblick richtet.

Der Umstand, daß das Bild den Gegenstand, auf den der Blick eines dort dargestellten Betrachters fällt, vorenthält, ist übrigens gleich in doppelter Hinsicht thematisch relevant.

Dies gilt zunächst im Hinblick auf den „Neugier'gen". Denn was berechtigt eigentlich dazu, den Betreffenden so zu nennen? Wäre es nicht angemessener, ihn als einen Schaulustigen zu bezeichnen, der einer Zeremonie beiwohnt, die augenscheinlich dazu angetan, ja dazu gemacht ist, von möglichst vielen beobachtet zu werden? Woher also will Marthe wissen, daß der Betreffende sein Augenmerk aus Neugierde auf etwas richtet, wo sie doch gar nicht zu sagen vermag, worum es sich dabei handelt? Neugierig aber ist jedenfalls Marthe Rull selbst, die nur allzu gern wissen möchte, wohin der Blick des von ihr so Bezeichneten fällt – und es zu ihrem Leidwesen offensichtlich nicht zu ermitteln vermag.

Ihre Neugier aber tritt hier weniger als eine für diese Frau typische Charaktereigenschaft (die denn auch nirgends sonst in der Handlung des Lustspiels eine Bestätigung fände) in Erscheinung. Marthes Wunsch, etwas zu sehen, was ihrem Blick gleichwohl grundsätzlich verborgen bleibt, läßt sich weit eher einer Analyse der Wirkung, die von diesem Bild ausgeht, mithin seiner Suggestionskraft zuordnen. Der dargestellte Blick zieht gleichsam den Blick des Bildbetrachters in das Dargestellte hinein und läßt die enttäuschte Betrachterin – ein wenig schmerzhaft – die Differenz spüren, die zwischen dem Bild und dem, was es zur Anschauung bringt, nun einmal in dessen medialen Bedingungen angelegt ist. In den Raffinessen von Kleists Einsatz der Tempora findet weit eher Bildwissenschaft als eine Charakterstudie statt.

In diesem Sinn ist es von wesentlicher Bedeutung, daß die Feststellung, man könne etwas nicht sehen, sich nun nicht mehr auf die Beschädigung des Krugs bezieht, sondern auf die Grenzen dieses (wie eines jeden) Bildes, das stets nur einen Ausschnitt aus dem potentiell Darstellbaren zur Anschauung bringt und darum immer auch etwas Sichtbares, das man sehen *könnte*, ausschließt. Gerade Marthe Rulls Rede über einen „Neugier'gen" deutet deshalb auf ihre Identifikation mit der dargestellten Szene hin, in die sie sich selbst hineinversetzt – und eben darum die Grenzen des Bildes als eine Beschränkung ihrer eigenen Wahrnehmungsmöglichkeiten empfindet. Die dem anderweitig nicht näher charakterisierten Zuschauer der historischen Szene zugesprochene Neugierde ist keine andere als ihre eigene, an der die Modalitäten einer Bildbetrachtung zutage treten.

Marthe Rulls scheinbar naive und für den Handlungsverlauf überflüssig wirkende Bildbeschreibung erweist sich bei näherem Zusehen als eine kaum anders als brillant zu nennende Analyse des Mediums ‚Bild' und seiner Wirkungen, die Kleist dieser Szene eingeschrieben hat.

Zumal der von uns im Vorausgehenden untersuchte Abschluß ihrer Beschreibung der Bebilderung des (zerbrochenen) Kruges gibt ein doppeltes Verhältnis dieses Gefäßes zu dem auf ihm dargestellten historischen Geschehen zu erkennen. Als Träger einer Bebilderung, die etwas Vergangenes zum Gegenstand hat, hält er es in der Gegenwart präsent. Doch das Zerbrechen des Kruges geht zugleich eine Symbiose mit dem Vergangensein des historischen Augenblicks ein. Denn unvermittelt geht, wie gesehen, die Schilderung dessen, was man vor der Beschädigung des Kruges darauf zu sehen vermochte, in die Feststellung des Vergangenseins des dort Dargestellten über.[31] In äußerst raffinierter Weise bewirkt der Tempusgebrauch, daß die Bezugnahme auf die zerstörten Teile der Bemalung auch die Beschreibung des noch immer sichtbaren Teils des historischen Schauspiels in der Bebilderung des Krugs in die Markierung des Vergangenseins des dereinstigen Geschehens gleichsam mithineinzieht.[32]

---

[31] Weniger evident scheint mir folgender, von Jospeh Vogl als „offensichtlich" postulierte Sachverhalt zu sein: „Ganz offensichtlich werden mit den symbolischen Scherben des Krugs jene *symbola* herbeigeholt, jene entzweigebrochenen und zusammenpassenden Tonscherben, die im Rechtswesen des archaischen Griechenlands als Bürgschaft oder Pfand, als sichtbare Zeugen einer Vereinbarung zum Zweck eines späteren Vergleichs ausgetauscht werden" (Joseph Vogl, „Scherben des Gerichts. Skizze zu einem Theater der Ermittlung", in: *Gesetz. Ironie. Festschrift für Manfred Schneider*, hg. von Rüdiger Campe und Michael Niehaus, Heidelberg: Synchron Wissenschaftsverlag der Autoren, 2004, S. 109-121, hier S. 112.) So ingeniös der Gedanke erscheinen mag, er gelangt über eine Assoziation, deren Pertinenz zur Deutung von Kleists Komödie einer genaueren Begründung bedürfte, m. E. kaum hinaus. Dies geht schon allein daraus hervor, daß dem kontingenten Zerbrechen des Krugs in diesem Lustspiel bei der griechischen Gerichtspraxis ein intentionaler Akt gegenübersteht. Und worin sollte das Analogon einer „Vereinbarung zum Zweck eines späteren Vergleichs" im Blick auf die Geschichte der Niederlande oder auch des Prozesses um das beschädigte Gefäß in der Komödie bestehen?

[32] Diese Überkreuzung eines „Präsenzeffekts", den die Geschichte durch ihre bildliche Darstellung gewinnen kann, mit einer gegenläufigen, aber komplementären Wirkung der Zerstörung von Bildern, womit die Vergänglichkeit allen historischen Geschehens als solche plastisch zur Geltung gebracht wird, scheint mir weit eher eine ‚Botschaft' von Marthe Rulls Ekphrasis der Bebilderung des beschädigten Krugs zu sein, als die weit ausgreifende These Schmitz-Emans', die aus dieser Beschreibung ableiten möchte: „*Kleists Stücke gehe es um das Verschwinden der Bilder um des Textes willen*" (ebd., S. 60; kursiv im Original). Dieses Verschwinden aber ist für die Verfasserin ideologisch hoch aufgeladen. Es repräsentiert für sie gleich einen ganzen historischen Prozeß, steht die Tilgung der Bilder aus ihrer Sicht doch für das Ende der (letztlich wohl metaphysischen) Illusionen, für die Verabschiedung von Unschuld und Harmonie zugunsten – des Textes, des Mediums ‚Text', das mithin alle geschichtsphilosophische Last einer illusionslos gewordenen, opaken Welt in symbolischer Stellvertretung tragen müßte. Doch ein solches Sujet – das insgeheim womöglich schon den Derrida-Leser Kleist vorauszusetzen scheint – hätte im Übrigen wohl eher das Zeug zu einer Tragödie statt zu einem Lustspiel, das *Der zerbrochne Krug* – trotz aller Veränderungen, die die

Just diese Überkreuzung der Zerstörung des Krugs mit der Vergänglichkeit der Geschichte, die am Ende von Marthe Rulls Schilderung von dessen Bemalung durch das kunstvolle Arrangement des Wortlauts ihrer Rede hervortritt, bestimmt diese Schilderung, wie sich rückblickend zeigt, jedoch im Grunde bereits von Anfang an.

In diesem Sinn ist es interessant, daß der Beginn von Marthes beredter Schilderung des Krugs deren Ende korrespondiert. Ein signifikanter Hinweis auf diese Korrespondenz im jeweiligen Wortlaut besteht vor allem in der Verwendung desselben Zeitadverbs „jetzo", das in beiden Textstellen Verwendung findet: „Hier grade auf dem Loch, wo jetzo nichts, / Sind die gesammten niederländischen Provinzen / Dem span'schen Philipp übergeben worden. / Hier im Ornat stand Kaiser Carl der fünfte: / Von dem seht ihr nur noch die Beine stehn".

Diesmal kann kein Zweifel daran bestehen, daß das Zeitadverb „jetzo" den augenblicklichen Zustand des Krugs benennt. Der Hinweis auf das Loch macht kenntlich, daß sich die Vergangenheitstempora auf dessen Bruch beziehen und mithin besagen, daß man das von Marthe Rull Beschriebene zuvor dort sehen konnte. Allerdings erwähnt erst der vierte Vers ausdrücklich, daß es sich um eine Bildbetrachtung handelt. Zunächst ist vielmehr von den dargestellten Ereignissen selbst die Rede, so daß Perfekt wie Präteritum sich – zunächst – auch in diesen Versen ebenso auf das vergangene Geschehen beziehen könnten.[33]

Gattungstradition in dieser Komödie erfährt – noch immer ist. Aber liegt es nicht weit näher, die Erkundung der Interferenz zwischen Bildern und Texten, zwischen dem Sichtbaren und dem Lesbaren in unserem hermeneutischen Weltverhältnis als eine Frage zu begreifen, um die Kleists Stück nicht nur an dieser Stelle kreist? (Während Schmitz-Emans das „Verschwinden der Bilder" zu einem fundierenden Merkmal des *Zerbrochnen Krugs* erklärt hat, wirft Oskar Seidlin die – sehr viel bescheidenere, aber durchaus anregende – Frage auf, ob es sich bei diesem Stück nicht um „a Dutch genre picture of a village bursting with life" handelt [Oskar Seidlin, „What the Bell Tolls in Kleist's *Der zerbrochne Krug*", in: *DVJs* 51 {1977}, S. 78-97, hier S. 79].) Manche Gemeinsamkeit scheint kaum zu bestreiten zu sein.

[33] Die von Kleist an dieser Stelle ingeniös arrangierte Abfolge der beiden Tempora trägt maßgeblich zu diesem Effekt bei. Denn das zunächst benutzte Perfekt bewirkt, daß eine Verbindung zur Vergangenheit des historischen Geschehens zustande kommt. Hieße es nämlich: „Hier grade auf dem Loch, wo jetzo nichts, / *wurden* die gesammten niederländischen Provinzen / Dem span'schen Philipp übergeben', wäre der Bezug zur Beschädigung des Kruges sehr viel eindeutiger. Das vorangeschaltete Perfekt aber hat zur Folge, daß zunächst auch das dann folgende Präteritum noch immer auf das historische Ereignis selbst bezogen werden kann: „Hier im Ornat stand Kaiser Carl der fünfte". Erst der folgende Vers, der (bezeichnenderweise) dasselbe Verb nun im Präsens verwendet und sich dadurch eindeutig auf den aktuellen Zustand des Krugs bezieht, macht kenntlich, daß schon zuvor von *ihm* die Rede ging – *auch* von ihm, sollten wir präziser sagen. Denn der Bezug auf das vergangene Geschehen selbst wird dadurch nicht gänzlich aus der Welt geschafft. Zumindest der erste der hier zitierten Sätze bleibt deshalb ein Stück weit ambivalent in dieser Hinsicht. (Die von uns untersuchte Wirkung der

Wieder wird die historische Szene dadurch in den Zusammenhang mit der Zerstörung dieses Gefäßes gerückt; und so wird auch in diesem Fall das Loch symbolisch aufgeladen. Es gewinnt die Bedeutung eines Sinnbilds für den unaufhörlichen Fluß der Zeit. Damit wird im Übrigen – und gerade dies ist für die Deutung des *Zerbrochnen Krugs* insgesamt von Interesse – eine der verschiedenen Facetten der sprichwörtlichen Bedeutung des titelgebenden zerbrochenen Krugs evoziert, den dieses Requisit von Anfang an für das Stück in symbolischer Hinsicht besitzt. Denn es bietet zuvörderst ein Sinnbild der Vergänglichkeit des Menschen und seiner Geschicke.

Zu der durch die Suggestion eines solchen symbolischen Sinns ins Spiel kommenden Grenzverwischung zwischen Darstellung und Dargestelltem gehört auch Marthe Rulls eingehende Beschreibung der beiden Tanten Philipps II.: „Dort wischten seine beiden Muhmen sich, / Der Franzen und der Ungarn Königinnen, / Gerührt die Augen aus; wenn man die Eine / Die Hand noch mit dem Tuch empor sieht heben, / So ist's, als weinete sie über sich". Diesmal bezieht sich Frau Marthes Kommentar bei ihrer Schilderung des Kruges und des dort dereinst zu sehenden Bildes zunächst ausdrücklich auf das historische Geschehen. Denn sie erwähnt eigens die Ursache der Tränen beider Königinnen – Eleonores, der Witwe des französischen Königs Franz' I., und Marias, der Witwe des ungarischen Königs Ludwigs II.: Sie weinen vor Rührung, behauptet Marthe; und damit ist offensichtlich die Stimmung der beiden angesichts des bedeutsamen Ereignisses für ihren Neffen, den König von Spanien, gemeint. Doch der Bruch des Gefäßes, infolge dessen nur noch Reste von den beiden Frauengestalten zu erkennen sind, verleiht diesen Tränen bei der einen von ihnen, nämlich derjenigen, die – wiewohl ebenfalls beschädigt – einzig noch zu sehen ist, einen neuen Sinn: Wenn man den Eindruck gewinne, „als weinete sie über sich", dann kann das nur den Zustand meinen, in den sie der Bruch des Kruges gebracht hat. Dessen Zerstörung verlangt augenscheinlich nach einer veränderten Deutung dessen, was zuvor auf ihm zu sehen war.

Ebenso steht es um Antoine Perrenot de Granville, den höchst unbeliebten Erzbischof von Arras, bei dem sich der Bruch des Kruges und das Urteil über seine verhaßte Person kaum noch auseinanderhalten lassen: „Hier in der Mitte, mit der heil'gen Mütze, / Sah man den Erzbischof von Arras stehn; / Den hat der Teufel

---

von Kleist gewählten Abfolge der Tempora ist aufgrund von deren allgemeinen grammatischen Eigenschaften unschwer zu erklären. Das Perfekt „sind [...] übergeben worden" macht eine vergangene Tatsache *als* eine vergangene zum Gegenstand. Sie situiert das – in der Vergangenheit liegende – historische Faktum ausdrücklich *in* dieser Vergangenheit. Das Präteritum markiert vielmehr den *Vorgang*, der in der Vergangenheit spielt, es legt den Akzent auf diesen selbst und nicht auf dessen Vergangensein. Und genau dieser Vorgang bildet den Gegenstand einer bildlichen Darstellung, die als solche ja stets das Vergangene in die Gegenwart des Betrachters holt. Deshalb markiert das Präteritum an dieser Stelle die Vergangenheit der Gegenwart des Bildes auf dem unversehrten Krug.)

ganz und gar geholt, / Sein Schatten nur fällt lang noch übers Pflaster". Es ist, als besiegelte das Zerbrechen des Kruges das wohlverdiente Schicksal des verabscheuten katholischen Würdenträgers. Daß die Mutmaßung, der Teufel habe ihn geholt, sich auf diesen Umstand bezieht, ergibt sich eindeutig aus Marthe Rulls Hinweis auf den derzeitigen Zustand des beschädigten Gefäßes: „Sein Schatten nur fällt lang noch übers Pflaster."

Zumal an dieser Stelle wird die symbolische Qualität der beschädigten Bemalung des zerbrochenen Kruges manifest. Mit unterschiedlichen sprachlichen Mitteln findet auf subtile Weise in Marthe Rulls Beschreibung der Bebilderung dieses Gefäßes eine Grenzverwischung zwischen Darstellung und Dargestelltem statt, die indessen nicht nur auf die Wirkung medialer Vergegenwärtigung von vergangener historischer Realität abzielt, sondern ebenso die Zerstörung des Gefäßes in dessen zeichenhaften Wert einbezieht. Eine solche Interpretation von Marthe Rulls umfänglicher Schilderung dessen, was auf dem Krug zu sehen war (und es in Grenzen noch immer ist), scheint mir aufgrund des subtilen sprachlichen Arrangements der von uns analysierten Verse weit plausibler zu sein als alle Spekulation auf Kleists dekonstruktive zeichentheoretische Ambitionen oder das Postulat geschichtsphilosophischer Theoriebildung.

In doppelter Weise verhält sich der titelgebende Krug der Komödie insofern zur Geschichte: Seine Bebilderung hält zum einen das historische Geschehen ästhetisch gegenwärtig. Denn ausdrücklich weist Marthe darauf hin, daß es der „Krüge schönster" sei, der nun „entzwei geschlagen." Doch diese ästhetische – im Wortsinn dieses Begriffs – Repräsentation, die die Vergangenheit am Leben erhält, bringt es mit sich, daß auch der Bruch des Krugs bedeutungsträchtig wird. Er gerät im durchaus schlüssigen Gegenzug ebenso zu einem Sinnbild der Vergänglichkeit aller der Zeit unterworfenen Dinge und wird schließlich sogar zu einem symbolischen Beleg für die gerechte Strafe, die einem Übeltäter in der Geschichte zuteilwird: „Den hat der Teufel ganz und gar geholt."

Zum ersten Mal begegnet uns damit, wie erwähnt, das symbolische Potential, das im Titel von Kleists Lustspiel angelegt ist, im Hinblick auf den sprichwörtlichen zerbrochenen Krug dieser Komödie. Werfen wir deshalb einen Blick auf den Ursprung seiner sinnbildlichen Bedeutung.

Die Redeweise „Der Krug geht solange zum Brunnen, bis er zerbricht" ist, wie gesagt, biblischen Ursprungs und stammt aus dem alttestamentlichen Buch *Der Prediger Salomo (Kohelet)*. Der Sinn, den diese Worte im *Alten Testament* besitzen, ergibt sich aus dem Zusammenhang, in dem sie dort stehen:

> Denk an deinen Schöpfer in deiner Jugend, ehe die bösen Tage kommen und die Jahre sich nahen, da du wirst sagen: „Sie gefallen mir nicht"; ehe die Sonne und das Licht, Mond und Sterne finster werden und Wolken wiederkommen nach dem Regen, – zur Zeit, wenn die Hüter des Hauses zittern und die Starken sich krümmen und müßig stehen die Müllerinnen, weil es so wenige geworden sind, und wenn finster werden, die durch die Fenster sehen, und wenn die Türen an der Gasse sich

schließen, dass die Stimme der Mühle leiser wird, und wenn sie sich hebt, wie wenn ein Vogel singt und alle Töchter des Gesanges sich neigen, wenn man vor Höhen sich fürchtet und sich ängstigt auf dem Wege, wenn der Mandelbaum blüht und die Heuschrecke sich belädt und die Kaper aufbricht; denn der Mensch fährt dahin, wo er ewig bleibt, und die Klageleute gehen umher auf der Gasse; – ehe der silberne Strick zerreißt und die goldene Schale zerbricht und der Eimer zerschellt an der Quelle und das Rad zerbrochen in den Brunnen fällt.[34]

Der zerbrochene Krug tritt im *Alten Testament* als ein sinnfälliges Symbol der Vergänglichkeit in Erscheinung, die vor allem das dem Tode geweihte Leben der Menschen in den Mittelpunkt rückt. Dazu paßt es, wenn er in Marthe Rulls Worten durch die Überblendung von Darstellung und Dargestelltem eine gleiche Bedeutung gewinnt, indem der Bruch *ihres* Krugs den Vergangenheitscharakter des auf seiner Oberfläche dargestellten historischen Geschehens hervortreten läßt.[35] Und

---

[34] Prediger 12,1-6., hier zitiert nach: *Die Bibel*, nach der Übersetzung Martin Luthers, hg. von der Evangelischen Kirche in Deutschland, Stuttgart: Deutsche Bibelgesellschaft, 1999, *Das Alte Testament*, S. 664. Während in Luthers Übersetzung von einem Eimer die Rede ist, hat sich in der sprichwörtlichen Adaptation dieser Bibelstelle die Vorstellung von einem Krug verfestigt. Dieser Sachverhalt erklärt sich von daher, daß in der *Vulgata* an dieser Stelle der Begriff *hydria* verwendet wird, der den Wasserkrug bezeichnet. Übrigens hat es den Anschein, als fände sich auch im *Zerbrochnen Krug* ein versteckter Hinweis auf das Buch des *Alten Testaments*, auf das sich der betreffende Bibelspruch zurückführen läßt. Als sich Dorfrichter Adam für die Sitzung des Gerichts fertigmachen muß, fehlt die ihm – im Zuge seiner nächtlichen Erlebnisse – abhanden gekommene Perücke. Um Abhilfe zu schaffen, sinnt man auf diejenigen Personen in Huisum, die leihweise Ersatz zur Verfügung stellen könnten; denn ohne ein solches Utensil scheint die Autorität des Amtsträgers arg beschädigt zu sein. Da kommt Gerichtsrat Walter jemand in den Sin, der vielleicht aushelfen könnte. „W a l t e r. Kann jemand anders hier im Orte nicht –? / A d a m. Nein, in der That – Walter. Der Prediger vielleicht. Adam Der Prediger? Der – (V. 381-383). Nicht zuletzt die – erstaunte – Wiederholung dieses Begriffs scheint eine besondere Aufmerksamkeit auf ihn lenken zu sollen, die sich womöglich aus dem angedeuteten Bezug zur Herkunft des im Titel zitierten Bibelwortes erklärt.

[35] Mir fällt es allerdings schwer, in Marthes Bildbeschreibung einen Befund wie den folgenden wiederzufinden: „Die Charakterisierung der Jetztzeit als der Zeit der Herrschaft des Lügensystems wird auf dem Feld der Bildenden Kunst gegeben, in Frau Marthes großer Rede über den einst heilen und jetzt zerbrochenen Krug" (Bernhard Greiner, *Kleists Dramen und Erzählungen. Experimente zum ‚Fall' der Kunst*, Tübingen und Bern: Francke, 2000, S. 79.) Hier wie sonst gilt für Greiners Interpretation des *Zerbrochnen Krugs*, daß er dieses Stück in einen voraussetzungsreichen Theorieapparat einzufügen trachtet, in dessen Windungen man dieses Lustspiel nicht ohne Mühen wiedererkennt, sofern dies überhaupt gelingt. So bleiben etwa dauerhafte Zweifel bestehen, ob sich Kleists Komödie kurzerhand in eine Allegorie einer Kategorie von Kants *Kritik der Urteilskraft* und ihrer Ästhetik wird übersetzen lassen: „Frau Marthe Rull also will von der sinnlichen Anschauung, als wie brüchig diese auch schon erwiesen sein mag,

wenn die sprichwörtliche Verwendung dieses Gefäßes auch besagen kann, daß ein Unrecht irgendwann seine Bestrafung erfährt, dann findet auch diese Facette seiner Bedeutung in Marthes Bewertung des Schicksals des Erzbischofs von Arras seine Einlösung.

---

zur Idee gelangen, zur Idee ‚Recht', die identisch wäre mit Eves Ehrenhaftigkeit" (ebd., S. 81). Wie wir des Näheren noch bemerken werden, ist „Frau Marthe Rull" das Recht als solches allem Anschein nach allerdings nicht sonderlich wichtig, wo nicht herzlich gleichgültig. Sie nutzt die Justiz vielmehr als ein Instrument zur Verteidigung resp. Durchsetzung ihrer Interessen (welcher Sachverhalt sich nicht zuletzt darin äußern wird, daß Eves Ehrenhaftigkeit ihr keineswegs als Recht gilt, sondern als Voraussetzung von Sozialprestige von Belang ist). Daß sie also zur „Idee ‚Recht'" gelangen will, diese Annahme findet in der Handlung des Stücks wenig Unterstützung. Die allegorische Struktur, die der *Zerbrochne Krug* in Greiners Interpretation auf diese Weise gewinnt, kommt in seiner Deutung nicht zuletzt dadurch zum Vorschein, daß er theoretische Konstellationen in Intentionen der Akteure des narrativen Geschehens übersetzt. Dies führt dann dazu, daß – ausgerechnet, möchte man beinahe sagen – die keineswegs törichte, aber, weiß Gott, nicht übermäßig subtile Marthe Rull „von der sinnlichen Anschauung ... zur Idee gelangen" will, womit sie vermutlich denn doch ein wenig überfordert wäre. Diese irritierende Auflösung der Narration der Bühnenhandlung in eine Allegorie der Theorie aber offenbart brennpunktartig die Fallstricke einer literarischen Hermeneutik, in der die Koordinaten dieser Praxis letztlich umgekehrt werden. Interpretationen literarischer Werke zielen darauf, ihnen eine nicht evidente Bedeutung zu erschließen. Dabei zählt es zu den spezifischen Merkmalen dieser Hermeneutik, daß sie zumeist erzählende Rede in expositorische Rede übersetzt, die als Erläuterung narrativer Logik fungiert. Es ist deshalb signifikant für das Vorgehen Greiners, daß er sich damit nicht begnügt, eine entsprechende Erklärung bereitzustellen, sondern theoretische Kategorien in die Narration selbst hinein verschiebt und zu Motivationen der Handlung der Akteure des Geschehens erklärt. Man mag das vordergründig für nichts anderes als ein rhetorisches (und insofern konzeptuell belangloses) Verfahren begreifen. Doch eine solche Erklärung griffe zu kurz. Denn dieser rhetorische Gestus bildet ein Symptom dessen, was ich als die Inversion hermeneutischer Praktiken bezeichnet habe. Die Suche nach einer aus der Struktur der Narration zu rekonstruierenden Erklärung ihrer Logik mutiert vermittels einer solchen Deutung zum interpretatorischen Octroi einer Theorie, deren Pertinenz für den zu deutenden Text schlicht vorausgesetzt wird, weshalb der betreffende Text an diese Theorie – whatever it takes – angepaßt, resp. ihr subsumiert werden muß. Greiners rhetorische Operation erscheint insofern als eine besonders radikale, aber damit zugleich ebenso riskante wie instruktive Form einer entsprechenden hermeneutischen Adaptation des *interpretandum* an das je schon vorausgesetzte *interpretans*. Strukturell betrachtet, ließe sich, wie nur im Vorübergehen vermerkt sei, ein solches – in der Literaturwissenschaft der Gegenwart äußerst verbreitetes – Verfahren übrigens ziemlich genau als eine Wiederkehr mittelalterlicher Allegorese beschreiben: Deutung beruht auf der Durchsetzung eines Wahrheitstextes an einem (resp. jedem) anderen Text. Und weil dessen schlechthin gültige Wahrheit vorausgesetzt werden kann, bedarf es auch keiner sonderlichen Bemühungen um den Nachweis seiner Pertinenz im jeweils konkreten Fall.

Indessen ist für Kleists Komödie in Marthe Rulls Beschreibung nicht nur die konkrete Bedeutung der symbolischen Dimension des Krugs von Belang, ebenso gilt es, das Faktum hervorzuheben, daß die Schilderung der im Bild vergegenwärtigten Geschichte mit ihrem Kommentar einhergeht. Beides scheint unauflöslich miteinander verbunden zu sein. Auch dies ist ein Aspekt jener Unvermeidlichkeit von Deutungen, die *Der zerbrochne Krug* – von seinem Titel an – allenthalben vorführt.

2.2. Erzählforschung

Der zerbrochene Krug ist in Kleists Komödie nicht nur durch die Erkundung der Repräsentation der Geschichte im Medium des Bildes mit ihr verbunden. Noch auf eine zweite Weise ist er mit der Geschichte verwoben. Denn er dient nicht nur als Träger ihrer Darstellung im Historienbild, er besitzt ebenso seine eigene Vergangenheit – seine eigene Geschichte.

Wiederum auffällig, ja verstörend präzise zählt Marthe Krull die Reihe der Vorbesitzer des Krugs auf, aus deren Händen er schließlich in die ihren gelangt ist:

> Frau Marthe.
> Den Krug erbeutete sich Childerich,
> Der Kesselflicker, als Oranien
> Briel mit den Wassergeusen überrumpelte.
> Ihn hatt' ein Spanier, gefüllt mit Wein,
> Just an den Mund gesetzt, als Childerich
> Den Spanier von hinten niederwarf,
> Den Krug ergriff, ihn leert', und weiter ging.
> Adam
> Ein würd'ger Wassergeuse.
> Frau Marthe.
> Hierauf vererbte
> Der Krug auf Fürchtegott, den Todtengräber;
> Der trank zu dreimal nur, der Nüchterne,
> Und stets vermischt mit Wasser aus dem Krug.
> Das erstemal, als er im Sechzigsten
> Ein junges Weib sich nahm; drei Jahre drauf,
> Als sie noch glücklich ihn zum Vater machte;
> Und als sie jetzt noch funfzehn Kinder zeugte,
> Trank er zum drittenmale, als sie starb.
> Adam.
> Gut. Das ist auch nicht übel.
> Frau Marthe.
> Drauf fiel der Krug
> An den Zachäus, Schneider in Tirlemont,
> Der meinem seel'gen Mann, was ich euch jetzt

Berichten will, mit eignem Mund erzählt.
Der warf, als die Franzosen plünderten,
Den Krug, samt allem Hausrath, aus dem Fenster,
Sprang selbst, und brach den Hals, der Ungeschickte,
Und dieser irdne Krug, der Krug von Thon,
Auf's Bein kam er zu stehen, und blieb ganz.
A d a m .
Zur Sache, wenn's beliebt, Frau Marthe Rull! Zur Sache!
F r a u M a r t h e .
Drauf in der Feuersbrunst von Sechs und sechszig,
Da hatt' ihn schon mein Mann, Gott hab' ihn selig –
A d a m .
Zum Teufel! Weib! So seid ihr noch nicht fertig?
F r a u M a r t h e .
– Wenn ich nicht reden soll, Herr Richter Adam,
So bin ich unnütz hier, so will ich gehn,
Und ein Gericht mir suchen, das mich hört.
W a l t e r .
Ihr sollt hier reden: doch von Dingen nicht,
Die eurer Klage fremd. Wenn ihr uns sagt,
Daß jener Krug euch werth, so wissen wir
So viel, als wir zum Richten hier gebrauchen.
(V. 680-715)

Diesmal sind es übrigens Gerichtsrat Walter und Dorfrichter Adam, die sich beide – und dies gleich mehrfach – über den mangelnden Belang der langatmigen Erzählung Marthes für den Prozeßverlauf beklagen. Und selbst nach Walters eindringlicher Mahnung zur Kürze ist die Geschichte des Krugs noch immer nicht zu Ende:

W a l t e r .
Gut denn. Zum Schluß jetzt. Was geschah dem Krug?
Was? – Was geschah dem Krug im Feuer
Von Anno sechs und sechszig? Wird man's hören?
Was ist dem Krug geschehn?
F r a u M a r t h e .
Was ihm geschehen?
Nichts ist dem Krug, ich bitt' euch sehr, ihr Herren,
Nichts Anno sechs und sechszig ihm geschehen.
Ganz blieb der Krug, ganz in der Flammen Mitte,
Und aus des Hauses Asche zog ich ihn
Hervor, glasirt, am andern Morgen, glänzend,
Als käm' er eben aus dem Töpferofen.
W a l t e r .
Nun gut. Nun kennen wir den Krug. Nun wissen

Wir Alles, was dem Krug geschehn, was nicht.
Was giebt's jetzt weiter?
Frau Marthe.
Nun diesen Krug jetzt seht – den Krug,
Zertrümmert einen Krug noch werth, den Krug
Für eines Fräuleins Mund, die Lippe selbst,
Nicht der Frau Erbstatthalterin zu schlecht,
Den Krug, ihr hohen Herren Richter beide,
Den Krug hat jener Schlingel mir zerbrochen.
Adam.
Wer?
Frau Marthe.
Er, der Ruprecht dort.
(V. 720-738)

Auch diese neuerliche (und nun ganz besonders markante) Überschüssigkeit von Marthe Rulls Erzählung gegenüber deren Beitrag zum Verständnis der Handlungslogik des *Zerbrochnen Krugs* verdient besondere Beachtung. Und für die Bestimmung ihrer Funktion ist es zweifellos von Belang, daß wiederum die Geschichte ins Spiel kommt, diesmal allerdings aus einer anderen Perspektive: nicht als bildlich vergegenwärtigte, sondern als erzählte tritt sie nun in Erscheinung.

In bemerkenswerter Weise verbindet sich dabei die große Geschichte, für die das Historienbild auf dem Krug stand und die durch ihre bedeutsamen Ereignisse bestimmt wird, mit Begebenheiten des alltäglichen Lebens.[36] Der dabei hergestellte Zusammenhang zwischen den beiden Ebenen von Vorkommnissen der Vergangenheit sehr unterschiedlichen Rangs nimmt sich ausgesprochen modern aus. In ihm scheint *in nuce* bereits das Interesse für eine Alltagsgeschichte vorwegge-

---

[36] Michael Mandelartz hat untersucht, wie sich auch in Marthes Erzählung vom Schicksal des Krugs die Geschichte der Niederlande spiegelt und sich damit fortsetzt, was in der bildlichen Darstellung der historischen Szene der Übergabe der Niederlande auf diesem Krug begonnen ist (Michael Mandelartz, „Die korrupte Gesellschaft. Geschichte und Ökonomie in Kleists *Zerbrochnem Krug*", in: *Kleist-Jahrbuch* 2008 / 2009, S. 303-323, hier S. 303ff.) Indessen sollte über diese treffende Beobachtung ein wesentlicher Unterschied in der Qualität des jeweiligen historischen Rückblicks nicht übersehen werden. Das gemalte Bild auf dem Krug stellt die große Geschichte als solche mit ihren Akteuren dar. Seine eigene Geschichte ist statt dessen deren Auswirkungen im Alltag gewidmet. Zu den Quellen Kleists vgl. Hinrich C. Seeba, „Overdragt der Nederlanden in't jaar 1555: Das historische Faktum und das Loch im Bild der Geschichte bei Heinrich von Kleist", in: *Barocker Lust-Spiegel. Studien zur Literatur des Barock. Festschrift für Blake Lee Spahr*, hg. von Martin Bircher, Jörg-Ulrich Fechner und Gerd Hillen, Amsterdam 1984, S. 409-443.

nommen, die die Geschichtswissenschaft erst sehr viel später als ein relevantes Gebiet historischer Forschung entdecken wird.[37]

Daß diese unterschiedlichen Dimensionen der Vergangenheit im *Zerbrochnen Krug* aufeinandertreffen resp. miteinander verbunden werden, scheint sich indessen nicht aus einem spezifischen historiographischen Interesse zu ergeben, sondern vielmehr aus der Kombination zweier Gattungsmodelle zu erwachsen. Die große Geschichte, die im Bild auf der Oberfläche des Krugs festgehalten ist, gehört in der Hierarchie der literarischen Genera der Sphäre des Epos und der Tragödie zu. Doch wird sie zu nicht mehr als dem Ausgangspunkt einer Geschichte, in der der Krug selbst zum ‚Protagonisten' avanciert – in der das „dumme Ding" der Komödie[38] *seine* (im Übrigen ziemlich kuriose) Geschichte bekommt. Auch anhand dieses Details wird ersichtlich, wie *Der zerbrochne Krug* gleichsam aus einer Tragödie herauswächst. Nicht nur in der Beziehung zu Sophokles' *König Ödipus* spielt die Handlung dieses Lustspiels vor dem Hintergrund der Gattung der Tragödie.

Was die große Geschichte angeht, so setzen die von Marthe Rull berichteten Ereignisse mit einer Folge der auf dem Krug dargestellten Übergabe der niederländischen Provinzen an die spanische Krone ein, gehört sie doch in den Zusammenhang des Freiheitskampfes der Niederländer. Erst als ein „Wassergeuse", also einer der Freibeuter, die für ihren Kampf um Unabhängigkeit eine besondere Bedeutung besaßen, sich diesen Krug anzueignen vermag, aber setzt die Geschichte des Krugs selbst an. Was diesem Moment vorauslag, scheint uninteressant oder ist unbekannt. Jedenfalls bleibt die Geschichte des Krugs eine nur ausschnitthafte. Ihr erzählter Beginn fällt folglich nicht mit ihrem tatsächlichen Anfang zusammen.[39]

---

[37] Peter Borscheid, „Alltagsgeschichte – Modetorheit oder neues Tor zur Vergangenheit", in: *Über das Studium der Geschichte*, hg. von Wolfgang Hardtwig, München: dtv Wissenschaft, 1990, S. 389–407.

[38] Als kanonisches Beispiel für die Karriere eines Alltagsgegenstands in der Gattungstradition läßt sich das Kästchen in Plautus' Komödie *Cistellaria* anführen. Zu den Gemeinsamkeiten des *Zerbrochnen Krugs* mit Versatzstücken der antiken Komödie siehe Ewald Rösch, „Bett und Richterstuhl. Gattungsgeschichtliche Überlegungen zu Kleists Lustspiel", in: *Kritische Bewahrung. Beiträge zur deutschen Philologie. Festschrift für Werner Schröder zum 60. Geburtstag*, hg. von Ernst-Joachim Schmidt, Berlin: Erich Schmidt, 1974, S. 434-475. Selbst für wesentliche Charakterzüge des Protagonisten Dorfrichter Adam findet sich dort ein Modell: „Wie die Dickbauch-Figur im antiken Mimus […] so ist auch Adam (wie Falstaff) von einer doppelten Begehrlichkeit getrieben, von der Lust am Essen und Trinken und vom Appetit auf erotische Reize" (ebd., S. 457).

[39] Mit diesem anfangslosen Beginn der Geschichte des Krugs kontrastiert indessen der Name des Wassergeusen, der ihn zu erbeuten weiß, heißt dieser Kesselflicker doch Childerich. Mit diesem Namen wird weit ins Mittelalter zurückgegriffen, ins frühe Mittelalter genauer gesagt. Er verweist auf den Merowinger Childerich, den Vater Chlodwigs und damit den ersten bekannten König aus diesem Geschlecht (sein Grab ist übrigens nur wenige Jahrzehnte vor dem fiktiven Zeitpunkt der Handlung des *Zerbrochnen*

Für diese Geschichte gelten andere Relevanzkriterien als das Merkmal ihrer Vollständigkeit.

Und offensichtlich, weil es sich um die große Geschichte handelt, findet ihre Erzählung zunächst sogar Zustimmung bei denen, die sich über Marthe Rulls ausufernde Einlassungen beklagen – und dies, obwohl von Beginn an nicht ersichtlich ist, worin der Zusammenhang ihres Berichts mit dem Anliegen des Prozesses bestehen soll. Doch in gleichsam nationaler Selbstzufriedenheit spendet Adam anfänglich Beifall: „Ein würd'ger Wassergeuse". Die große Geschichte aber tritt auf diese Weise zugleich in Gestalt einer Anekdote in Erscheinung: Der Wassergeuse entwendet den Krug einem Spanier, als der ihn gerade zum Trinken an den Mund ansetzt: eine zweifellos komödientypische wie -taugliche Szene.

Der Fortgang der Geschichte verliert sich im Episodischen, so in der Erzählung vom Nachbesitzer dieses Kesselflickers, einem (dem biblischen Sinn des zerbrochenen Krugs ungleich näherstehenden) Totengräber, der nur dreimal, an wichtigen Stationen seines Lebens, aus ihm trank und sich vor allem dadurch auszeichnete, daß er in späten Jahren reichlichen Vaterfreuden mit einer jungen Frau, die er überlebte, entgegensehen (und damit im Blick auf seinen Beruf eine nachgerade widersinnige Vitalität unter Beweis stellen) durfte. Auch das gehört offensichtlich zu dem Stoff, aus dem ein Lustspiel gemacht sein könnte.

Diesmal ist es der Unterhaltungswert dieser kuriosen Geschichte, der ein weiteres Mal die Zustimmung des Dorfrichters herausfordert: Das Vergnügen an den nicht alltäglichen, weil höchst kuriosen Begebenheiten überspielt noch einmal die Funktionslosigkeit dieser Erzählung für den Prozeß. Ihre Ästhetik macht den Mangel ihres pragmatischen Zwecks wett und ähnelt *insoweit* der malerischen Dar-

---

Krugs in den Spanischen Niederlanden aufgefunden worden). Auch die Namensgebung holt mithin die Geschichte in die Gegenwart hinein. Sie ist ihrerseits ein Mittel zur Repräsentation von Vergangenheit. Auch mit dem Beruf dieses Namensträgers hat es im Übrigen eine bestimmte Bewandtnis für die Handlung der Komödie. Denn die Geschichte des Krugs, die mit dessen Scherben vor Gericht endet, setzt mit einem Kesselflicker ein, mit jemandem also, der gerade zu Bruch gegangene Gefäße repariert. Und so steckt in diesem Childerich *implicite* die Frage, ob man auch den nun beschädigten Krug nicht noch flicken könnte. Eve, die Tochter der Klägerin, weist auf diese Möglichkeit jedenfalls ausdrücklich hin: „E v e . Mutter! / Laßt doch den Krug! Laßt mich doch in der Stadt versuchen, / Ob ein geschickter Handwerksmann die Scherben / Nicht wieder euch zur Lust zusammenfügt" (V. 478-481). So liegt die Frage nahe, ob wir es hier nicht mit einem ersten Hinweis auf die mangelnde Unausweichlichkeit zu tun haben, die im biblischen Ursprung des Sprichworts „Der Krug geht so lange zum Brunnen, bis er zerbricht" für dieses irdene Gefäß statt dessen vorausgesetzt wird. Weitere Elemente der Geschichte, die Marthe Rull über seine ereignisreiche Vergangenheit erzählt, werden übrigens in eine gleiche Richtung deuten. (Daß die Mutter den von Eve ins Spiel gebrachten Vorschlag einer Reparatur des beschädigten Kruges allerdings ablehnt, hängt wiederum mit seinem ebenso figürlichen Status, den das Gerät auch innerhalb der Handlung des Stücks besitzt, zusammen. Siehe hierzu des näheren unten S. 85).

stellung der Geschichte, die ebenfalls zum Zweck eines wesentlich ästhetischen Vergnügens auf der Oberfläche des Kruges angebracht ist – mit dem Unterschied, daß man es dort nicht mit Kuriosem, sondern eher mit Erhabenem zu tun hat.

Auch der ausufernde Bericht über die Geschichte des Krugs erweist sich aus metapoetischer Sicht somit als eine kleine Studie über den Status wie die Wirkung von Erzählungen. Er demonstriert zum einen den Zusammenhang zwischen der großen Geschichte und den Alltagsbegebenheiten der kleinen Leute. Er bringt zum Vorschein, daß die Geschichte, ihr *Kollektivsingular*, wie Reinhart Koselleck ihre um 1800 aufkommende Konzeption nennen wird,[40] gleichwohl in die vielen kleinen Geschichten zerfällt, in denen sie sich konkretisiert (und aus denen sie herausdestilliert wird). Die seit alters her der Sphäre des Alltäglichen zugerechnete Gattung der Komödie liefert, wie besprochen, die generischen Voraussetzungen, um diesen ‚Unterbau' der Weltgeschichte, den man der Tragödie vorbehalten hat, ins Bewußtsein zu heben.

Aber nicht nur auf die Struktur von Erzählungen fällt ein erhellender Blick in Marthe Rulls Erläuterung des (nun zerbrochenen) Krugs, auch die Effekte von Erzählungen werden dabei beleuchtet. So finden sie – ungeachtet ihrer situationellen Impertinenz – als nationale Erinnerungsgeschichten oder aufgrund der gefälligen Ungewöhnlichkeit ihres skurrilen Inhalts durchaus interessierte Zustimmung. Indessen hält eine solche ästhetische Wirkung offenkundig nicht lange an. Denn schon Marthes Bericht über den nächsten Besitzer („Zachäus, Schneider in Tirlemont") läßt den Richter mahnen, zur Sache zu sprechen – und dies, obwohl sein Inhalt kaum weniger kurios als der vorausgehende ist und sich erneut das Anekdotische mit der großen Geschichte verbindet. Gleichwohl fordert Adam, wenn auch zunächst noch moderat, Marthe Rull auf, Pertinentes für ihre Klage vorzutragen. Der ästhetische Reiz ‚impertinenter' Erzählungen erweist sich als eher kurzlebig.

Zu der impliziten ‚narratologischen' Studie, die sich aus den Berichten der Klägerin über das bewegte Schicksal des zerbrochenen Krugs herauslesen läßt, gehört nicht zuletzt die die Frage nach der Quelle der darin enthaltenen Informationen. Woher eigentlich weiß Marthe, was sie zum Besten gibt?

Diese Frage ist keineswegs nur von abstraktem Interesse. In einem Fall gibt die Klägerin die Herkunft ihrer Kenntnisse nämlich recht genau an: Der Schneider Zachäus hat „meinem seel'gen Mann, was ich euch jetzt berichten will, mit eignem Mund erzählt". Diese Auskunft hat jedoch einen dialektischen Effekt. Denn sie wirft im gleichen Zug die Frage auf, woher Marthe ihre anderweitigen Kenntnisse

---

[40] „Die Bedeutungsfülle und damalige Neuheit des Wortes Geschichte beruhte nämlich darauf, dass es sich um einen Kollektivsingular handelt. Bis in die Mitte des achtzehnten Jahrhunderts regierte der Ausdruck ‚die Geschichte' gemeinhin den Plural" (Reinhart Koselleck, "*Historia Magistra Vitae*. Über die Auflösung des Topos im Horizont neuzeitlich bewegter Geschichte", in: ders., *Vergangene Zukunft. Zur Semantik geschichtlicher* Zeiten, Frankfurt am Main: Suhrkamp, 1992, S. 38–66, hier S. 50).

bezieht. Darüber aber erfährt man nichts, die Quelle des betreffenden Wissens bleibt ungewiß, und so lassen sich Dichtung und Wahrheit im Bericht über die Geschichte des Krugs schwer voneinander unterscheiden.

Kaum zufällig berührt sich diese Informationslücke mit derjenigen, die Kleist in seiner *Vorrede* zum *Zerbrochnen Krug* zu erkennen geben wird. Auch in diesem (Para-)Text wird die Behauptung der historischen Verbürgtheit jener Szene, die auf dem dort beschriebenen Stich zu sehen war und die die Anregung zu seiner Komödie geliefert haben soll, im Grunde ein ungedeckter Wechsel bleiben.[41]

Auch im Blick auf das, was Marthe Rull über das Schicksal des zerbrochenen Krugs zu erzählen weiß, gilt *(mutatis mutandis)*, was das im Titel von Kleists Komödie zitierte alttestamentliche Sprichwort besagt: „Der Krug geht so lange zum Brunnen, bis er zerbricht." Doch diesmal ist sozusagen die materielle Basis dieser Redensart auf den Prüfstand gestellt. Denn der nun beschädigte Krug hat zweifellos nicht nur eine bewegte Geschichte hinter sich, in ihren turbulenten Ereignissen hat er vielmehr über lange Zeit eine bemerkenswerte, ja nachgerade stupende Widerständigkeit an den Tag gelegt.

Wie oft hätte er nicht schon vorher zerbrechen können! Als der Kesselflicker Childerich den Spanier umwarf, als der Schneider Zachäus ihn aus dem Fenster warf, wäre seine Beschädigung mehr als naheliegend gewesen, und selbst den großen Brand von 1666 hat er überstanden, um erst bei den vergleichsweise harmlosen Vorkommnissen in der Nacht vor der Gerichtsverhandlung zu Bruch zu gehen. Gemessen an allem, was diesem Krug bereits widerfahren ist, erscheint es nachgerade überraschend, daß er auch diese Begebenheit nicht ebenso unversehrt wie alles Bisherige überlebt hat. Seiner unter diesen Umständen erfolgenden Zerstörung eignet im Spiegel seiner eigenen Geschichte deshalb etwas unübersehbar Kontingentes. Auch darin steckt eine gewisse, um nicht zu sagen: demonstrative Relativierung der dem sprichwörtlich gewordenen biblischen Vergleich gemeinhin zugesprochenen Bedeutung. Denn im *Alten Testament* wird der Bruch des Kruges zu einem Sinnbild der Unausweichlichkeit des Todes.[42]

Die umfänglichen Aussagen, die Marthe Rull hier am Beginn des Prozesses macht, kreisen allesamt um die Geschichte und das Erzählen, wobei nicht zuletzt der Zusammenhang zwischen beidem – zwischen *der* Geschichte und den (vielen) Geschichten – erkundet wird. Was aus der Logik der Handlung herausfällt, erweist sich, wie besprochen, gerade in seiner Überschüssigkeit als ein Fingerzeig auf die grundsätzlichen, über den einzelnen Fall hinausweisenden Fragen, die in Kleists Lustspiel vermittels der Handlung dieses Stücks unausdrücklich erörtert werden. Was für den Fortgang des Geschehens selbst belanglos wirken oder zumindest in seinem Umfang wie seiner Detailliertheit für einen solchen Zweck überreichlich

---

[41] Siehe hierzu unten Abschnitt 2.3.
[42] Siehe in diesem Sinn bereits oben S. 35.

erscheinen mag, enthält insofern sprechende Hinweise auf die Deutung der Wirklichkeit, die die Welt im *Zerbrochnen Krug* vermittels ihrer Gestaltung durch diese Komödie erfährt.

Gleich mehrfach ist der titelgebende Krug in die Geschichte verwickelt, und zwar in zweifacher Hinsicht: als Träger einer bildlichen Repräsentation historischer Ereignisse wie als Besitz einer stattlichen Serie von verschiedenen Eigentümern, in denen sich der Fortgang der Geschichte manifestiert. Beide Verwicklungen in die Vergangenheit, die sich im zerbrochenen Krug der Komödienhandlung überkreuzen, sind, wie besprochen, von unterschiedlicher Art, werden mit ihnen doch die kleine und die große Welt einander gegenübergestellt.

Während der Krug zum einen in eine narrative Ordnung gehört, in der sich das Alltägliche mit der großen Geschichte überkreuzt und in der auch die Ereignisse ihren Ort haben, die dem auf die Bühne gebrachten Prozeß vorausgehen und ihn selbst veranlassen, bringt er mit seiner Bebilderung die große Geschichte zur Darstellung. An diesem Krug entfaltet sich deshalb auch eine mediale Differenz des Umgangs mit der Vergangenheit. Wiewohl er selbst vermutlich besser in ein Genrebild paßte, bringt er doch auf seiner Oberfläche das bedeutsame Ereignis zur Anschauung. Seine eigene symbolische Bedeutung aber gewinnt er gerade, resp. erst durch seine Zerstörung. Sie ist es, die ihn in den Mittelpunkt jener Geschichte holt, um die sich das Geschehen von Kleists Drama rankt, das im Spiegel einer Vielzahl von Geschichten seinen Sinn gewinnt. Und an *dieser* Bedeutung scheint sich gerade die Unvermeidlichkeit zu bestätigen, die der biblische Vergleich mit dem zerbrochenen Krug seiner Zerstörung bescheinigen möchte; denn der Fluß der Zeit ist so gewiß wie der Tod, der ihrer Vergänglichkeit geschuldet ist. Der von uns bemerkten Relativierung des biblischen Sinns, den der Bruch eines Krugs im *Alten Testament* gewinnt, steht in Kleists Komödie also durchaus auch dessen Bestätigung gegenüber. Eine solche hermeneutische Ambivalenz des titelgebenden Requisits dieses Stücks aber gehört ihrerseits zu dem Spiel um die Deutung von Geschichte(n), das sein Lustspiel in verschiedener Hinsicht entfaltet.

Das *fait divers*, das die Komödienhandlung konstituiert – ein Dorfrichter, der unter dem Einfluß gehörigen Alkoholgenusses unziemlich über die Stränge schlägt und in die mißliche Lage gerät, den daraus resultierenden Prozeß in eigener Sache führen zu müssen – ist vom Titel des Dramas an in den Zusammenhang vieler Geschichten geholt, die den lokalen Vorfall auch mit der großen Geschichte verbinden. Denn der Krug – eine, wie gesagt, typische Komödieningredienz: das dumme Ding, das umständehalber eine ihm anderweitig kaum zukommende prominente Rolle zu spielen beginnt – gewinnt schon durch den Titel und seine Bezugnahme auf ein Sprichwort mehr als nur *eine* zeichenhafte Qualität.[43] Seine

---

[43] Handelt man von der Sphäre der Dinge im *Zerbrochnen Krug*, so scheint mir eine Berücksichtigung dieses gattungstypischen Aspekts unverzichtbar zu sein. Insoweit bedürfte das Urteil von Margrit Vogt und Carl Niekerk einer gewissen Korrektur: „Über die Dinge erfahren wir als Zuschauer/innen oder Leser/innen die Wahrheit des Körpers,

symbolische Bedeutung umfaßt eben auch das allgemeine Muster für eine Geschichte (wo nicht jede Geschichte) und ihren Verlauf. Und von allem Anfang an spielt die Handlung, unter reiflicher Ausnutzung des Vornamens des Protagonisten, Adam, auf die biblische Sündenfallgeschichte an – einen Anfang *aller* Geschichte –, um auch die Frage nach deren Bedeutung für das vorliegende Geschehen zum Thema zu machen.[44] Nicht anders steht es um die Ähnlichkeit des zentralen Handlungsmotivs, des Richters, der in eigener Sache verhandelt, zu Sophokles' Tragödie *König Ödipus*. Auch mit den unverkennbaren Bezügen zu dem antiken Drama ist die Frage nach der Bedeutung dieser mythischen Geschichte für den *Zerbrochnen Krug* aufgerufen.

Damit handelt es sich zugleich um konkurrierende Deutungsmuster, die dabei involviert sind. Geschehen also gerät im *Zerbrochnen Krug* unmittelbar in den Horizont einer Deutung mit Hilfe anderer Geschichten.[45] Die Wahrnehmung allen

---

die sich hinter der Farce des Recht-Sprechens verbirgt. Allein der Aussagekraft der Dinge obliegt es im Endeffekt, die Figuren zu bestätigen oder zu überführen, und die bislang weitgehend verleugnete Dingwelt in ihr Recht zurückzusetzen. Denn die Materialität und buchstäbliche Schlagkraft der Dinge lässt sich nicht lange leugnen, wenn die Spur, die sie hinterlassen, sichtbar oder gar schmerzhaft ist" (Margrit Vogt / Carl Niekerk, „Die widersprüchliche Ordnung der Dinge. Objekte, Körper und Identitäten in *Der zerbrochne Krug*, *Amphitryon* und den Kant-Briefen", in: *Kleist-Jahrbuch* 2015, S. 130-149, hier S. 137). Die Karriere des Dings in der Komödie betrifft in der Tradition der Gattung allerdings nicht irgendeine ‚Wahrheit' des Körperlichen, sondern gehört zu der für sie typischen Inversion von Hierarchien der Lebenswelt, die die ‚verkehrte Welt' dieses literarischen Genres kennzeichnen. (Zu diesem Begriff siehe: Ernst Robert Curtius, *Europäische Literatur und lateinisches Mittelalter*, Bern / München: Francke, [10]1984, S. 104-108.) Daß ein solches gattungstypisches Erbe im *Zerbrochnen Krug* nun zugunsten einer Demonstration der „Wahrheit des Körpers" umbesetzt werde, scheint mir schon deshalb nicht plausibel, weil ja gerade das titelgebende Requisit nicht nur in zeichenhafter Funktion seinen Belang gewinnt, sondern, wie wir im Einzelnen noch sehen werden, für Marthe Rull zugleich als Substitut des eigentlichen Grunds ihrer Klage bei Gericht fungiert und für den Verdacht verlorener Ehre steht. (Gerade im Hinblick auf die Spekulationen über die Jungfräulichkeit von Eves Körper nach den Ereignissen der bewußten Nacht zeigt sich im Übrigen, wie nachrangig die Körperlichkeit als solche in der Welt des *Zerbrochnen Krugs* bleibt. Was zählt, ist einzig ihre Bedeutung für den Wert einer – weiblichen – Person in der Währung ihres Sozialprestiges.) Und auch ansonsten gilt: Nicht die Materialität der Zeichen verbürgt deren ‚Wahrheit', vielmehr bedürfen sie stets einer Deutung, um an welcher ‚Aufklärung' auch immer teilhaben zu können. Bei allem Interesse für das Körperliche im *Zerbrochnen Krug*, das wesentlich zu den Konventionen der Komödiengattung zählt, für irgendwelche Emanzipationsgeschichten des Körpers, die derzeit – und schon geraume Zeit – Konjunktur in der Literaturwissenschaft haben, bietet Kleists Lustspiel kein sonderlich geeignetes Anschauungsmaterial.

[44] Siehe hierzu genauer unten das Kapitel 5.
[45] Dies betrifft auch das vielfältige intertextuelle Spektrum von Kleists Komödie, dem wir in dieser Untersuchung nicht in seiner ganzen Vielfalt nachgehen können. Vor allem

Geschehens steht immer schon im Zeichen anderer Geschichten, die sich wechselseitig zu interpretieren vermögen – und zwar in der Tat wechselseitig. Auch die – große – Geschichte ist nicht nur Gegenstand von erbaulicher Darstellung und erheiternder Erzählung. Marthe Rulls Schilderung der bildlichen Repräsentation der Übergabe der niederländischen Provinzen an Philipp II. kam ebenso ohne eine Deutung dieser Geschichte nicht aus.

Die Geschichte stellt aber ebenso hermeneutische Präzedenzfälle zur Verfügung. Dafür zwei Beispiele aus dem *Zerbrochnen Krug*: Zur Betonung der Heftigkeit von Eves Verhalten in der fraglichen Nacht, in der sich das zur Verhandlung anstehende Geschehen ereignete, heißt es: „Als ob die Spanier im Lande wären" (V. 1673). Auch hierin kommt – nun übrigens aus umgekehrter Perspektive – noch einmal das Verhältnis zwischen der großen Geschichte und dem Alltagsgeschehen zur Sprache: Diesmal konkretisiert sich diese große Geschichte nicht im Anekdotischen, sondern umgekehrt bemißt sich das Alltagsverhalten am Modell der – großen – Geschichte. Um es mit einer Formulierung aus Goethes *Faust I* zu sagen: Die kleine und die große Welt spiegeln einander.

In diesem Sinn beschreibt auch Marthe Rull ihre in der betreffenden Nacht gemachten Beobachtungen mit einem entsprechenden, ins Allgemeine gewendeten Vergleich:

> Frau Marthe.
> Und schon die Lamp' im Bette wollt' ich löschen,
> Als laute Männerstimmen, ein Tumult,
> In meiner Tochter abgelegnen Kammer,
> Als ob *der* Feind einbräche, mich erschreckt.
> (V. 745-748)

Auch hier hat der Rückgriff auf die – an dieser Stelle auf ein allgemeines Muster („als ob *der* Feind")[46] zurückgeführte – Geschichte die Gewaltsamkeit des Vorfalls zu unterstreichen.

Die von uns beschriebene Konstellation der Beziehung von Geschichte(n) und Hermeneutik betrifft nicht zuletzt die Rekonstruktion der Geschehnisse, die in diesem Stück zur Verhandlung vor Gericht anstehen. Denn auch der Prozeß, der diesem Zweck im *Zerbrochnen Krug* gewidmet ist, gründet ja auf einer Hermeneutik von Zeugenaussagen, aus denen das Vorgefallene zu erschließen ist. Im vorliegenden Fall sieht sich diese Praxis mit besonderen Schwierigkeiten konfrontiert, weil

---

die ältere Forschung hat sich etwa für die Bezüge des *Zerbrochnen Krugs* zu Shakespeares Dramen interessiert. Siehe hierzu: Meta Corsen, *Kleist und Shakespeare*, Weimar: A. Duncker, 1930; John T. Krumpelmann, „Kleist's *Krug* and Shakespeare's *Measure for Measure*", in: *The Germanic Review* 26 (1951), S. 13-21 sowie ders., „Shakespeare's Falstaff Dramas and Kleist's *Zerbrochener Krug*, in: *Modern Language Quarterly* 12 (1951), S. 462-472.

[46] Hervorhebung A. K.

der Verhandlungsführer aus höchst durchsichtigen Gründen zunächst alles daransetzt, jegliche Deutung von Aussagen zu unterbieten und sich sodann bemüht, naheliegende Schlüsse bei der Deutung von Indizien zu verhindern, um statt dessen andere, ihm günstigere Konklusionen durchzusetzen. Der Fall ist vor allem deshalb besonders komplex, weil unterschiedliche Deutungsinteressen miteinander konkurrieren. Aber gerade dadurch richtet sich das hermeneutische Interesse der Beobachter von Adams irritierendem Agieren nicht zuletzt auf dieses Verhalten selbst. Die Abweichung vom üblichen Verfahren der Verhandlungsführung setzt ihrerseits eine Hermeneutik des Verdachts in Gang, die den Absichten des gefallenen Richters unweigerlich zuwiderläuft – und am Ende zu seiner Enttarnung nicht unerheblich beitragen wird. Adams Verweigerung aller Deutung von Zeugenaussagen schlägt in die Frage nach der Ursache dieser Verweigerungshaltung um.

Schon sehr früh im Lauf des Prozesses bringt Gerichtsrat Walter in diesem Sinn seine Verwunderung über Adams Vorgehensweise in einer Bemerkung zum Ausdruck, die bereits das Ergebnis vorwegnimmt, das am Ende des Verfahrens tatsächlich ans Licht kommen wird. Doch kann er in diesem Moment kaum ahnen, wie treffend er das Verhalten des Dorfrichters interpretiert und das wahre Motiv von dessen verwirrender „Aufführung" sehr genau beim Namen nennt:

> Walter.
> Von eurer Aufführung, Herr Richter Adam,
> Weiß ich nicht, was ich denken soll. Wenn ihr selbst
> Den Krug zerschlagen hättet, könntet ihr
> Von euch ab den Verdacht nicht eifriger
> Hinwälzen auf den jungen Mann, als jetzt. –
> (V. 820-824)

Wir werden auf diese – vorerst – unerkannt bleibenden Vorwegnahmen des Ergebnisses des in eigener Sache geführten Prozesses zurückkommen.[47]

2.3. Die Geburt der Komödie aus der Deutung eines Bildes

In Anbetracht einer solchen für den *Zerbrochnen Krug* charakteristischen Verdichtung der Frage nach dem Geschehen und seiner Deutung, verbunden mit einer Erkundung verschiedener medialer Formen der Bewahrung vergangener Ereignisse, gewinnt es einen besonderen Stellenwert, daß Kleist schon im (*Vorrede* genannten) Vorwort zu seinem Lustspiel[48] einen Zusammenhang zwischen dessen

---

[47] Siehe Kapitel 4.4.
[48] Diese *Vorrede* findet sich nur in Kleists Manuskript des *Zerbrochnen Krugs*, nicht in der Buchversion des Stücks. Dennoch verdient sie eine heuristische Aufmerksamkeit, da ihr Inhalt vergleichbaren Phänomenen innerhalb der Komödie, vor allem Marthe

Handlung und einer bildlichen Darstellung herstellt. Seinem Bericht zufolge bildet ein Kupferstich, auf den er bei einer Reise in die Schweiz gestoßen sei, den Ausgangspunkt seiner Komödie. Und nicht nur erklärt er, von dem dort Dargestellten zu seinem Stück angeregt worden zu sein, ebenso führt er im Wortlaut der *Vorrede* vor, auf welche Weise er die gesamte Handlung seines Lustspiels aus dem Bild herausgelesen habe.

Vergleichen wir diese Auskünfte der *Vorrede* mit der Beziehung zwischen dem Bild und der Erzählung, die uns in Marthe Rulls Schilderung der Bemalung des Krugs begegnet ist, so handelt es sich in beiden Fällen um eine jeweils umgekehrte Relation zwischen den beiden Medien: Marthe Rull deutet ein Bild mithilfe einer bekannten historischen Erzählung, die über das Dargestellte Auskunft gibt und es deshalb zu entschlüsseln erlaubt. Kleist stellt sich hingegen als einen Bildbetrachter dar, der aus einem Bild eine – anderen wie ihm selbst – unbekannte Geschichte allererst rekonstruieren möchte. Beide Medien sind insofern im Vergleich der beiden Deutungsverfahren einander in symmetrischer Verkehrung ihres jeweiligen Verhältnisses zugeordnet und eröffnen dadurch auch unterschiedliche Lizenzen der Interpretation.

Die Informationen der *Vorrede* erschöpfen sich deshalb nicht in einer Auskunft über die Entstehung der Komödie. Denn die Gestaltung dieser literarischen Handlung durch den Autor stellt den Worten des – unveröffentlichten – Vorworts zufolge bereits das Ergebnis einer Rekonstruktion dar, die mit dem Prozeß einer Deutung zusammenfällt. Dem stillschweigenden, dem Zuschauer schon mit dem Titel des Stücks erteilten Auftrag zur Interpretation von dessen Handlung, korrespondiert gleichsam am anderen Ende, auf Seiten des Autors und seiner Produktion des Stücks, die Behauptung, daß bereits die in diesem Lustspiel auf die Bühne gebrachten Ereignisse ihre Existenz dem Verfahren einer Deutung verdanken.

Im Hinblick darauf bleibt es letztlich gleichgültig, ob Kleist hier wahrheitsgetreu über den tatsächlichen Ursprung seines *Zerbrochnen Krugs* berichtet. Entscheidend für das Verständnis dieser Komödie ist vielmehr der Umstand, daß ihr Verfasser mit diesem Hinweis schon die Entstehung seines Dramas in eine konzeptuelle Perspektive rückt, durch die die Genese des Stücks, dessen Struktur wie schließlich auch die ihm zugedachte Rezeptionsweise ineinander übergehen. Das verbindende Element zwischen ihnen besteht in der Deutung einer Geschichte.

Dabei kommt die Interpretation in verschiedenen Varianten vor. Sie manifestiert sich im Fall von Kleists Herleitung seiner Komödie aus dem Bild anders wie bei Operationen der Deutung innerhalb der Handlung des Stücks, so etwa bei der Vergewisserung über die Ereignisse der fraglichen Nacht im Rahmen des Gerichtsprozesses zu Huisum, die sich gleichfalls mit der Rekonstruktion dieser Geschichte verbindet. Bei Frau Marthes Bildbeschreibung doppelt sich der Vorgang der Deutung sogar gleichsam. Denn sie schildert nicht allein das dort dargestellte

---

Rulls soeben ausführlich untersuchter Schilderung der Bebilderung des Krugs, korrespondiert – und davon gleichermaßen in aufschlußreicher Weise abweicht.

Geschehen, sondern rekonstruiert mit ihren Worten, sondern kommentiert zugleich den historischen Vorgang, den die Bemalung zeigt. Nicht zuletzt deshalb kommt es ja zu der von uns beobachteten Interferenz zwischen der Schilderung des beschädigten Bildes und einer Erzählung des vergangenen Ereignisses.

Auch die Geschichte, die *Der zerbrochne Krug* auf die Bühne bringt, wird insofern zweimal erstellt: Sie wird – seiner Auskunft zufolge – vom Autor aus einem Bild herausgelesen und sie wird ebenso im Prozeß aus Zeugenaussagen ermittelt. Im Verhältnis zwischen der *Vorrede* und der Handlung des Stücks sind dabei wiederum die beiden Medien, das Bild und die Erzählung, nebeneinandergestellt, deren Kombination ebenso für Marthe Rulls Beschreibung des Kruges und den Bericht über seine Herkunft bestimmend ist, wie unsere Interpretation der betreffenden Szene im siebenten Auftritt der Komödie gezeigt hat.

Allerdings ergibt sich dabei zugleich ein wesentlicher Unterschied: Das Bild auf dem Krug stellt ein bekanntes historisches Ereignis dar, während dieses Bild selbst nur in der Fiktion von Kleists Lustspiel existiert. Umgekehrt existiert das Bild, von dem Kleist sagt, es habe ihn zu seiner Komödie inspiriert, tatsächlich, wie wir sogleich erörtern werden. Nur bleibt es ziemlich ungewiß, ob die dort dargestellte Szene sich je so abgespielt hat, wie es das Bild suggeriert (und Kleist dem Wortlaut der *Vorrede* zufolge mutmaßt). Aber situiert der Text des *Zerbrochnen Krugs* im Anschluß an die Nennung der *dramatis personae* nicht ebenso die in dem Stück auf die Bühne gebrachte Handlung an einem konkreten Ort, wobei die dabei Verwendung findende Formulierung es offen läßt, ob es sich um ein Geschehen handelt, das sich *de facto* ereignet hat oder der Phantasie des Autors entstammt: „Die Handlung spielt in einem niederländischen Dorfe bei Utrecht"?[49] Fast gewinnt man den Eindruck, als würden im und um den *Zerbrochnen Krug* systematisch verschiedene Varianten im Verhältnis von Fakten und Fiktionen durchgespielt.

Ordnet man die *Vorrede* also in die Koordinaten der verschiedenen hermeneutischen Beziehungen ein, die für den *Zerbrochnen Krug* und seine Handlung Bedeutung besitzen, so liest sich die *Vorrede* wie eine erste Rezeptionsanweisung für den Zuschauer (resp. Leser), der vorbereitend für den rechten – jedenfalls den von Kleist nahegelegten – Umgang mit seinem Lustspiel instruiert und auf die Spur eines angemessenen Verständnisses dieses Theaterstücks gesetzt wird, indem er – wenn auch unausdrücklich – auf die darin verhandelten Fragen aufmerksam gemacht wird.

So sehr eine wohl begründete historische Neugier durch die Bemerkung des Autors über die Herkunft des Stichs, dem er die Handlung des *Zerbrochnen Krugs* entnommen haben will, dazu ermuntert wird, seinen diesbezüglichen Angaben nachzugehen, eine weitgehende, wo nicht ausschließliche Konzentration auf diese Frage im Blick auf die *Vorrede* der Komödie bringt diesen (Para-)Text gerade um

---

[49] Kleist 1995, S. 8.

die erwähnte – unausdrückliche – rezeptionslenkende Funktion, die ihm für Kleists Lustspiel zukommt. Genau besehen, bleiben seine Auskünfte über die Umstände der Entstehung des *Zerbrochnen Krugs* kaum mehr als eine realistische Staffage für die latente hermeneutische Instruktion, die seiner *Vorrede* für ein rechtes Verständnis seines Stücks unterlegt ist.

Nicht nur das Faktum von Kleists Postulat einer Herleitung der Handlung des Lustspiels aus einem Stich ist deshalb von Belang für eine angemessene Rezeptionshaltung gegenüber seiner Komödie. Vor allem die genaue Charakteristik des betreffenden Zusammenhangs verdient besondere Aufmerksamkeit. Bei näherem Zusehen erweist sich nämlich gerade sie als höchst aufschlußreich für die Eigenart der hermeneutischen Beziehung zwischen dem Bild und seiner Deutung für die – resp. durch die – Komödie. (Auf diesen Unterschied, der mitten in die Eigenart der hermeneutischen Arbeit in dieser *Vorrede* führt, werden wir sogleich einzugehen haben.)

Die Darstellung, um die es sich handelt und über deren Herkunft Kleist selbst nur sehr generische (und zudem wenig zutreffende) Angaben macht, ist später als ein Kupferstich von Jean Jacques Le Veau nach einem Gemälde von Louis-Philibert Debucourt mit dem Titel *Le Juge, ou la cruche cassé*e identifiziert worden.[50] Doch wenden wir uns Kleists Schilderung des Bildes in der – unveröffentlichten – *Vorrede* selbst zu:

> Vorrede
> Diesem Lustspiel liegt wahrscheinlich ein historisches Factum, worüber ich jedoch keine nähere Auskunft habe auffinden können, zum Grunde. Ich nahm die Veranlassung dazu aus einem Kupferstich, den ich vor mehreren Jahren in der Schweiz sah. Man bemerkte darauf – zuerst einen Richter, der gravitätisch auf dem Richterstuhl saß: vor ihm stand eine alte Frau, die einen zerbrochenen Krug hielt, sie schien das Unrecht, das ihm widerfahren war, zu demonstriren: Beklagter, ein junger Bauerkerl, den der Richter, als überwiesen, andonnerte, vertheidigte sich noch, aber schwach: ein Mädchen, das wahrscheinlich in dieser Sache gezeugt hatte (denn wer weiß, bei welcher Gelegenheit das Delictum geschehen war) spielte sich, in der Mitte zwischen Mutter und Bräutigam, an der Schürze; wer ein falsches Zeugniß abgelegt hätte, könnte nicht zerknirschter dastehn: und der Gerichtsschreiber sah (er hatte vielleicht kurz vorher das Mädchen angesehen) jetzt den Richter mistrauisch zur Seite an, wie Kreon, bei einer ähnlichen Gelegenheit, den Ödip,[als die

---

[50] Gelungen ist diese Identifizierung schon im späten 19. Jahrhundert: Karl Siegen, *Heinrich von Kleist und der Zerbrochene Krug. Neue Beiträge,* Sondershausen: Faßheber, 1879, S. 99 sowie Theophil Zolling, *Heinrich von Kleist in der Schweiz*, Stuttgart: W. Speemann 1882, S. 36-43. Den vielfältigen und verwickelten Bezügen, in denen der von Kleist als Vorlage seines Stücks genannte Kupferstich steht, ist sehr umsichtig nachgegangen: Ernst Theodor Voss, „Kleists *Zerbrochner Krug* im Lichte alter und neuer Quellen", in: *Wissen aus Erfahrungen. Werkbegriff und Interpretation heute. Festschrift für Herman Meyer zum 65. Geburtstag,* hg. von Alexander von Bormann, Tübingen 1976, S. 338-370, siehe im Besonderen S. 339ff.

~~Frage war, wer den Lajus erschlagen?~~]. Darunter stand: der zerbrochene Krug. – Das Original war, wenn ich nicht irre, von einem niederländischen Meister.[51]

Stilistisch auffällig an dieser Deutung des Kupferstichs ist zunächst eine Häufung von Relativierungen der in ihrem Verlauf getroffenen Aussagen. Schon mit einer gleich doppelten Einschränkung solcher Art setzt die *Vorrede* ein: „Diesem Lustspiel liegt wahrscheinlich ein historisches Factum, worüber ich jedoch keine nähere Auskunft habe auffinden können, zum Grunde." Nicht nur die Doppelung der beiden relativierenden Syntagmen als solche („wahrscheinlich" sowie der gesamte Relativsatz) verdient indessen Beachtung. Ebenso ist ihr Verhältnis zueinander von Belang; denn sie widersprechen sich – wie wir sogleich diskutieren werden – in gewisser Weise. Um so schwächer erscheint deshalb die hier behauptete Tatsächlichkeit des in Frage stehenden Sachverhalts.

Einschränkende Formulierungen wie die hier untersuchten – („sie schien das Unrecht, das ihm widerfahren war, zu demonstriren" etc.) – durchziehen den gesamten Text dieser *Vorrede*. Und nicht nur kehrt das Adverb „wahrscheinlich" in seinem Verlauf wieder („ein Mädchen, das wahrscheinlich in dieser Sache gezeugt hatte" heißt es später), die Unsicherheiten in der Rekonstruktion der Umstände des

---

[51] Kleist 1995, S. 220.

bei Gericht zu ergründenden Geschehens kommen – gleichsam in einem *a parte*-Sprechen – dabei auch ausdrücklich zum Ausdruck: „(denn wer weiß, bei welcher Gelegenheit das Delictum geschehen war)". Bezeichnenderweise wird hier eine Wissenslücke benannt, die bis zum Schluß der Komödie bestehen bleiben wird; denn die genauen Umstände, unter denen der Krug zu Bruch gegangen ist, werden auch im Laufe des Gerichtsverfahrens nicht völlig aufgeklärt werden. Nicht zuletzt diese Ungewißheit wird das Potential seiner symbolischen – metaphorischen wie metonymischen – Bedeutung anreichern.

Die hier geltend gemachte Gemeinsamkeit zwischen dem, was sich dem Stich entnehmen läßt, und einem Kennzeichen der Handlung des *Zerbrochnen Krugs* enthält im Übrigen einen latenten Hinweis auf den grundsätzlichen Charakter der Relation zwischen dem Bild und Kleists Lustspiel. Seinen ausdrücklichen Einlassungen zufolge hat der Autor die Handlung des Stücks dem betreffenden Kupferstich entnommen. *De facto* stellt sich die Beziehung zwischen beiden bei näherer Betrachtung hingegen weithin genau umgekehrt dar. Kleist projiziert in beträchtlichem Maß nämlich den Verlauf der Handlung seiner Komödie *auf* dieses Bild. Die Deutung des Bildes vermittels der Rekonstruktion einer *aus* ihm herauszulesenden Geschichte erweist sich zu erheblichen Teilen als eine Applikation der Komödienhandlung *auf* dieses Bild. Und eben dieser Umstand gibt gleichsam den Blick auf die Logik eines solchen Deutungsprozesses frei.

Sucht man nach einer passenden Kennzeichnung dieser Verfahrensweise, so bietet sich der Begriff der Dialektik an: Explikation und Applikation gehen in kaum zu entwirrender Vermischung ineinander über. Die vorderhand unbekannte Bedeutung dessen, was zur Deutung ansteht, läßt sich – nur – mithilfe von Bekanntem erschließen. Und so greift Kleist auf denkbare Verhaltensmuster zurück, um mit narrativem Sinn auszustatten, was sich als synchrone Szenerie im Bild darbietet.

Die betreffende Logik der Interpretation tritt um so deutlicher hervor, als Kleist sich auf signifikant ‚gewagte' Deutungen einläßt; und gewagt sind sie deshalb, weil sie den sichtbaren Details des Stichs eine Fülle an Information zumuten, die die Evidenz des visuell Wahrnehmbaren zweifellos – aber vermutlich absichtsvoll – strapaziert. Doch zum anderen steht ebenso außer Frage, daß das auf dem Bild Dargestellte in der Tat nicht mehr als einen Ausschnitt bildet, daß es folglich eine Momentaufnahme bedeutet, die einen Augenblick aus dem Kontinuum eines seinerseits unsichtbaren Geschehens herauslöst, aus dessen Zusammenhang es sich erst verstehen läßt. Das Erfordernis seiner narrativen Ergänzung ist ihm insofern gleichsam eingeschrieben.

Die bereits zitierten eröffnenden beiden Sätze von Kleists *Vorrede*, deren Wortlaut sich bis ins Detail hinein als sehr genau kalkuliert und raffiniert kombiniert ausnimmt, erweisen sich deshalb bei genauerer Betrachtung als ausgesprochen aufschlußreich für die Logik der im Folgenden vorgenommenen – wie letztlich jeder – Interpretation: „Diesem Lustspiel liegt wahrscheinlich ein historisches Factum, worüber ich jedoch keine nähere Auskunft habe auffinden können, zum

Grunde. Ich nahm die Veranlassung dazu aus einem Kupferstich, den ich vor mehreren Jahren in der Schweiz sah."

Worauf gründet sich die Annahme, *Der zerbrochne Krug* habe ein „historisches Factum" zur Grundlage? Die diskursive Logik von Kleists Aussagen nötigt letztlich dazu, die bloße *Tatsache* einer Darstellung auf einem Kupferstich zum Anlaß dieser Vermutung zu nehmen, deren Glaubwürdigkeit durch das Adverb „wahrscheinlich" begründet werden soll. Denn ausdrücklich hält Kleist ja fest, daß er über das dort Dargestellte „keine nähere Auskunft habe auffinden können"; und diese Feststellung bezieht sich offensichtlich ebenso auf die näheren Umstände dessen, was auf dem Stich zu sehen ist, wie auf die Frage, ob dieses Dargestellte überhaupt ein Ereignis der historischen Wirklichkeit wiedergibt oder ob das Bild etwas Erdachtes, also Fiktives, zum Gegenstand hat.

Welchen Effekt aber besitzt diese widersprüchliche Aussage über die Historizität des Dargestellten? Die geltend gemachte Wahrscheinlichkeit angesichts fehlender Gewißheit legt es nahe, ja erfordert es, die Annahme, es handle sich um ein „historisches Factum", als allein von der Darstellung als solcher, anders gesagt: von der Suggestionskraft des Bildes verursacht zu vermuten. Denn woher sonst sollte die, wenn auch relativierte, von Kleist behauptete Überzeugung herrühren, es handle sich um etwas Tatsächliches, wenn er doch über das Dargestellte weiter nichts habe in Erfahrung bringen können?

Das *Bild* und die Vorstellung von einer *Abbildung* scheinen insofern unauflöslich miteinander verbunden zu sein. Die Annahme, daß das im Bild Sichtbare etwas wiedergibt, was auch außerhalb des Bildes zu sehen war und mithin etwas Faktisches darstelle, scheint nachgerade unvermeidlich zu sein. Die bloße Tatsache, *daß* der Stich etwas zur Anschauung stellt, was sich so hätte begeben können, scheint es nahezulegen, daß er etwas reproduziert, das auch außerhalb seiner existiert.

Wie aber kommt eine solche Suggestion des Tatsächlichen zustande? Diese Frage zu stellen, erscheint um so mehr angezeigt, als sie nicht nur den vorliegenden Kupferstich betrifft. Vielmehr gilt es zu bedenken, daß in den medialen Umständen dieses wie eines jeden Bildes die Annahme, das Dargestellte gebe etwas Faktisches wieder, keineswegs angelegt ist. Dieser Sachverhalt erhellt nicht zuletzt aus einem Vergleich mit dem radikal digitalen Medium der Sprache. Bei sprachlichen Sätzen ist die Behauptung, daß sich das Gesagte so verhalte, *wie* es gesagt ist, Teil der Aussage. Die sog. Existenzpräsuppositionen, die in einer jeden Äußerung – und keineswegs nur in Aussagesätzen – stecken, bringen es mit sich, daß man nichts sagen kann, ohne (die Existenz von etwas) zu behaupten.

Dies verhält sich im Fall des analogen Mediums eines (gegenständlichen) Bildes anders. Sein Bezug zur Realität außerhalb seiner selbst funktioniert vermittels wahrnehmungsphysiologischer Ähnlichkeiten. Bilder geben deshalb von Haus aus nicht etwas konkret Einzelnes wieder, sondern sie beziehen sich auf etwas Allgemeines. Einen Krug oder einen Richter erkenne ich in einem Bild nicht deshalb als einen solchen, weil jeweils ein individuelles Exemplar dieser Gattung abgebildet wird, sondern weil ich die generellen Merkmale ihres Erscheinungsbildes kenne.

Wie also kommt angesichts dieses strukturell *generischen* Verhältnisses eines Bildes zur Wirklichkeit im Fall des von Kleist als Ursprung des *Zerbrochnen Krugs* genannten Bildes die Überzeugung auf, es handle sich um die Darstellung von etwas Konkret-Individuellem und mithin von etwas Faktischem?

Die Bildunterschrift des fraglichen Kupferstichs kann diesen Eindruck kaum erzeugen. Das Gegenteil scheint der Fall zu sein: *Le Juge ou la cruche cassée* (‚Der Richter oder der zerbrochene Krug') macht ebenfalls etwas Generisches namhaft und nimmt sich weit eher selbst bereits wie der Titel eines Theaterstücks denn als Hinweis auf eine tatsächliche Begebenheit aus. Fast gewinnt man den Eindruck, gerade von seinem Titel her – und nicht durch das Dargestellte – könnte Kleist durch diesen Kupferstich zu einer Komödie angeregt worden sein. Das Bild liefert also kaum Anhaltspunkte für die Annahme, daß ihm – und damit auch Kleists Lustspiel – „ein historisches Factum […] zum Grunde" liege. Wieso gelangt der Autor – allen Einschränkungen zum Trotz – gleichwohl zu der von ihm herausgestellten Überzeugung, daß es sich „wahrscheinlich" so verhalte?

Sollten wir zum Verständnis dieses Sachverhalts womöglich den von Kleist benutzten Begriff ‚wahr-scheinlich' in seiner wörtlichen Bedeutung ernst nehmen? Verbänden sich an dieser Stelle in seinem semantischen Gehalt die abstrakte, sozusagen ‚probabilistische' Bedeutung des Lexems, derzufolge etwas existiert, weil gute Gründe dafür sprechen, daß es sich so verhält, mit dem wahrnehmungsspezifischen Sinn des Wortes, der das Scheinen, d. h. das Sichtbarwerden von etwas Wahrem benennt? Worin aber steckte die Motivation, den üblicherweise unter der konventionalisierten abstrakten Bedeutung verschütteten wörtlichen Sinn des Begriffs an dieser Stelle zu aktivieren?

Man gewinnt den Eindruck, als erkunde Kleists Deutung des Kupferstichs gleichsam ihre eigenen psychologischen Voraussetzungen und nimmt zu deren Erläuterung durch das sprachliche Arrangement dieses Vorworts unausdrücklich die Suggestivität des Bildes selbst in Anspruch. Zu diesem Effekt trägt nicht zuletzt eine – diesmal latent aporetische – Korrespondenz von Anfang und Ende des Textes maßgeblich bei.

Daß der Kupferstich eine beträchtliche Verführungskraft zu der Annahme besitzen muß, das Sichtbare auf dem Stich stelle etwas Tatsächliches dar, geht nämlich auch aus dem Schlußsatz der *Vorrede* hervor. Es fällt nämlich auf, daß nicht einmal der darin festgestellte Sachverhalt der eingangs geäußerten Überzeugung von der historischen Verbürgtheit des dargestellten Geschehens Abbruch zu tun vermag, obwohl er dazu durchaus geeignet wäre: „Das Original war, wenn ich nicht irre, von einem niederländischen Meister." Hätten wir es dabei übrigens einmal mehr mit einem bewußt von Kleist in Szene gesetzten Irrtum zu tun? Denn woher bezieht er sein – unzutreffendes – Wissen über das Original, das von einem französischen Maler stammt? Ginge eine – womöglich aus stilistischen Merkmalen abgeleitete – Zuschreibung des Gemäldes absichtsvoll in die Irre, um auch diesmal die Labilität jeglicher Deutung vorzuführen? Oder „suggeriert" das niederländische Sujet der Komödie eine solche irrtümliche Annahme über die Herkunft des Bildes? Womöglich ist der betreffende Irrtum selbst insgeheim als ein solcher schon dadurch kenntlich gemacht, daß Kleist ihn ausdrücklich ins Spiel bringt: „wenn ich nicht irre".

Aber wie auch immer es um die Kenntnis der Identität des betreffenden Malers bestellt sein mag, sogar das Wissen, daß der Kupferstich nichts anderes als eine mit dieser Technik betriebene Reproduktion eines weiteren Bildes darstellt – selbst die bildliche Reproduktion von etwas Faktischem wäre also schon gedoppelt – , kann den Glauben an die Tatsächlichkeit der darauf zu sehenden Szene nicht erschüttern.

Die Hartnäckigkeit dieser Überzeugung aber läßt sich vermutlich nicht, zumindest nicht allein, auf die medialen Eigenschaften eines Bildes zurückführen. An der von Kleist *implicite* behaupteten (wo nicht inszenierten) Macht einer Tatsächlichkeitssuggestion des Bildes mag ebenso ein intensives Verlangen nach etwas Wirklichem auf Seiten eines Bildbetrachters beteiligt sein, der sich nur allzu bereitwillig auf eine solche Suggestion einläßt.[52]

---

[52] Träte in diesem ostentativen Begehren von Realem womöglich eine allgemeine epistemologische Einstellung Kleists hervor? Käme in seiner psychologischen Erkundung der Voraussetzungen seiner Interpretation des Kupferstichs ein Wirklichkeitsverlangen zum Vorschein, das mit seiner vieldiskutierten „Kant-Krise" in Verbindung stünde? Siehe zu den damit verbundenen Fragen neuerdings Bernd Oei, *Heinrich von Kleist. Bunte Träume am Abgrund*, Bremen: epubli, ²2021, Kapitel II.2. Die ältere Forschung, der dieser Begriff entstammt (erstmals Verwendung findet er in Nobert Thomés Bonner Dissertation, *Kantkrise oder Kleistkrise?*, aus dem Jahr 1923), hat Kleists Begegnung mit dem Denken Kants viel Bedeutung für den Verlauf seines Lebens und Werks beigemessen und ihn durch die dabei gewonnene Einsicht in die Grenzen unserer Erkenntnis und die womöglich grundsätzliche Unzugänglichkeit der Wahrheit in eine regelrechte Verzweiflung verfallen lassen. Die Frage nach dem Verhältnis Kleists zu Kant ist allerdings schon vor dem Aufkommen des Begriffs einer „Kant-Krise" diskutiert und bereits bald nach seinem Tod erörtert worden. Zur Erklärung seiner epistemologischen Skepsis hat man zudem unterschiedliche „Quellen" geltend gemacht. Ernst Cassirer, *Heinrich von Kleist und die Kantische Philosophie*, Berlin: Reuther & Reichard, 1919 hat die These vertreten, daß die Lektüre Fichtes Kleist zu seinem Kant-Verständnis geführt habe. Ludwig Muth, *Kleist und Kant. Versuch einer neuen Interpretation*, Köln: Kölner Universitätsverlag, 1954 behauptet hingegen, daß es die Lektüre von Kants *Kritik der Urteilskraft* und im Besonderen von deren zweitem Teil war, die eine solche theoretische Haltung Kleists zur Folge hatte. Vor allem eine Stelle aus einem Brief Kleists vom 22. März 1801 an seine Verlobte, Wilhelmine von Zenge, hat lange als zuverlässiger Beleg für eine solche – existentielle – Krise im Zeichen der Philosophie Immanuel Kants gegolten: „Wir können nicht entscheiden, ob das, was wir Wahrheit nennen, wahrhaftig Wahrheit ist oder ob es uns nur so scheint" (hier zitiert nach: *kleist-digital*, https://kleist-digital.de/briefe/037, [4]). Die jüngere Forschung hat an dieser Deutung von Kleists Biographie und des Einflusses der kantischen Philosophie auf ihren Verlauf erhebliche Zweifel angemeldet (vgl. etwa Jochen Schmidt, *Heinrich von*

Sprechend für die Eigenart der Beziehung, die Kleists *Vorrede* zwischen dem Kupferstich und der Handlung seines *Zerbrochnen Krugs* postuliert, ist nicht zuletzt seine Formulierung, er „nahm die Veranlassung" zu seinem Lustspiel „aus einem Kupferstich". Denn eine „Veranlassung", über die man selbst bestimmt, bildet eine aus eigener Machtvollkommenheit definierte Verursachung. Sie bleibt noch unterhalb der Schwelle der Fremdeinwirkung einer Inspiration; denn sie unterstellt das, wovon sie ihren Ausgang nimmt, weitgehend dem Belieben dessen, der sich veranlaßt sieht.

Dabei setzt die Deutung des Bildes selbst gleichsam ostentativ ‚objektiv' ein, beginnt Kleist doch bei etwas, das „man" – also keineswegs nur er, sondern im Grunde jedermann – sah: „Man bemerkte darauf – zuerst einen Richter, der

---

Kleist. Die Dramen und Erzählungen in ihrer Epoche, Darmstadt: Wissenschaftliche Buchgesellschaft, 2003 sowie Gerhard Schulz, *Kleist. Eine Biographie*, München: Beck, 2007). In letzter Zeit hat die These einer Bedeutung des kantschen Denkens für Kleist indessen eine neuerliche Aufwertung im Sinne eines epochalen Phänomens erlebt (vgl. Kristina Fink, *Die sogenannte »Kantkrise« Heinrich von Kleists: Ein altes Problem aus neuer Sicht*, Würzburg: Königshausen & Neumann, 2012). Ganz unabhängig von der biographisch-existentiellen Dimension einer „Kant-Krise" in Kleists Leben und letztlich auch losgelöst von dem Problem, durch welche philosophischen Schriften Kleists epistemologische Haltung begründet worden ist, bleibt die Frage nach seinem theoretischen Weltverhältnis bestehen. Und, solchermaßen verstanden, läßt sich sein in der *Vorrede* zum *Zerbrochnen Krug* zu bemerkender, unverkennbarer Wunsch, im Dargestellten eines Kupferstiches ein Stück historischer Realität vermuten zu dürfen, durchaus in den Zusammenhang einer epistemologischen Disposition rücken, die Kants Skepsis gegenüber der Fähigkeit zur Einsicht in eine objektive, vom menschlichen Erkenntnisprozeß unabhängige Wahrheit keineswegs fernsteht. Das Wissen um die potentielle theoretische Leerstelle der Wahrheit macht die Suche nach dem (empirisch) Faktischen um so virulenter. Vor allem aber erklärt der Ausfall metaphysisch verbürgter Wahrheitserkenntnis die Zunahme der Bedeutung von hermeneutischen Verfahren. Darum läßt sich die *Vorrede* zum *Zerbrochnen Krug* denn auch weit eher als Demonstration eines Aneignungsbemühens lesen, denn als eine Menge von gesicherten Feststellungen über fraglos Tatsächliches verstehen. Ebenso aber gilt, daß angesichts der Möglichkeit der *theoretischen* Leerstelle der Wahrheit die Prozesse *hermeneutischer* Aneignung der Wirklichkeit als einer anthropologischen Unvermeidlichkeit unseres Umgangs mit der Welt einen herausragenden und vor allem einen gesteigerten Stellenwert gewinnen. Hier tritt der epistemologische Grund zutage, den die Diskussion um die „Kant-Krise" namhaft macht und dessen Folgen sich auch im *Zerbrochnen Krug*, in der für dieses Stück konstitutiven Bedeutsamkeit von Interpretationen unterschiedlicher Art, manifestieren. In solchen, in Kleists Komödie allgegenwärtigen hermeneutischen Verfahren begegnen sich die Auslegung von Texten (resp. Bildern) und die Deutung der Wirklichkeit vermittels ihrer medialen Aneignung, die zueinander in ein Verhältnis der Interdependenz treten: Texte wie Bilder sind keine bloßen Repräsentationen, erschöpfen sich nicht in mechanischen Wiedergaben der Welt, sondern betreiben ihre Deutung. Und genau deshalb eigenen sich Texte (wie Bilder) ihrerseits, um Wirklichkeit zu deuten.

gravitätisch auf dem Richterstuhl saß". Sollten wir den Gedankenstrich, der dem Zeitadverb vorausgeht und folglich ein leises Zögern andeutet, als einen versteckten Hinweis darauf lesen können, es sei vielleicht doch nicht ganz so selbstverständlich, daß man den Richter „zuerst" wahrnahm?[53] Sollte dieser Ausgangs-

---

[53] Daß bei Kleist Gedankenstriche eine besondere Aufmerksamkeit verdienen, ist wohlbekannt. Schließlich verdanken wir seiner Erzählung *Die Marquise von O...* den vielleicht berühmtesten Gedankenstrich der Weltliteratur. Einzig diesem Satzzeichen ist die Ursache der Schwangerschaft der Titelheldin zu entnehmen, deren Aufklärung den Kern dieser Novelle ausmacht. Wie ein unverhoffter Helfer in der Not tritt Graf F..., ein zaristischer Offizier, bei der Eroberung der von ihrem Vater verteidigten Zitadelle auf, als er die Marquise vor den gewaltsamen Zudringlichkeiten seiner russischen Soldaten befreit – wäre da nur nicht jener Gedankenstrich: „Der Marquise schien er ein Engel des Himmels zu sein. Er stieß noch dem letzten viehischen Mordknecht, der ihren schlanken Leib umfasst hielt, mit dem Griff des Degens ins Gesicht, dass er, mit aus dem Mund vorquellendem Blut, zurücktaumelte; bot dann der Dame, unter einer verbindlichen, französischen Anrede den Arm, und führte sie, die von allen solchen Auftritten sprachlos war, in den anderen, von der Flamme noch nicht ergriffenen, Flügel des Palastes, wo sie auch völlig bewusstlos niedersank. Hier – traf er, da bald darauf ihre erschrockenen Frauen erschienen, Anstalten, einen Arzt zu rufen; versicherte, indem er sich den Hut aufsetzte, dass sie sich bald erholen würde; und kehrte in den Kampf zurück" (Heinrich von Kleist, *Sämtliche Erzählungen. Anekdoten. Gedichte. Schriften*, hg. v. Klaus Müller-Salget, Frankfurt am Main: Deutscher Klassiker Verlag, ³2018, S. 144f.). Allein ein Gedankenstrich gibt den russischen Offizier Graf F... als den Vater des Kindes der Marquise von O... zu erkennen, das sie völlig ratlos in sich wachsen sieht. Doch erst vom Ende der Geschichte her gewinnt das Satzzeichen seine semantische Transparenz. Für den Augenblick wird vermutlich noch nicht einmal durch die Erwähnung der auffälligen Gesichtsfarbe des Grafen beim Verlassen des Hauses der Argwohn des Lesers geweckt: „Der Platz war in kurzer Zeit völlig erobert, und der Kommandant, der sich nur noch wehrte, weil man ihm keinen Pardon geben wollte, zog sich eben mit sinkenden Kräften nach dem Portal des Hauses zurück, als der russische Offizier, sehr erhitzt im Gesicht, aus demselben hervortrat, und ihm zurief, sich zu ergeben" [ebd., S. 145]. Die Sprachlosigkeit, die der Erzähler der Titelheldin als Folge ihrer erschreckenden Erlebnisse zuspricht, kommt insofern noch in ganz anderer Weise an dieser Stelle zur Geltung. Man gewinnt beinahe den Eindruck, dieser Begriff liefere einen versteckten Schlüssel zum Verständnis des (aus dem betreffenden Satz selbst heraus in seiner Funktion gar nicht ersichtlichen, ja ein wenig unmotiviert wirkenden und darum um so größere Aufmerksamkeit verdienenden) Satzzeichens. Diese Leerstelle besitzt im Übrigen eine strukturelle Entsprechung im *Zerbrochnen Krug*, insofern der auch für die Handlung dieses Lustspiels eine zentrale Bedeutung besitzende Geschlechtsakt (der freilich diesmal allem Anschein nach nicht stattgefunden hat) nirgends zum Thema gemacht ist, sondern – wir werden darauf noch einzugehen haben – nur über vermittelte Zeichen andeutungsweise zur Sprache gebracht wird. Dabei wird noch einmal der vieldeutige titelgebende Krug der Komödie eine herausragende Rolle spielen. In Kleists Werk gewinnt der außereheliche Geschlechtsakt verschiedentlich wesentlichen Belang für den Verlauf der von ihm erzählten oder auf die Bühne gebrachten Handlungen, man mag seine Allgegenwart womöglich gar obsessiv nennen können.

punkt womöglich gar nicht durch die Ordnung des Bildes selbst bestimmt sein, sondern von dessen Titel, den Leveaus Kupferstich in der Tat auf seiner Umrandung vermerkt: *Le Juge, ou la cruche cassée* („Der Richter oder der zerbrochene Krug")? Wäre mithin die optische Wahrnehmung des Bildes selbst bereits von seiner sprachlichen, aus der Überschrift entstehenden Deutung bestimmt?

Kleists *Vorrede* läßt dies offen – doch ließe sie es offen, weil der hier in das kollektive „man" transponierte Betrachter (der das Ich des vorausgehenden Satzes ersetzt) sich der Ursache bei der Prioritätensetzung seines Blicks selbst gar nicht bewußt wäre? Das leise Zögern, das durch den Gedankenstrich angezeigt wird und sich nicht zuletzt deshalb als Teil einer Szenerie, eines gleichsam inszenierten Diskurses, darzustellen scheint, wirft unweigerlich die Frage auf, wie es denn dazu kommt, daß *man* „zuerst" den Richter sah (und auch sogleich weiß, daß es sich um einen solchen handelt...).

Auch der nächste Schritt von Kleists Bildbeschreibung wie -deutung (beides läßt sich – und schon dieser Umstand ist als solcher signifikant – auch diesmal nicht recht auseinanderhalten) scheint sich aus dem Titel des Kupferstichs herzuleiten: „vor ihm stand eine alte Frau, die einen zerbrochenen Krug hielt, sie schien das Unrecht, das ihm widerfahren war, zu demonstriren". Einzig der Umstand, daß sie dem Krug ein ihm zugestoßenes „Unrecht" bescheinigt, läßt aufhorchen. Denn ein solches Prädikat kommt kaum Gegenständen zu, scheint vielmehr auf Personen beschränkt zu sein. Dieser Ausdruck präludiert insofern schon dem Ende des Lustspiels, als Marthe Rull, mit dem Ausgang des Prozesses unzufrieden, erklärt, sich an ein anderes Gericht wenden zu wollen:

Letzter Auftritt.

Die Vorigen *(ohne* Licht*)*.

Frau Marthe.
Sagt doch, gestrenger Herr, wo find' ich auch
Den Sitz in Utrecht der Regierung?
Walter.
Weshalb, Frau Marthe?
Frau Marthe *(empfindlich)*.
Hm! Weshalb? Ich weiß nicht –
Soll hier dem Kruge nicht sein Recht geschehn?
Walter.
Verzeiht mir! Allerdings. Am großen Markt,
Und Dienstag ist und Freitag Session.

Desto größere Beachtung kommt dem Umstand zu, daß es augenscheinlich Schwierigkeiten bereitet, ihn beim Namen zu nennen. Womöglich aber hängt beides, seine Unsagbarkeit wie seine Bedeutung, miteinander zusammen. (Vgl. hierzu unten. S. 90ff.).

Frau Marthe.
Gut! Auf die Woche stell' ich dort mich ein.
(Alle ab).
(V. 1968-1974)

Das dem Krug widerfahrene Unrecht; das Recht, das *ihm* geschehen soll – in dieser Korrespondenz zwischen *Vorrede* und Komödienschluß (der im Grunde gar kein Schluß ist, weil die Sache weitergeht), die die Zuschreibung eines ungewöhnlichen Prädikats an dieses Gerät gleichsam zu einem Rahmen des gesamten Stücks erklärt, steckt der unausdrückliche Hinweis, daß der zerbrochene Krug nicht den eigentlichen Prozeßgegenstand bildet. Die Deutung des Bildes, aus der Kleist die Handlung seines Lustspiels ableiten will, gibt zugleich ein Rätsel auf, das seinerseits zu einer Deutung herausfordert. Wofür steht der Krug innerhalb der Handlung? Wir werden uns dieser Frage noch ausgiebig zu widmen haben.

Interessanterweise stellt sich genau diese metonymische Substitution einer unbekannten eigentlich geschädigten Person durch den Krug als eine Gelenkstelle innerhalb der Deutung des in der *Vorrede* besprochenen Bildes dar. Denn von nun an wird sich die Interpretation des Stiches mehr und mehr von dem entfernen, was man realistischerweise aus ihm ableiten könnte. Die narrative Ausdeutung des darauf Dargestellten läßt sich von da ab kaum noch aufgrund dessen plausibel machen, was auf dem Bild zu sehen ist.

Dies ist etwa schon nicht mehr für die Behauptung der Fall, daß der Richter einen jungen „Bauernkerl [...] als überwiesen, andonnerte", ganz zu schweigen von der Feststellung „er vertheidigte sich noch, aber schwach". Gleiches gilt von dem Postulat eines Verhaltens, das „ein Mädchen" – das gleichsam nebenbei auch schon zur Braut des Bauernkerls avanciert – „wahrscheinlich" an den Tag gelegt haben soll. Diesmal gerät dieses Adverb im Grunde zur kaum noch verhohlenen Karikatur seiner eigenen Semantik.

Wenn Kleist so ostentativ auf der ebenfalls wahrscheinlichen Annahme der historischen Verbürgtheit des Dargestellten beharrt, dann trägt im Übrigen seine eigene Deutung des Bilds nicht unerheblich zur Suggestion dieses Eindrucks bei. Und wieder ist es der – einmal mehr höchst raffinierte – Gebrauch der Tempora, der einen solchen Eindruck zu erwecken hilft.

Die gesamte Bildbeschreibung resp. -deutung steht im Präteritum. Das ist ein ungewöhnliches Tempus für eine solche Rede. Sie rechtfertigt sich indessen durch die Umstände, unter denen Kleist das Bild bekannt geworden sein will: „Vor mehreren Jahren [...] sah" er laut eigener Auskunft einen Kupferstich in der Schweiz. Was er im Folgenden über das Bild sagt, könnte deshalb die Wiedergabe seiner damaligen Betrachtung dieses Bildes sein.

Doch so einfach läßt sich das Tempus nicht erklären, und an dieser Stelle kommt noch einmal das Pronomen „man" ins Spiel. Denn es heißt eben nicht: „Ich bemerkte" darauf", sondern „Man bemerkte darauf". Für welches Nomen aber steht dieses Pronomen in der Situation, auf die es sich bezieht? Der Satz ist insofern eine Hybride zwischen den beiden Alternativen: „Ich bemerkte" und „Man bemerkt". Denn das „man" steht für ‚jedermann', für alle potentiellen Bildbetrachter, und verlangt insofern nach dem Gegenwartstempus.

Der Effekt dieses Tempusgebrauchs aber besteht auch diesem Fall in einer Verwischung der Grenze zwischen der Darstellung und dem Dargestellten. Vom folgenden Satz an („vor ihm stand eine alte Frau, die einen zerbrochenen Krug hielt, sie schien das Unrecht, das ihm widerfahren war, zu demonstrieren") beginnt das Tempo sich auch auf das Dargestellte zu beziehen. Und vollends mit der folgenden Feststellung, ist „man" mit dem Präteritum in der dargestellten Situation selbst angekommen: ein Mädchen, das wahrscheinlich in dieser Sache gezeugt hatte (denn wer weiß, bei welcher Gelegenheit das Delictum geschehen war) spielte sich, in der Mitte zwischen Mutter und Bräutigam, an der Schürze". Vor allem der in der Klammer stehende Einschub suggeriert, daß sich *de facto* ereignet hat, was das Bild zeigt. Denn die Formulierung „wer weiß" erweckt den Eindruck, daß *man* es grundsätzlich durchaus wissen könnte, „bei welcher Gelegenheit" (und keineswegs nur „unter welchen Umständen") sich das Vorgefallene abgespielt hat. Einmal mehr kommt es auf jedes Detail der Formulierung an, um Kleists subtile *Vorrede* angemessen zu verstehen. Und die hier zu beobachtende Subtilität im Tempusgebrauch ist mehr als eine Delikatesse für den literarisch Gebildeten. Sie lenkt vielmehr erneut das Augenmerk auf die Labilität der Grenze zwischen dem Vergangenen und seiner medialen Präsenz.

Das von Kleist geltend gemachte Nichtwissen ist seiner Auskunft zufolge also den Umständen geschuldet, und nicht etwa der medialen Unmöglichkeit eines Wissens von etwas Fiktivem, das es nie gegeben hat.[54] Wohlgemerkt *man* könnte es wissen: Wieder ist das Kollektiv des potentiellen Jedermann aufgerufen, das nun aber ausdrücklich im entzeitlichten Präsens eines ‚jederzeit' angekommen ist, welcher Tempusgebrauch sich jedoch nicht mehr auf die Darstellung des Bildes, sondern auf das darin Dargestellte bezieht. Sollte es nämlich auf das Bild selbst bezogen sein, dann müßte der Satz lauten: ‚denn wer weiß, bei welcher Gelegenheit das Delictum geschehen *ist*'. Doch weil an dieser Stelle nicht das Gegenwartstempus des Hilfsverbs, sondern das auf die Vergangenheit zielende

---

[54] Wie wohlbedacht die Bezüge dieser *Vorrede* zur Handlung des *Zerbrochnen Krugs* arrangiert sind, zeigt sich an der hier diskutierten Stelle auch darin, daß dem Einschub in der Klammer eine Bemerkung bei Marthe Rulls Beschreibung der auf dem Krug dargestellten historischen Szene korrespondiert. Wie besprochen, erwähnt dort Frau Marthe (vgl. oben S. 29ff.) einen „Neugier'gen", von dem sie allerding nicht weiß, was *er* sieht. Hier bezieht sich die Unmöglichkeit dieses Wissens insofern auf die medialen Umstände eines Bildes, als es notwendigerweise nur ausschnitthaft etwas darzustellen vermag. In der *Vorrede* wird die Betonung des Nicht-Wissens indessen zum Zweck einer Verwischung der Grenze zwischen Fiktion und Faktischem eingesetzt. Auf die Handlung des Stücks aber ist damit noch in anderer Weise angespielt, denn auch dort bleibt letztlich ungewiß, unter welchen genauen Umständen der Krug zu Bruch gegangen ist.

Präteritum steht, erweckt es unweigerlich den Eindruck, das Dargestellte habe sich tatsächlich ereignet.

Wenn die *Vorrede* eingangs behauptet, daß der Kupferstich aller Wahrscheinlichkeit nach ein „historisches Factum" zeige, dann unternimmt der in dessen Beschreibung ausgeklügelt eingesetzte Tempusgebrauch etliches, um diese Annahme auch beim Leser zu bekräftigen. Der mangelnde Beleg wird gleichsam durch rhetorisches Geschick ersetzt – zweifellos ein eines Advokaten würdiges Verfahren, aber ebenso der Ausdruck eines entwickelten Verlangens nach *dem* Wirklichen, das aus der sprachlich subtil zur Geltung gebrachten Suggestivkraft des Bildes heraus entwickelt wird.

In die gleiche Richtung wie der Tempusgebrauch in der Klammer – und an ihn anschließend – deutet das auch diesmal Verwendung findende Zeitadverb „jetzt" im folgenden Satz: „und der Gerichtsschreiber sah [...] *jetzt* den Richter mistrauisch zur Seite an".[55] Auch hier versetzt sich ein Betrachter in die nun als ein tatsächliches Geschehen verstandene Situation selbst hinein – und überschreitet damit offensichtlich die Modalitäten einer bloßen Beschreibung ihrer bildlichen Darstellung.

Vollends die dem Bild zu entnehmenden Informationen aber verläßt Kleist mit dem sich anschließenden Vergleich, der genauer angibt, auf welche Weise der Gerichtsschreiber den Richter „mistrauisch zur Seite" ansieht (welche Deutung als solche schon nicht die schiere Evidenz für sich in Anspruch nehmen kann): „wie Kreon, bei einer ähnlichen Gelegenheit, den Ödip".[56] Die Rechtfertigung für

---

[55] Hervorhebung A. K.

[56] Hans M. Wolff hat nicht ohne Grund festgestellt, daß eine solche Stelle in der Tragödie des Sophokles gar nicht existiere, um daraus sehr weitreichende Schlüsse über das Verhältnis zwischen dem *Zerbrochnen Krug* und *König Ödipus* zu ziehen (Hans M. Wolff, „Der zerbrochene Krug und König Ödipus", in: *Modern Language Notes* 54 (1939), S. 267-272, hier S. 267). Es mutet heutzutage allerdings merkwürdig an, wenn der Verfasser dieses Artikels die von ihm postulierte Abweichung gegenüber der griechischen Tragödie zum Ausgangspunkt seiner These einer nur peripheren Bekanntschaft Kleists mit dem sophokleischen Stück gemacht hat, die er in den zahlreichen Unterschieden des *Zerbrochnen Krugs* gegenüber *König Ödipus* bestätigt finden will. Daß hingegen gerade diese Differenzen das Ergebnis einer ebenso absichtsvollen wie höchst kunstvollen intertextuellen Umgestaltung der antiken Vorlage darstellen, hat statt dessen Wolfgang Schadewaldt, wie erörtert (siehe Anm. 13) hellsichtig herausgearbeitet. Seine Leistung für die Erschließung von Kleists Stück erscheint vor dem Hintergrund solcher Auffassungen wie der hier zitierten in der Forschung zum *Zerbrochnen Krug* um so größer. (Die uns heute irritierende Ansicht Wolffs scheint deshalb einem methodischen Paradigma literarhistorischer Arbeit verpflichtet zu sein, die im Zeichen des Begriffs der Quelle stand. Das diesem Begriff eingeschriebene, latente Postulat einer Kausalbeziehung zwischen einem Vorgängertext und dessen ‚Nachahmung' vermag Abweichungen zwischen ihnen angesichts solcher Prämissen letztlich keine – im logischen Sinne – Positivität zuzubilligen. Das an die Stelle der Quelle getretene Konzept der Intertextualität begreift ihre Beziehung zueinander statt dessen als eine semiotische

diesen Vergleich scheint die Umstandsbestimmung „bei einer ähnlichen Gelegenheit" zu bieten. Worin aber besteht diese Ähnlichkeit?

Man kann die Frage noch zuspitzen, wenn man die von Kleist im Manuskript – aus nachvollziehbaren Gründen – gestrichene Fortsetzung des zuletzt Zitierten hinzunimmt: „~~als die Frage war, wer den Lajus erschlagen?~~" Wenn Kleist auf diesen Zusatz verzichtet, dann vermutlich deshalb, weil mit ihm noch offensichtlicher wird, was auch ohne ihn unweigerlich als Frage aufkommt: *Worin* besteht die Ähnlichkeit zwischen der Geschichte des Ödipus und allem, was auf diesem Bild zu sehen ist? Nichts von dem, was dort zu sehen ist, noch von dem, was die Deutung bislang aus dem Kupferstich herausgelesen hat, gibt Anlaß, von einer „ähnlichen Gelegenheit" zu sprechen. Indessen ist es vermutlich gerade dieses Überraschungsmoment selbst, in dem die ‚eigentliche' Botschaft des abschließenden Vergleichs der *Vorrede* steckt, der darum *demonstrativ* durchgestrichen wird.

Denn mehr und mehr nähert sich die Deutung des Bildes der Handlung des *Zerbrochnen Krugs* an, ohne daß eine sonderliche Plausibilität für die entsprechende Interpretation in dem Kupferstich selbst gegeben wäre.[57] Wenn Kleist mithin den Eindruck erweckt, die Handlung seiner Komödie aus dem Kupferstich herausgelesen zu haben, so kehrt sich dieses Verfahren im Laufe seiner Deutung um.

Allerdings sollten wir nicht den Begriff in Vergessenheit geraten lassen, mit dem Kleist das Anregungspotential des Kupferstichs am Anfang der *Vorrede* zum Thema macht, spricht er doch dort von einer „Veranlassung", die er aus ihm für sein Lustspiel genommen habe. Das Wort ist wohlkalkuliert gewählt, denn es besagt im Grunde keineswegs, daß eine strikt bildgetreue Interpretation die Grundlage der Komödienhandlung bietet. Eine „Veranlassung" läßt das Ausmaß einer *Re*produktion des auf dem Stich Dargestellten in den Ereignissen des Theaterstücks durchaus unbestimmt.

Relation; für sie werden deshalb gerade Differenzen als Generatoren der Textbedeutung relevant.)

[57] Bemerkenswert ist nicht zuletzt, auf welche Weise dabei auf die Komödienhandlung eingegangen wird, wie anhand der folgenden Feststellung deutlich hervortritt: „ein Mädchen, das wahrscheinlich in dieser Sache gezeugt hatte (denn wer weiß, bei welcher Gelegenheit das Delictum geschehen war) spielte sich, in der Mitte zwischen Mutter und Bräutigam, an der Schürze; wer ein falsches Zeugniß abgelegt hätte, könnte nicht zerknirscht dastehn". In der Tat wird das Mädchen Eve ein falsches Zeugniß abgeben, doch nur um ihren Bräutigam zu schützen. Die Ursache der ihr bescheinigten Zerknirschung aber wird damit zutiefst ambivalent: Der Sachverhalt, den Kleists Bilddeutung suggeriert, besagt, daß das Mädchen, das sich ihres Fehlverhaltens bewußt ist, aufgrund seiner Lüge Scham empfindet (und sich damit womöglich sogar verrät). Aber greift eine solche Annahme auch dann noch, wenn die Lüge nur zur Rettung des Lebens einer anderen Person und aufgrund einer Erpressung erfolgt? Wäre auch dann noch eine Zerknirschung ob moralischen Fehlverhaltens angezeigt? Welchen Grad an Einsicht in die Komödienhandlung spiegelt also diese Interpretation? Säße sie ihrerseits der Perspektive eines deren Hintergründe unkundigen Beobachters auf?

Etwas weiteres kommt hinzu. Man wird nicht in Abrede stellen wollen, daß die Titelinformation des Stiches kaum die Fülle der Figuren, die darauf abgebildet sind, zu erfassen vermag. Um sie einem Narrativ zu integrieren, geht es mithin nicht ohne Spekulation vonstatten. Und genau dies ist der Punkt, an dem die Geschichte des Ödipus ins Spiel kommt, die einen der zentralen Referenztexte des *Zerbrochnen Krugs* aufruft. Die narrative Lücke, die das Bild beläßt, wird mit Anleihen bei einer anderen Geschichte aufgefüllt. Hier wird gleichsam der Mechanismus hermeneutischer Kombination von Geschichten als solcher vorgeführt. Aber zugleich wird das Veränderungspotential ersichtlich, dem auch die Geschichte, die als Interpretament fungiert, bei einer solchen Verknüpfung unterliegt.

Schon in der *Vorrede* von Kleists *Zerbrochnem Krug* zeichnet sich eines der zentralen Strukturmuster dieses Stücks, die hermeneutische Dialektik von Geschichten, ab: Narrationen sind ebenso Gegenstand von Interpretationen wie sie ihrerseits Deutungen für andere Geschichten und für die Vorkommnisse in der Welt, insoweit sie sich narrativ erfassen läßt, bereitstellen. Sie wollen gedeutet werden und liefern hermeneutische Präzedenzfälle.

Wenn Kleist für den Ursprung seines Lustspiels in dessen *Vorrede* einen Kupferstich verantwortlich macht, so setzt sich diese Interferenz von Narration und bildlicher Repräsentation in der Handlung des *Zerbrochnen Krugs*, in Marthe Rulls Schilderung der Bemalung des zerstörten Krugs, fort. Auf diese Weise führt Kleist von Anfang an die Bandbreite solcher Rekonstruktions- und Deutungsprozesse vor, die auch das Verhältnis zwischen verschiedenen Medien bestimmen: ein Bild zu deuten, kann ebenso die Rekonstruktion einer Geschichte erfordern, wie umgekehrt Bilder Geschichten zur Darstellung bringen.

Das Verhältnis zwischen dem Stich, aus dem Kleist die Geschichte seines Stücks hergeleitet zu haben behauptet, und dieser Handlung selbst aber erweist sich zugleich, wie erwähnt, als ein Gegenstück zu der Bebilderung des Krugs mit Szenen aus der niederländischen Geschichte. *Sie* betreibt die Illustration einer bekannten Historie. Die Handlung des *Zerbrochenen Krugs* hingegen wird aus der Deutung eines Bildes allererst herausgelesen. Aber diese Rekonstruktion folgt ihrerseits der Annahme (oder Suggestion), daß das Bild seinerseits eine (wahre) Geschichte zur Grundlage hat. Insoweit setzt sich innerhalb der Handlung etwas fort, das Kleist selbst zum Ursprung dieser Handlung erklärt.

Die bereits mit der *Vorrede* einsetzende, mehrfache Rekonstruktion einer Geschichte, die im gleichen Zug in den Horizont anderer Geschichten wie auch *der* Geschichte gerät, aus denen ihnen reichliches Deutungspotential zuwächst – diese doppelte Hermeneutik von Geschichte(n) und Geschichte bildet mithin das strukturelle Muster, in dessen Zeichen sich die Handlung von Kleists *Zerbrochnem Krug* – im doppelten Sinn dieses Verbs – formiert. Eine solche hermeneutische Praxis aber verbindet, wie gesehen, nicht nur die Produktion der Komödie mit den Eigenheiten ihrer Handlung. Sie überspringt auch in anderer Hinsicht die Grenzen der Handlung des Stücks und schlägt ebenso eine Brücke, die von dieser Handlung zur Rezeption des Komödiengeschehens durch die Zuschauer führt. Sie setzen, bereits durch den Titel des Lustspiels dazu animiert, die schon im Stück selbst begonnene hermeneutische Arbeit fort – bis auf den heutigen Tag und bis zu dem hier vorgelegten Versuch, sich Kleists Komödie interpretierend zu nähern. *Der zerbrochne Krug* markiert insofern auch den ‚Sitz im Leben' einer literarischen Hermeneutik.

Kleists Komödie situiert sich damit an der Schnittstelle verschiedener hermeneutischer Praktiken: einer juristischen, einer historischen und einer medialen, d. h. literarischen wie bildkünstlerischen, Hermeneutik, die er in seinem Stück allesamt aufeinander bezieht.[58] Der gemeinsame Kern dieser verschiedenen Deutungsverfahren besteht in ihrem jeweiligen Bezug zur Narration: zur Konstitution wie zur Deutung einer Geschichte – wobei Kleists Drama auch den Zusammenhang zwischen diesen beiden Operationen sehr konsequent erkundet. Sein Lustspiel situiert sich insofern vor dem Hintergrund einer Fragestellung, die eine zentrale epistemologische Problematik seiner Tage aufruft, steht sie doch am Beginn des Jahrhunderts, das man noch in demselben mit einer berühmt gewordenen Formulierung „le siècle de l'histoire", das „Jahrhundert der Geschichte", nennen wird.[59]

Nie zuvor – und längst nicht mehr – hat das Phänomen der Geschichte in ihrer Doppelgesichtigkeit von *historia rerum gestarum* und *res gestae*, in der für sie charakteristischen Interferenz von vergangenem Geschehen und dessen erzählender Rekonstruktion einen solchen Stellenwert zur Erschließung der Kultur des Menschen besessen. Die Entstehung einer Philosophie der Geschichte als einer eigenständigen Teildisziplin der Philosophie erscheint insofern nur als ein disziplinäres Symptom des Aufstiegs der Geschichte zu einer eigenständigen theoretischen Kategorie wie wirklichkeitskonstitutiven Instanz.

Spätere, vor allem postmoderne, Kritik an einer solchen Substantialisierung der Geschichte hat ihr eine Inversion der faktischen Gegebenheiten vorgehalten: Statt die Logik der Geschichte abzubilden, verschaffe ihr erst die Narration Struktur und Kohärenz. Geschichte sei insofern nur das (illusionäre) Produkt einer tatsächlichen Kontingenz allen Geschehens. Erzählungen rekonstruierten deshalb nicht, sondern konstruierten allererst Geschichte.

---

[58] Zur Differenz zwischen verschiedenen hermeneutischen Praktiken siehe neuerdings Josef Isensee, *Hermeneutik. Studien über den Umgang der Jurisprudenz mit Normtexten im Vergleich zur biblischen Theologie und zur Literaturwissenschaft*, Frankfurt am Main: Klostermann, 2023.

[59] Diese Formel stammt von Gabriel Monod, der sie in seinem Artikel zur Einführung in eine neue, von ihm gemeinsam mit Gustave Fagniez begründete historische Zeitschrift verwendet: Gabriel Monod, „Introduction: du Progrès des études historiques en France depuis le XVIe siècle", in: *Revue historique* 1 (1876), S. 5-38 mit seiner apodiktischen Feststellung: „Notre siècle est le siècle de l'histoire" (ebd., S. 27). („Unser Jahrhundert ist das Jahrhundert der Geschichte.")

Es ist hier zweifellos nicht der Ort, derlei epistemologische Kontroversen des Näheren zu diskutieren.[60] Vermutlich – soviel sei denn doch angemerkt – kranken beide Positionen an ihrer Radikalität. Denn was spricht dagegen, daß ein retrospektiver Blick auf vergangene Ereignisse Zusammenhänge zwischen ihnen wahrzunehmen vermag, die den zeitgenössischen Akteuren selbst verborgen geblieben sind, und deshalb durchaus ein gewisses Erklärungspotential für sich beanspruchen kann? Und nicht nur unbewußte Kontinuitäten, auch bewußtes Handeln stiftet partielle Schlüssigkeiten, die sich nicht grundsätzlich als bloße Hypostasen des Zufalls verstehen lassen.

So ist die Annahme einer durchgängigen Logik der Geschichte kaum plausibler als das Postulat ihrer universellen Kontingenz. Allein schon ihre Komplexität, in der sich viele Ereignisketten überschneiden, nimmt solchen Annahmen allumfassender Schlüssigkeit jegliche Glaubwürdigkeit. Aber dieselbe Komplexität läßt es ebenso wahrscheinlich wirken, daß sich einzelne Beziehungen zwischen Ereignissen und Ereignisketten rekonstruieren lassen, die durchaus auf einen rationalen Grund zurückzuführen sind. Schließlich muß es ja keineswegs dieselbe Logik sein, die – wie die Geschichtsphilosophie postulierte – *alle* Ereignisse miteinander verbindet.[61]

---

[60] Zu einigen weiteren Überlegungen siehe unten S. 161ff.

[61] Die Annahme einer der Erzählung als solcher innewohnenden Unvermeidlichkeit der Produktion von Fiktion beschränkt sich allerdings nicht allein auf die ihr unterstellte Herstellung einer rationalen Ordnung, die nur *ex post* arrangiere, was den erzählten Ereignissen selbst gefehlt habe. Sie gründet auch auf einer radikalen Sprachskepsis, die jeglicher Aussage eine Verfehlung dessen, worauf sie sich zu beziehen vorgibt, unterstellt. Doch das Postulat des illusionären Charakters jeglicher Referenz sprachlicher Sätze auf eine außersprachliche Realität hat – ungeachtet seines ambitionierten Anspruchs auf eine Überwindung überkommener irrtümlicher Auffassungen von Sprache – letztlich ein sehr traditionelles, den spezifischen Merkmalen dieses Mediums nicht Rechnung tragendes Konzept von sprachlichen Äußerungen zur Grundlage. Die betreffende Sprachkritik impliziert nämlich, daß solche Äußerungen ein *Bild* der Realität erstellen. Sie setzt voraus, daß sie Wirklichkeit *repräsentieren*. Doch dies ist nicht der Fall. Denn die Sprache operiert nicht als ein *analoges*, sie funktioniert vielmehr als ein *digitales* Medium. Sprachliche Sätze bilden außersprachliche Sachverhalte nicht ab, sondern informieren *über* sie. Und schon allein dieses medial produzierte Verhältnis zwischen dem System der Sprache und ihrem außersprachlichen Gegenstand, die jede Frage nach ihrer ‚Ähnlichkeit' obsolet macht, erfordert eine Revision der unausdrücklichen Prämissen postmoderner Theorien der Sprache, die notgedrungen auch zu anderen Schlußfolgerungen über das Verhältnis von Sprache und Wirklichkeit Anlaß gibt. (Zu dieser Kritik dekonstruktiver Sprachauffassung siehe Andreas Kablitz, „Vom Nutzen und Nachteil eines Neologismus: Derridas *différance*", in: *Sprache und Literatur* 49 [2020], S. 297–332.) Die hier an die Sprachauffassung postmodernen Denkens gerichteten Fragen wären im Übrigen zu ergänzen um solche nach dessen impliziten Realitätsbegriff. Es drängt sich die Vermutung auf, daß auch hier eine Vorstellung von unmittelbarer eidetischer Evidenz dieses Konzept von Wirklichkeit bestimmt, womit

Diese Kontroverse des Weiteren zu verfolgen, verbietet sich im vorliegenden Rahmen aus naheliegenden Gründen. Vor allem aber erübrigt sich eine solche Diskussion, weil Kleists Handhabung der sich hier stellenden Fragen in seinem *Zerbrochnen Krug* sozusagen unterhalb der Schwelle epistemologischer Entscheidungen bleibt.[62] Statt dessen entfaltet dieses Lustspiel eine andere Dimension der hier aufgeworfenen Fragen. Nicht deren theoretischer Status, sondern deren anthropologischer Belang bindet hier das Interesse. Was die Komödie im Grunde vorführt, ist, wie gesehen, die Unausweichlichkeit einer hermeneutischen Praxis, die vergangenes Geschehen zu rekonstruieren sich bemüht und das solchermaßen Rekonstruierte zugleich im Lichte schon bekannter Geschichte(n) deutet. Und *diese* Unvermeidlichkeit ist unabhängig von aller Diskussion über epistemische Geltungen, sie bleibt unbeschadet aller epistemologischen Zweifel an der Konsistenz solcher Praktiken bestehen.

Wenn die Gestaltung von Geschichten ein Kerngeschäft der Literatur darstellt, dann holt Kleists Lustspiel vom zerbrochenen Krug diese für die Dichtung konstitutive Praxis in den Zusammenhang ihrer institutionellen wie lebensweltlichen Relevanz und demonstriert die Übergängigkeit zwischen ihren literarischen, juristischen und alltagswirklichen Erscheinungsformen. Diese Komödie spielt mit den verschiedenen Deutungsmöglichkeiten, die sich je und je zur Rekonstruktion wie zur Erklärung von Geschehnissen anbieten. Und es ist im gattungstypischen Potential eines Lustspiels angelegt, daß dies eben spielerisch-versuchsweise, gleichsam tastend-experimentell geschieht, ohne einen Anspruch auf Verbindlichkeit der Deutung oder Vollständigkeit der Rekonstruktion zu erheben: *Placet experiri*

---

jegliche kognitive Leistung wie etwa Abstraktionen hingegen immer schon unter Fiktionsverdacht gestellt ist. Aber erscheint ein solchermaßen anti-intellektualistisches Realitätsverständnis plausibel? Transportierte eine solche Auffassung womöglich nur eine radikalisierte Version der in diesen Belangen überkommenen Transzendentalphilosophie?

[62] Dieser These könnte – um zum Text der *Vorrede* zum *Zerbrochnen Krug* zurückzukommen – auf den ersten Blick die Fülle der Relativierungen widersprechen, die wir darin bei Kleists demonstrativ vorgeführtem Versuch der Rekonstruktion einer Geschichte aus dem dort beschriebenen Kupferstich bemerkt haben. Deuten nicht auch sie auf grundsätzliche Zweifel an der Möglichkeit einer Rekonstruktion von Vergangenheit, die einen Anspruch auf Wahrheit erheben könnte? Doch so beträchtlich der jeweilige Vorbehalt gegenüber einer zuverlässigen Aussage dabei auch ausfallen mag, er bleibt den einzelnen Umständen geschuldet, die sich von Mal zu Mal einstellen (wobei im vorliegenden Fall noch die Mediendifferenz von Bild und Erzählung zur Unsicherheit der Interpretation beiträgt). Dieser Sachverhalt aber ist grundsätzlich zu unterscheiden von einer kategorialen epistemologischen Skepsis gegenüber dem Wahrheitsgehalt jeglicher Erzählung, die in diesem Medium als solchem die Ursachen der Unmöglichkeit einer Einlösung seines eigenen Anspruchs – nämlich der Wiedergabe von Vergangenem – angelegt sieht. Aus dieser – postmodernen – Sicht erscheint jeglicher Versuch einer Narration insofern als selbstwidersprüchlich (weil eine Differenzierung zwischen diskursiver und ontologischer Wahrheit ausbleibt.).

hätte Lodovico Settembrini in Thomas Manns *Zauberberg* zu einem solchen Vorgehen wohl gesagt. Die – fast möchte man sagen: anthropologische – Unvermeidlichkeit von Rekonstruktion und Deutung in unserem Umgang mit der Vergangenheit, die ungeachtet aller epistemologischen Schlüssigkeit solcher Praktiken gegeben ist, läßt sich in der Gattung der Komödie als ein durchaus (auch) vergnüglicher Umgang mit solcher Unausweichlichkeit in Szene setzen.

Unter solchen Voraussetzungen gelingt sogar das Kunststück, die Tragödie vom *König Ödipus* in ein Deutungsangebot für die Komödie eines strauchelnden Dorfrichters namens Adam zu verwandeln, der mit seinem – noch einmal im doppelten Sinne des Begriffs zu lesenden – Fall im gleichen Zug die folgenschwere Geschichte vom biblischen Sündenfall auf den ludischen Prüfstand ihrer Wirksamkeit setzt. Die Frage nach der ‚Wahrheit' *dieser* Geschichte, die vor allem diejenige nach der Zuverlässigkeit ihrer theologischen Interpretation bedeutet, gehört zweifellos zu den thematischen Kernelementen, die diese Komödie strukturieren.[63]

---

[63] Vgl. hierzu des näheren unten Kapitel 5.

3. Komisches Sprachspiel und sein Tiefsinn

Erster Auftritt.
Adam *(sitzt und verbindet sich ein Bein)*. Licht *(tritt auf)*.

Licht.
Ei, was zum Henker, sagt, Gevatter Adam!
Was ist mit euch geschehn? Wie seht ihr aus?
Adam.
Ja, seht. Zum Straucheln braucht's doch nichts, als Füße.
Auf diesem glatten Boden, ist ein Strauch hier?
Gestrauchelt bin ich hier; denn jeder trägt
Den leid'gen Stein zum Anstoß in sich selbst.
Licht.
Nein, sagt mir, Freund! Den Stein trüg' jeglicher –?
Adam.
Ja, in sich selbst!
Licht.
Verflucht das!
Adam.
Was beliebt?
Licht.
Ihr stammt von einem lockern Ältervater,
Der so beim Anbeginn der Dinge fiel,
Und wegen seines Falls berühmt geworden;
Ihr seid doch nicht –?
Adam.
Nun?
Licht.
Gleichfalls –?
Adam.
Ob ich –? Ich glaube –?
Hier bin ich hingefallen, sag ich euch.
Licht.
Unbildlich hingeschlagen?
Adam.
Ja, unbildlich.
Es mag ein schlechtes Bild gewesen sein.
(V. 1-15)

Man wird kaum umhinkommen, diesen Wortwechsel, mit dem Kleists Komödie beginnt, zumal angesichts der (durch die Regieanweisung wie durch die Schilderung, die Schreiber Licht vom Erscheinungsbild seines Gegenübers gibt, unmißverständlich zum Ausdruck gebrachten) Umstände, unter denen einen solches Gespräch geführt wird, als ausgesprochen geistreich zu bezeichnen – ja als nachgerade unwahrscheinlich geistreich. Aber nicht zuletzt der prekäre ‚Realismus' einer solchen Konversation zu früher Morgenstunde mit einem erkennbar lädierten und um den Fortgang des Tages zutiefst besorgten Gesprächspartner empfiehlt gerade dasjenige, was über das Erwartbare eines solchen Gesprächs unter entsprechenden Voraussetzungen hinausreicht, der besonderen Aufmerksamkeit des Zuschauers (oder Lesers).

Man hat Kleists Lustspiel treffend als eine Komödie der Sprache bezeichnet.[64] In der Tat bezieht es wesentliche Anteile seiner Komik nicht aus einer Situationskomik, sondern aus dem Spiel mit Bedeutungen der Sprachzeichen.[65] Im Besonderen der Wechsel von wörtlicher und übertragener Bedeutung dient solchen Effekten, und so verwundert es auch nicht, daß schon in den zitierten Worten der Eingangsszene des Stücks dieses Verfahren als solches auch zum Thema gemacht wird.

Aus sogleich noch zu erörternden Gründen hat Schreiber Licht Zweifel an den Angaben des Dorfrichters Adam („Hier bin ich hingefallen, sag ich euch"), daß er vor seinem Bett auf den Boden gestürzt sei. Zum Ausdruck kommen sie in der

---

[64] „In Adams Schlagfertigkeit, seinem Sprachwitz und seinem Einfallsreichtum beim Erfinden immer neuer Ausreden hat man die eigentlichen Elemente des Komischen in Kleists Lustspiel zu erkennen geglaubt" (Walter Hettche, „‚Ein eignes Blatt'. Der Schreiber Licht und der Prozeß um den zerbrochnen Krug", in: *Text + Kritik*. Sonderband Heinrich von Kleist, hg. von Heinz Ludwig Arnold, München: Text + Kritik, 1993, S. 84-99, hier S. 84).

[65] Die Unterscheidung zwischen der Komik und der Handlung einer Komödie zählt zu den scharfsinnigsten Einsichten in ihre Struktur (vgl. hierzu den vorzüglichen Aufsatz von Rainer Warning, „Elemente einer Pragmasemiotik der Komödie", in: *Das Komische*, hg. von Wolfgang Preisendanz und Rainer Warning, München: Fink, 1976, S. 279-333.) Es ist gerade diese Differenzierung, die einen bedeutenden strukturellen Unterschied gegenüber jener Gattung betrifft, die seit alters her als das Gegenstück der Komödie gilt (und die Kleists Lustspiel zu einer alternativen generischen Referenz seiner Handlung macht): gegenüber der Tragödie. Denn das Prädikat ‚tragisch' dient in ihrem Fall der Kennzeichnung des Verlaufs der Ereignisse, die Gegenstand ihrer Darstellung sind. Die Handlung der Komödie muß hingegen nicht ihrerseits komisch sein, sie muß nur gut – d. h. im Sinne einer Wiederherstellung zeitweilig gestörter Ordnung – ausgehen. Komisch, d. h. zum Lachen reizend, sind in aller Regel vielmehr einzelne Elemente dieser Handlung. Warning hat in diesem Sinn treffend die syntagmatische Struktur der Komödienhandlung der paradigmatischen Struktur ihrer Komik gegenübergestellt. Wir werden im Hinblick auf den *Zerbrochnen Krug* bemerken können, daß gerade diese Unterscheidung zwischen beiden Strukturelementen einer Komödie für dieses Lustspiel eine besondere Bedeutung besitzt.

Vermutung, er könne seine Aussage womöglich nicht ganz so wörtlich genommen haben: „Unbildlich hingeschlagen?" Adams Bekräftigung, daß es sich in der Tat so verhalte, kommt ohne ein neuerliches Spiel mit der Beziehung zwischen *proprium* und *translatum* nicht aus: „Ja, es mag ein schlechtes Bild gewesen sein." Der ‚Witz' der Replik des Dorfrichters besteht offensichtlich darin, daß er die Bildlichkeit seiner Rede, also ihren metaphorischen Status,[66] zwar entschieden bestreitet, zum anderen aber den – wahrheitswidrig – dabei behaupteten Vorfall ob seines wenig erfreulichen Anblicks als ein „schlechtes Bild" bezeichnet. Der „Tiefsinn" dieser Aussage – und dadurch zugleich die raffinierte Komplexität dieses rhetorischen Spiels um Bildlichkeit und Wörtlichkeit der Rede – aber ist darin angelegt, daß auch der lügnerische Charakter von Adams Behauptung, den der spätere Verlauf des Dramas offenkundig machen wird, insgeheim schon – und offenkundig wider die Absichten des wahrheitsunwilligen Dorfrichters – in dieser Wendung zum Ausdruck gebracht ist. Denn um ein „schlechtes Bild" handelt es sich eben auch insofern, als es für das damit Bezeichnete nicht zutrifft.

Signifikant für die Komödie insgesamt aber ist es, daß auf diese Weise schon in ihrer Eingangsszene der *terminus technicus* zur Bezeichnung eines sprachlichen Verfahrens Erwähnung findet, das für Kleists Lustspiel eine eminente Rolle spielt und schon dessen Titel bestimmt.

Was aber macht den sachlichen Kern des geistreichen Wortwechsels, seinen von uns so genannten Tiefsinn aus, den sich Dorfrichter Adam und sein Schreiber Licht in dieser frühen Stunde liefern? In der Tat scheint der Begriff des Tiefsinns hier angebracht zu sein, denn es sind Grundfragen, die nicht nur die Handlung dieses Stückes, sondern elementare Aspekte der westlichen Kultur und ihrer Anthropologie betreffen. Zentral in dieser Hinsicht sind die – äußerst raffiniert komponierten – ersten vier Verse, die Adam spricht[67] und mit denen er auf Lichts Frage

---

[66] Zum Verhältnis von Bild und Metapher vgl. unten Anm. 250.
[67] Kleists Komödie ist in Blankversen verfaßt. Sie sind einer Prosarede ungleich ähnlicher als etwa ein Drama in gereimten Versen, und doch wird man sagen müssen, daß ein Alltagsgespräch in einer Situation wie der hier dargestellten kaum in Gestalt von Versen stattfinden würde. Dieser Sachverhalt wirft die literaturtheoretisch – aber nicht nur theoretisch, sondern zumal im Hinblick auf die sich daraus für einen Zuschauer ergebenden Konsequenzen – interessante Frage auf, wer eigentlich hier spricht. Der Autor, dem der Text insgesamt fraglos geschuldet ist? Oder eine Figur, bei der wir nicht mit Sicherheit davon ausgehen können, daß sie sagt, was auch Überzeugungen des Autors zum Ausdruck bringt? Nun mag man dem entgegenhalten, daß diese Frage keineswegs an die Versform der Rede gebunden ist, denn schließlich sind alle Figuren eines Dramas – wie eines Romans – Kreaturen ihres Autors. Und doch macht es einen Unterschied, ob die Form der Rede die Präsenz des Autors *in* dieser Rede kontinuierlich zu Bewußtsein bringt, wenn sie durch die Sprachform das Dargestellte grundsätzlich als etwas Gestaltetes zu erkennen gibt. Ich kann an dieser Stelle nur kursorisch darauf hinweisen, daß dasjenige, was wir hier für das Versdrama feststellen, gleichermaßen für das Versepos und die dortige Figurenrede gilt. Es ist dies ein Beleg mehr dafür, daß die in der Literaturwissenschaft quasi selbstverständlich gewordene theoretische Verbannung des

Autors aus der literarischen Erzählung, die man ganz der Obhut eines vom Autor verschiedenen Erzählers übergeben möchte, nicht gelingen kann, weil eine trennscharfe Unterscheidung von Autor und Erzähler auf allerlei Widerstände stößt. Oder wollte man dem Autor eines Versepos bestreiten, was im Fall des Verfassers eines Versdramas selbstverständlich ist: seine Zuständigkeit für die Versifizierung der Rede? Auch von hierher ergibt sich ein Argument für den Verzicht auf die üblich gewordene kategoriale Unterscheidung zwischen Autor und Erzähler, für den ich andernorts plädiert habe: „Literatur, Fiktion und Erzählung – nebst einem Nachruf auf den Erzähler", in: *Im Zeichen der Fiktion. Aspekte fiktionaler Rede aus historischer und systematischer Sicht. Festschrift für Klaus W. Hempfer zum 65. Geburtstag*, hg. von Irina Rajewski und Ulrike Schneider, Stuttgart 2008, S. 13-44. Die Instanz des Autors verdient in der Wissenschaft von der Literatur einen höheren theoretischen Stellenwert, als man ihr seit längerer Zeit zuzubilligen bereit ist. Zur Abwehr des Biographismus war seine Marginalisierung zweifellos nützlich. Zur konzeptuellen Kanonisierung aber eignet sie sich schlecht. Worin also bestehen die Konsequenzen der durch die Versform der Rede gegebenen permanenten Markierung des Gemachten der dramatischen Handlung als eines solchen? Im Grunde konkurriert diese Kennzeichnung des Gestaltungsmomentes des Dargestellten mit der Illusionsbildung, die gerade die neuzeitliche Guckkastenbühne zum anderen betreibt. Doch wäre es verfehlt, daraus die Schlußfolgerung einer Unterminierung der Illusionswirkung abzuleiten. Beides gehört vielmehr zusammen. Der Illusionismus des Theaters befördert eine Realitätsnähe, die den Eindruck erweckt, daß sich das Dargestellte in der Tat so abspielen könnte, wie behauptet. Wenn es gleichwohl in die kritische Distanz eines Beobachters gerückt wird, der es als etwas Gemachtes vorgeführt bekommt, dann wird damit unweigerlich die Frage nach den Prinzipien dieser Gestaltung von Realität aufgeworfen. Die Einsicht in die Gemachtheit des gleichwohl Möglichen wirft die Frage nach seiner Deutung und mithin nach seiner Botschaft – nach seiner Aussage *über* die Welt auf. Der Titel von Kleists Komödie gibt für eine solche Deutung bereits eine erste Richtung vor. Doch läßt er Spielräume, durch die der hermeneutische Gehalt möglicher Interpretationen keineswegs erschöpfend erfaßt wird. Was er indessen zu erkennen gibt, ist der Sachverhalt, *daß* das Stück seiner Deutung harrt – und mithin der Fortführung jener hermeneutischen Operationen, von denen das Stück selbst ausweislich seines Vorworts seinen Ausgang nimmt und die sich in dessen Handlung selbst fortsetzen. (Postmoderne Vorlieben für den universellen Fiktionalismus könnten die Hoffnung nähren, daß die Markierung der Gemachtheit der anderweitig durch Illusionsbildung suggerierten Wirklichkeit des Dargestellten die Konstruiertheit des Wirklichen selbst zu erkennen gebe. Doch eine derartige, gleichsam strukturelle ontologische Lehrstunde, die im Theater als solchem immer schon angelegt wäre, übersieht, daß Fiktionsmarker ja bestenfalls gegen die Illusionsbildung arbeiten – und damit den Unterschied zu der von der Theaterwelt verschiedenen Wirklichkeit nur um so deutlicher hervortreten lassen. Es bedarf mithin eines spezifischen semantischen Gehaltes der Handlung, um die Hermeneutik metaphysischer Nichtigkeit der Welt in Gang zu setzen. Und das verhält sich im Fall von Calderóns *La vida es sueño* zweifellos anders als bei Molières *Avare*). Kann die Versbildung als ein äußerliches Merkmal der ‚Gemachtheit' eines Theaterstücks und folglich als Hinweis auf die mit ihm betriebene Gestaltung von Wirklichkeit verstanden werden, so beschränken sich die Signale der Präsenz des Autors keineswegs auf derlei formale Merkmale. Daß eine so geistreiche

nach den Ursachen seines erschreckenden Erscheinungsbildes antwortet: „Ja, seht. Zum Straucheln braucht's doch nichts, als Füße. / Auf diesem glatten Boden, ist ein Strauch hier? / Gestrauchelt bin ich hier; denn jeder trägt / Den leid'gen Stein zum Anstoß in sich selbst." Schon der erste Vers von Adams Replik wartet mit einer insoweit ungewöhnlichen, gleichsam zeugmatischen Aussage auf, als sie mit irreführenden Kausalitäten zu operieren scheint. Geht man nämlich gemeinhin davon aus, daß es für einen Sturz eines Hindernisses bedarf, an dem sich die Füße stoßen, so behauptet Adam, daß die menschlichen Gehwerkzeuge selbst seinen Fall verursacht haben. Damit aber läßt sich deren offenkundiger anatomischer Zweck, nämlich das Laufen zu ermöglichen, von einer Gefährdung durch einen Sturz letztlich nicht mehr unterscheiden.

Zur Bekräftigung seiner überraschenden Erklärung der Ursache seines angeblichen Sturzes bedient sich Adam der – freilich keineswegs gewissen – Etymologie des von ihm zur Bezeichnung seines Sturzes gewählten Verbs ‚straucheln': Ein Strauch sei schließlich nirgendwo zu sehen.[68] Das Hindernis, dessen es zum Hinfallen bedürfe, sei insofern gar nicht vorhanden. ‚Fatalerweise' aber operiert nun diese Insistenz auf der Wörtlichkeit sprachlicher Ausdrücke und ihres – vermeintlichen – Erklärungspotentials mit einem Wort, das gerade in seinem verbreiteten metaphorischen Sinn Bedeutung gewinnt. Denn ‚straucheln' hat – vorzugsweise möchte man sagen – einen bildlichen Sinn; und eben der gewinnt nun die Oberhand.

Es ist, als werde der Dorfrichter hier zum ersten Mal, wenn auch zunächst nur sprachlich, von den – unbedachten – Konsequenzen seines Handelns eingeholt. Zugespitzt ließe sich sagen, daß der sich am Ende selbst überführende Dorfrichter in seiner ersten Äußerung im nicht erkannten Nebensinn seiner Worte so etwas wie eine für den Augenblick noch verborgene – und mutmaßlich unbeabsichtigte

---

Konversation wie die hier geführte – deren inhaltliche Komplexität im Einsatz ihrer rhetorischen Mittel nun des näheren noch zu untersuchen sein wird – unter den gegebenen Umständen und gemessen an den Erwartungen, die man an eine solche Situation stellen kann, wie bemerkt, höchst unwahrscheinlich erscheint, gibt ebenso die Präsenz desjenigen, auf dessen Konto das Stück insgesamt zu verrechnen ist, d. h. des Autors, zu erkennen. Um so belangvoller aber werden genau jene Elemente der Rede, die seine *semantische* Anwesenheit in der dargestellten Situation zu erkennen geben, für die Deutung des Stücks insgesamt. Der von mir bislang nur angedeutete Tiefsinn, der sich aus diesem nur scheinbar geistreich-komischen Wortwechsel am Beginn des *Zerbrochnen Krugs* herauslesen läßt, hat in dieser Überschüssigkeit der Rede gegenüber einer unter den Umständen einer solchen Handlungssituation zu erwartenden Rede seinen Ursprung.

[68] Monika Schmitz Emans hat treffend darauf hingewiesen, daß mit dem Verb ‚straucheln' schon auf den Strauch hingedeutet werde, der bei den nächtlichen Ereignissen, in denen sich Adam verheddert, eine wichtige Rolle spielt (Schmitz-Emans 2002, S. 48; so auch bereits Hans Heinz Holz, *Macht und Ohnmacht der Sprache. Untersuchungen zum Sprachverständnis und Stil Heinrich von Kleists*, Frankfurt am Main: Athenäum, 1962, S. 76).

– Vorausdeutung auf das spätere Geschehen bietet. Und das mag man freudianisch als Effekt einer Verdrängung verstehen, dem schieren Zufall geschuldet sehen oder auch einem Ordnungsprinzip zurechnen, das zum semantischen Spektrum des metaphorischen Potentials im Titel des *Zerbrochnen Krugs* gehört: Irgendwann kommt alles ans Licht. Oder wäre Adam sich seiner Sache gar so sicher, daß er selbst andeutungsweise mit einem Hinweis spielt, von dem er glaubt, niemand werde ihn entschlüsseln können?

Das Spiel mit den Worten gerät auf diese Weise schon ganz am Anfang dieses Lustspiels gleichsam programmatisch zu einer Allegorie seiner Handlung wie der Möglichkeiten seiner Deutung insgesamt. Bereits dieser Beginn stellt die Unvermeidlichkeit hermeneutischer Bearbeitung der Rede wie die damit verbundenen Risiken aus. Und eben sie werden im Folgenden sogleich virulent, wenn Schreiber Licht die moralische Dimension der Metaphorik des Strauchelns zum Anlaß der Äußerung eines Verdachts nimmt: „Ihr stammt von einem lockern Ältervater, / Der so beim Anbeginn der Dinge fiel, / Und wegen seines Falls berühmt geworden; / Ihr seid doch nicht –?".

Daß hier auf den biblischen Adam aus der Schöpfungsgeschichte angespielt wird, bedarf nicht sonderlicher Erwähnung. Interessanter schon ist die Frage, welche genaue Bedeutung dieser Hinweis auf den „Ältervater" im Kontext seiner Äußerung gewinnt. Denn schließlich gilt seine mit diesem Begriff bezeichnete Rolle der Schrift nach ja für alle Menschen, die die Bibel bekanntlich schlechthin von ihm abstammen läßt. Gleichwohl deutet Lichts Bemerkung auf einen spezifischen Zusammenhang zwischen dem alttestamentlichen Urvater und dem Dorfrichter aufgrund ihrer Namensidentität.

Dabei kann kaum ein Zweifel daran bestehen, auf welchen Typus von Vergehen Licht mit seinem Satz anspielt. Nennt er nämlich den Adam der *Genesis* einen „lockern Ältervater", so zeigt das Adjektiv offenkundig eine sexuelle Deutung von Adams Fall an. Ginge es nämlich allein um das theologische Skandalon der Übertretung des göttlichen Verbots, die Früchte vom Baum der Erkenntnis zu genießen,[69] so wäre ein solches Epitheton kaum angemessen. Licht identifiziert vielmehr den Sündenfall als solchen mit einem Vollzug erotischen Geschehens, wofür Gen 3, 7 eine Basis zu bieten scheint: „Da wurden ihnen beiden die Augen aufgetan und sie wurden gewahr, dass sie nackt waren".[70] Der Biß in den Apfel geht sozusagen im Geschlechtsakt auf. Nimmt Licht deshalb eine besondere Nähe des Dorfrichters zu seinem „lockern" Namenspatron an, für die die Gleichheit des Namens selbst wohl kaum eine hinreichende Gewähr bieten dürfte, so scheint der Schluß nahezuliegen, ja kaum von der Hand zu weisen zu sein, daß Adam sich nicht zum ersten Mal einer sexuellen Übertretung schuldig gemacht habe. Der Dorfrichter weist freilich jeden Verdacht von sich.

---

[69] Gen 2, 17.
[70] Bibel 1999, *Das Alte Testament*, S. 5.

In diesem Zusammenhang aber spielt nun noch einmal jene kuriose Kausalbeziehung eine Rolle, die der gestrauchelte Adam zur Erklärung seines Falls bemüht hatte: „Zum Straucheln braucht's doch nichts, als Füße" – eine Erläuterung, die durch den von uns bislang noch nicht erörterten Kommentar seines eigenen Verhaltens („denn jeder trägt / Den leid'gen Stein zum Anstoß in sich selbst") noch einmal eine Bekräftigung erfährt. Auch in dieser Redewendung ist der metaphorische moralische Sinn unverkennbar.[71] Rückt man diese Aussage deshalb in den Zusammenhang mit Lichts Verdacht, der seinem „lockern Ältervater" ähnliche Dorfrichter habe in der erörterten Weise über die Stränge geschlagen, so steht hier zur Debatte, ob „jeglicher" wie Licht eigens nachfragt („Nein, sagt mir, Freund! Den Stein trüg' jeglicher –?") zum Fall disponiert sei oder ob es individueller Voraussetzungen dafür bedürfe. Was hier so leichthin-spielerisch besprochen wird, aber betrifft eine der Grundfragen christlicher Anthropologie, die sich aus der Deutung der Konsequenzen des Sündenfalls ergeben.

Der für das protestantische Christentum maßgeblich gewordenen Lehre des Kirchenvaters Augustinus zufolge hat der Mensch zur gerechten Strafe für sein Aufbegehren gegen Gottes Gebot seinen Freien Willen verloren und bleibt in erbsündiger Unentrinnbarkeit der Knechtschaft der Sünde unterworfen, es sei denn Gottes – stets unverdiente – Gnade erlöse ihn aus dieser Verfallenheit an das Böse und befähige ihn dazu, Gutes zu tun.[72] Es ist im Grunde genau diese moraltheologische Position, die sich in Adams verwinkelter Erklärung seines Sturzes verbirgt.[73] Denn wenn es darin heißt, daß die Füße genügen, um hinzufallen, und damit ihr anatomischer Zweck in die Möglichkeit ihres Versagens übersetzt wird, so spiegelt diese Redeweise sehr plastisch, was der Fall des Menschen aus augustinischer Sicht besagt.[74] Er bedeutet die Entfremdung von der *natura hominis*, wie sie

---

[71] Der Ausgangspunkt dieser biblischen Metapher findet sich bei Jesaja 8, 14, wo die Geburt eines Kindes vorhergesagt wird, das den Namen Immanuel tragen wird, und über ihn heißt es: „Er wird ein Fallstrick sein und ein Stein des Anstoßes und ein Fels des Ärgernisses für die beiden Häuser Israel" (Bibel 1999, *Altes Testament*, S. 676). Die Jesaja-Stelle ist im *Neuen Testament* aufgenommen und nun ausdrücklich auf Christus bezogen worden. So heißt es im ersten Petrusbrief, 2, 7f. zum Eckstein, der Christus ist: „Für euch nun, die ihr glaubt, ist er kostbar, für die Ungläubigen aber ist ‚der Stein, den die Bauleute verworfen haben und der zum Eckstein geworden ist, ein Stein des Anstoßes und ein Fels des Ärgernisses'" (ebd., *Das Neue Testament*, S. 251). Adams Versuch einer ‚Naturalisierung' des biblischen Bildes, das seine Behauptung der Überflüssigkeit eines jeden externen Objekts zur Verursachung eines Sturzes illustrieren soll, erlebt dabei – dialektischerweise – gerade eine Moralisierung, die diesen Stein zu einem Hang zur Sünde umdeutet, der allen Menschen eingegeben ist. Er wird – anders formuliert – zu einem Ausdruck für die Erbsünde.

[72] Siehe unten Anm. 161.

[73] Zur Bedeutung des biblischen Adam für Kleists *Zerbrochnen Krug* siehe auch Seidlin 1977.

[74] Die Parallele ist zu verlockend, um nicht – und sei es als bloße Möglichkeit – diskutiert zu werden. Aber Adams Insistenz auf den Füßen als der Ursache seines Sturzes bildet

nachgerade das exakte Gegenstück zu einer Einlassung des lächerlichen Maître Pangloss, der Karikatur eines Metaphysikers aus dem Geiste von Leibniz' Theodizee, welche Figur Voltaire in seiner Erzählung *Candide* zum Instrument seiner kritischen Auseinandersetzung mit dessen Denken gestaltet hat. Daß Kleist diesen Text kannte, darf als unstrittig gelten, wie die Parallelelen zwischen dem Roman Voltaires und Kleists Erzählung *Das Erdbeben in Chili* zweifelsfrei belegen (vgl. hierzu Bernd Fischer, *Ironische Metaphysik. Die Erzählungen Heinrich von Kleists*, München: Fink 1988, S. 17 sowie Werner Hamacher, „Das Beben der Darstellung", in: *Positionen der Literaturwissenschaft. Acht Modellanalysen am Beispiel von Kleists* Das Erdbeben in Chili, hg. von David E. Wellbery, München: Beck, ⁵1993, S. 149-192, hier S. 152. Siehe in diesem Sinn bereits John M. Ellis, „Das Erbeben in Chili", in: ders., *Narration in the German Novelle. Theory and Interpretation*, Cambridge: Cambridge University Press, 1974, S. 46-76). Die Stelle aus dem *Candide*, die hier zur Debatte steht, ist die folgende: „Il est démontré, disait-il, que les choses ne peuvent être autrement : car tout étant fait pour une fin, tout est nécessairement pour la meilleure fin. Remarquez bien que les nez ont été faits pour porter des lunettes ; aussi avons-nous des lunettes. Les jambes sont visiblement instituées pour être chaussées, et nous avons des chausses" (Voltaire, *Candide ou l'optimisme*, édition critique par René Pomeau, Oxford: The Voltaire Foundation, 1980, S. 119f.). („,Es ist bewiesen', sagte er, ,daß die Dinge anders nicht sein können. Da alles für einen Zweck gemacht ist, ist alles notwendig für den besten Zweck gemacht. Bedenken Sie, daß die Nasen gemacht worden sind, um Brillen tragen zu können; deshalb haben wir Brillen. Die Beine sind offensichtlich dazu eingerichtet, um beschuht zu werden, und wir haben Schuhe.'" Übersetzung A. K.) Man wird das kaum anders als eine Karikatur teleologischen Denkens nennen können. Gleich das erste von Pangloss' prekären Argumenten ist ganz besonders plastisch und zugleich infam: Die Nase ist dazu gemacht, die Brille zu tragen. Nicht nur wird damit jegliche Funktionalität dieses Organs zugunsten seines Nutzens für ein technisches Instrument außer Kraft gesetzt, fatalerweise dient dieses Instrument dabei auch der Behebung einer natürlichen Schwäche: nämlich der Überwindung mangelnder Sehkraft der Augen. Und so steckt in diesem Argument noch ein weiteres: Die Schwäche der Augen kommt einer teleologischen Ermöglichung der Erfindung der Brille gleich. Die gewohnte Perspektive scheint sich also gerade umzukehren: Nicht etwa dient die Technik dazu, die Mängel der Natur für den Menschen zur Verbesserung seines Lebens zu beheben, vielmehr erscheinen diese Mängel geradezu darauf angelegt zu sein, Entstehung und Fortentwicklung der Technik des Menschen zu befördern. Entsprechendes gilt für Pangloss' Behauptung, daß die Füße dazu gemacht seien, beschuht zu werden, und offensichtlich verfüge man ja über Schuhe. Am Anfang steht ein als solcher allerdings verschwiegener Mangel: die Verletzlichkeit der bloßen Füße. Dieser Mangel aber wird in die Ermöglichung seiner Korrektur übersetzt: Die Verletzlichkeit der Füße wird gleichsam marginalisiert, indem sie ihre Bestimmung darin finden, das Tragen von Schuhen zu gestatten, womit die offensichtlich primäre Funktion der Füße, nämlich das Laufen zu erlauben, jeden Belang zu verlieren scheint. Sie sind im Grunde nur noch zum Zweck der Behebung ihrer Defizite da. Da kommt es – jedenfalls in konzeptueller Hinsicht und ganz unabhängig von der Frage nach einem faktischen intertextuellen Bezug (so reizvoll eine solche Annahme auch sein mag) – einer schieren Inversion dieser Verhältnisse gleich, wenn Kleist seinen Dorfrichter Adam im *Zerbrochnen Krug* die Füße zur

Gottes Schöpfungsplan für ihn ursprünglich vorgesehen hatte und die einer Perversion seiner natürlichen Bestimmung gleichkommt. Das Handeln des Menschen und sein Verfehlen des Guten und Rechten werden ununterscheidbar voneinander. Insofern gilt aus einer solchen Sicht der Dinge in der Tat der Satz: „jeder trägt / Den leid'gen Stein zum Anstoß in sich selbst".

Anders sieht es bei Lichts Vermutung einer besonderen Beziehung des Dorfrichters zum biblischen Schwerenöter Adam aus. Sie kommt im Grunde einer Karikatur einer jeden Erbsündenlehre gleich. Denn die Erwähnung der Namensidentität, die den „Ältervater" ins Spiel bringt, reicht kaum aus zu irgendeiner plausiblen Begründung eines wie auch immer bestehenden Abstammungsverhältnisses. *De facto* handelt es sich um eine Umkehrung einer solchen Beziehung. Keinerlei erb(sünd)liche Abhängigkeit bestimmt die Nähe des Dorfrichters zum biblischen Urvater *aller* Menschen. Vielmehr nimmt Licht offensichtlich umgekehrt eine ihm nicht ganz unbekannte Neigung *seines* Adams zu erotischen Abenteuern gleichsam spielerisch zum Anlaß, um auf diese Weise eine Determination durch Nachkommenschaft zu suggerieren.

Am Beginn von Kleists Komödie kommt das ursprünglich augustinische Modell der weitgehenden Bestimmung menschlichen Handelns durch eine ihnen vorausliegende, in der Lehre von der Erbsünde angelegte Ursache in wechselnder Pervertierung zur Sprache: als Strategie zur Bekräftigung einer Lüge bei Dorfrichter Adam und als anspielungshafte Andeutung eines ziemlich freizügigen Umgangs mit seinen sexuellen Begehrlichkeiten in der heimlichen Unterstellung von Schreiber Licht. Doch beiden Instrumentalisierungen der überkommenen Lehre fehlt es im Grunde am argumentativen Potential, um diese theologische Sicht der Dinge auch schon außer Kraft zu setzen. Ihre jeweilige Indienstnahme macht sie gegenüber der Frage nach ihrer Geltung statt dessen gleichsam immun. Diese *Frage* bleibt deshalb für Kleists Komödie eine auch weiterhin pertinente Frage, die für die Deutung des Handelns der Akteure seines Lustspiels eine wesentliche Bedeutung behält.

Ursache des Stürzens erklären läßt – eine Inversion, insofern der Mangel der Natur nun nicht zur Ermächtigung des technischen Siegs des Menschen über ihre Defizite gerät, ja geradezu als ein Stimulans seiner Beherrschung der Natur erscheint, sondern im Gegenteil dieser Mensch nun zum Mängelwesen herabsinkt, das unwiderruflich in seine Fehlbarkeit eingeschlossen wird. In Voltaires *Candide* ist die Karikatur der leibnizschen Theodizee offensichtlich. Gilt Vergleichbares auch für Kleists Umgang mit der augustinisch-protestantischen Anthropologie in dieser Eingangsszene des *Zerbrochnen Krugs*? Die Annahme liegt um so näher, als Adam seine ‚These' zum Zweck der Bekräftigung einer, wie sich später herausstellen wird, ziemlich platten Lüge nutzt. Denn mitnichten ist er gleichsam grundlos vor seinem eigenen Bett gestürzt. Und doch ist auch mit diesem Umstand bezeichnenderweise die Frage nicht aus der Welt geschafft, über welchen Handlungsspielraum der Mensch eigentlich verfügt, wie es also um seinen Freien Willen steht.

Von Beginn an spielt die Handlung des *Zerbrochnen Krugs* auf diese Weise vor dem Hintergrund überlieferter Geschichte(n), die einen Horizont der Interpretation der Geschehnisse dieser Komödie bereitstellen. So spielerisch sich das bildungsgesättigte Gespräch der ersten Szene des Lustspiels auch ausnimmt, *die* Geschichte mit all ihren (einzelnen) Geschichten gerät, wie sich hier noch einmal bestätigt, im *Zerbrochnen Krug* seit seiner ersten Szene zu einem universellen, stets präsenten hermeneutischen Präzedenzfall, mit dessen Hilfe man kontingenten Ereignissen einen Sinn abzugewinnen vermag – oder zumindest abzuringen versucht.

4. Der Prozeß: Verfahrenslogik und Handlungsintention

4. 1. Präliminarien des Prozesses

Daß der Prozeß, der den größten Teil von Kleists Stücks einnimmt, eine (komödientypische) Verwandlung der Gerichtsverhandlung darstellt, die Sophokles' *König Ödipus* auf die Bühne der Tragödie gebracht hatte, gehört zu den elementaren Verständnisvoraussetzungen des *Zerbrochnen Krugs*: Ödipus wie Dorfrichter Adam verhandeln in eigener Sache – mit dem bemerkenswerten Unterschied, daß Ödipus dies erst am Ende der von ihm geführten Verhandlung einsehen muß (auch wenn die Ahnung dieses Ergebnisses ihn schon länger umtreibt), während Adam im Bewußtsein dieses Faktums von Anfang an seine Prozeßführung daraufhin anlegt – ganz abgesehen davon, daß natürlich auch der je zur Verhandlung stehende ‚Vorfall' (gemäß den Regeln der jeweiligen Gattung) von gänzlich anderer Tragweite ist: Vatermord und Inzest bei Sophokles steht der – augenscheinlich mißlingende – Versuch sexueller Nötigung bei Kleist gegenüber.

Bei oberflächlicher Betrachtung könnte es allerdings den Anschein haben, als wäre das zur Debatte stehende Vorkommnis auch im *Zerbrochnen Krug* so harmlos nicht, weil sich der Ausgang von Adams nächtlichem Versuch, Eve zu bedrängen, in diesem Stück nicht zuverlässig klären lasse. Doch gibt es eine Szene – sie gehört, dramentechnisch betrachtet, im Übrigen zu den Schlüsselszenen der Handlung, weil sie den Zuschauer mit einem gegenüber den anderen Akteuren des Geschehens überlegenen Wissen ausstattet –, aus der ziemlich eindeutig hervorgeht, daß sich in der Tat nichts Folgenschweres in der bewußten Nacht vor Prozeßbeginn ereignet hat.

Eve, die die Absichten ihrer Mutter nicht zu durchschauen scheint und sie beschwören möchte, um des Kruges willen keinen Prozeß anzustrengen, wird von Frau Marthe harsch zurückgewiesen:

> Frau Marthe.
> Du sprichst, wie du's verstehst. Willst du etwa
> Die Fiedel tragen, Evchen, in der Kirche
> Am nächsten Sonntag reuig Buße thun?
> Dein guter Name lag in diesem Topfe,
> Und vor der Welt mit ihm ward er zerstoßen,
> Wenn auch vor Gott nicht, und vor mir und dir.
> Der Richter ist mein Handwerksmann, der Schergen,
> Der Block ist's, Peitschenhiebe, die es braucht,

> Und auf den Scheiterhaufen das Gesindel,
> Wenn's unsre Ehre weiß zu brennen gilt,
> Und diesen Krug hier wieder zu glasieren.
> (V. 487-497)

„Wenn auch vor Gott nicht, und vor mir und dir": Diese religiöse Beteuerung eines von Mutter und Tochter geteilten Wissens durch Marthe Rull bietet einen ziemlich zuverlässigen Beleg dafür, daß Eves Jungfräulichkeit in der bewußten Nacht trotz der (allerdings augenscheinlich nicht sonderlich geschickten) Machenschaften des zudringlich werdenden angetrunkenen Dorfrichters (dessen Identität im Augenblick freilich nur Eve selbst bekannt ist) unversehrt geblieben ist.[75] Die durch die

---

[75] Gleichwohl hält sich in der Forschung hartnäckig der Verdacht, daß eine tatsächliche „Entehrung" Eves durchaus stattgefunden habe, sie sei zumindest wahrscheinlicher als das Gegenteil. So etwa David E. Wellbery, „Kleist's *The Broken Jug*: The Play of Sexual Difference", in: *Reading after Foucault. Institutions, Disciplines, and Technologies of the Self in Germany, 1750-1830*, hg. von Robert S. Leventhal, Detroit: Wayne University Press, 1994, S. 117-126, hier S. 123: "Kleist goes very far – almost as far as in his *Amphytrion* – in suggesting to us that such a violation might very well have taken place. Eve after all, admits the blackmailing Adam into what the text refers to as her *abgelegene Kammer*, the sequestered chamber which she, by metonymy, is." Doch ist Wellberys hier postulierte sexualsymbolische Gleichung von Eves Kammer und ihrer Person wirklich plausibel? Die Erwähnung dieser „abgelegnen Kammer" stammt aus Marthe Rulls Bericht über die von ihr bemerkten Ereignisse in der fraglichen Nacht (siehe die betreffenden Verse oben, S. 47). Daß die Mutter der inkriminierten Tochter einen versteckten Hinweis auf den Verlust von deren Jungfräulichkeit habe geben wollen, scheidet insoweit zur Erklärung dieser metonymischen Bedeutung aus. Daß Marthe dabei eine unbewußte Eröffnung ihres Wissens um Eves tatsächliche Vergewaltigung unterlaufe, wirkt wenig wahrscheinlich angesichts ihrer Anrufung Gottes zur Beteuerung des Gegenteils in dem allein mit ihrer Tochter geführten Gespräch. Wellberys Schlußfolgerung, mit der er die zeichenhafte Identifikation der „abgelegnen Kammer" mit dem Körper Eves als bewiesen beanspruchen möchte, mangelt es an Überzeugungskraft: „Thus, when Frau Marthe arrives on the scene during the fateful night, she finds the door violently broken in, finds the evidence, in other words, of her daughter's violation" (ebd., S. 123f.). Was aber berichtet Marthe? „Geschwind' die Trepp' eil' ich hinab, ich finde / Die Kammerthür gewaltsam eingesprengt, / Schimpfreden schallen wüthend mir entgegen" (V. 749-751). Von einer Evidenz der bezeichneten symbolischen Deutung der „abgelegnen Kammer" läßt sich hier kaum sprechen. Es bleibt bei einem bloßen Postulat, das auch den Kredit von Wellberys weiterer (sexual-)symbolischer Deutung der kleistschen Komödie nicht erhöht: „What are we to make of the fact that the broken jug symbolizes at one the loss of virginity and the severance of the male body, which is to say, castration? It seems to me that Kleist's play allows us to think the solidarity of these two lost figures of integrity. What links the phallic authority of paternity and the self-enclosure of virginity, in other words, is their similitude: each is the image of the other, each gives the one back to the other as if in a mirror or painting" (ebd., S. 125). Und noch darüber hinausgehend heißt es: "The trauma of the broken jug is the traumatic opening of a sexual difference that resists containment with the schema

Berufung auf Gott erfolgende Bekräftigung dieser Tatsachenfeststellung verleiht ihr in der kulturellen Welt, in der Kleist die Handlung seines Stücks platziert hat, einen kaum zu bestreitenden Grad an Verläßlichkeit.

Wie es sich für eine Komödienhandlung gehört, erscheint der nächtliche Vorfall also insoweit harmlos, als er für das Opfer der betreffenden Verfehlung Adams weithin folgenlos bleibt – sieht man von dem Kollateralschaden des beschädigten Krugs einmal ab. Nach den Worten Marthe Rulls in der Unterredung mit ihrer Tochter gibt es kaum Anlaß zum Zweifel am Fortbestand ihrer körperlichen Unversehrtheit.

Noch in einer weiteren Hinsicht aber ist die hier von uns betrachtete Szene zwischen Mutter und Tochter von entscheidendem Belang für das Verständnis dieses Lustspiels. Sie gibt nämlich ebenso zu erkennen, worin der eigentliche Klagegrund besteht, den der titelgebende und schon dadurch zentrale zerbrochene Krug nur gleichsam stellvertretend zu repräsentieren hat. Marthe Rull sorgt sich um die Ehre ihrer Tochter, deren Beschädigung zugleich die soziale Reputation ihrer ganzen Familie tangierte. Und diese Ehre wäre nach den Maßgaben der Welt, in der das Stück spielt, beschädigt, wo nicht verloren, sofern Eve ihre Jungfräulichkeit tatsächlich eingebüßt hätte. Diese Konsequenz würde *a fortiori* dann eintreten, wenn sie freiwillig Gelegenheit für den Verlust ihrer Unschuld geboten hätte – unter welchen Umständen und mit welchen Absichten auch immer. Die betreffende Vermutung wird von Eves Verlobtem denn auch ausdrücklich zum Thema gemacht, wobei er für seine Person nicht den Hauch eines Zweifels aufkommen läßt, *daß* es sich tatsächlich so verhält.

Auf welche Weise aber kommt im *Zerbrochnen Krug* der Verlust der Ehre in der in dieser Komödie gezeichneten sozialen Gemeinschaft, die einer jungen Frau ein solches Prädikat als Ausdruck ihrer Wertschätzung verleiht, zustande? Präziser sollte man wohl sagen, daß diese gesellschaftliche Instanz diesen Titel gar nicht *explicite* vergibt, sondern seinen Besitz solange nicht in Zweifel zieht, als für die Annahme des Gegenteils kein Anlaß zu bestehen scheint. Augenscheinlich ist für einen Verlust der Ehre bei einer jungen Frau nicht das Faktum ihrer verlorenen Jungfräulichkeit selbst verantwortlich. Es handelt sich bei ihr vielmehr um ein soziales Gut, das auf der *Einschätzung* einer Person durch die „Welt", wie Marthe Rull – im Unterschied zu „Gott" – die soziale Gemeinschaft bezeichnet, beruht.[76]

---

of the Same" (ebd., S. 125f.). Wellberys entschiedenes Plädoyer für Eves verlorene Unschuld erklärt sich aus den hermeneutischen Konsequenzen, die er daraus ableiten möchte und für die diese Prämisse unverzichtbar erscheint. Doch sein Interesse an einem solchen Ergebnis scheint weit mehr die konzeptuellen Vorlieben der Literaturwissenschaft des ausgehenden 20. Jahrhunderts als das semantische Fundament von Kleists *Zerbrochnem Krug* zu spiegeln.

[76] Die Entgegensetzung von Christus und ‚Welt' ist ein durchgängiges Motiv des Johannesevangeliums. Siehe etwa Joh 15, 18f.: „Wenn euch die Welt hasst, so wisst, dass sie mich vor euch gehasst hat. Wäret ihr von der Welt, so hätte die Welt das Ihre lieb. Weil ihr aber nicht von der Welt seid, sondern ich euch aus der Welt erwählt habe, darum

Die Ehre verliert man deshalb auch dann schon, wenn nur der Eindruck einer entsprechenden Verfehlung vorliegt. Wie aber entsteht ein solcher Eindruck?

Auch die Ehre – und dies ist ein für die Logik der ‚Welt' des *Zerbrochnen Krugs* entscheidendes Datum – stellt ein Ergebnis von Deutungen des Verhaltens von Personen dar. Selbst deren Wert in ihrer sozialen Welt, der für ihr Leben existenzielle Bedeutung besitzt, ist mithin abhängig von einem Akt der Interpretation – von der Deutung eines beobachtbaren Verhaltens *in* einer und *durch* eine soziale Gemeinschaft. Und weil es sich nur in Grenzen überhaupt beobachten läßt, wird es anhand von wahrnehmbaren (aber mit einer unvermeidlichen Unzuverlässigkeitsmarge ausgestatteten) Indizien gleichsam hermeneutisch hochgerechnet, um den Wert einer Person an ihnen (dieser prekären Grundlage zum Trotz) zu ermessen. Deutungen von Verhalten, so gibt Kleists *Zerbrochner Krug* zu erkennen, bestimmen noch die Grundlagen der Existenz eines Menschen.

„Dein guter Name lag in diesem Topfe, / Und vor der Welt mit ihm ward er zerstoßen." Dem „Namen" kommt in diesen Worten eine besondere Bedeutung zu. Wenn nämlich die Ehre am *Namen* hängt, dann gehört sie der *Rede* zu, denn in ihr findet der Name Verwendung. Was alle Ehre bestimmt, ja ausmacht, ist mithin die öffentliche Rede über eine Person.

Wir stoßen an diesem Punkt auf eine weitere für Kleists Stück zentrale und bislang ungeklärte Frage – die Frage, *warum* der zerbrochene Krug zum – vorgeblichen – Klagegrund für Marthe Rull gerät. Und damit ist zugleich die Frage aufgeworfen, woher die multiple zeichenhafte Bedeutung dieses Requisits stammt.

Um mit ersterem zu beginnen: Wenn die Ehre an der Rede hängt, dann darf nicht zur Sprache kommen, was diese Ehre von der ‚Welt' zerstören könnte.[77] Denn schon das Aussprechen dessen, was die Ehre vernichten könnte, würde nur befördern, was es gerade zu verhindern gilt. Und so muß ein Weg gefunden

---

hasst euch die Welt" (Bibel 1999, *Das Neue Testament*, S. 128). Setzt auch der von Marthe Rull ins Spiel gebrachte Gegensatz von ‚Gott' und ‚Welt' die pejorative Bewertung fort, die bei Joannes unüberhörbar ist, um sie auf die Dorfgemeinschaft zu übertragen? Wäre auch ihre Sorge vor der ‚Welt' – eine solche Befürchtung würde der Protestantin wohl anstehen – besonders groß, weil eine Sorge vor der schlechten Welt, die stets an der Herabwürdigung des – anderen – Menschen Interesse zeigt, sie umtreibt?

[77] Eine solche sprachliche Tabuisierung dessen, was sich in der fraglichen Nacht in Eves Kammer abgespielt hat oder hätte abspielen können, kommt im *Zerbrochnen Krug* selbst zur Sprache. Als am Ende herauskommt, daß der Richter höchstpersönlich der Schuldige ist, erklärt Eve, wozu er sie erpresserisch mit dem vorgetäuschten Angebot eines Attests, das der Befreiung Ruprechts von einem gar nicht anstehenden Militärdienst dienen sollte, drängen wollte: „E v e . O Himmel! Wie belog der Böswicht mich! / Denn mit der schrecklichen Besorgniß eben, / Quält er mein Herz, und kam, zur Zeit der Nacht, / Mir ein Attest für Ruprecht aufzudringen; / Bewies, wie ein erlognes Krankheitszeugniß / Von allem Kriegsdienst ihn befreien könnte; / Erklärte und versicherte und schlich, / Um es mir auszufert'gen, in mein Zimmer: / So Schändliches, ihr Herren, von mir fordernd, / Daß es kein Mädchenmund wagt auszusprechen!" (V. 1938-1947).

werden, um schon die Voraussetzungen der Möglichkeit, über einen solchen Verdacht überhaupt nur zu sprechen, zu verhindern. Genau diesen Weg scheint der zerbrochene Krug zu eröffnen. Aber warum?

Marthe Rulls Ziel ist es von Anfang an, Ruprecht als den Schuldigen dingfest zu machen. Darauf – und nur darauf – kommt es ihr an. Da er der Verlobte der Tochter ist, wäre Eve über den Verdacht erhaben, das zu sein, was derselbe ihr vorhält: eine „Metze",[78] d. h. eine Frau, die sich für materiellen Gewinn auf Geschlechtsverkehr einläßt, anders gesagt: eine Prostituierte. Deshalb strengt die Mutter einen Prozeß an, der den Beweis des Gegenteils erbringen soll, ohne daß dieser Sachverhalt überhaupt zur Sprache kommt. Und dafür hat der zerbrochene Krug zu sorgen.

Das ist insofern ingeniös, als sie den Gegenstand, der als Indiz eines bedenklichen Männerbesuchs gelten könnte, bei dem allerlei Bewegung in Eves Kammer aufkam, zum Objekt einer Beschädigung erklärt, die nach Entschädigung verlangt. Sie versucht damit, alle Aufmerksamkeit vom Verdacht eines liederlichen Lebenswandels abzulenken, um scheinbar einzig auf die finanzielle Wiedergutmachung eines materiellen Schadens hinzuwirken.

Daß sie an einer solchen Entschädigung *de facto* allerdings keinerlei Interesse nimmt, wird anhand ihres Gesprächs mit Ruprechts Vater deutlich, auf den sie vor Beginn der Verhandlung trifft. Als dieser ihr eine entsprechende Lösung des Konflikts in Aussicht stellt, reagiert sie ebenso empört, wie sprachlich virtuos (wenn auch unverständlich für ihren Gesprächspartner):

> Veit.
> Sei sie nur ruhig,
> Frau Marth'! Es wird sich Alles hier entscheiden.
> Frau Marthe.
> O ja. Entscheiden. Seht doch. Den Klugschwätzer.
> Den Krug mir, den zerbrochenen, entscheiden.
> Wer wird mir den geschied'nen Krug entscheiden?
> Hier wird entschieden werden, daß geschieden
> Der Krug mir bleiben soll. Für so'n Schiedsurtheil
> Geb' ich noch die geschied'nen Scherben nicht.
> Veit.
> Wenn sie sich Recht erstreiten kann, sie hört's,
> Ersetz' ich ihn.
> Frau Marthe.
> Er mir den Krug ersetzen.
> Wenn ich mir Recht erstreiten kann, ersetzen.

---

[78] „Ruprecht. Gott schenk' dir so viel Wohlergehn, als er / Erübrigen kann. Doch kehrt ich aus dem Kriege / Gesund, mit erzgegoßnem Leib zurück, / Und würd in Huisum achtzig Jahre alt, / So sagt ich noch im Tode zu dir: Metze! / Du willst's ja selber vor Gericht beschwören" (V. 463-468).

> Setz' er den Krug mal hin, versuch er's mal,
> Setz' er'n mal hin auf das Gesims! Ersetzen!
> Den Krug, der kein Gebein zum Stehen hat,
> Zum Liegen oder Sitzen hat, ersetzen!
> V e i t.
> Sie hört's! Was geifert Sie? Kann man mehr thun?
> Wenn Einer ihr von uns den Krug zerbrochen,
> Soll Sie entschädigt werden.
> Frau Marthe.
> Ich entschädigt!
> Als ob ein Stück von meinem Hornvieh spräche.
> Meint er, daß die Justiz ein Töpfer ist?
> Und kämen die Hochmögenden und bänden
> Die Schürze vor, und trügen ihn zum Ofen,
> Die könnten sonst was in den Krug mir thun,
> Als ihn entschädigen. Entschädigen!
> (V. 415-438)

Fast scheint Veit ein wenig Mitleid zu verdienen. Denn er kann nicht begreifen, warum die Zurückweisung seiner gutgemeinten Absichten nichts als die schiere Empörung Marthe Rulls hervorruft. In der Tat macht sie es ihm nicht leicht, Verständnis für ihr Verhalten aufzubringen, obwohl sie dies vorauszusetzen scheint: „Als ob ein Stück von meinem Hornvieh spräche. / Meint er, daß die Justiz ein Töpfer ist?" Sie geht offensichtlich davon aus, daß er zu begreifen hätte, worum es ihr geht – und erwartbar zu gehen hat. Aber wie eigentlich verhält sich ihre verwirrende Rede zu ihrem Anliegen?

Wenn Marthe wegen der Beschädigung ihres in Stücke zerbrochenen Kruges eine Klage anstrengt, kann sie vernünftigerweise nur auf eine finanzielle Entschädigung für diesen Verlust setzen. Eine solche Lösung des Konflikts aber lehnt sie gleichwohl von allem Anfang kategorisch ab: „Er mir den Krug ersetzen" hält sie ihm erbost-ironisch entgegen. Sollte sie also statt dessen auf die Finanzierung eines Versuchs, das beschädigte Gefäß zu reparieren, abzielen? Eine solche Deutung ihres Verhaltens ist schwerlich möglich, erklärt sie doch ausdrücklich, daß die Justiz schließlich keine Töpferei sei. Will man Marthe also angesichts ihrer Einlassungen einen rationalen Grund für ihre Klage bei Gericht zusprechen, so bleibt im Ergebnis des Ausschlusses dieser beiden naheliegenden, wo nicht einzig möglichen Alternativen im Grunde nur die Möglichkeit, ihre Rede auf dasjenige zu beziehen, was der zerbrochene Krug metaphorisch für sie verrätselt, nämlich die verlorene Ehre ihrer Tochter.[79]

---

[79] „Der Krug führt sich gleichsam durch den Mund der Frau Marthe als zentrale Erscheinung des Stückes ein, was nur möglich ist, wenn er noch als etwas anderes funktioniert denn als ein Gebrauchs- oder Schmuckgegenstand, der sehr wohl ersetzbar wäre. Und wenn sich in Frau Marthes Mund auch ziemlich hyperbolisch ausnimmt, was sie über den Krug sagt, wenn es unglaubwürdig erscheint, daß Eves Ehre sie weniger kümmert

Aber kann sie diese Einsicht bei Ruprechts Vater berechtigterweise voraussetzen? Ist diese Überzeugung der Naivität einer einfältigen Frau geschuldet, die zwischen ihrer eigenen Einschätzung der gegebenen Situation und derjenigen anderer Personen nicht zu unterscheiden vermag? Doch schlicht im Gemüt wird man Marthe Rull kaum nennen wollen, läßt sich ihr sprachlicher Umgang mit der komplexen Situation, die sie freilich selbst zu erheblichen Teilen herbeiführt, doch kaum anders denn als virtuos bezeichnen – ganz zu schweigen von ihrem einfallsreichen Arrangement ihrer Klage bei Gericht. Stünde also im Gegenteil Ruprechts Vater Veit unter Naivitätsverdacht, weil er nicht allein die wahren Absichten Marthe Rulls nicht durchschaut, sondern noch nicht einmal durch ihr auffälliges Sprachverhalten veranlaßt wird, seine anfängliche Annahme über die Ursache des Prozesses zu revidieren? Und zielte ihre ungewöhnliche Ausdrucksweise nicht gerade darauf ab, ihn zu einem solchen Verständnis zu bewegen? (Und bewirkt doch nur das Gegenteil.)[80]

---

als der Krug, so machen die Krugerzählung wie Umstände und Folgen seiner Zerschlagung seine Bedeutung für das Ganze offenbar" (Helmut Arntzen, *Die ernste Komödie. Das deutsche Lustspiel von Lessing bis Kleist*, München: Nymphenburger Verlagsbuchhandlung, 1968, S. 184).

[80] Schmitz-Emans 2002 hat darauf hingewiesen, daß es sich beim zerbrochenen Krug um ein traditionelles Symbol verlorener Unschuld handelt, das dem Publikum zur Zeit Kleists noch bekannt gewesen sein dürfte: „Frau Marthe stiftet die Verknüpfung zwischen dem Sturz des Kruges und einem (möglicherweise stattgefundenen) nächtlichen ‚Fall' ihrer Tochter, wobei sie an den symbolischen Zusammenhang verlorener Unschuld und zerbrochener Krüge zu denken scheint. Sie nimmt ein Symbol beim Wort, weil sie vergessen hat, daß es ein Symbol ist" (Schmitz-Emans 2002, S. 43.) Daß Eve ihre Unschuld in der fraglichen Nacht verloren hat, scheint mir, wie erörtert, allerdings durchaus unwahrscheinlich zu sein. Der Wortlaut der Komödie enthält in dem von uns besprochenen Vers 492 einen ziemlich eindeutigen Hinweis darauf, daß es sich anders verhält. Vor allem aber scheint es mir mit der Logik von Marthe Rulls Prozeßstrategie nicht aufzugehen, wenn man ihr unterstellt, sie habe den überkommenen symbolischen Sinn eines zerbrochenen Krugs als Symbol des Verlustes der Jungfräulichkeit „vergessen". Alles deutet vielmehr darauf hin, daß, aus der Warte der Handlung von Kleists Komödie betrachtet, eine symbolische Verbindung des zerschlagenen Gefäßes und einer Entjungferung erst in diesem Stück aufgrund des Verlaufs, den die Ereignisse nehmen, zustande kommt. Niemand außer Marthe Rull selbst – wir werden uns den betreffenden Versen sehr bald zuwenden – macht diesen Zusammenhang nämlich explizit und auch Ruprechts Vater Veit scheint eine betreffende Bedeutung gänzlich unbekannt zu sein, wie seine Ratlosigkeit in Anbetracht der für ihn unverständlichen Worte Marthe Rulls zu erkennen gibt. Was Kleists eigene Strategie im Umgang mit einer möglichen symbolischen Tradition eines zerbrochenen Krugs als Zeichen verlorener Unschuld angeht, so mag es durchaus der Fall sein, daß er mit einem traditionellen Bedeutungspotential Potential spielt und gerade deshalb den materiellen Träger dieses Symbolzusammenhangs für den Gang der Handlung in seiner Komödie aufwertet. Denn eben des beschädigten Gefäßes selbst, dessen ästhetischen Wert Marthe als Zeichen ihrer Anhänglichkeit an den nun in Scherben liegenden Gegenstand ostentativ hervorhebt,

Wie aber stellt sich Frau Marthes rätselvolle Rede dar? Veits zur Beruhigung gedachter Versicherung, im Laufe des Prozesses werde sich alles „entscheiden", begegnet sie mit einem tiefen Zweifel an einem für sie günstigen Ausgang des Verfahrens. „O ja. Entscheiden. Seht doch! Den Klugschwätzer. / Den Krug mir, den zerbrochenen, entscheiden. / Wer wird mir den geschied'nen Krug entscheiden? / Hier wird entschieden werden, daß geschieden / Der Krug mir bleiben soll. Für so'n Schiedsurteil / Geb' ich noch die geschied'nen Scherben nicht." Der Grund für Marthes Skepsis gegenüber dem Ausgang des Prozesses besteht offensichtlich in etwas anderem als in der verbreiteten Auffassung von den Risiken eines Prozesses. Denn bekanntlich ist die Ansicht verbreitet: ‚Vor Gericht und auf hoher See sind wir in Gottes Hand'. Hingegen gibt Eves ebenso besorgte wie aufgebrachte Mutter mit ihrem Spiel um die Bedeutung des Verbs ‚entscheiden' – das ja im hier verhandelten Kontext in vielfältiger Weise konnotativ aufgeladen ist – vielmehr zu erkennen, daß ihr in letzter Instanz wird gar nicht geholfen werden können, weil die Ehre der Tochter sich nicht zur Gänze wird wiederherstellen lassen.

Es dürfte allerdings keine Komödie sein, ginge die Sache schließlich nicht doch anders und ganz in ihrem Sinne aus. Denn so begründet ihre anfängliche Befürchtung auch sein mag, der unerwartete Ausgang des Prozesses, an dessen Ende der in eigener Sache verhandelnde Richter als der allein Schuldige dasteht und Eve von jeglichem Verdacht reingewaschen ist, wird ihren Befürchtungen – glücklicherweise – Unrecht geben.

Aber werfen wir einen genaueren Blick auf Marthes ingeniöses Sprachspiel, mit dem sie bei ihrer Zurückweisung von Veits wohlmeinenden Worten nachgerade akrobatisch zwischen dem materiellen Krug und seinem übertragenen Sinn jongliert.

Veit benutzt das Wort ‚entscheiden' im geläufigen Sinn zur Bezeichnung der Klärung eines strittigen Sachverhalts. Mit dem ‚Scheiden' hat ein solches ‚Entscheiden' insoweit zu tun, als die betreffende Handlung eine Situation auflöst, deren Komplexität durch die Koexistenz mehrerer Möglichkeiten zustande kommt, indem die Ent-Scheidung diese Alternativen voneinander trennt und eine unter ihnen als die fortan gültige bestimmt. Das Präfix ‚ent-' bezeichnet bei einer Entscheidung also die Herstellung einer neuen Situation, wie es auch beim Entzünden eines Feuers oder der Entstehung von Leben der Fall ist. Doch dasselbe Präfix

---

bedarf es, damit Marthe Rulls Plan bei Gericht aufgeht. So ist es keineswegs ausgeschlossen, daß Kleist für sein Lustspiel ein überkommenes Symbol gerade umkehrt und seinen materiellen Anteil stark macht, es also gleichsam ‚reifiziert'. Und wenn Kleist auf diese Weise mit der kulturell tradierten Semantik eines zerbrochenen Kruges spielt, indem er innerhalb der Handlung diese überkommene Bedeutung gerade nicht als bekannt voraussetzt, dann besitzt (oder besäße) ein solches Verfahren im *Zerbrochnen Krug* eine prominente Parallele. Sie betrifft den Ödipus-Mythos und seine literarische Gestaltung bei Sophokles. Aus deren Verwandlung bildet Kleist zu weiten Teilen sein Lustspiel, doch der Stoff spielt im Bewußtsein der Akteure der Handlung keine Rolle.

besitzt im Deutschen eine weitere und vermutlich in dessen Wortschatz noch häufiger vorkommende semantische Funktion, bezeichnet es doch sehr oft eine Negation.

Bei Verben wie ‚entzaubern', ‚entwaffnen' oder ‚entsichern' verwandelt dieses Präfix die Bedeutung eines Wortes in das Gegenteil dessen, was das nachfolgende Verbum besagt: ‚den Zauber von etwas beenden', ‚jemandem die Waffen abnehmen' und die ‚Sicherung einer Waffe ausschalten'. Und eine solche Bedeutung besitzt es ebenso und vor allem bei dem in den zitierten Versen gleich viermal vorkommende Verbum ‚entschädigen', in dem das Präfix ‚ent-' seinerseits eine Negation namhaft macht, nämlich die Reparatur eines Schadens.

Marthe Rull macht sich also diese Polysemie der Vorsilbe ‚ent-', die zumal durch die Nachbarschaft der zudem phonetisch recht ähnlichen Verben ‚entscheiden' und ‚entschädigen' sinnfällig hervortritt, ingeniös zunutze, um die von ihr vermutete Unmöglichkeit eines für sie positiven Ausgangs des Prozesses – jedenfalls aus ihrer Sicht – besonders sinnfällig auszudrücken. Und diese Anschaulichkeit scheint darin angelegt zu sein, daß die Unmöglichkeit einer positiven Entscheidung über den zur Debatte stehenden Vorfall in der Veränderung der gewohnten Bedeutung eines Verbs abgebildet wird, erscheint es dadurch seinem üblichen Gebrauch doch gleichsam entfremdet.[81] In diesem Sinn verwandelt Marthe die Entscheidung über den beschädigten metaphorischen Krug sprachlich in die Aussichtslosigkeit ihres gleichwohl unternommenen Versuches, eine solche Ent-Scheidung in Sinne einer Aufhebung seiner Beschädigung zu bewirken. Als letztlich aussichtslos aber hat ihr Vorhaben zu gelten, weil sich in symbolischer Hinsicht die verschiedenen Teile, in die sich das zerbrochene Gefäß geschieden hat, durch keinen Kesselflicker dieser Welt mehr werden zusammensetzen lassen.

Diese Analogie ergibt sich von daher, daß Marthe in der Tat nicht ohne Grund glaubt, die Ehre der Tochter werde sich vollständig nicht mehr reparieren lassen. Denn selbst wenn das Gericht feststellen sollte – zu welcher ‚Entscheidung' Marthe es ja drängen möchte –, daß Eves Verlobter Ruprecht zu nächtlicher Stunde in ihre Kammer kam, wäre der öffentliche Reputationsverlust für ihre Tochter zwar geringer als beim Besuch eines wildfremden, um bedenklichster Motive willen empfangenen Mannes. Doch rundherum aus der Welt geschafft wäre die Minderung ihres Leumunds selbst bei einem solchen Stelldichein mit dem Zukünftigen vor der Hochzeit wohl nicht. Marthes Vorgehen zielt deshalb augenscheinlich auf Schadens*begrenzung* ab.

Daß es am Ende doch noch schöner kommt, ist anderem als ihrer Strategie zu danken. Und diese Möglichkeit eines unerwarteten Ausgangs ist nicht zuletzt in

---

[81] Diese Verfremdung der vertrauten Semantik einer Entscheidung operiert bezeichnenderweise mit einem rhetorischen Verfahren, das auf dem Gegenteil einer metaphorischen Übertragung beruht. Sie setzt vielmehr die Rückführung jenes metaphorischen Sinns, auf der die geläufige abstrakte Bedeutung einer ‚Ent-scheidung' gründet, in einen konkreten materiellen Vorgang in Szene.

der abgründigen Metapher vom zerbrochenen Krug selbst angelegt. Was aber macht diesen Ausdruck zu einer solchen Leistung tauglich?

So einfallsreich Marthe auch verfährt, um mit sprachlichen Mitteln unter der Hülle metaphorischer Verrätselung (und unter geschickter, wiewohl unverstanden bleibender Ausnutzung der Polysemie der Sprachzeichen)[82] ihr eigentliches Anlie-

---

[82] Ein auf den ersten Blick ähnliches, bei genauerem Zusehen jedoch ganz anders funktionierendes Wortspiel beginnt Marthe Rull in den zitierten, in rhetorischer Hinsicht ganz besonders dichten Zeilen mit dem Verb ‚ersetzen': „V e i t. Wenn Sie sich Recht erstreiten kann, sie hört's, / Ersetz ich ihn. F r a u M a r t h e. Er mir den Krug ersetzen. / Wenn ich mir Recht erstreiten kann, ersetzen. / Setz' er den Krug mal hin, versuch er's mal, / Setz' er'n mal hin auf das Gesims! Ersetzen! / Den Krug, der kein Gebein zum Stehen hat, Zum Liegen oder Sitzen hat, ersetzen!" Die Vorsilbe ‚er-' bezeichnet im Deutschen, wenn sie mit einem Verb kombiniert wird, in der Regel den Einsatz einer Tätigkeit oder eines Geschehens resp. Zustands zur Erreichung eines Ziels. Das Verb ‚erlangen' macht das Greifen metaphorisch zur Aneignung dessen, was ich in meinen Beitz bringen möchte. Und etwas zu ‚erlauschen' bedeutet, durch das Lauschen etwas in Erfahrung zu bringen. Dies verhält sich bei dem Wort ‚ersetzen' indessen anders. Denn diesmal bedeutet das Präfix ‚er-' den Austausch einer Sache, nicht aber ein Hinsetzen von etwas mit dem Ziel, damit ein bestimmtes Ergebnis zu erzielen. Diese abweichende Bedeutung der betreffenden Vorsilbe kommt recht plastisch in einem Vergleich mit dem Verbum ‚erstellen' zum Vorschein, können ‚setzen' und ‚stellen' doch als weithin synonyme Ausdrücke gelten. Die Bedeutung von ‚ersetzen' und ‚erstellen' aber macht aus ihnen durch die gleiche Vorsilbe Verben zur Bezeichnung einander nachgerade entgegengesetzter Tätigkeiten. Etwas zu ‚erstellen', bedeutet eine Sache zielsicher in die Welt zu setzen. Etwas zu ‚ersetzen', bedeutet hingegen gerade nicht, etwas herzustellen, sondern etwas an die Stelle von etwas anderem zu setzen, es also gerade zu entfernen. Es ist diese Besonderheit des Verbs ‚ersetzen', die sich Marthe Rull zu eigen macht, um die Unmöglichkeit, ihren (metaphorischen) Krug *ersetzen* zu können, zum Ausdruck zu bringen. Denn ihr Wortspiel bringt die mangelnde Pertinenz der Vorstellung eines *Hinstellens* beim *Ersatz* dieses beschädigten Gefäßes zum Vorschein: Man kann ihn gar nicht ‚er-setzen', weil er sich nicht ‚hin-stellen' läßt. Sie betreibt gleichsam – im griechischen oder auch kantschen Sinn der Verwendung dieses Wortes – Kritik der Sprache, indem der abweichende Gebrauch eines Wortes die Verwerfungen innerhalb der Sprache ebenso sichtbar macht, wie Marthe Rull dadurch die Diskrepanz zwischen ihren vorgeblichen und ihren tatsächlichen Absichten bei dem von ihr angestrengten Prozeß zum Ausdruck bringt. Diesmal setzt ihr Sprachspiel nicht bei der Polysemie eines Präfixes an, sondern zielt auf die Markierung der ‚Uneigentlichkeit' des von Veit benutzten Verbs im allgemeinen Sprachgebrauch. Indessen erweitert Marthe ihr Spiel mit der Semantik des ‚Er-Setzens' noch um einen weiteren Gesichtspunkt. Der von ihr geltend gemachte Sachverhalt, daß der zerbrochene Krug sich eben deshalb nicht *(er)setzen* läßt, *weil* er beschädigt ist, und folglich nicht hingestellt werden kann, kommt nämlich seinerseits in einer auffälligen Art und Weise zur Sprache: „Setz' er'n mal hin auf das Gesims! Ersetzen! Den Krug, der kein Gebein zum Stehen hat, / Zum Liegen oder Sitzen hat, ersetzen!" Bislang bezog sich die um das Verb ‚ersetzen' absichtsvoll betriebene semantische Verwirrung auf den zerbrochenen Krug, dessen Beschädigung es unmöglich macht, ihn wohin auch immer zu stellen. Nun

gen zu offenbaren, die sprachliche Verwandlung der „Entscheidung" über den zerbrochenen Krug in die Bezeichnung einer Unmöglichkeit seiner Reparatur scheint, genau besehen, die metaphorische Gleichung des Requisits mit seinem übertragenen Sinn ein Stück weit auch ins Wanken zu bringen. Denn augenscheinlich alles andere als zufällig wartet Kleists Komödie ausdrücklich mit einem wohlkalkulierten Hinweis auf die keineswegs abwegige Möglichkeit auf, *daß* sich der *materielle* Krug mit Hilfe des Geschicks eines versierten Kesselflickers in seiner ursprünglichen Gestalt durchaus wiederherstellen lasse.[83] Insoweit bekäme Marthe Rulls Postulat einer Analogie zwischen dem Krug und der Ehre in der Tat einige Risse.

Es macht indessen eben die Abgründigkeit (wie das Raffinement) von Kleists Spiel mit dem metaphorischen Potential der Sprachzeichen aus, daß sich am Ende des Stücks eine solche potentielle Relativierung der von Marthe Rull geprägten übertragenen Bedeutung des zerbrochenen Krugs gerade verflüchtigt. Denn der Ausgang des Prozesses wird tatsächlich zu einer vollständigen Wiederherstellung von Eves Ehre führen, symbolisch betrachtet, also zur völligen Reparatur dieses beschädigten Gefäßes. Wenn ihre Mutter übersieht (oder in Kauf nimmt), daß die von ihr vorgenommene bildliche Übertragung des zerbrochenen Krugs auf die Ehre der Tochter ihre (unverhofften) Grenzen hat, dann werden – entgegen den Befürchtungen der Urheberin dieser Metapher – durch eine nicht vorhersehbare Entwicklung der Ereignisse diese Grenzen ironischerweise überspielt. Während Marthe davon ausgeht, daß hinfort ein Schatten auf das Ansehen Eves unvermeidlich fallen werde, obwohl sich der zum Ausdruck dieser Sorge symbolisch benutz-

---

aber findet gleichsam eine Anthropomorphisierung statt, die dem Gefäß den Mangel von etwas bescheinigt, über das er grundsätzlich nicht verfügt, nämlich über menschliche Gliedmaßen. Man kann ihn deshalb nirgends „ersetzen", also ‚hinsetzen', weil er gar nicht sitzen kann. Was aber hat diese Bemerkung mit dem Bruch des Krugs zu tun? Die logische Folgerung, die Marthes Rede zu suggerieren scheint, besagt, daß er sich nur unter *diesen* Umständen ersetzen ließe – also dann, wenn es sich um eine Person handelte, für die eine angemessene Entschädigung gefunden würde. In verschiedener Hinsicht also erlaubt Marthes Rede einen Durchblick auf ihr eigentliches Anliegen, das sie mit einer Verfremdung der Sprache zu erkennen gibt – ohne, daß ihre verborgenen Hinweise freilich verstanden würden (und vielleicht auch gar nicht von den Beteiligten verstanden werden sollen. Wir werden darauf zurückkommen.)

[83] Mit Worten, die uns schon begegnet sind (siehe oben Anm. 39), versucht Eve ihre Mutter von einer Klage abzubringen (V. 478-481): „Mutter! / Laßt doch den Krug! Laßt mich doch in der Stadt versuchen, / Ob ein geschickter Handwerksmann die Scherben / Nicht wieder euch zur Lust zusammenfügt". Es hat seinen guten Grund, wenn das Stück andeutungsweise mit der Möglichkeit spielt, daß ein Kesselflicker das in Stücker zerbrochene Gefäß durchaus wiederherzustellen vermöchte. Denn eben dadurch verliert Marthes metaphorische Identifikation des beschädigten Requisits mit der (wie von ihr angenommen grundsätzlichen) verlorenen Ehre ihrer Tochter ein Stück weit seine Plausibilität. So steht der zerbrochene Krug ebenso für die Möglichkeit multipler Bedeutungen derselben rhetorischen Figur wie für die Labilität metaphorischer (oder auch metonymischer) Transposition als solcher.

te Krug selbst durchaus flicken ließe, tritt genau diese (von der Mutter unerwartete) Möglichkeit für die Ehre der jungen Frau ein: Sie *wird* gänzlich repariert. Auch die Bedeutung metaphorischer Ausdrücke, so macht Kleists Komödie sichtbar, unterliegt einer situationellen Kontingenz ihres Sinns, die von denen, die solche Ausdrücke prägen, nur teilweise kontrolliert werden kann.

Das aus Marthe Rulls Unmut geborene Sprachspiel, das sie gegenüber dem an sich wohlmeinenden Vater an den Tag legt, aber ist aufschlußreich im Hinblick auf die ‚Verrenkungen', denen die Sprache anheimfällt, weil die Situation selbst zutiefst uneigentlich ist. Denn sie zwingt dazu, zu verschweigen, was in Frage steht, weil dessen bloße Artikulation befördern würde, was es zu verhindern gilt. Weil die ‚Ehre' der jungen Frau auf dem Spiel steht, diese Ehre aber am *Namen* hängt und deshalb durch öffentliche Rede gefährdet ist, gilt es, ihre Erörterung jeglicher schlechthin zu verhindern. Denn schon das Gespräch (alias ‚Gerede') darüber würde in Zweifel ziehen, was nur gesichert scheint, wenn keinerlei Rede zu diesem Thema stattfindet, weil gar kein Anlaß dafür besteht.

Marthe Rulls Prozeßstrategie spiegelt sehr hellsichtig die diffizilen Modalitäten eines sozialen Werts, dessen Existenz auf der stillschweigenden *Annahme* seiner Existenz beruht. Kommt deshalb Diskussion darüber auf, ist die Ehre im Grunde bereits beschädigt. Diesen Verhältnissen trägt ihr ‚umwegiger' Plan, der dem zerbrochenen Krug zu seiner Prominenz verhilft, ziemlich geschickt Rechnung.

In den hier skizzierten Gegebenheiten aber hat es auch seinen Grund, daß nur noch in übertragener Rede sagbar wird, was überhaupt zur Sprache kommen kann – was sich zur Sprache bringen läßt. Sollte am Ende die Eigentlichkeit der Welt dieser Komödie allein noch durch die Uneigentlichkeit ihrer Rede zu erfassen sein? Doch ist gleichermaßen zu konstatieren, daß auch eine *solche*, also gleichsam invertierte Eigentlichkeit einer uneigentlichen Rede zum Verständnis des anderweitig Unsagbaren nicht dienlich ist. Sie produziert ihrerseits nur Unverständnis.

Weder wird man also Mutter Marthe, noch Vater Veit der Naivität bezichtigen können. Die versteckten Andeutungen der Klägerin bleiben viel zu kryptisch, als daß sie ihren Gesprächspartner plausiblerweise über ihre wahren Beweggründe in Kenntnis zu setzen vermöchten. Noch besitzt die Vermutung, Marthe Rull verwechsle ihre eigene Sicht der Dinge mit derjenigen anderer, viel Plausibilität. Dagegen spricht schon das taktische Geschick, das sie ansonsten bei dem von ihr angestrengten Prozeß an den Tag legt. Vielleicht ist ihre mutmaßliche Annahme, Veit müsse nachvollziehen können, worum es ihr eigentlich gehe, noch nicht einmal abwegig, bildet das Interesse am Schutz der Ehre ihrer Tochter doch ein nachvollziehbares Anliegen einer Mutter. Paradoxerweise aber machen gerade Marthes Bemühungen, ihren scheinbaren Klagegrund sprachlich *ad absurdum* zu führen und damit die Aufmerksamkeit auf das eigentlich zur Debatte Stehende zu lenken, die Einsicht in dieses Vorhaben nur um so schwieriger.

Am Ende kommt deshalb die Frage auf, warum sich Marthe Rull überhaupt auf eine Rede einläßt, die – so unwahrscheinlich eine solche Möglichkeit auch ausfallen mag – eine zumindest minimale Gefahr beinhaltet, daß ihre Strategie durchschaut werde.[84] Wäre es für ihren Absichten nicht sehr viel hilfreicher gewesen, sie hätte sich auf Veits Entgegenkommen eingelassen und seine Bereitschaft zur Entschädigung im gegebenen Fall zu akzeptieren, wenn sie Ruprecht als den nächtlichen Eindringling identifiziert wissen will? Welchen Zweck, ja welchen Vorteil kann eine solche, für ihr Vorhaben potentiell schädliche Rede mithin haben?

Einmal mehr scheint es nicht sinnvoll, die Funktion ihrer verschlüsselten Rede allein auf das Vergnügen an einem ein gattungstypischen komischen Sprachspiel reduzieren zu wollen. Es wäre eine schlechte Komödie, machten Marthe Rulls semantische Exerzitien nicht auch in der dargestellten Handlung selbst Sinn – keine sonderlich plausible Annahme übrigens angesichts der raffinierten Konstruktion dieses Lustspiels. Dagegen spricht vor allem das unverkennbare Engagement der Mutter bei ihrer Rede. Es deutet recht klar darauf, hin, daß ihre Worte auch einen Grund innerhalb der Handlung des Stücks besitzen.

Entlastete Marthe sich mit ihrer Rede möglicherweise vor sich selbst? Käme in ihren sprachlichen Verrenkungen ein Wahrheitsbedürfnis zum Vorschein, das zutiefst in der Sprache selbst verankert ist und dem sie deshalb zumindest in gewissen Grenzen, d. h. nach den Maßgaben des situationell Möglichen, Tribut zollen möchte? Will man also nicht nur auf Konventionen wie Ansprüche der Gattung ‚Komödie' verweisen, denen ein so vergnügliches Sprachspiel zweifellos entspricht, so liegt die Vermutung nahe, daß aus Marthe Rulls Worten so etwas wie ihr ‚eigentliches' Anliegen zur Sprache drängt. Um ihm aber damit nicht zu schaden, sucht sie so etwas wie einen Mittelweg zwischen ihrem tatsächlichen Vorhaben und dem strategischen Manöver, mit dessen Hilfe sie an ihr Ziel gelangen möchte, um der Wahrheit wenigstens in gewissen Grenzen die Ehre zu geben.

Die bei Gericht erhobene kategoriale Forderung, die Wahrheit, wohlgemerkt die ganze und nichts als die Wahrheit, zu sagen, scheint insofern weit mehr als nur ein institutionelles Postulat der Justiz darzustellen. Sie wird in Kleists *Zerbrochnem Krug* auf ihr lebensweltliches Fundament hin transparent gemacht und gibt sich als ein Grundprinzip zu erkennen, das für jegliche Rede definiert ist. Der Verhaltenskodex vor Gericht verschärft insofern nur eine Regel zur strafbewehrten Verpflichtung, die auch außerhalb dieser Institution, ja schlechthin gilt.[85]

---

[84] Dies gilt um so mehr, als sie damit ja nicht allein die Beschädigung der Ehre ihrer Tochter so gering wie möglich zu halten versuchen möchte, sondern zudem einen Hintergedanken zur Steigerung von deren gesellschaftlichem Ansehen verfolgt. (Siehe hierzu unten S. 94f.)

[85] Im Grunde entsprechen die beiden Aspekte des Wahrheitsgebots der Justiz zwei der Konversationsmaximen, die Paul Grice als Leitprinzipien eines jeden Gesprächs definiert hat, dem *maxim of quantity* und dem *maxim of quality*. Siehe hierzu: Paul Grice,

Einmal mehr stoßen wir hier auf eine Interferenz zwischen den institutionellen Verfahrensweisen der Justiz und allgemeinen Regeln der Alltagswelt, die Kleist mit seiner Bühnenhandlung hellsichtig zum Vorschein bringt. Marthe Rulls Flucht in eine rätselhafte, nach aufwendiger hermeneutischer Bearbeitung verlangende Rede nimmt sich wie ein Kompromiß zwischen den Ansprüchen des – allgemeinverbindlichen – Wahrheitsgebots und ihrer strategischen Planung für den Prozeß aus.[86] Und damit ist im gleichen Zug für ihre aufwendige Metaphorik ein ‚Sitz im Leben' sichtbar gemacht. Sie läßt sich in der Tat nicht auf einen ästhetischen oder kognitiven Effekt beschränken. Sie erweist sich vielmehr als ein ebenso nützliches wie taugliches Instrument der Rede, dessen Einsatz sich in den komplexen Verhältnissen sozialer Interaktion zu bewähren hat und vermag (wie es ebenso Mißverständnisse produziert).

Kommen wir zur Demonstration des Konnexes zwischen der in Unordnung geratenen Situation und Marthes figürlicher Rede indessen noch einmal auf den in Teilen schon untersuchten, auch für die Zuschauer – obwohl sie wesentlich besser als die Akteure der Handlung über die Umstände der Situation orientiert sind – alles andere als leicht zu deutenden Satz Marthe Rulls zurück, der da lautet: „Dein guter Name lag in diesem Topfe, / Und vor der Welt mit ihm ward er zerstoßen." Wenn der „gute Name" *mit* dem Topf „zerstoßen" wurde, dann steht der Krug in einem metonymischen Verhältnis zu Eves Jungfräulichkeit, das erst durch Adams versuchte Vergewaltigung und die Nebenwirkungen seines skandalösen (und zugleich tölpelhaften) Betragens zustande kam. Metonymisch ist dieser Bezug, weil das Zerbrechen des Gefäßes als eine wahrscheinliche Folge des Gerangels anzunehmen ist, das entstand, als der Dorfrichter zudringlich wurde. Mithin steht dieser in Scherben geschlagene Krug für eine beschädigte Ehre, deren Beschädigung jedoch tatsächlich jeglicher Grundlage entbehrt, weil es zu Eves zu erzwingen versuchter Entjungferung gar nicht kam. Das Uneigentliche und das Grundlose gehen auf diese Weise eine bemerkenswerte Verbindung ein.

Indessen bringt eine solche Interpretation von Marthes bedeutungsschwangerem Satz eine Schwierigkeit für das Verständnis von dessen erstem Teil mit sich. Sie betrifft das Tempus der Verbform „lag". Wenn nämlich eine metonymische Beziehung zwischen Eves Ehre und dem Krug erst entsteht, als dieser zerschlagen wird, dann scheint es unverständlich, wie ihr „guter Name" schon *zuvor* darin liegen konnte.

Ein Hinweis zur Auflösung dieser Schwierigkeit läßt sich allerdings dem Substantiv entnehmen, dessen Frau Marthe sich an dieser Stelle bedient, spricht sie doch von einem „Topfe" und nicht von einem Krug. Ohne auf die dabei zur

---

„Logic and Conversation", in: *Syntax and Semantics*, Band 3, *Speech Acts*, hg. von Peter Cole und Jerry L. Morgan, New York: Academic Press, 1975, S. 41-58.

[86] Wiederum in den Kategorien von Paul Grice gesprochen: Der Preis dieses Kompromisses besteht in der Mißachtung des *maxim of clarity*, dessen geringerer Status im Verhältnis zur Verpflichtung aller Rede auf die Wahrheit (bzw. das dafür Gehaltene) kenntlich gemacht wird.

Geltung kommenden anatomischen Korrespondenzen genauer eingehen zu wollen, stellt sich die Frage, ob der unversehrte „Topf" nicht zugleich als metaphorischer Repräsentant für jenes körperliche Merkmal fungiert, das als die biologische Voraussetzung der Ehre dieser Frau gilt (und das ein Topf vermutlich treffender als ein Krug zu versinnbildlichen vermag). Vom Unglück dieser Nacht zurückblickend, gerät der intakte „Topf" mithin zu einem sprachlichen Bild jener Unversehrtheit, die für die – in den Augen der „Welt" nun zweifelhaft gewordene – Ehre Eves steht. In der raffinierten Kombination einer Metonymie mit einer Metapher tritt im Bild des zerbrochenen Krugs der Zusammenhang zwischen der Ehre der Frau und ihrer biologischen Grundlage zutage. In seiner mehrfachen Zeichenhaftigkeit macht der Krug insofern kenntlich, was sich anderweitig aufgrund der für die Bewahrung der Ehre gegebenen Umstände nicht aussprechen läßt.[87]

So wächst dem Krug in Marthe Rulls komplexem wie einfallsreichem Satz eine doppelte Zeichenhaftigkeit zu. Er steht metonymisch für die „zerstoßene" Ehre, die ihm im Zuge seiner Beschädigung (potentiell) zufällt, und wird dadurch zugleich zu einer Metapher für jene körperliche Veränderung, die den Verlust der Ehre besiegelte – und die doch gar nicht eingetreten ist. Die uneigentliche Rede korrespondiert mithin einem uneigentlichen Sachverhalt. Insoweit erscheint der Krug als ein uneigentlicher Gegenstand des von Marthe Rull angestrengten Prozesses paradoxerweise als ein durchaus passender Klagegrund zur Reparatur einer Beschädigung, die auf einer niemals stattgefunden Verfehlung gründet und nur im Gespräch der ‚Welt' existiert. Letztlich nimmt die Wirklichkeit selbst die Struktur figürlicher – und d. h. ihrerseits interpretationsbedürftiger – Rede an, um dem ‚Gerede' der Öffentlichkeit, das aufgrund einer Deutung von Indizien über den Wert einer Person entscheidet, Einhalt zu bieten.

Halten wir schon hier fest, daß auch der öffentliche Diskurs dadurch den Verfahrensweisen eines Indizienprozesses ähnlich wird, dem es darum eine andere

---

[87] Was sich unter den gegebenen *Umständen* nicht aussprechen läßt, *ließe* sich indessen durchaus aussprechen. Hier tritt eine situationelle, aber keine strukturelle Unsagbarkeit zutage, als deren Ausdrucksmöglichkeit man die Metapher mitunter verstanden hat – als bringe sie die Uneigentlichkeit der Sprache selbst zum Ausdruck. Vor allem in poststrukturaler Theorie (die die Vorsilbe *post-* übrigens eher in ein in ein *contra-* verwandelt) hat man sich eine solche Auffassung zu eigen gemacht (und dabei schon in Nietzsches Schrift *Über Wahrheit und Lüge im außermoralischen Sinne* einen Ahnherrn zu besitzen beansprucht). Indessen ist schwerlich zu bestreiten, daß Metaphern – allein schon um ihrer Erkennbarkeit willen – eine innersprachliche Differenz gegenüber anderweitiger Rede aufweisen (müssen), die den Sprach*gebrauch* betrifft. Genügt dieses Merkmal metaphorischer Rede jedoch, um zugleich einen *ontologischen* Vorrang dieser rhetorischen Figur zu postulieren? Ja, ist es überhaupt geeignet, um eine entsprechende Erkenntnisleistung auf den Weg bringen zu können, wenn es sich doch gerade um die Markierung einer Abweichung handelt? Es sind also nicht zuletzt Grundfragen der Eigenheiten von Metaphern, die sich in Anbetracht der multiplen Zeichenhaftigkeit des zerbrochenen Krugs in Kleists gleichnamigem Stück stellen. (Siehe hierzu Anm. 92).

Form der Beweisführung entgegenzustellen gilt. Kurioserweise wird die Klägerin gerade darin von dem Richter, der der wahre Schuldige ist, Unterstützung erfahren, weil sich ihre Absichten mit den seinen glücklich verbinden lassen. Der Versuch, das Tatsächliche zu verbergen, überkreuzt sich (ebenso paradoxer- wie aufschlußreicherweise) in dem im Mittelpunkt des *Zerbrochnen Krugs* stehenden Prozeß mit der Absicht, das Vermeintliche aus der Welt zu schaffen – auch dies das Signum einer verkehrten Welt, die ‚verkehrt' indessen nicht im Sinn der für die Komödie typischen Inversion der gegebenen Verhältnisse erscheint, sondern vielmehr die tatsächliche ‚Verkehrtheit' der Welt zu erkennen gibt. (Wir werden ähnlichen wie den hier und schon zuvor beobachteten Interferenzen zwischen dem Alltagsleben und der Justiz in Kleists *Zerbrochnem Krug* übrigens noch verschiedentlich begegnen.)[88]

Der einzige Akteur der Handlung, der sehr rasch merkt, daß das beschädigte Gefäß nur einen vorgeschobenen Klagegrund darstellt, ist Eves Verlobter Ruprecht – interessanterweise aber gelangt er zu dieser Ansicht aufgrund von falschen Annahmen, die in seiner Selbstüberschätzung ihre Ursache haben. Hellsicht kann also bemerkenswerterweise aus verfehlten Annahmen resultieren – und verfehlt allerdings gerade deshalb auch ihre Wirksamkeit. Ruprecht glaubt nämlich, Marthe Rull wolle auf diese Weise seine Hochzeit mit ihrer Tochter „retten",[89] und legt dabei eine keineswegs selbstverständliche Scharfsicht für die Metaphorik des zerbrochenen Krugs an den Tag. Um so bemerkenswerter, daß er dabei verkennt, daß genau das Gegenteil der Fall ist: Frau Marthe will diese Eheschließung gerade verhindern.[90] Hellsicht und Irrtum liegen bemerkenswert dicht beieinander, und bezeichnenderweise täuscht sich Ruprecht an genau der Stelle, an der er selbst in seinem Kalkül ins Spiel kommt.

Allen Ärgerlichkeiten zum Trotz scheint der mißliche Vorfall, der die Ehre der Tochter zu beschädigen droht, der besorgten Mutter ebenso eine Gelegenheit zu bieten, um der von ihr seit jeher ungewollten Hochzeit Eves mit Ruprecht einen Riegel vorzuschieben. Und daß es die Ereignisse der bewußten Nacht sind, die ihr diese unerwartete Möglichkeit offerieren, ist in der Umbesetzung der Metaphorik des zerbrochenen Krugs in ihren soeben zitierten Worten zum Ausdruck gebracht, die nun kurzerhand von der Ehre auf die Hochzeit übertragen wird – und damit nicht zuletzt den unmittelbaren Zusammenhang zwischen beidem zu erkennen

---

[88] Siehe im Besonderen Abschnitt 4.3 in diesem Buch.
[89] „Ruprecht. Laß er sie, Vater. Folg Er mir. Der Drache! / S' ist der zerbrochne Krug nicht, der sie wurmt, / Die Hochzeit ist es, die ein Loch bekommen, / Und mit Gewalt hier denkt sie sie zu flicken" (V. 439-442).
[90] „Frau Marthe. Der eitle Flaps! Die Hochzeit ich hier flicken! / Die Hochzeit, nicht des Flickdrahts, unzerbrochen / Nicht Einen von des Kruges Scherben werth. / Und stünd' die Hochzeit blankgescheuert vor mir, / Wie noch der Krug auf dem Gesimse gestern, / So faßt' ich sie beim Griff jetzt mit den Händen, / Und schlüg' sie gellend ihm am Kopf entzwei, / Nicht aber hier die Scherben möcht' ich flicken! / Sie flicken!" (V. 445-453). Zur Steigerung des Sozialprestiges scheint Marthe zu so manchem bereit.

gibt. Die semantische Flexibilität der Metaphorik erweist sich auch als Medium der ‚Aufklärung' über soziale Komplexität.

Längst hat Marthe Rull nämlich einen anderen, sozial potenteren Heiratskandidaten für ihre Tochter im Sinn.[91] Die ‚verkehrte Welt' des Alltags scheint solchermaßen durchaus auch Möglichkeiten zu bieten, ein Unglück in einen Vorteil umzumünzen – wobei der Vorfall allerdings nur der Mutter als eine Gelegenheit erscheint, während sie sich über die Wünsche der Tochter, die ihren Verlobten liebt, ziemlich umstandslos hinwegsetzt. Denn sie glaubt, das Richtige für die etwas naive Eve erkannt zu haben. Oder wäre es ihr dabei ebenso um die eigene Ehre zu tun, die durch einen Schwiegersohn mit größerem Ansehen zweifellos ebenfalls von der Ehe der Tochter profitierte? Der Nutzen für sie selbst und der Gewinn für andere lassen sich schwerlich auseinanderhalten.

Eine metaphorische Qualität gewinnt der Krug in Marthes Worten in der hier untersuchten Szene durch die Fortsetzung ihrer Rede noch in einer weiteren, nun zu besprechenden, Hinsicht. Insofern er einen uneigentlichen, weil verschobenen – den Umständen geschuldet, allerdings durchaus passenden – Klagegrund darstellt, steht er augenscheinlich gerade aufgrund dieser Uneigentlichkeit zugleich nicht nur multiplen, sondern sogar einander entgegengesetzten zeichenhaften Bezügen offen. Uneigentlichkeit und Uneindeutigkeit implizieren sich im Fall dieser Metapher – und mutmaßlich nicht allein im Fall *dieser* – also wechselseitig.[92]

---

[91] „Frau Marthe. Der Herr Corporal / Ist was für dich, der würd'ge Holzgebein, / Der seinen Stock im Militär geführt, / Und nicht dort der Maulaffe, der dem Stock / Jetzt seinen Rücken bieten wird. Heut ist / Verlobung, Hochzeit, wäre Taufe heute, / Es wär' mir recht, und mein Begräbnis leid' ich. / Wenn ich dem Hochmuth erst den Kamm zertreten, / Der mir bis an die Krüge schwillet" (V. 470-478). Um der Steigerung der Ehre willen scheint Marthe sogar bereit, nicht nur das eigene Ende, sondern sogar manchen Kratzer an der ‚Ehre' der Tochter hinzunehmen, wie die vollmundig erklärte Akzeptanz selbst einer Kindstaufe am heutigen Tag delikat anzudeuten scheint. Auch die Ehre tritt insofern in Kleists *Zerbrochnem Krug* keineswegs als ein fixes Konzept mit unverbrüchlichen Regeln in Erscheinung. Auch sie kennt ihre – durchaus gattungskonformen, komödienhaften – Flexibilitäten. Und so scheint die Aussicht auf eine Ehe mit dem „Herr(n) Corporal" manche Konzession zuzulassen, die im Falle des weit weniger reputierlichen Heiratskandidaten Ruprecht wohl undenkbar wäre. Auch die Triebfeder dieser Bereitschaft, vom Pfad der ganz ungebrochenen Tugend ein wenig abzuweichen, wird in den beiden zitierten Schlußversen ziemlich schonungslos offenbart. Moral und Sozialprestige unterhalten ein durchaus komplexes Verhältnis. Und es ist das Selbstbewußtsein der Marthe Rull, die sich über Ruprecht und seine Familie erhaben weiß, das in der Hochzeit mit dem „Herrn Corporal" augenscheinlich eine Bestätigung ihres gesellschaftlichen Überlegenheitsgefühls sucht. Dieses selbst scheint sie übrigens aus dem Sozialprestige ihres verstorbenen Mannes zu beziehen, den sie einmal, sehr ähnlich, ehrerbietig als „Herrn Castellan" tituliert (siehe Anm. 132). Der „Herr Corporal" könnte aus diesem Grund als eine standesgemäße Partie für die Tochter erscheinen.

[92] Wir stoßen hier bereits auf eine Eigenschaft von Metaphern, die das überkommene Kriterium ihrer Definition, die Ähnlichkeit zwischen einem eigentlichen und einem

Im Blick auf diese weitere Bedeutung des Kruges fällt auf, daß er nun nicht mehr als „Topf", sondern wieder als „Krug" bezeichnet wird. Die betreffende Metaphorik verdient im Übrigen nicht zuletzt deshalb Beachtung, weil sich darin die gesamte Prozeßstrategie der Klägerin zu spiegeln scheint: „Und auf den Scheiterhaufen das Gesindel, / Wenn's unsre Ehre weiß zu brennen gilt, / Und diesen Krug hier wieder zu glasieren." Hatte Marthe Veits Entschädigungsofferten entgegengehalten, die Justiz sei keine Töpferei, so deutet sie ihrer Tochter gegenüber das von ihr erwünschte Prozeßergebnis gleichwohl mit eben einem solchen bildlichen Ausdruck: „Und diesen Krug hier wieder zu glasieren." Die Zurückweisung von Veits Angebot einer Entschädigung, die sie mit dem zitierten Hinweis begründet, bezog sich auf den materiellen Krug, wobei der kategorische Ausschluß der Möglichkeit seiner Reparatur jedoch bereits auf den verborgenen Sinn des Prozeßgegenstands hindeutet. Dies hindert die Klägerin aber offensichtlich nicht, in anderem Zusammenhang das Gericht nun selbst ausdrücklich zur Töpferei zu erklären, die den zerbrochenen Krug in seinen ursprünglichen Zustand zu versetzen habe, und zwar dann, wenn sie den Krug unmittelbar als Metapher der verlorenen Ehre verwendet.

Für die Metapher (resp. Metonymie) gilt letztlich das gleiche wie das, was wir für die Geschichte(n) in Kleists *Zerbrochnem Krug* haben feststellen können: Sie sind ebenso Instrumente wie Gegenstand von Deutungen. Sie bedürfen zu ihrem

---

uneigentlichen Ausdruck als nicht hinreichend zur Erklärung ihrer semantischen Struktur zu erkennen gibt. Denn Uneigentlichkeit als Ursache von Bedeutungs*vielfalt* läßt ja gerade das Unterschiedliche statt des Ähnlichen als Grundlage der Verbindung zwischen einem *proprium* und einem *translatum* hervortreten. Und wenn denn gilt, daß die betreffende Uneigentlichkeit des Ausdrucks eine Vielzahl von Deutungen ermöglicht (resp. ermöglichen kann), ist dann die Rede von einer Beziehung zwischen einem uneigentlichen und *einem* eigentlichen Ausdruck überhaupt angemessen? Schließlich korrespondiert dann dem einen übertragenen Ausdruck eine Mehrzahl von Deutungsmöglichkeiten. Wir werden deshalb im Licht der Fragen, die die multiple Zeichenhaftigkeit des zerbrochenen Krugs im Kleists Stück in dessen Verlauf – von seinem Titel an – aufwirft, zum Anlaß nehmen, in einem Exkurs am Ende dieses Buches (Kap. 7) die generellen Konstitutionsmerkmale der Metapher wie der Metonymie und des Symbols genauer zu diskutieren. (Auch wenn sich dabei das Erfordernis einer Revision einiger geläufiger Grundannahmen über die Funktionsweise beider rhetorischer Figuren abzeichnen wird, halte ich mich für den Augenblick beim Begriffsgebrauch in diesem Buch an ihre überkommene Charakteristik, um nicht durch erst später erfolgende Erläuterungen das Verständnis des Textes zu erschweren. Dieses Vorgehen erscheint insofern unproblematisch, als die dort vorgeschlagene Veränderung im Wesentlichen die theoretische Beschreibung der Konstitutionsmechanismen von Metapher und Metonymie, nicht aber ihre jeweilige Identifizierbarkeit betrifft. Die extensionale Bestimmung dieser rhetorischen Figuren hat sich über alle theoretischen Metamorphosen der Vergangenheit hinweg bemerkenswert stabil gehalten. Dies verhält sich jedoch, wie in dem betreffenden Exkurs auch zu diskutieren sein wird, in Fall des Symbolbegriffs interessanterweise bemerkenswert anders als bei den beiden Tropen.)

Verständnis der Interpretation, aber sie interpretieren gleichermaßen die Sachverhalte, auf die sie sich beziehen. Sie bilden gewissermaßen die Gelenkstelle, an der die Wirklichkeit und ihre Deutung aufeinandertreffen.

4.2. Prozeßführung und Verhandlungsverlauf

Der Verlauf des Prozesses wird im Wesentlichen von drei Akteuren bestimmt. Dies ist zunächst – natürlich – Dorfrichter Adam selbst. Großen Einfluß auf dessen Fortgang aber nimmt auch Gerichtsrat Walter. Er ist – durch den bloßen Zufall bei just *diesem* Prozeß – im Auftrag der Regierung, die einheitliche Prinzipien der Prozeßführung in den Niederlanden durchsetzen möchte, anwesend, um Adams Vorgehen zu überprüfen (und gegebenenfalls zu maßregeln.) Der dritte – und für den Ausgang des Verfahrens am Ende entscheidende – Akteur ist Schreiber Licht. Er hält sich anfangs bemerkenswert im Hintergrund,[93] um dann jedoch im entscheidenden Moment, als die beiden anderen – und für die Prozeßführung Zuständigen – aus unterschiedlichen (und noch zu diskutierenden) Gründen ausfallen, die Sache in die Hand zu nehmen und die Verhandlung zum – durchaus glücklichen – Ende zu führen.

Auch in seiner Rolle wird man nicht zu Unrecht noch einmal ein Stück der Gattungstradition der Komödie vermuten dürfen, in der so oft die Diener das Geschehen in die Hand nehmen, um die Geschicke der an der Handlung Beteiligten zu lenken. Auch dies gehört zur gattungstypischen „verkehrten Welt". Und doch unterliegt diese traditionelle Rolle des Dieners im *Zerbrochnen Krug* einer maßgeblichen Veränderung. Hier repräsentiert Licht nicht mehr den Protagonisten einer auf die Bühne gebrachten verkehrten Welt, die – in der Welt des Lebens unaufhebbare – soziale Unterschiede in karnevalesker Inversion[94] auf die Bühne bringt (und damit, sozialpsychologisch – oder machttheoretisch – betrachtet, durchaus systemstabilisierend wirkt). Schreiber Licht ist deshalb unter einer gattungshistorischen Perspektive ein besonders interessantes Element im Personal von Kleists Komödie.

Bekanntlich war es die Aufklärung, die unter Berufung auf Vernunftprinzipien Kritik an der Legitimität gegebener, aber rational nicht zu rechtfertigender sozialer Unterschiede geübt hat. Da konnte es kaum ausbleiben, daß auch die Komödie dieser Epoche die traditionelle ‚Ständeklausel' ihrer eigenen Gattungstradition in Frage gestellt hat. Beispielhaft dafür seht der Monolog des *Figaro* in Beaumar-

---

[93] Dieser Umstand wird nicht zuletzt in einer Regieanweisung ausdrücklich gemacht. Zu Beginn des *Sechsten Auftritts* des *Zerbrochnen Krugs* heißt es zu den dort auftretenden Personen: „FRAU MARTHE, EVE, VEIT *und* RUPRECHT *(treten auf)* – WALTER *und* LICHT *(im Hintergrunde)*."

[94] Zum Verhältnis von Literatur und Karneval siehe noch immer Michail M. Bachtin, *Literatur und Karneval. Zur Romantheorie und Lachkultur*, Frankfurt am Main: Fischer, 1990.

chais' *Le Mariage de Figaro*, mit dem er dem Grafen vorhält, für seine privilegierten Lebensumstände nur geboren werden zu müssen, während andere sich durch Leistung mühsam zu behaupten haben – ein zutiefst bürgerliches Plädoyer gegen die Feudalgesellschaft.[95]

Das spielerische Potential der Komödie, die mit der Machtergreifung der Diener eine verkehrte Welt in karnevalesker Umkehr der gegebenen – und als solcher nicht in Frage gestellten – Verhältnisse in Szene setzt, verliert seine gattungstypische Selbstverständlichkeit in dem Moment, in dem die Welt außerhalb des Theaters selbst nun den Eindruck einer ‚verkehrten Welt' macht – verkehrt, weil darin soziale Unterschiede als natürliche Gegebenheiten verstanden und darum fortgeschrieben werden. Unter solchen Umständen büßt schlüssigerweise auch die überkommene gattungstypische Funktion der Dienerrolle in der Komödie ihre traditionellen Voraussetzungen ein. Man wird deshalb wohl nicht fehlgehen, die Verwandlung des konventionellen Rollenbildes in der Gestalt Lichts im *Zerbrochnen Krug* als eine Folge dieser aufklärerischen Problematisierung der traditionellen Gattungsregeln zu begreifen.

Licht ist keineswegs mehr in einer unaufhebbaren niederen Stellung für sein ganzes Leben eingemauert. Als Gerichtsschreiber gehört er vielmehr bereits der

---

[95] Besorgt, daß Graf Almaviva ihm seine Verlobte Suzanne ausspannen wolle, läßt er sich zu einer umfänglichen Tirade hinreißen, die nicht zuletzt folgende antifeudale Passage enthält: „Non, monsieur le comte, vous ne l'aurez pas... vous ne l'aurez pas. Parce que vous êtes un grand seigneur, vous vous croyez un grand génie ! ... Noblesse, fortune, un rang, des places, tout cela rend si fier ! Qu'avez-vous fait pour tant de biens ? Vous vous êtes donné la peine de naître, et rien de plus. Du reste, homme assez ordinaire ; tandis que moi, morbleu ! perdu dans la foule obscure, il m'a fallu déployer plus de science et de calculs, pour subsister seulement, qu'on n'en a mis depuis cent ans à gouverner toutes les Espagnes" (Pierre-Augustin Caron de Beaumarchais, *Théâtre. Le Barbier de Séville. Le Mariage de Figaro. La Mère coupable*, introduction, notices, notes, relevé de variantes et bibliographie par Maurice Rat, Paris : Garnier, 1964, S. 310f.). („Nein, Herr Graf, ihr werdet sie nicht bekommen... ihr werdet sie nicht bekommen.... Weil ihr ein großer Herr seid, haltet ihr euch für ein Genie! Adel, Vermögen, Besitz, all das macht so stolz! Was habt ihr getan für so viel Gutes? Ihr habt euch die Mühe gegeben, geboren zu werden, und nichts weiter. Ansonsten seid ihr ein ziemlich gewöhnlicher Mann! Während ich, Herrgottsakrament!, in der Menge der Bedeutungslosen verloren, zum bloßen Überleben mehr Wissen und Überlegungen an den Tag legen mußte, als man seit hundert Jahren gebraucht hat, um alle Teile Spaniens zu regieren." Übersetzung A. K.) Zählt es zur Desintegration der überkommenen Dienerrolle in der Komödie zählt, daß auch Figaro nicht mehr die Fäden der Handlung zu ziehen vermag, die ihm entgleitet? Diese Aufgabe fällt nun, wiederum in bemerkenswerter Mißachtung aller gegebenen sozialen Rangunterschiede, an die Frauen der Handlung, an das Paar aus der Gräfin und ihrer Zofe, die mit ihrer geschickt eingeführten Intrige ein – halbwegs – glückliches Ende herbeiführen (welcher Schluß auch immer aus ihrer Übernahme der angestammten Funktion des Dieners in der Komödie für die Bewertung ihrer tatsächlichen sozialen Rolle zu ziehen sein mag).

Institution an, als deren Repräsentant er auch in der Handlung des *Zerbrochnen Krugs* agiert, wobei er allerdings die umständehalber sich bietende Gelegenheit einer gehörigen Überschreitung der ihm an sich zustehenden Kompetenzen zu nutzen weiß. Es kommt hinzu, daß ihm der Aufstieg innerhalb dieser Institution offen steht. Adam selbst stellt dies schon zu Beginn des Stücks unmißverständlich fest. Augenscheinlich aber drängt sein Ehrgeiz ihn zu rascherem Erfolg – eine Befürchtung, die Adam durchaus umtreibt, ermahnt er seinen Schreiber doch zu solidarischem Vorgehen an diesem für ihn selbst absehbar schwierigen Gerichtstag.[96]

---

[96] „A d a m . Jetzt gilt's Freundschaft. / Ihr wißt, wie sich zwei Hände waschen können. / Ihr wollt auch gern, ich weiß, Dorfrichter werden, / Und Ihr verdient's, bei Gott, so gut wie Einer. / Doch heut ist noch nicht die Gelegenheit, / Heut laßt ihr noch den Kelch vorübergehn" (V. 128-133). Auch der letzte Vers dieser Zeilen zitiert offensichtlich einen – sprichwörtlich gewordenen – Bibelvers: Er gemahnt an die Bitte, die der von Todesangst getriebene Jesu an seinen Vater im Garten Gethsemane richtet, er möge den Tod am Kreuz an ihm vorübergehen lassen (Mt 26, 39): „Mein Vater, ist's möglich, so gehe dieser Kelch an mir vorüber" (Bibel 1999, Das Neue Testament, S. 38). Adam führt den biblischen Wortlaut allerdings wohl in ironischer Verkehrung an (um damit mutmaßlich sprachlich noch einmal seine anderweitig schwer beschädigte Souveränität zu demonstrieren). Denn er unterstellt Licht ja den Wunsch, dieses Amt (ziemlich energisch) anzustreben. Sollte in der Umkehrung des Sinns dieses Bibelspruchs deshalb auch ein leiser Hinweis, ja die vorsichtige Warnung stecken, daß Licht sich über die Attraktivität des von ihm begehrten Amtes ein wenig Illusionen mache, weil es so erstrebenswert gar nicht sei? Indessen gewinnt in der Situation, in der sich der Dorfrichter zu Beginn dieser Komödienhandlung befindet, das betreffende Bibelzitat eine assoziative Bedeutung, die über den Dialog Adams mit Licht hinausweist. Denn wenn es jemanden gibt, der Anlaß zur Bitte hat, daß ihm ein schweres Schicksal erspart bleibe, dann ist es der Dorfrichter selbst. Und dessen ist er sich auch höchst bewußt, schließlich will er ja seinen Schreiber aufgrund seiner Furcht vor manchen Mißliebigkeiten zu solidarischem Handeln bewegen – nicht ohne ihm dafür augenzwinkernd eine, wenn auch unbestimmt bleibende, Gratifikation anzudeuten („Ihr wißt, wie sich zwei Hände waschen können"). Sollte Adam also das unterlaufen, was man später einmal als „freudschen Versprecher" bezeichnen wird? Die Annahme liegt um so näher, als Lichts Aufstieg zum Dorfrichter schon am selben Tag zweifellos mit einer schmachvollen Absetzung seiner eigenen Person und der Aufdeckung seiner Schandtaten einherginge. Hinter der vordergründig nur ironischen Abwandlung des Bibelwortes, mit der sich Adam wahrscheinlich nur besonders souverän präsentieren möchte, um seine Autorität noch einmal rhetorisch zur Geltung zu bringen, verbirgt sich mithin die – alles andere als unbegründete – Sorge vor dem widrigen Schicksal, das ihn sehr bald selbst ereilen könnte. Im Grunde steckt darin die – wie bewußt auch immer vorgetragene, an Licht gerichtete – Bitte, *er* möge ihn vor dem, was zu befürchten er allen Anlaß hat, bewahren. (Dieser Aspekt von Adams Äußerung kommt übrigens nicht zuletzt durch die Auslassung des Pronomens zum Vorschein, das der biblische Satz enthält. „An mir" sagt Jesu, möge Gott den Kelch vorübergehen lassen. Adam hingegen verzichtet auf jede Spezifizierung einer Person.) Der sprichwörtlich gewordene Gebrauch von Jesu aus Todesangst vorgetragener Bitte an seinen himmlischen Vater, der im Grunde einer ge-

Allen gegenteiligen Beteuerungen zum Trotz[97] aber verfolgt Licht zielstrebig sein Vorhaben, schon an diesem Tag seinen Vorgesetzen abzulösen. Denn von Anfang an treibt ihn der Verdacht um, Adam selbst sei der Schuldige;[98] und diese Vermu-

> wissen Trivialisierung des verzweifelten Wunsches eines Todgeweihten gleichkommt, wird ermöglicht durch die Metapher des Kelchs (die zugleich ein metonymisches Verhältnis zum Kelch des Abendmahls herstellt. Im Grunde hat Jesus selbst also durch die Einsetzung des Kelchs seines Bluts zum Gedächtnis an seinen Opfertod beim vorausgehenden Mahl mit seinen Jüngern bereits alle Voraussetzungen dafür geschaffen, daß der himmlische Vater diese Bitte gar nicht mehr erhören *kann*. Denn mit diesem Gedächtnismahl hat er seinen eigenen Tod antizipiert.) Die metaphorische Vieldeutigkeit des Kelches, die die Voraussetzungen für seine multiple Anwendung als Redensart herstellt, macht ihn mithin nicht nur zur Bezeichnung unterschiedlicher Sachverhalte tauglich, sie eröffnet auf diese Weise auch ein assoziatives Potential, das für den jeweiligen Gebrauch dieses Sprichworts belangvoll werden kann – und das im vorliegenden Fall gerade durch dessen etwas ungewöhnliche Anwendung auf den damit bezeichneten Sachverhalt aktiviert wird. Denn Adam ‚verrät' sich unbewußt mit seiner bildlichen Rede. Metaphorische Sprichwörter, so demonstriert Kleists Komödie an dieser Stelle einmal mehr, sind riskant. Sie überspielen nur allzu leicht die Intentionen desjenigen, der sich ihrer bedient, weil sie einer Deutung bedürfen und damit zugleich anheimfallen, die sich nicht vorprogrammieren läßt. Sie werden auf diese Weise zu einem Paradefall „freudscher Versprecher". Denn ihr aus systemischer Vieldeutigkeit geborenes assoziatives Potential, das sie zwar zum multiplen Einsatz für unterschiedlichste Situationen prädestiniert, besitzt ein Gegenstück zu dieser hermeneutischen Polysemie nicht zuletzt in der (unerkannten) Verführung, das zu sagen, was man gern verschweigen möchte, obwohl es belangvoller erscheint als das, was man tatsächlich zu sagen beabsichtigt. Kleists Demonstration der hermeneutischen Risiken der Metapher stellt ihnen ebenso scharfsichtig eine Psychologie ihres Suggestionspotentials gegenüber.
>
> [97] „L i c h t. Dorfrichter, ich! Was denkt ihr auch von mir? / A d a m. Ihr seid ein Freund von wohlgesetzter Rede, / Und Euren Cicero habt ihr studirt / Trotz Einem auf der Schul' in Amsterdam. / Drückt Euren Ehrgeiz heut hinunter, hört' ihr? / Es werden wohl sich Fälle noch ergeben, / Wo ihr mit eurer Kunst Euch zeigen könnt. / L i c h t. Wir zwei Gevatterleute! Geht mir fort. / A d a m. Zu seiner Zeit, ihr wißt's, schwieg auch der große / Demosthenes. Folgt hierin seinem Muster. / Und bin ich König nicht von Macedonien, / Kann ich auf meine Art doch dankbar sein. / L i c h t Geht mir mit Eurem Argwohn, sag' ich euch. / Hab ich jemals –?" (V. 134-147).
>
> [98] Lichts Verdacht deutet sich schon in den bereits zitierten (siehe oben S. 69) Versen, die zu den ersten des Stücks zählen, an: „Ihr stammt von einem lockern Ältervater, / der so beim Anbeginn der Dinge fiel" (V. 9f.). Sein Argwohn kommt auch weiterhin zum Ausdruck, versieht er doch Adams – in der Tat nicht sonderlich plausible – Schilderung des ihm widerfahrenen Mißgeschicks mit der ironisch-vielsagenden Bemerkung: „Der erste Adamsfall, / den ihr aus einem Bett hinaus gethan" (V. 62f.). Lichts Formulierung deutet nicht allein an, daß ihm Adams Darstellung seines Sturzes wenig glaubwürdig erscheint. Sie gibt ebenso zu erkennen, welche Erklärung ihm sehr viel näher zu liegen scheint. Denn wenn es sich um den ersten „Adamsfall [...] aus einem Bett *hinaus*" handelt (Kursivierung A. K.), dann steht zu vermuten, daß es andere gegeben hat, die Adam weit eher in ein Bett *hinein* geführt haben. Der Dorfrichter gilt seinem Schreiber Licht

tung, die eine unerwartete Aussicht auf die vorzeitige Erfüllung seiner Wünsche zu eröffnen scheint, bildet den Leitgedanken, der sein scharfsichtiges Vorgehen bestimmen wird, mit dem er sein verlockendes Ziel erreichen möchte.

Adam und Licht haben sich also von Beginn an wechselseitig durchschaut. Der strauchelnde Dorfrichter ahnt mit guten Gründen, daß sein Schreiber die Gelegenheit nutzen könnte, um ihn aus seinem Amt zu drängen und sich die begehrte Position anzueignen, die er im Augenblick selbst noch innehat. Und Licht vermutet zurecht, daß niemand anders als Adam höchstpersönlich der Missetäter ist, der den Bruch des bewußten Kruges – unter durchsichtigen Umständen – herbeigeführt hat. Wenn er auf diese Weise den Prozeß in seinem Sinne zu einem befriedigenden Ende zu führen vermag, dann deshalb, weil er über ein Wissen verfügt, das dem Prozeß vorausgeht und dort selbst gar nicht zur Sprache kommt. Er *kennt* den ‚alten Adam', der in seinem Dorfrichter steckt.

Welche Folgen aber ergeben sich aus dieser Konstellation im *Zerbrochnen Krug* in grundsätzlicher Hinsicht für die Justiz, mit den ihr zu Gebote stehenden Möglichkeiten die ‚Wahrheit' herauszufinden? Wir werden dieser Frage weiterhin nachzugehen haben.

Stellt Schreiber Licht also eine den aufklärerischen Konsequenzen für die überkommene Sozialordnung der Komödie geschuldete Verwandlung der traditionellen Dienerfigur dar, so läßt sich die Aufwertung seiner sozialen Stellung indessen keineswegs als ein – bloßer – emanzipatorischer Triumph über eine ungerechte Sozialordnung verstehen. Der in die institutionelle Ordnung integrierte, mit Aufstiegschancen versehene und damit weit über alle der Gattungskonvention entsprechende Dienerschaft hinausgewachsene Schreiber wird vielmehr gleichsam auch in den moralischen Alltag integriert.

Dieser zum Staatsdiener aufgestiegene Diener verfolgt, genau wie alle anderen, seine sehr persönlichen Interessen. Und wenn er, wie es seine Vorfahren der ‚klassischen' Komödie taten, einen klugen Plan entwickelt, um die aus den Fugen geratene Welt wieder in Ordnung zu bringen, dann deshalb, weil er dabei seine eigenen Ziele verfolgt. Die Ordnung als solche – etwa, einem jungen sich liebenden Paar gegen alle unbegründeten Hindernisse zur Hochzeit zu verhelfen, wie es in so vielen Komödien gelingt – interessiert ihn weit weniger als der Gewinn, den er daraus für sich selbst ziehen kann. Und so verwandelt sich die vertraute karnevaleske Inversion der Herrschaftsverhältnisse in einen aus Ehrgeiz geborenen Wunsch nach der beschleunigten Übernahme einer sozialen Rolle, die ihm ohnehin zufallen sollte. Der Verlust des ludischen Moments, auf dem der – kontrafaktische – Aufstieg des Dieners zum Herrn der Situation in der überkommenen Komödie gründete, geht mit einer Moralisierung seiner Rolle einher, die keineswegs nur zu seinen Gunsten ausfällt. Sein faktischer sozialer Aufstieg ist mithin nicht umsonst zu haben.

---

offenkundig als ein notorischer Schwerenöter. Er scheint seine Gründe für diese Annahme zu haben.

Zu den Konsequenzen von Kleists Verwandlung der Rolle des Richters, der in eigener Sache verhandelt, gehört selbstredend auch eine sich daraus ergebende Zielrichtung seiner Prozeßführung. Adams ganzes Sinnen und Trachten ist darauf ausgerichtet, in des Wortes ursprünglichem Sinn ‚kurzen Prozeß' zu machen.

Um dies Vorhaben erfolgreich durchzusetzen, versucht er, schon die seinen Absichten höchst willkommene erste Aussage der Klägerin zum Ergebnis des gesamten Verfahrens zu erklären. Als sie den Verlobten ihrer Tochter, Ruprecht, beschuldigt, in Eves Kammer eingedrungen zu sein, nimmt Adam ihre Aussage erfreut zum Anlaß, den von ihr behaupteten Sachverhalt zu dem Ergebnis, das es zu ermitteln galt, zu erklären.[99]

Diesem Vorgehen wird er treu bleiben. Jedes Mal, wenn ein neuer Beschuldigter genannt wird, weil der Verlauf des Prozesses dazu nötigt, Adams jeweils vorausgehenden Versuch einer Identifikation des Täters zu revidieren, ist der Dorfrichter bemüht, mit dessen Namen das Verfahren abzuschließen.

Als herauskommt, daß Ruprecht der Schuldige nicht sein kann, weil er zur fraglichen Zeit gar nicht vor Ort war, gerät der Flickschuster Lebrecht kurzzeitig in Verdacht, weil Eves Verlobter ihn gesehen haben will. Übrigens ohne sich dessen wirklich gewiß zu sein („Ich kann das Abendmal darauf nicht nehmen", V. 921), nennt er ihn als den potentiellen Täter.

---

[99] Als Marthe den Grund ihrer Klage, den zerbrochenen Krug, vorgetragen hat, fordert er sie auf, den (gleich mit suggerierten) Verursacher des Schadens zu nennen: „A d a m . Und wer zerbrach den Krug? Gewiß der Schlingel –? / F r a u M a r t h e . Ja, er, der Schlingel dort – / A d a m *(für sich)*. Mehr brauch ich nicht. / R u p r e c h t . Das ist nicht wahr, Herr Richter. / A d a m *(für sich)*. Auf, aufgelebt, du alter Adam! / R u p r e c h t . Das lügt sie in den Hals hinein – A d a m . Schweig, Maulaffe! / Du steckst den Hals noch früh genug in's Eisen. / – Setzt einen Krug, Herr Schreiber, wie gesagt, / Zusammt dem Namen dess', der ihn zerschlagen. / Jetzt wird die Sache gleich ermittelt sein" (V. 603-610). Adams Selbstgespräch ist selbstredend wieder von bezeichnendem Doppelsinn. Wenn er sich selbst scherzhaft „du alter Adam" nennt, weil der Gang des Prozesses ihm Anlaß zur Zuversicht über einen für ihn glücklichen Ausgang des Prozesses zu geben scheint, so schwingt in dieser Selbstbezeichnung zweifellos auch das biblische Erbe dieses Ausdrucks mit. Der „alte Adam" ist der noch immer der Sünde verhaftete Adam, bei dem Christi Heilswerk noch keine Früchte getragen hat (siehe hierzu des näheren Anm. 163). Ob dem Dorfrichter selbst diese Dimension seiner Selbstanrede bewußt ist, ob er unbewußt damit auch vor sich selbst ein moralisches Eingeständnis zu erkennen gibt oder ob allein der Zuschauer diese Verbindung erkennt, bleibt dabei offen. So unvermeidlich Adams Formulierung nach einer Deutung verlangt, die Fragen wie diese aufwirft, entscheiden läßt sich zwischen diesen Alternativen nicht. Doch diese Ungewißheit hebt die Unausweichlichkeit der Deutung nicht aus, auch wenn die potentielle Kontingenz der Entstehung von Bedeutung keine endgültige Entscheidung erlaubt. (Aber dazu paßt es, daß der Ausgang des Prozesses seinerseits in beträchtlichem Maß kontingent zustande kommt. Dazu später mehr.)

Es ist dies der Punkt der Handlung, an dem auch Ruprechts moralische Integrität ein wenig ins Wanken gerät. Daß er Eve ziemlich unverblümt der Hurerei bezichtigt und sich von ihr lossagt, ist gewiß voreilig, und hier wäre ein größeres Vertrauen unbedingt ratsam, wo nicht angezeigt gewesen.[100] Rundherum unbegründet

---

[100] Offensiv fordert Eve ein solches, ja ein grenzenloses Vertrauen von ihrem Verlobten auch ein: „E v e . Unedelmüth'ger, du! Pfui, schäme dich, / Daß du nicht sagst, gut, ich zerschlug den Krug! / Pfui, Ruprecht, pfui, o schäme dich, daß du / Mir nicht in meiner That vertrauen kannst. / Gab' ich die Hand dir nicht, und sagte, ja, / Als du mich fragtest, Eve, willst du mich?" (V. 1162-67). Wir werden darauf noch eingehen: Eve ist unter den Hauptakteuren dieser Komödienhandlung – bei den Nebenfiguren verhält es sich anders –, im Grunde die einzige Person, die im Verlauf des gesamten Geschehens moralisch untadelig bleibt. Ihr Sinnen und Trachten geht auf nichts anderes als darauf aus, Ruprecht vor dem wahrscheinlichen Tod zu bewahren, den seine Abordnung als Soldat in überseeische Gebiete zur Folge hätte. Ihre standhafte Bemühung um dieses Ziel ist zweifellos ein überzeugender Liebesbeweis; denn sie läßt von diesem Vorhaben selbst dann nicht ab, als er sie übel beschimpft und eines lasterhaften Lebens verdächtigt. Gleichsam die Kehrseite der Medaille dieser über alle Zweifel erhabenen Tugendhaftigkeit (die sie gleichwohl vor dem Verdacht eines Lotterlebens nicht schützt) ist ein moralischer Anspruch an andere, der nicht gering zu nennen ist. Denn Eve verlangt von ihrem Verlobten, er selbst hätte sich als der bekennen sollen, der den Krug zerschlug, obwohl er diese Person nicht nur nicht war, sondern noch nicht einmal wußte, wer es an seiner Stelle gewesen ist. Eves Begründung für ihre anspruchsvolle Forderung aber reklamiert interessanterweise nicht etwa die Erfahrung, die Ruprecht aus dem Umgang mit ihr habe gewinnen können und die ihn hätte lehren sollen, daß sie über jeden Verdacht erhaben ist. Auch macht Eve nicht etwa die Liebe als Verpflichtung geltend, für den anderen – in welcher Situation und unter welchen Umständen auch immer – einzutreten. Ihr höchst ambitioniertes Ansinnen, Ruprecht hätte auch in Unkenntnis aller Gegebenheiten in die Bresche für sie springen sollen, beruft sich vielmehr auf eine Äußerung – auf eine einzige Äußerung, nämlich das ihm gegebene Heiratsversprechen, als er sie um ihre Einwilligung in die Ehe mit ihm bat. Sie beruft sich mithin auf das ihr gegebene *Wort*. Ihre Forderung grenzenlosen Vertrauens erklärt mithin einen – und nur *einen* – Sprechakt zur Begründung für ihren ehrgeizigen Anspruch – einen Anspruch, der die unanfechtbare Geltung dieser Aussage über alle empirischen Evidenzen, so plausibel sie erscheinen mögen, stellt. Es kommt hinzu, daß Eves Einwilligung in die Hochzeit, Ruprechts Bericht zufolge, alles andere als spontan, sondern eher zögerlich erfolgte: „R u p r e c h t . Denn heuren wollt' ich sie, das müßt ihr wissen, / Ein rüstig Mädel ist's, ich hab's beim Erndten / Gesehn, wo Alles von der Faust ihr ging, / Und ihr das Heu man flog, als wie gemaus't. / Da sagt' ich: willst du? Und sie sagte: ach! / Was du da gakelst. Und nachher sagt' sie, ja" (V. 875-880). Die ganz große Liebe kann es kaum gewesen sein, die Eves und Ruprechts Entschluß zur Hochzeit zugrunde liegt. Denn die Auserkorene reagiert nicht sonderlich begeistert, und für den Bräutigam scheinen eher Nützlichkeitserwägungen als leidenschaftliche Emotionen den Ausschlag zu geben. Eve ist fleißig und schafft viel weg – eine zutiefst vorromantische Ehe, die sich da anzubahnen scheint. Die Begründung ihres Anspruchs auf Ruprechts grenzenloses Vertrauen, das sie einzig und allein auf ihr alles andere als euphorisches Heiratsversprechen bezieht, stellt einmal mehr den zentralen Stellenwert sprachlicher Äußerungen

ist sein Verhalten in Anbetracht der Umstände indessen nicht, und so bleibt sein übler Verdacht – allen zeitweiligen Verstimmungen zwischen den Liebenden zum Trotz – am Ende folgenlos.[101] Im Fall des Flickschusters aber nutzt Ruprecht etwas schofel die sich unerwartet bietende Gelegenheit, um sich an einem vermuteten (oder dereinst befürchteten) Nebenbuhler bei Eve zu rächen.[102] Denn in der Tat

für das Zusammenleben der Menschen in dieser Komödie aus. Aber sie belastet solche Äußerungen auch mit einem Gewicht, das durch die anderweitig allenthalben vorgeführte Unverläßlichkeit der Rede mit hohen Risiken verbunden ist. Jedenfalls läßt sich festhalten, daß Eves gänzlich unstrittige Tugend mit einem Rigorismus einhergeht, der dazu angetan ist, die Mitmenschen zu überfordern – und dies um so mehr, als zur Begründung einer so radikalen Forderung von Vertrauen die Verläßlichkeit einer sprachlichen Äußerung herhalten muß, während Kleists *Zerbrochner Krug* gerade die Sprache in all ihrer abgründigen Unzuverlässigkeit erkundet. Wenn es einen Hauch von kritischer Distanz gegenüber Eves kompromißloser Tugendhaftigkeit in diesem Lustspiel gibt, dann steckt er darin, daß sie im Bewußtsein ihrer eigenen unverbrüchlichen Integrität dazu neigt, andere moralisch zu überfordern. (Daß man aus Ruprechts Weigerung, Eve zu vertrauen, allerdings gleich eine universelle Krise *des* Vertrauens um 1800 herauszulesen vermag, die den zerbrochenen Krug „in seiner Zerbrochenheit auch die Utopie des Vertrauens als Ausdruck verlorener Ganzheit" veranschaulichen läßt, scheint mir über welches Ziel auch immer ziemlich gehörig hinauszuschießen. So nachzulesen bei Anne Fleig, „Das Gefühl des Vertrauens in Kleists Dramen *Die Familie Schroffenstein*, *Der zerbrochne Krug* und *Amphitryon*", in: *Kleist-Jahrbuch* 2008/2009, S. 138-150, hier S. 147.)

[101] Förmlich entschuldigt sich Ruprecht bei seiner Verlobten: „R u p r e c h t. Ei, Evchen! / Wie hab' ich heute schändlich dich beleidigt! / Ei, Gott's Blitz, alle Wetter; und wie gestern! / Ei, du mein goldnes Mädchen, Herzens-Braut! / Wirst du dein Lebtag mir vergeben können?" (V. 1908-1912). Eve antwortet nicht, jedenfalls nicht mit Worten, aber ihr Verhalten ist aussagekräftiger, als es jede verbale Annahme von Ruprechts Entschuldigung sein könnte. Sie „*(wirft sich dem Gerichtsrath zu Füßen)*", wie es in der unmittelbar folgenden Regieanweisung heißt, um seine Hilfe für ihren Verlobten zu erflehen. Denn noch immer ist sie in dem irrigen Glauben, Ruprecht müsse als Soldat in die Kolonien aufbrechen, wenn ein Attest ihn nicht davor befreie. Deshalb bittet sie Walter um die Unterstützung bei diesem Vorhaben, die sich indessen sogleich als gänzlich überflüssig erweist. Und sollte noch ein Hauch eines Zweifels über die finale Versöhnung der beiden Liebenden bestehen, so genügt ein Blick in die Regieanweisung, die Vers 1952 folgt: *„(sie küssen sich)"*. Wie es sich für eine zünftige Komödie gehört – selbst wenn sie, wie bereits diskutiert und wie auch weiterhin noch zu besprechen sein wird, im Fall von Kleists *Zerbrochnem Krug* ganz so zünftig nicht mehr ist –, werden auch sogleich Nägel mit Köpfen gemacht, wie Vater Veit unmißverständlich klarstellt: „V e i t. Das sag' ich auch! Küßt und versöhnt und liebt euch; / Und Pfingsten, wenn ihr wollt, mag Hochzeit sein!" (1952f.). Aber kann nach Eves und Ruprechts Kuß noch ein Zweifel bestehen, *daß* sie wollen? Schließlich wollen es ja nicht zuletzt die überkommenen Regeln der Gattung eines Lustspiels: Am Ende wird geheiratet!

[102] „R u p r e c h t. Stockfinster war's, und alle Katzen grau. / Doch müßt ihr wissen, daß der Flickschuster, / Der Lebrecht, den man kürzlich losgesprochen, / Dem Mädel längst mir auf die Fährte ging. / Ich sagte vor'gen Herbst schon: Eve, höre, / Der Schuft

schleicht mir um's Haus, das mag ich nicht; / Sag' ihm, daß du kein Braten bist für ihn, / Mein Seel', sonst werf ich ihn vom Hof herunter. / Die spricht: ich glaub', du schierst mich, sagt ihm was, / Das ist nicht hin, nicht her, nicht Fisch, nicht Fleisch: / Drauf geh ich hin und werf' den Schlingel herunter" (V. 923-933). Und während er zunächst noch einen leisen Vorbehalt anbringt, steigert sich sein Vorwurf schließlich zu ungebrochener Gewißheit, er habe Lebrecht eindeutig identifizieren können: „R u p r e c h t . Und husch! springt Einer aus dem Fenster euch: / Ich seh die Schöße noch vom Rocke wehn. / A d a m . War das der Leberecht? R u p r e c h t . Wer sonst, Herr Richter?" (V. 971-973). Man gewinnt den Eindruck, Ruprecht selbst steigere sich in die feste Überzeugung hinein, den vermuteten Konkurrenten tatsächlich erwischt zu haben – als betreibe und beförde seine eigene Rede mithin die Bestätigung ihrer selbst. Sie gerät zu einem Mittel der Selbstsuggestion. Seine Antwort auf Adams Nachfrage weist einen in dieser Hinsicht aufschlußreichen Spielraum ihres Verständnisses auf. Die Frage „wer sonst?" kann besagen, daß jede Nachfrage sich erübrigt, weil der Sachverhalt als evident gelten kann. Und eben daran nimmt Ruprecht größtes Interesse. „Wer sonst?" aber kann ebenso bedeuten, daß aufgrund bestimmter Überlegungen niemand anderes in Frage komme. Im Fall von Ruprechts Antwort scheint beides zusammenzufallen: Die Sache hat seinem Wunsch zufolge nichts als evident zu sein, *weil* sie nicht ganz sicher ist und darum alle Nachfragen besser ausbleiben sollten. Doch die Formulierung verrät auch, daß sie bestenfalls dem Kalkül eines Eifersüchtigen entstammt, der einen Schuldigen aus Selbstsucht dingfest machen möchte. So nutzt Ruprecht die undeutlich zu erkennende Situation dieser nächtlichen Szenerie für eine Deutung, mit der er eine alte Rechnung begleichen möchte, eine Gelegenheit, die er nur allzu gern (und allzu rücksichtslos) beim Schopfe packt – darin übrigens dem Verhalten des Dorfrichters gar nicht unähnlich, der ebenso nach jedem Strohhalm greift, um sich aus seiner intrikaten Situation zu befreien. Der zu Unrecht Beschuldigte und der Schuldige, der das Recht beugen möchte, greifen interessanterweise zu vergleichbaren Strategien. Aber auch Adam unterläuft ein bemerkenswerter Lapsus, eine Fehlleistung von ganz anderer Art, die an einem einzigen Buchstaben hängt. Denn er verfälscht den Namen Lebrechts, nennt er ihn bei seiner Nachfrage doch „Leberecht". Von bloßem Zufall wird man auch an dieser Stelle nicht sprechen wollen, denn schließlich ist er selbst in die hier verhandelte Situation zutiefst involviert, weiß er doch, daß es Lebrecht gar nicht gewesen sein kann. Und so liegt die Vermutung nahe, die Verfälschung seines Namens hänge mit der Gewißheit zusammenhängt, daß er die gesuchte Person nicht ist. Einmal mehr erweist sich die Sprache als Entbergung von Verschwiegenem, wenn man den semantischen Effekt von Adams Entstellung des Namens ‚Lebrecht' in Rechnung stellt. Denn „Leberecht" bringt das rechte Leben ins Spiel und paßt insofern prächtig zu jemandem, der sich keines Vergehens schuldig gemacht hat. Sowohl in Adams Frage wie bei der ihrerseits in Frageform gekleideten Antwort Ruprechts überspielt der durch die situationellen Umstände der Äußerung generierte Sinn den propositionalen Gehalt der Sätze, den die Sprecher zu intendieren scheinen. Doch unbewußt sind sie selbst es, die diesen ‚Sekundärsinn' erzeugen, indem sie sich verraten. Läge deshalb auch diesen unabsehbaren Bedeutungseffekten ihrer jeweiligen Äußerung die allgemeine und keineswegs auf die Institution der Justiz beschränkte, von ihr vielmehr nur formalisierte Verpflichtung der Sprache auf die Wahrheit – auf die ganze Wahrheit und nichts als die Wahrheit zugrunde, die sich in unbewußten Sinneffekten Durchbruch verschafft? Adams Verscheint Vergeltung das nächstliegende Motiv für sein Verhalten zu sein. Die Sorge vor dem Nebenbuhler sollte als mögliche Begründung ausfallen, insofern Ruprecht lauthals seine Entschiedenheit erklärt, für alle Lebenszeit mit dieser „Metze" nichts mehr im Sinn zu haben – es sei denn, in der Tiefe seines Herzens liebe Ruprecht Eve noch immer, und so bliebe die Furcht vor dem Konkurrenten entgegen allem Anschein gleichwohl bestehen. Womöglich verrät diese Sorge seine wahren Empfindungen, die von seiner situationsbedingten Empörung nicht dauerhaft tangiert werden. Aber wie auch immer es um die Motivation seines Verhaltens bestellt sein mag, wenn Eves Verlobter – anders als sie selbst – nicht ganz tadellos aus den Geschehnissen, die die Handlung der Komödie bilden, hervorgeht, dann hat der leichte Schatten, der auf seine moralische Integrität fällt, in seiner bestenfalls spekulativen Bezichtigung Lebrechts seine primäre Ursache.

Adam jedenfalls zögert nicht einen Augenblick, als ihm die Felle davon zu schwimmen drohen, er klammert sich gleichsam an den nächsten Strohhalm, und erklärt bereitwilligst nun den armen Flickschuster wider besseres Wissen zum Schuldigen. Nicht zuletzt die Formulierungen, mit denen er dies macht, aber sind wiederum besonders aufschlußreich.

„Wer sonst?" hatte Ruprecht geantwortet, als Adam ihn nach der Identität desjenigen fragte, den er bei Eve erwischt haben will.[103] Bezeichnenderweise benutzt der Dorfrichter dieselbe Wendung, um Lebrecht dingfest zu machen, als Ruprecht erneut den Hauch eines Zweifels an der Rechtmäßigkeit seiner Beschuldigung

---

sprecher gewinnt übrigens nicht zuletzt dadurch an Signifikanz, daß ein gleiches Versehen auch der zweiten Person unterläuft, die zuverlässig weiß, daß Lebrecht keine Schuld treffen kann: Eve. Zumal der Wechsel von der richtigen zur falschen Version seines Namens scheint sprechend in diesem Zusammenhang. Die betreffenden Verse beziehen sich noch immer auf ihr Verlangen, Ruprecht hätte aufgrund des ihr geschuldeten Vertrauens für sie eintreten müssen und sich selbst als den Verursacher des zerbrochenen Krugs bekennen sollen: „E v e . Meinst du, daß du den Flickschuster nicht werth bist? / Und hättest du durch's Schlüsselloch mich mit / Dem Lebrecht aus dem Kruge trinken sehen, / Du hättest denken sollen: Ev' ist brav, / Es wird sich alles ihr zum Ruhme lösen, / Und ist's im Leben nicht, so ist es jenseits, / Und wenn wir auferstehn ist auch ein Tag. / R u p r e c h t . Mein Seel, das dauert mir zu lange, Evchen. / Was ich mit Händen greife, / glaub' ich gern. / E v e . Gesetzt, es wär der Leberecht gewesen, / Warum – des Todes will ich ewig sterben, / Hätt' ich's dir Einzigem nicht gleich vertraut" (V. 1168-1179). Eve nennt Lebrecht bei seinem richtigen Namen, als sie in Gedanken mit einer Situation spielt, in der er tatsächlich in ihrer Kammer gewesen wäre. Und auch sie nennt ihn Leberecht, als sie nur noch im Irrealis mit der Hypothese seiner Anwesenheit operiert: „Gesetzt, es wär der Leberecht gewesen". Wie gerade aus den zuletzt zitierten Versen hervorgeht, ist Eve, dies sei nur am Rand vermerkt, die einzige in dieser Komödienhandlung, die das christliche Dogma als Orientierung ihrer Lebensführung tatsächlich ernstnimmt. Ansonsten gibt es allerlei sprachliche Anleihen beim Christentum resp. der Bibel, oder es wird gebraucht – besser: benutzt – zur Stabilisierung, wo nicht Usurpation von Machtansprüchen.

[103] Siehe hierzu die vorstehende Anmerkung.

seines vermuteten Nebenbuhlers um Eves Gunst erkennen läßt. Nachdem er das in der fraglichen Nacht beobachtete Geschehen geschildert hat, will sich Adam vergewissern:

> Adam.
> Verflucht! Sieh da! Wer that das?
> Ruprecht.
> Wer? Der Lebrecht.
> Adam.
> Hallunke!
> Ruprecht.
> Meiner Treu! Wenn er's gewesen.
> Adam.
> Wer sonst!
> (V. 1008-1010)

Die Formulierung, die Adam benutzt, ist identisch mit derjenigen, die Ruprecht gebraucht, als er entschieden alle Zweifel an Lebrechts Täterschaft ausschließen will: „Wer sonst?". Ja, man wird sich mit einem gewissen Recht fragen dürfen, ob Adam die soeben gehörte Wendung nicht ziemlich bewußt zitiert, um demjenigen, der für einen Augenblick Zweifel an der Identität des Übeltäters Lebrecht aufkommen zu lassen scheint, mit seinen eigenen Worten in Erinnerung zu rufen, daß daran nicht zu rütteln ist. Dazu paßt nicht zuletzt die Verwandlung der Frage in einen Ausruf: „Wer sonst!" Die Motivationslage des Dorfrichters aber ist eine andere, als er dieselben Worte wie zuvor Ruprecht benutzt; und so gewinnt die gleiche Formulierung eine ganz andere, schon an der syntaktischen Form ablesbare Bedeutung.

Auffällig ist bereits Adams Rückfrage, um wen es sich bei demjenigen handelt, dessen Verhalten Ruprecht schildert, als solche. Denn schließlich gibt es gar keinen Anlaß dafür, hat sich das ‚Personal' von Ruprechts Schilderung der nächtlichen Vorfälle doch zwischenzeitlich nicht geändert. Ruprecht reagiert denn auch verständlicherweise mit einer gewissen Verwunderung. Doch Adams an sich überflüssige Frage verrät seine Befürchtungen. Es geht ihm um die Versicherung, daß er selbst nicht erkannt worden ist. Auffällig in derselben Hinsicht ist deshalb ebenso Adams eigene Beteuerung der Identität Lebrechts, für die er gar keine Handhabe besitzen kann, wenn denn stimmte, was er vorgibt, nämlich an allen Vorgängen gänzlich unbeteiligt gewesen zu sein. So reagiert er auch fast panisch auf Ruprechts Äußerung, die letztlich gar nicht auf den Zweifel an Lebrechts Anwesenheit bei Eve zielt, sondern Ruprechts Empörung zum Ausdruck bringen soll, *daß* er es tatsächlich gewesen sein könnte: „Meiner Treu! Wenn er's gewesen!". Adams angstbesetzte Interpretation läßt den Satz mithin anders verstehen, als er von Ruprecht gemeint ist, und verleitet den Dorfrichter zu einer Äußerung, die seinen Absichten eher abträglich ist.

Da Ruprechts Aussage Zweifel an Lebrechts Täterschaft aufkommen läßt, dieser hingegen ebenso wenig beweiskräftig als der Schuldige identifiziert werden kann, ändert Adam seine Strategie und setzt nun auf einen Vergleich, um das Verfahren möglichst rasch zu Ende zu bringen.[104] Doch Walter sieht die Voraussetzungen dafür noch nicht gekommen.[105] Deshalb wird die Vernehmung der Zeugen fortgesetzt und nun Eve selbst ins Gebet genommen. Standhaft weigert sie sich, den Namen des Übeltäters preiszugeben, auch wenn sie überzeugend erklärt, Ruprecht sei es nicht gewesen.

Die (letztlich verräterische) Absurdität von Adams Vorgehen, jede Aussage, die eine bestimmte Person belastet, sogleich zum Ergebnis seiner Untersuchung und damit zum Ende des Prozesses erklären zu wollen, zeigt sich nicht allein darin, daß er auch jede neue Aussage in diesem Sinn verstanden wissen will, obwohl der Verlauf des Prozesses ein solches Procedere zutiefst diskreditiert und zumindest als voreilig erscheinen läßt. Die Abwegigkeit dieses Verfahrens wird vor allem bei der Aussage einer Zeugin, Frau Brigitte, manifest, die den Teufel als den wahren Täter erkannt haben will, finden sich doch im Schnee Spuren eines Hinkefußes, der bekanntlich als ein Attribut des Leibhaftigen gilt. Und selbst unter diesen wahnwitzigen Umständen will der Dorfrichter auch den Teufel noch immer als den Schuldigen identifiziert wissen, weshalb er sich zu nichts als hanebüchenen – und urkomischen – Argumenten hinreißen läßt.[106]

---

[104] „A d a m . – Wenn ich freimüthig reden darf, Ihr Gnaden / Die Sache eignet gut sich zum Vergleich" (V. 1172f.).

[105] „W a l t e r . Sich zum Vergleich? Das ist nicht klar, Herr Richter. / Vernünft'ge Leute können sich vergleichen, / Doch wie i h r den Vergleich schon wollt bewirken, / Da noch durchaus die Sache nicht entworfen, / Das hätt' ich wohl von euch zu hören Lust. / Wie denkt ihr's anzustellen, sagt mir an? / Habt ihr ein Urtheil schon gefaßt?" (V. 1074-1080). Daß Adam tatsächlich ein Urteil von Anfang an gefaßt hat, scheint dem Gerichtsrat nach wie vor zu entgehen.

[106] „A d a m . Mein Seel, ihr Herrn, die Sache scheint mir ernsthaft. / Man hat viel beißend abgefaßte Schriften, / Die, daß ein Gott sei, nicht gestehen wollen; / Jedoch den Teufel hat, soviel ich weiß, / kein Atheist noch bündig wegbewiesen. / Der Fall, der vorliegt, scheint besonderer / Erörtrung werth. Ich trage darauf an / Bevor wir ein Conclusum fassen, / Im Haag bei der Synode anzufragen / Ob das Gericht befugt sei, anzunehmen, / Daß Belzebub den Krug zerbrochen hat" (V. 1742-1752). Es bedarf nicht besonderer Erwähnung, daß die Ironie dieser Worte vor allem darin besteht, daß Adam sich letztlich selbst eines teuflischen Verhaltens bezichtigt. Aller Absurdität zum Trotz will der in Bedrängnis geratende Dorfrichter, unter Inkaufnahme seiner völligen Lächerlichkeit, allerdings selbst dann nicht von der Möglichkeit lassen, der Teufel höchstpersönlich sei der Täter, als die in einem Weinstock gefundene Perücke sogar bei der Urheberin dieser Theorie, der Zeugin Frau Brigitte, Zweifel daran aufkommen läßt: „A d a m . Wir wissen hier zu Land nur unvollkommen, / was in der Hölle Mod' ist, Frau Brigitte! / Man sagt, gewöhnlich trägt er eignes Haar. / Doch auf der Erde, bin ich überzeugt, / Wirft er in die Perücke sich, um sich / den Honoratioren beizumischen" (V. 1833-1838). Läge die eigentliche Pointe dieses völlig abwegigen Versuchs, die Täterschaft des Teufels zu

Gerichtsrat Walter beobachtet Adams Prozeßführung verständlicherweise von Anfang an mit Argwohn, der sich in einer Mischung aus Unverständnis, Empörung und Entsetzen äußert. Schon die ersten Schritte des Dorfrichters geben ihm Anlaß zu Protest,[107] ja zur Aufforderung, von seiner Amtsführung zurückzutreten.[108]

---

retten, in dem versteckten – und zumal auf den Dorfrichter selbst zielenden – Hinweis, daß eine Perücke den Schein des Ehrenwerten erzeugt? (Nicht zuletzt der Begriff der Honoratioren ist ja in dieser Hinsicht ambivalent. Etymologisch betrachtet, steckt in diesem Wort, dessen Kern aus dem lateinischen Wort *honor* besteht, die Prämisse, daß es sich um ehrenhafte, und das heißt: tugendhafte Leute handelt. Doch der Begriff bezieht sich zuvörderst auf einen prominenten sozialen Rang. Das Wort selbst suggeriert also das Zusammenfallen von Anstand und Sozialprestige wie sozialer Macht. Eben diese Suggestion des Wortes aber gibt Adams absurde Einlassung auf die vermeintlichen Absichten des Teufels als eine Illusion zu erkennen, die vor allem seine eigene Person entlarvt.)

[107] „W a l t e r. Herr Richter! Ei! Welch' ein gewaltsames Verfahren" (V. 611).
[108] „W a l t e r. Wenn ihr die Instruction, Herr Richter Adam, / Nicht des Prozesses einzuleiten wißt, / Ist hier der Ort jetzt nicht, es euch zu lehren. / Wenn ihr Recht anders nicht, als so, könnt geben, / So tretet ab: vielleicht kann's euer Schreiber" (V. 614-618). Der ‚Witz' auch dieser Verse, deren Bedeutung den intendierten Sinn einmal mehr überspielt, steckt darin, daß Adam in der Tat nicht anders als *so* ‚Recht geben' kann, aber nicht aus Unvermögen, sondern weil er tatsächlich seine eigene Demission betriebe, wenn er im Sinne Walters verführe. Zu den Auffälligkeiten der Rede des Gerichtsrats zählt nicht zuletzt seine Verwendung des Ausdrucks ‚Recht geben', setzt sie doch das Zusammenfallen der Verfahrenslogik eines Prozesses mit der Herstellung eines Rechtszustands voraus – eine Gleichung, die im konkreten Fall um so kurioser wirkt, als die Formulierung ‚Recht geben' von Walter ja auch noch für ein von ihm gerade kritisiertes Verfahren benutzt wird. Schon hier begegnet uns eine Selbstreferenz der Institution der Justiz, die wir auch am Ende des Stücks bemerken werden (und die eine uralte Frage auch in diese Komödie hineinholt: Wie verhalten sich Recht und Gerechtigkeit zueinander?). Übrigens überspielt der durch Situation zustande kommende Effekt nicht nur den Vorwurf Walters, der Adam seine Inkompetenz vorhält. Er unterminiert ebenso die Verteidigungsrede des Dorfrichters: „A d a m. Wir haben hier, mit Ew. Erlaubniß, / Statuten, eigenthümliche, in Huisum, / Nicht aufgeschriebene, muß ich gestehn, doch durch / Bewährte Tradition uns überliefert" (V. 626-629). Den Schlüssel zum latenten Doppelsinn dieser Verse bietet natürlich das Adjektiv ‚eigentümlich'. Adam unternimmt den Versuch, regionale Besonderheiten eines Gewohnheitsrechts gegenüber zentralistischer Uniformität zur Geltung zu bringen, hatte der Gerichtsrat doch verlauten lassen: „W a l t e r. Und hier in Huisum glaubt' ich die Gesetze, / Wie anderswo in den vereinten Staaten" (V. 623f.). Darin mag man durchaus eine Anspielung auf die historische Entwicklung der neuzeitlichen Rationalisierung des Gerichtswesens sehen, die regionale Besonderheiten durch allgemeinverbindliche staatliche Regelungen ersetzt (siehe hierzu Wellbery 1994, S.120 sowie zur besonderen preußischen Debatte, die mit dem *Allgemeinen Landrecht* von 1794 zusammenhängt: Ernst Ribbat, „Babylon in Huisum oder der Schein des Scheins. Sprach- und Rechtsprobleme in Heinrich von Kleists Lustspiel *Der zerbrochne Krug*", in: *Komödiensprache. Beiträ-*

Dabei läßt sich das von ihm verlangte Verfahren sehr deutlich vom Procedere des Dorfrichters unterscheiden. Adam setzt auf den Wahrheitsgehalt einzelner Aussagen, Walter pocht hingegen auf der Vernehmung einer möglichst großen Zahl von an dem fraglichen Geschehen beteiligten Personen, um eine Handhabe für die Einschätzung ihrer Aussagen zu gewinnen. Auch hier – und dies ist wiederum im Hinblick auf die strukturellen Koordinaten von Kleists *Zerbrochnem Krug*, von denen wir in dieser Untersuchung ausgegangen waren, von Belang – geht es um eine hermeneutische Differenz. Denn es steht der Unterschied zwischen dem Gehalt einer Aussage und ihrer Deutung zur Debatte. Die Bewertung des Wahrheitsgehaltes einzelner Aussagen, diese vernünftige Annahme liegt Walters Postulat eines ordnungsgemäßen Verfahrens zugrunde, erwirbt sich erst vermittels einer Deutung des Zusammenhangs zwischen verschiedenen Aussagen.

Die für die Bewertung des Verhaltens von Gerichtsrat Walter wie der Logik des von ihm geforderten Verfahrens im Prozess insgesamt entscheidende Frage aber besteht darin, ob sein Insistieren auf einem korrekten Ablauf zielführend ist, ob es erlaubt, den wahren Täter dingfest zu machen, ob also – zugespitzt formuliert – das vorgesehene Verfahren zur Ermittlung der Wahrheit tauglich resp. hinreichend ist. Und eben daran kommen im Laufe der Gerichtsverhandlung erhebliche Zweifel auf.

Walters Intervention bewirkt zunächst, daß Marthe Rull von Dorfrichter Adam förmlich aufgefordert wird, ihre Klage vorzubringen, wobei diese Förmlichkeit auf Seiten der Klägerin bezeichnenderweise gerade eine Störung des zielgerichteten Gangs der Dinge mit sich bringt. Denn sie ergeht sich nun in jener nicht enden wollenden Schilderung des beschädigten Gefäßes, die wir zu Beginn dieser Untersuchung erörtert haben. Schon hier zeigt sich, daß die Insistenz auf formaler Korrektheit keineswegs eine Garantie für einen reibungslosen Ablauf des Prozesses bietet. Im vorliegenden Fall scheint sie dem Fortgang der Dinge fürs erste nachgerade hinderlich zu sein, denn sie lädt zu einer Weitschweifigkeit ein, die wenig dazu angetan scheint, dem Anliegen formaler Korrektheit sonderlich zu

---

ge zum deutschen Lustspiel zwischen dem 17. und dem 20. Jahrhundert, hg. von Helmut Arntzen, Münster: Aschendorff, 1988, S. 67-81, hier S. 73ff.). Das Adjektiv ‚eigentümlich' aber macht nicht nur (regionale) Besonderheiten wertfrei namhaft, es kann bekanntlich ebenso ‚merkwürdig' im Sinne von ‚befremdlich' bedeuten. Und genau diese Bedeutung kommt dadurch zustande, daß die Berufung auf vorgebliche lokale Usancen im vorliegenden Fall nur als Maske eigenmächtiger Manipulation zum eigenen Vorteil dient. Im Ergebnis aber kommt dabei heraus, daß die Korruption selbst zum Gewohnheitsrecht zu geraten scheint. Der Eindruck läßt sich nicht mehr von der Hand weisen, daß eigensüchtige Rechtsverdrehung zum Normalfall des ‚Rechtgebens' zu Huisum geworden ist. Der mit dem Titel der Komödie zitierte Bibelspruch, „Der Krug geht solange zum Brunnen, bis er zerbricht", gewinnt an dieser Stelle einen sehr konkreten Sinn: Auch der zum ‚Gewohnheitsrecht' gewordene Mißbrauch richterlicher Gewalt schützt nicht vor dessen schließlicher Aufdeckung.

dienen.[109] Zudem verbirgt sich dahinter ja durchaus ein strategisches Moment, das den Ausgang des Prozesses im Sinne der Klägerin beeinflussen soll.

---

[109] Durchaus treffend bringt Marthe Rull diese Schwachstelle der Verfahrenslogik ausgesprochen spitzfindig auf den Punkt: „Frau Marthe. Wie viel ihr brauchen möget, hier zu richten, / Das weiß ich nicht, und untersuch' es nicht; / Das aber weiß ich, daß ich, um zu klagen, / Muß vor euch sagen dürfen, über was" (V. 716-719). Vor allem Marthes Bemerkung „und untersuch' es nicht" erweist sich als ausgesprochen scharfsichtig, bringt sie doch zum Vorschein, daß die in der Logik des Prozesses stecken zu scheinende Erwartung, die Parteien wüßten, was das Gericht verlangt, im Grunde die Einnahme ihrer Perspektive voraussetzen würde. Denn eine Untersuchung ist die Aufgabe des Richters. Daß die Logik des Prozesses von den Parteien allerdings in der Tat genau einen solchen Perspektivwechsel abzuverlangen scheint und ihnen die Einschätzung dessen zumutet, was aus Sicht der den Prozeß Leitenden für das Verfahren nützlich ist, hatte im Grunde Walter selbst zu erkennen gegeben, als er Marthe Rull aufforderte, sich auf Prozeßdienliches in ihrer Aussage zu beschränken: „Walter. Ihr sollt hier reden: doch von Dingen nicht, / Die eurer Klage fremd. Wenn ihr uns sagt, / Daß jener Krug euch werth, so wissen wir / So viel, als wir zum Richten hier gebrauchen" (V. 712-715). Eine Pointe seines ‚Irrtums' besteht darin, daß Marthe Rull Dinge vorträgt, die ihrer Vorstellung von diesem Prozeß keineswegs fremd sind. Daß sie im Übrigen so falsch mit ihrer Entgegnung nicht liegen kann, kommt in Walters Reaktion zum Vorschein, gibt er sich doch ein Stück weit geschlagen und fordert die Klägerin nun selbst zur Fortsetzung ihrer vorigen Erzählung auf: „Walter. Gut denn. Zum Schluß jetzt. Was geschah dem Krug? / Was? – Was geschah dem Krug im Feuer / Von Anno sechs und sechszig? Wird man's hören?" (V. 720-722). Marthes geschickte Verfahrenskritik hat ihren Zweck freilich nicht allein in dieser Kritik selbst. Sie nutzt sie vielmehr pfiffig für ihr Anliegen, ihre besondere Bindung an den Krug herauszustellen – ein Anliegen, das um so dringlicher erscheint, als der Krug ja gerade nicht ihren eigentlichen Klagegrund darstellt, weshalb er um so eindrücklicher als ein solcher herausgestellt sein will. Und noch etwas fällt an dieser ostentativen Demonstration von Marthes affektiver Bindung an den Krug auf, und zwar der Unterschied zu ihrem vorausgehenden Gespräch mit Ruprechts Vater Veit. Ihm gegenüber hatte sie die Vorgeblichkeit ihres Interesses an dem beschädigten Krug durchaus zu erkennen gegeben. Ihr nun an den Tag gelegtes institutionelles Verhalten aber weicht davon merklich ab. Vor Gericht folgt sie konsequent ihrer Prozeßstrategie, die unweigerlich mit einer gewissen Täuschung aller Beteiligten einhergeht. Solchermaßen betrachtet, erscheint es nachgerade paradox, daß just die institutionelle Logik jener Einrichtung, die die strenge Verpflichtung auf die Wahrheit, wohlgemerkt auf die ganze Wahrheit und nichts als die Wahrheit, zu einem strafbewehrten Grundprinzip der Rede vor Gericht erhoben hat, eine geringere Bereitschaft zur Wahrheitsrede erzeugt als das außerinstitutionelle Gespräch. So partizipiert die Justiz an einem allgemeinen Grundsatz sprachlicher Kommunikation, dessen verschärfte institutionelle Indienstnahme ihm zugleich ein Stück weit im Wege steht. Hingen Verschärfung und Gefährdung möglicherweise miteinander zusammen? Bewirkte die Justiz am Ende eine der Eigenlogik dieser Institution als solcher geschuldete Entmoralisierung des allgemeinen Wahrheitsgebots, das gerade deshalb seine prozedurale Verschärfung erforderlich macht?

Wie gesehen, erweist sich – nach dem von Walter abgelehnten Vergleich – auch die Vernehmung Eves nicht als zielführend. Als sie bestreitet, daß es Ruprecht war, der den Krug zerschlug, tritt sie ebenso entschieden Adams neuerlichem Versuch, Lebrecht als den Schuldigen zu erkennen, entgegen. Mutter Marthe aber will nicht von ihrem Plan ablassen, Ruprecht zur Verantwortung zu ziehen, und so bringt sie eine neue Zeugin ins Spiel, Ruprechts Muhme Frau Brigitte, die ihn nur kurz vor dem Vorfall mit seiner Verlobten gesehen habe. Allen Versuchen Adams, ihre Vernehmung zu verhindern, zum Trotz,[110] wird sie schließlich vorgeladen.

Um sie herbeizuschaffen, bedarf es einer Sitzungsunterbrechung. Bezeichnenderweise ist es nun gerade diese Pause der Verhandlung, in der die maßgeblichen Weichen für den Ausgang des Verfahrens gestellt werden. Nicht das Verfahren selbst, sondern sein Umfeld – ein solcher Sachverhalt wird uns noch verschiedentlich beschäftigen – bestimmt über das Ergebnis des Prozesses. Die Pause ist für den Fortgang des Geschehens fast wichtiger als die Verhandlung selbst.

Die dafür wesentliche Ursache besteht in einer kleinen Schwäche des Gerichtsrates, der sich mehr als zugänglich für den Käse aus Limburg, vor allem aber den Niersteiner zeigt, den Adam ihm – augenscheinlich nicht ohne Hintergedanken – reichlich kredenzt.[111] Walter erkennt die Qualität des guten Weins und seine Herkunft übrigens ganz von selbst. Er scheint sich auszukennen mit derlei verlockenden Getränken. Sollte er sich deshalb anfangs zurückhaltend geben? Der Widerstand ist jedoch schnell überwunden, und der von Adam beabsichtigte Effekt tritt ein. Walter wird etwas den Überblick über den nun fortgesetzten Prozeß verlieren. Doch nicht dem Dorfrichter kommt die zeitweilige Desorientierung des Gerichtsrats zugute. Adams Rechnung geht nicht auf. Im Gegenteil. Denn nun schlägt die Stunde von Schreiber Licht.

Vermutlich unter dem Eindruck des reichlich genossenen Weines wird Walter ein wenig ausfällig gegenüber Frau Brigitte, als sie von ihrem Teufelsverdacht berichtet, und so übernimmt Licht *dessen* Aufgabe, indem er den aus der Rolle

---

[110] „A d a m . – Wird Ew. Gnaden diese Sache nicht / Ermüden? Sie zieht sich in die Länge. / Ew. Gnaden haben meine Kassen noch, / Und die Registratur – Was ist die Glocke?" (V. 1394-1397).

[111] „W a l t e r . Nicht allzurasch, ich bitt', Herr Richter Adam. / A d a m . Ei, was! Die Stunde rollt. Ein Gläschen hier. / *(er schenkt ein)*" (V.1501f.). „A d a m . Hier. W a l t e r . Laßt. A d a m . Gebt her. W a l t e r . S' ist halb noch voll. A d a m . Wills füllen" (V. 1527). „A d a m . – Hier. Was wir lieben, gnäd'ger Herr! Stoßt an! W a l t e r . – Was recht und gut und treu ist, Richter Adam! / *(sie trinken.)* A d a m . Nun denn, zum Schluß jetzt, wenns gefällig ist / *(er schenkt ein)*" (V. 1555-1557). Sollte in der zuletzt zitierten Replik Adams mehr als nur das Ende der Verköstigung bezeichnet sein? Sollte darin auch auf den Abschluß des Prozesses angespielt sein, den der Dorfrichter mit Hilfe des üppig genossenen Weines rascher herbeizuführen hofft? Der Gerichtsrat ist jedenfalls auf den Geschmack gekommen: „W a l t e r . – Schenkt ein, Herr Richter Adam, seid so gut. / A d a m . Zu eurem Dienst. Ihr macht mich glücklich. Hier. *(er schenkt ein)*" (V. 1595f.)

fallenden Amtsträger zur Ordnung ruft. Die Inversion der Machtverhältnisse in diesem Prozeß beginnt:[112]

> Walter *(ungeduldig).*
> Frau, ob's der Teufel war, will ich nicht untersuchen,
> Ihn aber, ihn denunciirt man nicht.
> Kann sie von einem andern melden, gut:
> Doch mit dem Sünder da verschont sie uns.
> Licht.
> Wollen Ew. Gnaden sie vollenden lassen.
> Walter.
> Blödsinnig Volk, das!
> (V. 1695-1700)

Licht ist es denn auch, der aus Frau Brigittes Aussage die richtigen Schlüsse zieht. Ergehen sich die anderen in Empörung darüber, daß die Spuren eines Pferdefußes im Schnee den Leibhaftigen als den Täter zu erkennen geben sollen,[113] weiß er Frau Brigitte in die richtige Richtung zu lenken und eine ziemlich irdische Lösung des aufgekommenen Rätsels herbeizuführen:

---

[112] Ungeachtet meiner anderweitig weitgehenden Zustimmung zu seiner grundlegenden Untersuchung, an dieser Stelle vermag ich Müller-Seidels Einschätzung des Handlungsverlaufs nicht zu folgen, wenn er zum *Zerbrochnen Krug* vermerkt: „Gänzlich vermißt man auch hier nicht die Rolle der ‚überlegenen Figur', die dem Gerichtsrat in der Abwicklung der ‚stationären Prozeßform' zukommt. Er ist überlegen allein kraft seines Amtes als Walter und Verwalter des höheren Gerichts. [...] Licht ist dabei allenfalls der interessierte Gehilfe" (Walter Müller Seidel, *Versehen und Erkennen. Eine Studie über Heinrich von Kleist*, Köln / Graz: Böhlau, 1961, S. 189f.). Bei dieser Deutung scheint mir übersehen, daß Walter sich ja selbst gleichsam aus dem Spiel nimmt und erst damit Licht Gelegenheit bietet, das Regiment zu übernehmen, was dieser auch bereitwilligst tut. Und wenn diese Inversion der Hierarchien auch und gerade den Gerichtsrat – und damit sozusagen die höchste Instanz – trifft, dann gehört diese – zum anderen ja gattungstypische – Verkehrung des Erwartbaren zu Kleists kritischem Blick auf die Institution der Justiz, deren Wirken stets von den Menschen, die ihre Belange ausführen, abhängig und darum labil bleibt. Und auch darin, wir werden noch ausgiebig darauf eingehen, in dieser Interferenz zwischen dem System der Justiz und seiner Umwelt ist eine der wesentlichen ‚Botschaften' von Kleists Lustspiel angelegt. Es wird der Scharfsicht von Kleists Blick auf die Institution deshalb nicht gerecht, wenn man seine Komödie als bloße Kritik an der Korruption der Justiz verstünde (siehe hierzu Anm. 129). Kleists analytischer Blick auf die Institution wird vielmehr ihre (im Übrigen unvermeidlichen) internen Widersprüche aufdecken.

[113] „Walter *(ärgerlich).* Geschwätz. Wahnsinniges, verdammenswürd'ges –! / Veit. Es ist nicht möglich, Frau!" (V.1720). Der am Prozeß Unbeteiligte ist bemerkenswerterweise weit besonnener als Walter. Die Wirkung des Niersteiners ist nicht zu verkennen.

> Licht.
> Ew. Gnaden werden
> Nicht die Synode brauchen, um zu urtheil'n.
> Vollendet – mit Erlaubniß! – den Bericht,
> Ihr Frau Brigitte, dort; so wird der Fall
> Aus der Verbindung, hoff' ich, klar constiren.
> Frau Brigitte.
> Hierauf: Herr Schreiber Licht, sag' ich, laßt uns
> Die Spur ein wenig doch verfolgen, sehn,
> Wohin der Teufel wohl entwischt mag sein.
> Gut, sagt er, Frau Brigitt', ein guter Einfall;
> Vielleicht sehn wir uns nicht weit um,
> Wenn wir zum Herrn Dorfrichter Adam gehn.
> (V. 1754-1764)

Schreiber Licht ist es, der das Heft in die Hand nimmt und den fraglichen Fall aufzuklären vermag. Wenn dem subalternen Gerichtsdiener gelingt, woran die dazu Berufenen scheitern, so erklärt sich sein Erfolg nicht allein aus einer für die Komödie typischen Gattungstradition. Sein Geschick bei der Lenkung des Prozesses verdankt sich vielmehr seiner Vertrautheit mit Richter Adam, den er aus diesem Grund von Anfang an verdächtigt.[114] Nicht die „Förmlichkeiten" der Prozeßführung, auf deren Einhaltung Gerichtsrat Walter so großen Wert legt, führen zum Ziel, sondern das Vorwissen dessen, der umständehalber in die Rolle des Verhandlungsführer gerät, garantieren die Aufklärung des zur Debatte stehenden Falls.

Gerichtsrat Walters Glaube an die Wirksamkeit der Zivilprozeßordnung selbst erfährt in Kleists Komödie eine empfindliche Relativierung. Erst deren Verbindung mit einem Wissen, über das ein dazu institutionell nicht vorgesehener Lenker

---

[114] Auffällig ist etwa seine bedeutungsschwangere Reaktion auf Adams Versuch, alles, was ihn beim Besuch des Gerichtsrates Unannehmlichkeiten bereiten könnte, herunterzuspielen: „„Adam. Und alles, was es gilt, / Ein Schwank ist's etwa, der zur Nacht geboren, / Des Tags vorwitz'gen Lichtstrahl scheut. / Licht. Ich weiß." (V. 153-56). Der Gerichtsschreiber gibt sich ominös wissend. Kaum erwähnt zu werden braucht, daß mit Adams Bezeichnung der von ihm vorsichtig angedeuteten Vorfälle der zurückliegenden Nacht als einem „Schwank" natürlich auf die Interferenz von Dichtung und Lebenswelt hingewiesen wird. Wenn die Gattung der Komödie seit alters her als *imitatio vitae, speculum consuetudinis* betrachtet wird, so muß auch umgekehrt gelten, daß das Leben selbst komödienreife Geschichten schreibt. (Diese kanonisch gewordene Definition der Komödie findet sich bei Aelius Donatus, *Excerpta de comoedia*, 5,1: „comoediam esse Cicero ait imitationem vitae, speculum consuetudinis, imaginem veritatis. [*Aeli Donati Commentum Terenti*, hg. von Paul Wessner, Band 1, Stuttgart 1902, S. 22]). („Daß die Komödie eine Nachahmung des Lebens sei, sagt Cicero, ein Spiegel der Gepflogenheiten, ein Bild der Wahrheit." Übersetzung A. K.) Als ein Anknüpfungspunkt für diese Komödienkonzeption bei Cicero selbst gilt etwa dessen Rede *Pro Sexto Roscio*, 46f.

der Verhandlung verfügt (der es zu alledem noch zum eigenen Vorteil einsetzt), bringt das – auch nur von manchen Beteiligten – erwünschte Ergebnis.[115]

Zu denen, die den Ausgang des Prozesses nicht begrüßen, zählt zweifellos Gerichtsrat Walter, der die Institution der Justiz beschädigt sieht. Und so scheint sogar ein leiser Zweifel angebracht, ob er wirklich an die *Wirksamkeit* der „Förmlichkeiten" glaubt, deren Einhaltung er im Prozeß einklagt, ja, ob ihr Effekt eigentlich sein Interesse an ihnen bestimmt. Dem Repräsentanten der Institution scheint es vielmehr um diese selbst zu gehen, und deshalb sind deren Regeln um ihrer selbst willen zu respektieren.

An keiner anderen Stelle tritt diese Selbstbezüglichkeit der Justiz so deutlich hervor wie am Schluß des *Zerbrochnen Krugs*. Als sich abzeichnet, daß niemand anderes als der Dorfrichter höchstpersönlich der gesuchte Schuldige ist, hat der Gerichtsrat nichts anderes als die Wahrung der Würde der Justiz im Sinn. Und für ihren Schutz ist er zu einem hohen Preis bereit:

Walter.
Nichtswürd'ger! Werth, vor allem Volk ihn schmachvoll
Vom Tribunal zu jagen! Was euch schützt,
Ist einzig nur die Ehre des Gerichts.
Schließt eure Session!
(V. 1839-1842)

Für diesen Schutz nimmt er sogar ein zweifelsfrei erkanntes Fehlurteil in Kauf:

Adam.
Ja, wenn Ew. Gnaden
Erlauben, fäll ich jetzo die Sentenz.
Gut. Thut das. Fällt sie.
Adam.
Die Sache jetzt constirt
Und Ruprecht dort, der Racker, ist der Thäter.
Walter.
Auch gut das. Weiter.
Adam.
Den Hals erkenn ich
Ins Eisen ihm, und weil er ungebührlich
Sich gegen seinen Richter hat betragen,
Schmeiß ich ihn ins vergitterte Gefängniß.
Wie lange, werd ich noch bestimmen.

---

[115] Wirklich zufrieden können nur Eve und Ruprecht sein, deren Vermählung nichts mehr im Weg steht. Selbst Licht kann sich seines Erfolgs durchaus (noch) nicht gewiß sein. Denn Adam ist zunächst nur suspendiert. Und es besteht durchaus die Möglichkeit, daß er sein Amt nicht wird aufgeben müssen, wie nun zu erörtern ist.

> Eve.
> Den Ruprecht –?
> Ruprecht.
> In's Gefängniß mich?
> Eve.
> In's Eisen?
> Walter.
> Spart eure Sorgen Kinder, – Seid ihr fertig?
> Adam.
> Den Krug meinthalb mag er ersetzen, oder nicht.
> Walter.
> Gut denn. Geschlossen ist die Session.
> Und Ruprecht appellirt an die Instanz zu Utrecht.
> (V. 1873-1885)

Zur Revision offensichtlicher, ja bewußt herbeigeführter Fehlentscheidungen ist die Existenz einer Appellationsinstanz kaum gedacht; und so läßt sich die Würde der Justiz nur um den Preis des Versuchs ihrer eigenen Pervertierung retten.

Daß dieses Bemühen um den Ruf der Justiz weiter reicht als bis zu einer momentanen Wahrung des Scheins, ergibt sich daraus, daß eine Absetzung Adams alles andere als gewiß ist. Als der Dorfrichter türmt, nachdem seine Schuld offenkundig geworden ist, macht Walter sich ernsthafte Sorgen um dessen Verbleib:

> Walter.
> Geschwind, Herr Schreiber, fort! Holt ihn zurück!
> Daß er nicht Übel rettend ärger mache.
> Von seinem Amt zwar ist er suspendirt,
> Und euch bestell' ich, bis auf weitere
> Verfügung, hier im Ort es zu verwalten;
> Doch sind die Cassen richtig, wie ich hoffe,
> Zur Desertion ihn zwingen will ich nicht.
> (V. 1960-1966)

So hat Adam gute Aussichten, im Amt verbleiben zu dürfen; denn die „Cassen" scheinen – anders als bei seinem zuvor vom Gerichtsrat im Nachbardorf[116] inspi-

---

[116] „Licht. Nun, ich versichr' euch, der Gerichtsrath Walter / Erschien in Holla unvermuthet gestern, / Vis'tirte Kassen und Registraturen, / Und suspendirte Richter dort und Schreiber, / Warum? ich weiß nicht, *ab officio*. / ADAM. Den Teufel auch? Hat das der Bauer gesagt? / Licht. Dies und noch mehr – Adam. So? Licht Wenn ihr's wissen wollt./ Denn in der Frühe heut sucht man den Richter, / Dem man in seinem Haus' Arrest gegeben, / Und findet hinten in der Scheuer ihn / Am Sparren hoch des Daches aufgehangen" (V. 101-111). Doch findet man ihn noch rechtzeitig und vermag ihn ins Leben zurückzuholen (V. 112-114). Ähnlichkeit und Unterschiede mit Adams Situation nehmen sich wie eine Variation über das gleiche Thema aus: In Holla sind Richter *und* Schreiber betroffen. Auch das Vergehen ist in Holla ein anderes als in

zierten Kollegen – in Ordnung zu sein. Im *Zerbrochnen Krug* lassen sich einige Hinweise finden, die auf einen solchen Ausgang deuten. So hatte Adam selbst Walter zum Abbruch der Verhandlung drängen wollen, auf daß noch hinreichend Zeit für die Überprüfung der Kassen bleibe.[117] Vieles spricht dafür, daß an Adams Verwaltung des Geldes der Justiz nichts auszusetzen ist.

Man mag das auch für den Dorfrichter am Ende des Stücks sich abzeichnende (halbwegs) glückliche Ende[118] seinerseits den Konventionen des Lustspiels zuordnen, das nun einmal für die großen Katastrophen nicht gemacht ist und selbst gegenüber Übeltätern eine gewisse Milde an den Tag legt.[119] (Die Katastrophen ereignen sich in *dieser* Komödie allerdings beinahe doch, und zwar im Nachbarort – aber eben *dort*, und auch nur *fast*).[120] Auch kennt die Komödie der Neuzeit

---

Huisum und der Fall geht – beinahe – tödlich aus. Doch hier wie dort speist sich das Laster noch immer aus dem alten Katalog der Todsünden: In Holla ist es der Geiz, die *avaritia*, in Huisum, die Wollust, die *luxuria*, von denen alle Unordnung ausgeht. Allen Unterschieden zum Trotz ist aber nicht zuletzt die Vergleichbarkeit der Vorfälle wie ihre Wiederholung in unmittelbarer Nachbarschaft von Belang. (Die Ortsnamen fangen vermutlich nicht zufällig mit demselben Buchstaben an.) Hätten wir es mit dem ‚Normalfall' moralischer Korruption zu tun, der sich einzig durch das Ausmaß wie die Merkmale der Vergehen unterscheidet? Besäße der Mythos des „alten Adam" auch jenseits seiner Begründung durch das Dogma insofern nach wie vor seine Geltung aufgrund von empirischer Plausibilität?

[117] Siehe oben, S. 116f.

[118] „Das Gaukelspiel, das der Richter Adam auf Biegen und Brechen wagt, glückt fast, und es mißglückt nur halb" (Wolfgang Wittkowski, „*Der zerbrochne Krug*. Gaukelspiel der Autorität oder Kleists Kunst, Autoritätskritik durch Komödie zu verschleiern", in: *Sprachkunst* 12 (1981), S. 110-130, hier S. 130).

[119] Zu den Umständen dieses Endes zählt es, daß auch hier ein Handlungselement von Sophokles' *König Ödipus* einer Komödie angepaßt wird. In Anbetracht des Elends, das Ödipus als Schuldiger unvordenklicher Verbrechen zu gewärtigen hat, bittet er, aus dem Land verwiesen zu werden (*König Ödipus*, V. 1516). Adam hingegen flieht selbst aus Huisum, um der gefürchteten Verhaftung zu entkommen. Gerichtsrat Walter aber weist Schreiber Licht an, ihn zurückzuholen, damit nicht Schlimmeres geschehe. Die Ereignisse in Holla, wo der ebenfalls des Amtsmißbrauchs überführte Richter aufgefunden wurde, wie er sich erhängen wollte, scheinen ihn besorgt zu machen, daß sich Ähnliches wiederhole. (Übrigens steckt auch in dem unglücklichen Schicksal *dieses* Richters eine motivische Reminiszenz an Sophokles' Tragödie, an deren Ende sich Iokaste mit dem Strick das Leben nimmt – und manche meinen, Ödipus hätte besser selbiges getan, statt sich – nur – zu blenden. In der Komödie bleibt es bei einem Selbstmordversuch.)

[120] Diese Konstellation *innerhalb* der Handlung dieser Komödie macht dadurch auch darauf aufmerksam, daß sie – gattungspoetisch betrachtet – durchaus im Horizont einer Tragödie spielt, wie es die intertextuelle Relation von Kleists *Zerbrochnem Krug* zu Sophokles' *Ödipus* ohnehin nahelegt. (Zur Beziehung von Komödie und Tragödie im Hinblick auf den *Zerbrochnen Krug* unter gattungssystematischen Aspekten siehe unten Kapitel 6.) Mit dem Vorfall in Holla aber hat es noch etwas weiteres auf sich. Denn er läßt sich durchaus als ein Menetekel, als eine Vorausdeutung auf das, was Adam

durchaus den Fall, daß ein bestimmter Charaktertypus am Ende der Handlung von seinem Laster nicht geheilt, aber immerhin unschädlich gemacht wird, auf daß er hinfort die wiederhergestellte soziale Ordnung nicht mehr stören könne.[121] Doch im Blick auf den gefallenen Adam des *Zerbrochnen Krugs* gibt es keinerlei Hinweise darauf, daß eine Wiedereinsetzung seiner Person in seine bisherigen Geschäfte irgendeine Garantie für eine Veränderung seines Verhaltens böte, so daß das Amt ihm noch immer manche Möglichkeit für dessen Mißbrauch eröffnete. Und die schlichte Verlängerung des ziemlich mißlichen *status quo* ist kaum mit den Konventionen der Komödie vereinbar, die gemeinhin am Ende der Handlung die Wiederherstellung der – nur zeitweilig gestörten – Ordnung kennt.[122]

---

blüht, verstehen. Um so auffälliger, daß sich ein zweites Missgeschick, das diesmal Gerichtsrat Walter selbst auf dem Weg nach Huisum widerfährt, als gänzlich folgenlos erweist. Bei der Fahrt dorthin nämlich fällt sein Wagen um: „L i c h t . Ei, du mein Himmel! Umgeworfen, sagt ihr? / Doch keinen Schaden weiter – ? D e r B e d i e n t e . Nichts von Bedeutung. / Der Herr verstauchte sich die Hand ein wenig. / Die Deichsel brach" (V. 205-208). Das Stichwort zur angemessenen Bewertung des Vorfalls für die Logik der Handlung in diesen Versen bietet die latente doppelte Lesbarkeit des Begriffs ‚Bedeutung'. Im Sinne der Rede des Bedienten will er nichts anderes besagen, als daß Gerichtsrat Walter sich eine nur harmlose Verletzung zugezogen hat. Im Hinblick auf den Ablauf der gesamten Geschehnisse dieser Komödie aber läßt sich derselbe Begriff auch so verstehen, daß dem Unfall keine über ihn selbst hinausweisende, etwa auf anderes Ungemach vorausweisende Bedeutung besitzt. Und eben dies unterscheidet ihn vom traurigen Ende des Richters zu Holla, das in der Tat einem vergleichbaren, wenn auch etwas weniger gravierenden Schicksal von Dorfrichter Adam präludiert. Das Bedeutungsvolle und das Folgenlose stehen also unmittelbar nebeneinander. Die Bedeutung von Ereignissen aber erweist sich damit nicht allein als kontingent. Sie tritt im Vergleich der beiden Vorfälle ebenso als ein Ergebnis postumer Deutung in Erscheinung. Denn der Bediente selbst kann den Doppelsinn des von ihm benutzten Wortes gar nicht absehen. Erst eine zurückblickende Interpretation des Laufs der Dinge aus der Kenntnis der gesamten späteren Entwicklung der Geschehnisse heraus *schafft* Signifikanz. Die betreffende Bedeutung, so geht daraus hervor, ist keine Eigenschaft der Ereignisse selbst, sondern sie kommt eben durch Deutung, d. h. vermittels einer Korrelation verschiedener Kontexte (um nicht zu sagen: verschiedener Geschichten) zustande.

[121] Zu denken ist etwa an den Fall von Molières *L'Avare*, in welchem Stück der titelgebende Geizkragen am Schluß – anders als im antiken Vorbild dieser Komödie, in Plautus' *Topfkomödie* (lat. *Aulularia*) – seinem Laster verhaftet bleibt, auch wenn dafür gesorgt ist, daß er in Zukunft keinen Schaden mehr wird anrichten können. Siehe hierzu Hans Robert Jauß, „Molière, L'Avare", in: *Das französische Theater vom Barock bis zur Gegenwart*, hg. von Jürgen von Stackelberg, Band 1, Düsseldorf 1968, S. 290-310). Jauß führt Molières Abweichung von der Gattungskonvention überzeugend auf den Einfluß der jansenistischen Psychologie auf die Charaktergestaltung des Geizigen zurück. (Auch Plautus' *Topfkomödie* bietet im Übrigen ein prominentes Beispiel für eine Komödie, in der das „dumme Ding" Karriere macht.)

[122] Nun gibt es freilich auch in der Tradition der Gattung der Komödie berühmte Beispiele, in denen gegen dieses Prinzip verstoßen wird. Die prominentesten stammen vielleicht

Die Milde (um nicht zu sagen: Konzessionsbereitschaft) der Institution zur Wahrung ihrer eigenen ‚Würde' ist nicht zuletzt deshalb signifikant, weil sie eine bemerkenswerte Gemeinsamkeit zwischen Personen und Institutionen zu erkennen gibt. Aber läßt sich eine solche Trennung zwischen ihnen überhaupt vornehmen – resp. durchhalten?

Mit Ausnahme von Eve (sehen wir für den Augenblick von der leisen Einschränkung, die wir auch im Blick auf ihre Person gemacht haben,[123] ab) kommt keiner der Akteure des Geschehens im *Zerbrochnen Krug* ungeschoren davon. Sie alle weisen moralische Defizite auf und verfolgen – auch wenn sie sich dabei zweifellos durch den Grad der Bedenklichkeit ihres Verhaltens unterscheiden – ihre eigene Agenda. Und selbst die fraglos tugendreine Eve fällt eben durch eine

---

aus der Zeit der italienischen Renaissance, also kaum zufällig aus einer Zeit, in der sich die Gattung durch die Rezeption ihrer antiken Modelle erst wieder formiert und dabei eine Symbiose mit nachantiken heimischen Gattungen eingeht, etwa den sog. *fabliaux*, die auch in die italienische Novellistik, allen voran in Boccacios *Decameron* Eingang gefunden haben. Das Sujet dieser Kurzerzählungen beruht im Wesentlichen darauf, daß eine hübsche junge Frau mit einem gleichaltrigen Liebhaber ihrem vertrottelten alten Ehemann gehörig die Hörner aufsetzt. Kein Geringerer als Machiavelli hat in seiner Komödie *La mandragola* eine solche Geschichte auf die Bühne gebracht, in der der Ehebruch am Ende der Handlung nicht etwa ein Ende findet, sondern im Gegenteil der gehörnte Ehemann dazu gebracht wird, daraus einen Dauerzustand zu machen. Gleichwohl gibt es in diesem Fall einen erheblichen Unterschied gegenüber jener Konstellation, die sich am Ende von Kleists *Zerbrochnem Krug* abzuzeichnen scheint. Denn die Situation, die der Schluß der *Mandragola* auf Dauer stellt, verdient das Prädikat ‚komisch', läßt sich der Transgression der moralischen Ordnung doch unter diesen Umständen etwas Positives abgewinnen: Sie findet im Namen des Lebens statt. Es ist gleichsam der Anspruch des Bios, der sich in diesem Arrangement der Handlung gegen eine moralische Restriktion zur Wehr setzt, die ihn um *sein* Recht bringen möchte. Poetologisch gesprochen, setzt sich die Komik gegen die Konventionen der Komödienhandlung durch (zu dieser Unterscheidung siehe den in Anm. 65 zitierten Artikel von Rainer Warning). Genau hierin liegt der Unterschied gegenüber der Konstellation, die am Ende von Kleists *Zerbrochnem Krug* entsteht (resp. aller Wahrscheinlichkeit nach entstehen könnte). Sollte Dorfrichter Adam nämlich sein übles Treiben fortsetzen können, gibt es nichts, was es erlaubte, seinem Handeln einen positiven Gesichtspunkt abzugewinnen und mithin ‚komisch' zu nennen. Dies zeigt sich nicht zuletzt daran, daß *seine* Übertretung des moralischen Gesetzes auch strafrechtlich relevant ist. Eine solcher Zustand läßt sich kaum in die Konventionen der Gattung ‚Komödie' zurückholen. (Wir stoßen an dieser Stelle auf eine Transformation der semantischen Koordinaten der Komödie, der wir in Kapitel 6 dieses Buches des Näheren nachgehen werden. Es handelt sich um die Kombination des Moralgesetzes mit Rechtsfragen, die eine größere Komplexität der handlungsleitenden Instanzen mit sich bringt und auch für die überkommenen Konventionen der Gattung nicht ohne Konsequenzen bleibt. Kaum zufällig wird es der Jurist Kleist sein, der die Relation von Moral und Recht für literarische Handlungsabläufe hellsichtig erkannt hat.)

[123] Siehe Anm. 100.

gewisse Rigorosität ihres moralischen Anspruchs auf, zu dem sie sich nicht ohne Grund berechtigt fühlen mag und der dennoch andere zu überfordern geeignet ist. Verlangt auch sie im Bewußtsein ihrer moralischen Integrität nicht ein wenig zu viel für die eigene Person, wenn sie von Ruprecht erwartet, er hätte sich – wiewohl in Unkenntnis der wahren Begebenheiten – als der Schuldige bekennen sollen? Denn zu allem Unglück weiß er nicht nur nicht, was sich wirklich zugetragen hat. Es sieht sich sogar beschuldigt, es gewesen zu sein, ohne irgendeinen Anteil an dem zur Debatte stehenden Geschehen zu haben. Psychologisch gesehen, mag sich Eve dazu berechtigt fühlen, sagt sie doch sogar die Unwahrheit, um *sein* Leben zu retten. Doch wie soll der von ihr – aus seiner Sicht – Verleumdete dies ahnen?

Der in eigener Sache verhandelnde Dorfrichter Adam, zweifellos der Hauptschuldige im Quiproquo dieser Komödie, ist (auch das eine Figur aus dem klassischen Personal der Komödie) ein *senex amans* – ein verliebter Alter, der, unpassend für seine Jahre, seinen Sexualtrieb nicht unter Kontrolle zu bringen vermag. Und zum Schutz seiner eigenen Person ist er nur allzu bereit, seine Amtsautorität skrupellos zu mißbrauchen (wenn er sie auch nicht zur eigenen Bereicherung, wie sein Kollege im Nachbarort, einsetzt, welches Vergehen ihm ohne jegliche Hoffnung auf Verschonung den – juristischen – Kopf kosten würde). Die verschiedenen Facetten seines Fehlverhaltens geben zu erkennen, daß er im Rollenschema einer überkommenen Komödienfigur nicht aufgeht.

Marthe Rull hat allen Anlaß, einen Prozeß anzustrengen, schließlich ist ihr ein Schaden entstanden, den es zu reparieren gilt. Die Schwierigkeiten, die dabei auftreten, entstehen nur dadurch, daß sie die eigentliche, die von ihr befürchtete immaterielle Beschädigung, nämlich den – potentiellen – Verlust der Familienehre nicht beim Namen nennen kann. Denn wie sollte sie diesen – möglichen – Schaden ausdrücklich geltend machen, ohne die öffentlichen Mutmaßungen über Eves Sexualverhalten zu verstärken, zumal deren Jungfräulichkeit allem Anschein nach unversehrt geblieben zu sein scheint? So sinnt sie nicht ohne Geschick auf einen juristischen Umweg, um zu ihrem Ziel zu kommen, und erklärt einen Kollateralschaden, eben den zerbrochnen Krug, zum eigentlichen Klagegrund.

Daß etwas Nebensächliches zum zentralen Gegenstand der Handlung aufsteigt, entspricht, wie erörtert, durchaus den Konventionen der Gattung ‚Komödie'. Nur verdient der Begriff des ‚Nebensächlichen' eine solche Bezeichnung im Fall von Kleists Lustspiel nicht allein deshalb, weil es sich um ein ‚dummes Ding', um ein materielles Objekt des alltäglichen Lebens handelt, das unverhofft eine unerwartete Bedeutsamkeit gewinnt. ‚Nebensächlich' (im nachgerade wörtlichen Sinn dieses Begriffs) ist der beschädigte Krug ebenso, weil er als Klagegrund für etwas herhalten muß, das nur im Zusammenhang mit seiner Beschädigung steht, als solches aber nicht ausdrücklich namhaft gemacht werden kann. Und an genau dieser Stelle überschreitet die Karriere des an sich – aller von Marthe Rull inszenierten Wertschätzung dieses Gefäßes zum Trotz – nach wie vor nicht sonderlich belangvollen Krugs die Üblichkeiten des Genres. Sein Aufstieg zu einem zentralen Objekt des Geschehens ist nämlich nicht mehr eine Erscheinungsform der „verkehrten Welt", die die Komödie in gewohnter Manier spielerisch auf die Bühne bringt. Vielmehr ist die Welt *selbst* tatsächlich verkehrt, und darum bedarf es in dieser Welt ‚krummer' Wege, damit man zu seinem Recht kommt.

Hier liegt der Ansatz dafür, daß der zerbrochene Krug dieses Lustspiels zudem jene zeichenhafte Erweiterung des traditionellen „dummen Dings" in der Komödie erfährt, die er für das Weltgeschehen schlechthin gewinnen kann und die durch das in ihm steckende Bibelzitat schon mit dem Titel von Kleists Komödie evoziert wird. Der Krug als solcher gerät im Geschehen von Kleists Komödie auf diese Weise zu einem Symbol mit negativen Vorzeichen: Er steht für das Unrecht der Welt, das dazu nötigt, ihn zum uneigentlichen Klagegrund zu machen, während sein Bruch gerade zum Zeichen für die sich schließlich durchsetzende Wahrheit aufsteigt. Was sich im Handlungsverlauf der Komödie als eine Beschädigung darstellt, wird in symbolischer Hinsicht zu einer Versinnbildlichung des schließlich zum Durchbruch kommenden Rechts. Im zerbrochnen Krug verdichten sich letztlich widerstreitende Eigenschaften der Welt, in der die Handlung dieser Komödie spielt. Sie nötigt dazu, der Wahrheit nur auf Umwegen Geltung zu verschaffen. Aber sie ist auch nicht schlechthin dem Unrecht verfallen. Noch immer besteht die Möglichkeit, daß sie sich durchsetzt und ein Zustand des Rechts geschaffen werden kann. Nur wird diese Aussicht ihrerseits kontingent.

Daß Marthe Rull sich mithin zu einem Vorgehen wie dem von ihr vor Gericht gewählten gezwungen sieht, nötigt sie unvermeidlich zu einer gewissen Täuschung der Justiz, und dazu mag sie durch die skizzierten Umstände durchaus eine gewisse Berechtigung besitzen. Problematisch wird ihr Vorgehen hingegen, weil sie den mißlichen Vorfall zugleich in eine Gelegenheit zu verwandeln trachtet, um ein seit längerem verfolgtes Ziel von ganz anderer Art zu erreichen, nutzt sie die fraglichen nächtlichen Ereignisse in Eves Kammer doch dazu, ihre Tochter und deren Verlobten auseinanderzubringen. Signifikanterweise ist die Motivation, die sie dazu antreibt, nicht weit entfernt von derjenigen, die sie – aus gutem Grund – zu ihrem Procedere bei Gericht zur Rettung der Ehre Eves bewegt. Hier wie dort geht es ihr nämlich um die Sicherung von gesellschaftlicher Reputation, wobei sie beide Male nicht allein das Wohl ihrer Tochter, sondern das der ganzen Familie – und darum nicht zuletzt ihr eigenes – im Blick zu haben scheint. Doch so legitim die Verteidigung Eves vor dem völlig unbegründeten Verdacht eines liederlichen Lebenswandels ist, Marthes Spekulation auf eine Trennung der beiden Liebenden, um eine aus Sicht der Mutter ‚standesgemäßere' Heirat ihrer Tochter zu erwirken, verspielt ein Stück weit die Legitimität ihrer anderweitig berechtigten Vorgehensweise – und dies um so mehr, als sie in der Wahl ihrer Mittel nicht gerade zimperlich verfährt und keineswegs davor zurückschreckt, auch einen Unschuldigen einer unverdienten Strafe zuzuführen, sofern es nur ihrem Vorhaben dienlich ist.

Was ihr Interesse an einer ‚besseren Partie' für ihre Tochter angeht, so ist im Übrigen zu bedenken, daß sich die Familie des Verlobten jedenfalls in moralischer Hinsicht innerhalb der Handlung der Komödie ausgesprochen akzeptabel verhält. Gewiß ist einzuräumen, daß auf Ruprecht, wie schon gesehen und noch weiterhin zu erörtern sein wird – und dies obwohl er selbstredend ein Opfer von Adams üblen Machenschaften ist –, der leise Schatten eines unlauteren Verhaltens fällt. Schließlich versucht auch er, die Gunst der anderweitig gar nicht so günstigen Stunde zu nutzen, um einen – vermuteten – Konkurrenten um Eves Zuneigung ein für alle Mal loszuwerden. Doch ist kaum zu übersehen, daß in diesem Punkt seine Aktion dem Manöver Marthe Rulls, die nebenbei die Verlobung ihrer Tochter hintertreiben möchte, bemerkenswert ähnelt. So hat sie im Grunde keinen Anlaß oder gar die Berechtigung, sich über die Familie des Verlobten erhaben zu dünken, welchen Dünkel sie sich aufgrund der Position ihres verstorbenen Ehemanns gleichwohl leisten zu können glaubt. Und was Vater Veit betrifft, so verhält er sich in hohem Maß korrekt, bietet er Frau Marthe doch anstandslos eine Entschädigung für den Fall an, daß sich sein Sohn tatsächlich als der Verursacher des zerbrochenen Krugs herausstellen sollte.

Von Ehrgeiz getrieben ist Schreiber Licht. Auch ihm geht es letztlich um die in verschiedenen Varianten in der Handlung dieses Stücks in Erscheinung tretende und das Verhalten der Akteure weithin bestimmende Ehre. Auch ihm ist es um das Sozialprestige zu tun, das eine Tätigkeit wie das Richteramt ihm eintragen würde. An seiner Person aber tritt wie vielleicht anhand keiner zweiten Figur dieser Komödie die abgründige moralische Ambivalenz menschlichen Handelns hervor, die aus dem schmalen Grat zwischen Recht und Unrecht, präziser noch aus der Komplexität von unentwirrbar ineinander verschlungenen Handlungssträngen hervorgeht. Denn es ergibt sich die kuriose, ja ein wenig beunruhigende Konsequenz, daß nicht ganz lautere Motive ein höchst willkommenes Ergebnis herbeiführen, ja daß erst sie dem Recht schließlich zum Durchbruch zu verhelfen vermögen.

Schließlich ist es der vorrangig ans eigene Fortkommen denkende Licht, dem vor allem die finale Aufklärung des – augenscheinlich keineswegs erstmaligen – skandalösen Fehlverhaltens von Dorfrichter Adam zu danken ist. Seine Hellsichtigkeit, der sich dieses Ergebnis des Prozesses verdankt, aber rührt nicht zuletzt aus einer sehr genauen – weil interessierten – Beobachtung seines Vorgesetzten her, weiß er doch nur allzu gut um dessen Unzulänglichkeiten, die für ihn einen Schlüssel zu seinem eigenen – raschen – Aufstieg bedeuten können.[124]

---

[124] Ein nicht unwesentlicher Faktor zur Bewertung von Lichts Verhalten besteht in der Frage, inwieweit er die Solidarität mit dem Dorfrichter einhält, die Adam von ihm erbittet und die zu wahren er zuzusagen scheint. Ausdrücklich allerdings verspricht er solches gar nicht, vielmehr erweckt er nur den Eindruck, als werde es so sein, indem er jeden Verdacht, er spekuliere auf Adams Richteramt, weit von sich weist (siehe seine entsprechenden Äußerungen oben Anm. 97). Ein ausdrückliches Bekenntnis zur „Freundschaft", die Adam von ihm erbittet (V. 128) bleibt insofern aus. Als Adam dem Treffen mit dem Gerichtsrat ausweichen und sich krankheitshalber entschuldigen möchte, rät Licht davon entschieden ab: „L i c h t. Seid ihr bei Sinnen? – / Der Herr Gerichtsrath wär sehr angenehm" (V. 187f.). Das mag durchaus ein wohlgemeinter Rat sein, wollte er Adam damit vor einer unbedachten Reaktion bewahren, die dessen Fernbleiben darstellte. Gewißheit für Lichts ganz uneigennützige Absichten bei dieser Empfehlung gibt es freilich nicht, zumal gänzlich ungewiß

Die im Grunde irritierende Frage, die über der Handlung von Kleists *Zerbrochnem Krug* steht (und die sich im Blick auf dieses Stück letztlich nicht beantworten läßt), lautet deshalb, ob man Dorfrichter Adam auch ohne Lichts aus Spekulation auf den eigenen Vorteil geborene Scharfsichtigkeit und ohne seine heimliche Übernahme der Prozeßführung hätte überführen können. Fest steht nur dies: So wie sich der Ablauf der Geschehnisse in dem vorliegenden Stück entfaltet, *ist* es tatsächlich niemand anderes als der Gerichtsschreiber, der – durch persönliche Interessen aufmerksam und durch langjährige Erfahrung kundig geworden – den verworrenen Fall hat aufklären können. Und so ist eben nicht von der Hand zu weisen, daß erst das Versagen anderer, im Besonderen der zeitweilige Ausfall von Gerichtsrat Walter es Licht erlaubt, die Dinge in die Hand zu nehmen und maßgeblich zur finalen Enttarnung des liederlichen Dorfrichters beizutragen.

Walter spielt mithin seinerseits eine höchst ambivalente Rolle in dieser Komödie, und dies gleich in mehrfacher Hinsicht. Zweifellos ist es seiner Anwesenheit zu danken, daß der Prozeß von Anfang an einen zumindest halbwegs akzeptablen Verlauf nimmt und den Regeln einer korrekten Prozeßführung nicht völlig entfremdet wird. Ohne sein Zutun und die Wirkung seiner Autorität hätte Dorfrichter Adam mutmaßlich weithin frei schalten und walten können, um ohne viel Federlesen seine betrügerischen Absichten zum Schaden der Betroffenen durchzusetzen. Walter repräsentiert die Institution der Justiz als solche, aber um so bemerkenswerter ist es, daß auch er nicht ohne Mängel erscheint. Gerade *weil* er für die Institution als solche steht, tritt an seiner Person eine Kernbotschaft von Kleists

---

bleibt, woher er sein vorgebliches Wissen über Walters angenehme Umgangsart beziehen will. Im „Elften Auftritt" aber tritt ganz zweifelsfrei sein Doppelspiel zutage: „W a l t e r. Wenn Ew. Gnaden gütigst / Die Frau, durch den Herrn Richter fragen wollen, / So wird, wem die Perücke angehört, / Sich, und das Weitere, zweifl' ich nicht, ergeben" (V. 1619-1622). Lange hat Licht gewartet, um im rechten Augenblick sein aus begründetem Verdacht genährtes Wissen auszuspielen: „L i c h t. Bitte ganz submiß / Die Frau in dem Berichte nicht zu stören, / Daß es der Teufel war, behaupt' ich nicht; / Jedoch mit Pferdefuß, und kahler Glatze / Und hinten Dampf, wenn ich nicht sehr mich irre, / Hat's völlig seine Richtigkeit! – Fahrt fort!" (V. 1703-1708). Nachgerade brennpunktartig kommt in der Korrespondenz zwischen Anfang und Ende dieser Replik der Rollenwechsel vom subalternen Gehilfen zum Herrn des Verfahrens zum Ausdruck. „Submiß", scheinbar ergeben, wendet er sich zunächst an den Gerichtsrat, um mit der finalen Aufforderung an Frau Brigitte allerdings kurzerhand selbst dessen Aufgaben zu übernehmen: „Fahrt fort!". Rückblickend geraten deshalb auch Lichts zu Beginn des Prozesses als Aufmunterung gemeinte und an Adam gerichtete Worte ins Zwielicht: „L i c h t. Gebt ihr nur vorschriftsmäßig, / Wenn der Gerichtsrath gegenwärtig ist, / Recht den Partheien auf dem Richterstuhle" (V. 280-282). Verbärge sich in diesem Rat nur die versteckte Ermahnung Adams, unter dem wachsamen Auge des staatlichen Aufsehers nicht gleichermaßen ‚unkonventionell' bei der Verhandlung zu verfahren, wie es ansonsten die Gewohnheit des Dorfrichters wäre? Oder setzte der durchtriebene Schreiber darauf, daß in einem ordnungsgemäßen Verfahren ans Licht kommen müsse, was er selbst längst ahnt, auf daß Adam sich selbst enttarne?

Komödie hervor, die eine fundamentale Dialektik institutionellen Wirkens kenntlich zu machen versucht.

Die Labilität institutionellen Handelns im Rahmen der Justiz erwächst daraus, daß es selbst nicht unabhängig von den Gegebenheiten des außerinstitutionellen Handelns ist, die die Justiz zum anderen gerade zu regulieren hat. Dies ist der innere Widerspruch, der das Gerichtswesen in Kleists *Zerbrochnem Krug* durchzieht.[125]

Wenn auch Gerichtsrat Walter ein rundherum positiver Beitrag zum finalen Ergebnis des Prozesses nicht bescheinigt werden kann, dann hat dieser Sachverhalt vor allem zwei Ursachen. Zum einen fällt auch er einer – kleinen, für den Fortgang der Dinge indessen alles andere als nebensächlichen – Schwäche anheim. Er erweist sich als allzu empfänglich für Adams Angebot eines nicht eben minderwertigen Weines, dem er reichlich, ja allzu reichlich zuspricht, um schließlich sogar den Dorfrichter zu ermuntern, in die bereits mehrfach gefüllten Gläser noch einmal von dem Niersteiner einzuschenken. Auch hier gilt indessen, was *mutatis mutandis* für Gerichtsschreiber Licht festzustellen ist: Im Hinblick auf die Logik der Handlung des Stücks betrachtet, ist es gerade dieses moralisch nicht ganz einwandfreie Element seines Verhaltens, das einen nicht unwesentlichen Beitrag zur Aufklärung von Adams Fehlverhalten leistet. Erst Walters partieller Verlust der Kontrolle über die Dinge aufgrund seines unmäßigen Weingenusses ermöglicht es Schreiber Licht, die Rolle des Gerichtsrats zu übernehmen und seinem von Anfang an gehegten Verdacht zum Durchbruch zu verhelfen.

Ambivalent fällt die Bewertung Walters aber nicht zuletzt deshalb aus, weil auch er – und dies rückt sein Verhalten (wiewohl aus ganz anderen Motiven) in eine nicht unbedenkliche Nähe zu Adams Agieren – am Ende zu einer ziemlich unverfrorenen Rechtsbeugung bereit ist. Als die Schuld des Dorfrichters manifest wird, fordert er Adam nachhaltig auf, ein Urteil zu fällen, von dem er sehr genau weiß, daß es sich um ein Fehlurteil handelt. Daß er diese durch den Verlauf des Prozesses um jede Grundlage gebrachte Verurteilung Ruprechts mit einem Verweis auf die nächste Instanz abzumildern versucht, ändert nichts an dem Tatbestand, daß hier fürs erste ein manifester Fall von Rechtsbeugung vorliegt, zu *dessen* Bereinigung die Existenz eines Appellationshofs kaum gedacht ist[126] (zumal man nach den Erfahrungen *dieses* Prozesses wird sagen müssen, daß sich Ruprecht neuerlich „in Gottes Hand" würde zu begeben haben, wie es sich bei Gericht und auf hoher See, der Weisheit eines Sprichwortes zufolge, verhält – eine Auffassung,

---

[125] Wie wir in Kapitel 6 erörtern werden, besteht gerade darin eine Gemeinsamkeit zwischen dieser Komödie und der Erzählung *Michael Kohlhaas*, wobei die Konsequenzen dieses Sachverhalts durch das Arrangement der Handlung beider Werke in jeweils komplementärer Weise entwickelt werden.

[126] Aus gutem Grund löst diese Empfehlung deshalb gehörige Verwunderung, ja Empörung aus: „E v e. Er soll, er, erst nach Utrecht appelliren / R u p r e c h t. Was? Ich –?" (V. 1886f.).

die jedenfalls der soeben abgeschlossene Prozeß nachhaltig zu entkräften nicht sonderlich geeignet ist).

Natürlich treiben den Gerichtsrat andere Motive als den Dorfrichter dazu an, einen Unschuldigen zu verurteilen (wobei sich die Sache um so gravierender ausnimmt, als es immer denselben trifft. Adam will Ruprecht von Anfang an, um seine eigene Haut zu retten, zum Opfer seiner eigenen Machenschaften machen, und auf ausgerechnet dieses Urteil läßt sich auch der Gerichtsrat höchst bereitwillig ein.)[127] Adam handelt fraglos ruchlos zum eigenen Vorteil, Walter ist hingegen um die Reputation der Justiz besorgt, den persönlichen Interessen des Dorfrichters scheinen in seinem Fall institutionelle Belange gegenüberzustehen. Gleichwohl scheint es keineswegs evident zu sein, ob sich eine derart trennscharfe Unterscheidung zwischen den beiden Verhaltensweisen überhaupt sinnvollerweise vornehmen läßt.

Ist es nämlich nur die auf das Allgemeine zielende Furcht, eine durch schuldhaftes Versagen ihrer Repräsentanten beschädigte Gerichtsbarkeit werde hinfort ihren – für ein funktionierendes Gemeinwesen unverzichtbaren – Aufgaben nicht mehr angemessen nachkommen können, die Walter dazu veranlaßt, ein offenkundiges Fehlurteil sprechen zu lassen? Wäre am Ende das Verhalten einer Institution strukturell demjenigen von einzelnen Personen vergleichbar? Und ist in beiden Fällen vor allem die Wahrung der eigenen Interessen – unabhängig von allen funktionalen Aspekten – der Maßstab des Agierens? Oder kommt es womöglich auch im Fall der Institution zu einer Läsion der eigenen Person, die bei der Sorge um den guten Ruf zur Debatte, wenn nicht gar im Vordergrund steht, weil der Verlust des Prestiges dieser Institution unweigerlich auch diejenigen trifft, die ihr angehören und darum als ihr Vertreter wahrgenommen werden, selbst wenn sie sich selbst nicht schuldig gemacht haben?[128]

Die Entscheidung zwischen den verschiedenen hier genannten Alternativen fällt im Blick auf Kleists *Zerbrochnen Krug* nicht leicht, und wenn sich diese unterschiedlichen Varianten zur Erklärung von Walters ein wenig zwielichtigem Handeln überhaupt ergeben, dann nicht zuletzt deshalb, weil es keineswegs als evident erscheint, daß die Verurteilung eines offensichtlich Unschuldigen dem von Walter verfolgten Ziel wirklich dienlich ist. Denn es fragt sich, ob eine manifeste Rechtsbeugung dazu geeignet sein kann, die Justiz vor Schaden zu bewahren und ihr reibungsloses Funktionieren auch für die Zukunft zuverlässig zu garantieren. Ist die Wirkung eines solchen Verfahrens für den Ruf der Institution nicht mindestens so schädlich, wie es eine konsequente Entlassung des offenkundig korrupten Richters aus seinem Amt wäre? Ja, böte ein solches Vorgehen nicht vielmehr

---

[127] Ausdrücklich wird das krasse Fehlurteil vom Gerichtsrat sanktioniert. Siehe die Verse 1873-1876 auf S. 115.

[128] Mir ist es aufgrund der in verschiedener Hinsicht ambivalenten Rolle, die Gerichtsrat Walter in Kleists Komödie spielt, nur schwer nachvollziehbar, wie Wolfgang Schadewaldt in ihm als „,Waltender' den Gott der Wahrheit, Apollon" zu entdecken vermag (siehe Schadewaldt 1967, S. 319).

den Vorteil einer Demonstration der Bereitschaft wie der Fähigkeit zur Selbstkorrektur der Institution und trüge damit zum Vertrauen in diese Einrichtung des Staates sehr viel effektiver bei?

Aber nicht nur diese systematischen Überlegungen, auch der Wortlaut der Einlassungen Walters, als Adam – wiewohl bereits enttarnt – noch immer versucht, den Kopf aus der Schlinge zu ziehen, sind nicht unbedingt dazu angetan, auf überzeugende Weise ausschließlich selbstlose Motive als Movens seines Verhaltens nahezulegen: „Was euch schützt, / Ist einzig nur die Ehre des Gerichts". Walter bedient sich desselben Worts, Ehre, das auch Marthe Rull benutzt, als es gilt, die Reputation ihrer Familie und ihrer (eigenen) Person zu verteidigen resp. zu retten. Wäre dieser Begriff also zur Bezeichnung des Status von Institutionen gleichermaßen wie für denjenigen von Personen geeignet?[129] Oder taugt er auch für Institutionen nur deshalb, weil er gleichsam im Modus einer Verschiebung für sie zur Anwendung kommt, während er sich *de facto* noch immer auf die Personen bezieht, die *in* dieser Institution tätig sind?[130]

---

[129] Hans-Peter Schneider zählt zu den Interpreten des *Zerbrochnen Krugs*, die am hellsichtigsten die zwiespältige Rolle des Gerichtsrates in der Handlung des Stücks herausgearbeitet haben. Gleichwohl vermag ich seiner Erklärung der Motivation von Walters Verhalten nicht zu folgen: „Mit dieser völlig unverständlichen und nur noch aus Kumpanei erklärbaren Nachsicht gegenüber Adam hat der Gerichtsrat Walter am Schluß des Stücks das Justizwesen nunmehr bei allen Beteiligten endgültig um den letzten Kredit gebracht" (Hans-Peter Schneider, „Justizkritik im *Zerbrochnen Krug*", in: *Kleist-Jahrbuch* 1988/1989, S. 309-326, hier S. 319). Nicht Kumpanei, sondern die Sorge um die Ehre – der Institution und derer, die ihr angehören – treibt den Gerichtsrat an. Walter mag den Effekt seines Verhaltens für die Justiz falsch einschätzen, doch das Motiv für sein Vorgehen besteht in jenem Zweck, der das Handeln aller Beteiligten – und ganz besonders dasjenige der Klägerin – in diesem Prozeß bestimmt. Schneiders Justizkritik, die er mit den Verhältnissen des preußischen Gerichtswesens seit der Mitte des 18. Jahrhunderts in Verbindung bringt (und bis auf die Auflistung strafbarer Handlungen der Akteure des Geschehens am Leitfaden des damals gültigen Strafrechts und seiner Paragraphen zu dokumentieren unternimmt), bedarf insoweit zumindest einer Ausweitung auf eine anthropologische Ebene, die allen institutionellen Verwerfungen vorausliegt.

[130] Wir haben die betreffenden Verse bereits zitiert, siehe S. 115. Und zum Zweck des Schutzes der Reputation des Gerichts ist Walter manches zu tun bereit. Als die Frage aufkommt, welchem der Dorfbewohner die auffälligen Spuren eines Hinkefußes im Schnee vor Eves Haus zugehörig sein könnten, versteckt Adam seine Füße auffällig, so daß Walter Anlaß hat, sie in Augenschein zu nehmen. Nach erfolgter Prüfung, die ihm die tatsächlichen Begebenheiten der zurückliegenden Nacht offenbart, erklärt er ungeachtet dessen: „W a l t e r . Auf meine Ehr'. Der Fuß ist gut. / *(heimlich)* Macht jetzt mit der Session sogleich ein Ende" (V. 1821f.). Noch einmal also ist hier von Ehre die Rede. Zum Schutz der Reputation der Justiz ist Walter nicht nur zu einer schlichten Lüge bereit, sondern verpfändet gleichsam wider besseres Wissen *seine* Ehre, obwohl es ihm doch gerade um „die Ehre des Gerichts" zu tun ist. Ließe sich also auch diese Paradoxie einer Lüge um der Ehre willen – schließlich ist der Gerichtsrat ja selbst ein alles andere

Wenn wir die Dialektik institutionellen Handelns als eine Kernbotschaft von Kleists *Zerbrochnem Krug* bezeichnet haben, dann tritt gerade hieran dieser Sachverhalt besonders deutlich hervor: Die Institution als solche wird abhängig von den Umständen, zu deren Kontrolle sie eingesetzt ist. Adams schamloser Mißbrauch seiner Amtsgewalt ist deshalb nur eine – wenn auch besonders signifikante – Facette eines sozusagen systemischen Widerspruchs, den Kleists Komödie exponiert.

Die hier aufkommenden Fragen nach dem Verhältnis zwischen der Institution und den sie tragenden Personen werden uns, wie erwähnt, noch in anderem Zusammenhang zu beschäftigen haben.

Wie also verteilen sich Sieger und Verlierer beim Ausgang des Prozesses im *Zerbrochnen Krug*? Eindeutige Gewinner sind eigentlich nur die Brautleute, deren Hochzeit nun nichts mehr im Wege steht. Und daß Ruprecht seinen eher vermeintlichen als tatsächlichen Nebenbuhler nicht losgeworden ist, trübt das Glück der Liebenden nicht im Geringsten. Aus Sicht der Gattungsregeln einer Komödie gehört es fast dazu, daß die füreinander Bestimmten sich zeitweilig entzweien, damit die finale Versöhnung nur um so glücklicher ausfallen kann. Eve und Ruprecht profitieren im Endeffekt sogar von den Vorgängen der bewußten Nacht, die zur Verhandlung vor Gericht geführt haben. Denn Marthe Rull ist für ihre anderweitigen Pläne zur Verhinderung der Vermählung ihrer Tochter nun gleichsam der Wind aus den Segeln genommen. Ihr Erfolg vor Gericht fällt insoweit auch ein wenig ,durchwachsen' aus. Zweifellos ist es ihr gelungen, ihr Kernanliegen durchzusetzen, die Ehre ihrer Tochter und damit der gesamten Familie zu verteidigen. Nichts deutet darauf hin, daß auch nur der Hauch eines Zweifels an Eves tadellosem Lebenswandel in Huisum zurückbliebe. Ihre weitergehenden Absichten kann sie allerdings nicht realisieren. Ruprecht wird unweigerlich ihr Schwiegersohn.

Ähnlich gemischt fällt die Bilanz für Schreiber Licht aus. Zwar hat er sich durch den Ausgang des Prozesses und die Demonstration seines Geschicks bei der Herbeiführung desselben neuerlich und nun auch an höherer Stelle für die Übernahme des Richteramtes empfohlen. Dies sollte seinem Fortkommen kaum abträglich sein, doch bleibt es ungewiß, ob sein Erfolg – wie erhofft – schon sehr bald Früchte tragen wird. Denn der vorerst nur suspendierte Dorfrichter Adam hat keine schlechten Aussichten, noch einmal in sein Amt eingesetzt zu werden – wenn denn nur die Kassen korrekt geführt sind; und daran zu zweifeln, bietet die Handlung dieser Komödie keinen Anlaß. Im Gegenteil. Denn Adam versucht durch die

---

als subalterner Repräsentant der Justiz („gestrenger Herr" [V. 1968] wird Marthe Rull ihn noch ganz am Ende der Komödie nennen), und seine eigene Unwahrheit wird über kurz oder lang unweigerlich ruchbar werden – als Indiz dafür werten, daß sein Einsatz für den Schutz der Institution letztlich eine Bemühung um die Wahrung des eigenen Rufes bedeutet? Manches spricht dafür. Walter scheint gleichsam die Wucht der verschiedenen Läsionen der Justiz gegeneinander aufzurechnen (nicht ohne an sich selbst dabei zu denken.).

Erinnerung an die noch ausstehende Prüfung der Kassen die Aufmerksamkeit des Gerichtsrats vom Prozeß abzulenken.[131] Sein Vorschlag deutet deshalb darauf hin, daß er sich zumindest in *diesem* Punkt korrekt verhalten haben mag.

Schließlich wird man auch für Gerichtsrat Walter zu einem ähnlichen Ergebnis kommen. Zwar ist es ihm gelungen, den skandalösen Prozeßverlauf, zu dem Dorfrichter Adam rücksichtslos entschieden zu sein schien, zu verhindern – zumindest besitzt er an der Aufdeckung von Adams Missetaten durch die Mahnung zur Beachtung eines korrekten Verfahrens einen nicht unerheblichen Anteil (auch wenn man ebenso konzedieren muß, daß der betreffende Erfolg dem schlichten Zufall, nämlich seiner Anwesenheit an just *diesem* Tag geschuldet ist. Denn – so fragwürdig Adam sich im vorliegenden Fall auch präsentiert – nichts deutet darauf hin,

---

[131] Dieser Sachverhalt ist nicht zuletzt für das generelle Charakterprofil der *dramatis personae* in Kleists *Zerbrochnem Krug* von Belang. Als Schreiber Licht Adam vom Selbstmordversuch des Richterkollegen in Holla berichtet, der sich das Leben nehmen wollte, weil er der Veruntreuung öffentlicher Gelder überführt worden war, quittiert der Dorfrichter diese Nachricht mit der Bemerkung: „A d a m . Ei, Henker, seht! – Ein liederlicher Hund war's – / Sonst eine ehrliche Haut, so wahr ich lebe / Ein Kerl, mit dem sich's gut zusammen war; / Doch grausam liederlich, das muß ich sagen" (V. 119-122). Wenn just der kaum weniger „liederliche" Adam eine solche Charakterbeurteilung vornimmt, ist man geneigt, sie nicht sonderlich ernst zu nehmen, könnte die darin zutage tretende Nachsicht doch allzu leicht von selbstapologetischen Absichten bestimmt sein (zumal der Betrüger als anderweitig „ehrliche Haut" tituliert wird). Doch gehört es zu den vielen Überraschungen und Unvorhersehbarkeiten in dieser Komödie, daß Adams Einschätzung seines Kollegen, über deren Angemessenheit sich im vorliegenden Fall aufgrund mangelnden Wissens über den Richter aus Holla gar nichts weiter sagen läßt, ein allgemeines Prinzip benennt, das im Grunde auf alle Figuren der Handlung dieses Stücks – wenn auch selbstredend in unterschiedlichem Grad – zutrifft. Niemand im *Zerbrochnen Krug* ist schlechthin ein schlechter Mensch, und ebenso wenig scheint niemand ganz ohne jeden moralischen Fehler zu sein (selbst, wie besprochen, die untadelige Eve verlangt vielleicht ein wenig viel für ihre eigene Person von ihrem Verlobten.) So scheint sogar der ziemlich üble Adam nicht in jeder Hinsicht verkommen zu sein und ist mit den Finanzen – anders als der Kollege in der Nachbarschaft – mutmaßlich zuverlässig umgegangen. Daß ihm durchaus sympathische Züge nicht ganz fremd wären, kommt möglicherweise sogar während der Verhandlung bei seinem Umgang mit Eve zum Vorschein, die er zum anderen zweifellos auf das Übelste behandelt hat und noch immer behandelt. Doch könnte ihn zumindest der Hauch eines schlechten Gewissens umtreiben. Als Mutter Marthe ihre Tochter allzu hart angeht, auf daß sie den Schuldigen endlich bei seinem Namen nenne, ruft Adam sie zur Ordnung und nimmt Eve in Schutz: „A d a m . Frau Marthe! Unvernunft! / Was das für –! Laß sie die Jungfer doch gewähren! / Das Kind einschrecken – Hure – Schaafsgesicht! / So wird's uns nicht's. / Sie wird sich schon besinnen" (V. 1133-1136). Vor allem der letzte dieser Verse gibt allerdings wiederum Anlaß zu Spekulationen über Adams wahre Motive bei dieser Äußerung. Denn *wenn* sich Eve besänne, könnte es für ihn selbst schlecht ausgehen. Oder glaubt er sich seiner Sache so sicher, daß er es wagen kann, rhetorisch mit dieser Möglichkeit großzügig – oder gönnerhaft – spielen zu können??

daß der – einzig von Schreiber Licht von Beginn an mit ein wenig Respektlosigkeit behandelte Dorfrichter – grundsätzlich so korrupt wie bei diesem Verfahren, in dem er selbst involviert ist, agiert. Er scheint anderweitig durchaus eine gewisse Hochachtung zu genießen. Marthe etwa ist betrübt, daß sie ihn seit dem Tod ihres Mannes sehr viel seltener bei sich zuhause zu Gesicht bekommt.[132]) Doch der Ausgang des Prozesses ist eben nicht allein, ja noch nicht einmal hauptsächlich Walters Verdienst, was nicht zuletzt an seiner kleinen Schwäche für den vorzüglichen Wein liegt, den Adam ihm gerade deshalb reichlich kredenzt, *weil* er den – aus seiner Sicht – ärgerlichen Störenfried für den Prozeß ein wenig ‚kaltstellen' möchte. Hätte der Gerichtsrat angesichts der – vorsichtig formuliert – auffällig unorthodoxen Verhandlungsführung Adams nicht mißtrauisch bei dessen ostentativ großzügiger Gastgeberschaft werden müssen?

Relativiert aber wird Walters Erfolg aus seiner eigenen Sicht vor allem durch die Beschädigung der von ihm verkörperten Institution, deren ‚Ehre' ihm wesentlicher als alles andere zu sein scheint. Und diese Läsion scheint ihm seinen anderweitigen (Teil-)Erfolg sehr weitgehend zu vergällen. Aber trägt nicht er selbst sehr viel mehr zu dieser Beschädigung des Rufs der Institution durch seine fragwürdigen Methoden ihres ‚Schutzes' bei? Ist die wissentliche Verurteilung eines Unschuldigen, ungeachtet aller Verfahrenstricks, die diesen strategischen Zug sogleich wieder rückgängig machen sollen, nicht ärger als die Inkaufnahme der Enttarnung eines unkorrekten, ja verbrecherischen Richters? Perpetuiert ein solches Verhalten nicht die beklagenswerte Korruption der Justiz durch Adams skandalösen Amtsmißbrauch, statt sie zu heilen? Und taugt ein solches Verhalten wirklich zur Rettung der – auch der eigenen – *Ehre*?

Wie es sich für eine Komödie gehört, aber gibt es – allen hier diskutierten Abstrichen zum Trotz – eben durchaus ein glückliches Ende. Zumindest gibt es, genauer gesagt, *auch* ein glückliches Ende, weil das Glück nicht für alle ganz ungetrübt ist (aber für andere wiederum unverhofft großzügig ausfällt).[133] Und wie des

---

[132] „Frau Marthe. Könnt' ich Niersteiner, solchen, wie ihr trinkt / Und wie mein seel'ger Mann, der Castellan, / Wohl auch, von Zeit zu Zeit, im Keller hatte / Vorsetzen dem Herrn Vetter, wär's was anders: / Doch so besitz' ich nichts, ich arme Witwe, / In meinem Hause, das ihn lockt" (V. 1600-1605).

[133] Günter Blamberger hat in seiner vorzüglichen Kleistbiographie einen glücklichen Ausgang der Komödie mit großer Entschiedenheit zu einer bloßen Illusion erklärt: „Das Happy End dieser Komödie ist ein Betrug, was sonst?" (Günter Blamberger, *Heinrich von Kleist. Biographie*, Frankfurt am Main: Fischer, 2011, S. 267). Ich vermag dieser Einschätzung nicht ganz zu folgen, weil sie mir ein allzu einsinniges Fazit aus Kleists Stück zu ziehen scheint. So gibt es zum einen am positiven Ausgang für das Liebespaar kaum begründete Zweifel, schließlich steht der baldigen Hochzeit nichts mehr im Wege, ja möglicherweise werden zuvor noch bestehende Hindernisse aus dem Weg geräumt – denn Mutter Marthe wollte ihren Segen ja nicht so recht geben. Und wenn manche Hoffnungen anderer an diesem Prozeß Beteiligter nicht ganz in Erfüllung gehen, dann liegt es nicht zuletzt daran, daß sie selbst auch durchaus bedenkliche Ziele verfolgen. Gewiß trifft es – aber eben auch nur teilweise – zu, wenn Blamberger über

Näheren noch zu besprechen sein wird, kann es in der Welt des *Zerbrochnen Krugs* auch gar nicht mehr als immer nur eine partielle Wiederherstellung von Ordnung geben (zu deren Unzulänglichkeiten ebenso allzu große Nachsicht gegenüber Missetätern gehört).[134] Aber *daß* es sie überhaupt geben kann, ist alles

---

Gerichtsrat Walter äußert: „Marthe Rulls Klage um den zerscherbten Krug interessiert ihn wenig, er verweist ihren Fall an die nächste Instanz" (ibid., S. 266). Doch sollte darüber nicht vergessen werden, daß der „zerscherbte Krug" selbst nur ein vorgeschobener Grund für Marthes Klage war, wie aus ihrem Gespräch mit Ruprechts Vater Veit ziemlich eindeutig hervorgeht (siehe oben, S. 83ff.), während ihr eigentliches Anliegen, die Ehrenrettung der Tochter, ja erfolgreich eingelöst wurde, ihre Strategie mithin aufgegangen ist. Daß sie in der „Letzter Auftritt" überschriebenen, äußerst kurzen Szene – wir haben ihren Wortlaut bereits zitiert (siehe oben S. 59) –, nun auch ihren materiellen Schaden in Utrecht repariert wissen will, ergibt sich ziemlich deutlich von daher, daß sie durch Walters Verweis von Ruprechts Fall an das Utrechter Appellationsgericht gleichsam auf den Geschmack gekommen ist. Um sich dessen zu vergewissern, lohnt es sich, sehr genau den Wortlaut von Marthe Rulls Äußerung zu beachten. Zwar ist sie selbst es, die gegenüber Walter diese Möglichkeit ins Spiel bringt: „F r a u M a r t h e . Sagt doch gestrenger Herr, wo find' ich auch / Den Sitz in Utrecht der Regierung?". Die scheinbar belanglose Umstandsbestimmung erweist sich im Gegenteil als höchst sprechend: „Wo find ich *auch*?" (Hervorhebung A. K.) heißt es. Marthe Rull nimmt damit offensichtlich Bezug auf einen anderen Fall. Zu den Kuriositäten dieses Ansinnens aber zählt weiterhin der schon erwähnte, irritierende Sachverhalt, daß Marthe dem Kruge „sein Recht" zukommen lassen will, ginge es doch bestenfalls um *ihr* Recht, das ihr als Eigentümerin zusteht. Verschiebt sie also das Subjekt dieses Anspruchs auf den Krug, weil *sie* ihr Recht ja schon bekommen hat – der erste Erfolg also Lust auf den nächsten macht? Ganz am Ende der Komödie scheint das Geld die Oberhand zu gewinnen: Wenn die Kassen stimmen, mag Adam wieder eingesetzt werden, und Marthe versucht schließlich entgegen ihren zuvor anders lautenden Erklärungen, den beschädigten Krug doch noch in klingende Münze umzusetzen. Aber auch im Hinblick auf eine solche Bedeutsamkeit des Geldes lassen sich wieder einige Unterschiede bemerken. Für Marthe wird finanzielle Entschädigung erst dann interessant, als die Ehre der Familie wiederhergestellt ist. Für den Gerichtsrat ist die Ordnung der Kassen augenscheinlich ein wesentlicher Faktor der Ehre der Justiz. Blambergers Charakteristik des Grundmusters dieses Stücks und seines Ausgangs, das ihm zufolge die „Obrigkeit" (ebd.) gegen deren Opfer ausspielt, bricht sich an der Komplexität der Verhältnisse, die für Kleists Komödienhandlung konstitutiv ist. Denn die Menschen und Institutionen sind sich viel zu ähnlich geworden, als daß ein so geradliniges, wenn auch vertrautes Konfliktschema hier noch angemessen zur Anwendung kommen könnte. Vielmehr wird sich die Frage stellen, ob nicht die überkommenen Muster des Genres ‚Komödie' in der Welt, die Kleists *Zerbrochner Krug* auf die Bühne stellt, selbst an Pertinenz einbüßen (und sich damit eine neuzeitliche Gattungsentwicklung, die schon bei Molière zu beobachten ist – siehe oben S. 118 – fortsetzt).

[134] Auch wenn unsere jeweilige Begründung anders ausfällt, im Ergebnis stimme ich mit Ernst Ribbats Einschätzung des Komödienschlusses überein: „das literarische Modell, eines Lustspiels wenigstens, hat enge Grenzen der Darstellbarkeit, es kann nicht mehr

andere als selbstverständlich. Dies bleibt – selbst unter den obwaltenden Umständen – die frohe Botschaft der (Gattung) Komödie.

4.3. Ein System und seine Umwelt – zum Verhältnis von Justiz und Alltagswelt[135]

Die massiven Interferenzen zwischen der Justiz und ihrer aus dem Alltagsleben bestehenden Umgebung haben wir bereits verschiedentlich beobachten können. Vor allem zwei – einander entgegenarbeitende – Konditionierungen des Prozesses im *Zerbrochnen Krug* durch externe Faktoren bestimmen seinen Verlauf.

Das ist zum einen Adams Drohung, wenn Eve öffentlich mache, daß er der nächtliche Störenfried gewesen ist, werde er es nicht verhindern, daß Ruprecht zum Krieg in die Kolonien abkommandiert und dort seinen mutmaßlichen Tod finden wird. Doch nicht nur diese massive Behinderung eines korrekten Ablaufs des Verfahrens bestimmt das Geschehen bei Gericht in diesem Stück. Als bedeutsamer noch erweist sich, daß auch der Ausgang des Prozesses von einem Wissen begünstigt, ja letztlich erst herbeigeführt wird, das in der Verhandlung selbst gar nicht zur Sprache kommt. Es ist Gerichtsschreiber Lichts intime Kenntnis der Person und des gewohnheitsmäßigen Verhaltens seines Vorgesetzten, die von Anfang an seinen Verdacht nährt, der Dorfrichter selbst sei der Schuldige. Und dieser Verdacht führt schließlich in der Tat zur Aufdeckung von Adams gravierenden Missetaten. Im entscheidenden Augenblick vermag Licht, der – im wahrsten Sinne des Wortes – die Zeichen richtig zu deuten weiß, den wahren Gesetzesbrecher ausfindig zu machen.

Die richtige Interpretation der Indizien, die die Wahrheit des zu rekonstruierenden Geschehens schließlich zutage fördert, gelingt also deshalb, weil derjenige, der sich der Führung des Prozesses aus eigensüchtigen Motiven zu bemächtigen versteht, zugleich über ein Wissen verfügt, das er allen anderen voraushat. Gleich zwei durch den blanken Zufall zustande kommende – und aus moralischer Sicht

---

das Ganze der Welt vermitteln, sondern nur noch Teillösungen anbieten" (Ribbat 1988, S. 70).

[135] Es erübrigt sich, genauer zu erörtern – die Überschrift dieses Abschnitts erscheint sprechend genug, um darauf aufmerksam zu machen –, in welcher Weise sich die folgenden Überlegungen zu Kleists Komödie zu erheblichen Teilen Anregungen der Systemtheorie von Niklas Luhmann verdanken. Deshalb erscheint es ebenso wenig erforderlich, den betreffenden Blick auf den *Zerbrochnen Krug* im Einzelnen mit bestimmten Phasen der Entwicklung von Luhmanns systemtheoretischem Denken, das im Laufe der Zeit eine nicht unerhebliche Veränderung erfahren hat, in Zusammenhang zu bringen. Zitiert sei nur eines seiner Standardwerke, in dem er das für ihn fundamentale Konzept der funktional differenzierten Gesellschaft sehr grundsätzlich dargelegt hat: Niklas Luhmann, *Soziale Systeme. Grundriß einer allgemeinen Theorie*, Frankfurt am Main: Suhrkamp, 1984.

durchaus zwielichtige – Momente sind es, die den Fortgang der Dinge bestimmen und damit den Ausgang des Verfahrens maßgeblich determinieren.

Dieser Sachverhalt ist für die Bewertung des Prozeßverlaufs von entscheidender Bedeutung. Denn der Erfolg der von Gerichtsrat Walter zurecht eingeklagten korrekten Vorgehensweise bei der Vernehmung von Klägerin, Beklagtem und Zeugen, über die sich Dorfrichter Adam in skandalöser Selbstherrlichkeit unter fadenscheinigen Begründungen immer wieder hinwegsetzt, ist mithin von Voraussetzungen abhängig, die die vorgesehene (resp. vorgeschriebene) Ordnung des Zivilprozesses selbst nicht herzustellen vermag. Hier begegnet im Grunde das Gegenstück der anderweitigen Dialektik der Institution der Justiz, die wir der Handlung des *Zerbrochnen Krugs* entnehmen konnten und die durch sie zugleich transparent gemacht wird. Denn sie ist für ihre institutionellen Belange ebenso abhängig von den Bedingungen des menschlichen Handelns, das sie zugleich zu regulieren hat.

Die Grenzen der Möglichkeiten der Justiz werden solchermaßen an einer doppelten Voraussetzungsstruktur sichtbar. Sie benötigt ein Wissen, dessen Bereitstellung sie nicht garantieren kann, und sie bleibt abhängig von dem Verhalten, dessen Korrektur den Zweck ihres Daseins bildet.

Die Ordnung des Prozesses schafft insoweit notwendige, aber keine hinreichenden Bedingungen für eine zielführende Deutung der beobachtbaren Tatsachen, die den zur Wahrheitsfindung erforderlichen Schluß und damit den Erfolg des Prozesses ermöglicht. Sie steckt gleichsam den verfahrenstechnischen Rahmen ab, innerhalb dessen das Wissen, das zur zielführenden Deutung der gegebenen Informationen im Sinn einer Rekonstruktion des Vorgefallenen unverzichtbar bleibt, seine Wirksamkeit entfalten *kann*. Doch eben auch nur kann. Es gibt dafür, so führt es Kleists Komödie vor, keine Garantie. Aber damit verliert die Verfahrensordnung des Prozesses als Struktur einer – wenn auch ungewissen – Ermöglichung durchaus nicht ihren Sinn.

Diese – aus Sicht der Justiz gleichwohl ein wenig beunruhigende – Abhängigkeit der Treffsicherheit wie der Zielgenauigkeit ihrer eigenen Verfahren von den kontingenten Umständen, unter denen sie zur Anwendung kommen, aber stellt nur eine, wenn auch vielleicht die – jedenfalls für den Ausgang des Verfahrens – entscheidende Facette jener Interferenzen zwischen der Justiz und der sie umgebenden Alltagswelt dar, die in diesem Prozeß verschiedentlich zu beobachten sind, ja die in Kleists *Zerbrochnem Krug* nachgerade konsequent – wie nun erörtert sei – vorgeführt werden.

Etwas ratlos angesichts der von Anfang an ungewöhnlichen, den üblichen Prinzipien widersprechenden Vorgehensweise des Dorfrichters, verlangt Walter von Adam eine strikte Trennung zwischen dem Prozeß und seinem anderweitigen

Umgang mit den Parteien[136] und fordert ihn ebenso zu einer den Regeln der Prozeßordnung entsprechenden Eröffnung des Verfahrens auf:

> Adam.
> Befehlen Ew. Gnaden den Proceß
> Nach den Formalitäten, oder so,
> Wie er in Huisum üblich ist, zu halten?
> Walter.
> Nach den gesetzlichen Formalitäten,
> Wie er in Huisum üblich ist, nicht anders.
> Adam.
> Gut, gut. Ich werd' Euch zu bedienen wissen.
> Seid Ihr bereit, Herr Schreiber?
> Licht.
> Zu euren Diensten.
> (V. 566-572)

An Schreiber Lichts allzu bereitwillig erklärter Dienstbeflissenheit zu zweifeln, gibt es, wie gesehen, durchaus Anlaß, doch steht für den Augenblick nicht sein Verhalten im Vordergrund.[137] Vielmehr steht eine Alternative zur Debatte, bei der strittig zu sein scheint, ob es sich um eine solche überhaupt handelt.

Adam will wissen, ob er den Prozeß ‚förmlich', also einem vorgeschriebenen Regelkanon entsprechend, führen soll oder entsprechend lokalen Gepflogenheiten. Genau diese Alternative aber will der Gerichtsrat nicht zulassen, ja es scheint

---

[136] „Walter. Sprecht nicht mit den Parth'ein, Herr Richter Adam, / Vor der Session! Hier setzt Euch, und befragt sie. / Adam. Was sagt er? – Was befehlen Ew. Gnaden? / Walter. Was ich befehl? – Ich sagte deutlich euch, / Daß ihr nicht heimlich vor der Sitzung sollt / Mit den Parthein zweidut'ge Sprache führen. / Hier ist der Platz, der eurem Amt gebührt, / Und öffentlich Verhör, was ich erwarte" (V. 537-544).

[137] Beachtung verdient allerdings, daß die Tätigkeit des Dienens gleich zweimal in unmittelbarer Nachbarschaft in den zitierten Versen zur Sprache kommt. Nicht nur erklärt sich Licht zu Adams „Diensten" bereit. Auch der Dorfrichter gibt vor, er werde Walter „zu bedienen wissen". In beiden Fällen aber bezeichnet das Wort das Gegenteil dessen, was seine übliche Bedeutung zu besagen scheint. Denn Adam gedenkt, den Gerichtsrat gehörig hinters Licht zu führen, und Licht verfolgt seinerseits offensichtlich ganz andere Ziele als die vorrangige Erfüllung von Wünschen und Befehlen seines Vorgesetzten. Wichtig für die Bewertung ihres Handelns ist allerdings die hier zutage tretende Parallelität ihrer Unaufrichtigkeit. Das macht sie, bei allen fraglos bleibenden, durchaus erheblichen Unterschieden, gleichwohl ein Stück weit vergleichbar. Es sind eben allenthalben zu machende Beobachtungen wie diese, die die moralische Verwerflichkeit des Dorfrichters als eine besonders ausgeprägte Variante einer letztlich für alle am Prozeß Beteiligten charakteristischen Neigung zu bedenklichem Verhalten zu erkennen geben; und damit ist die Frage nach der Geltung des christlichen Dogmas der Erbsünde stets aus Neue aufgeworfen, ohne doch eine abschließende Antwort darauf zu ermöglichen.

ungewiß, ob er sie nicht nachvollziehen will oder kann, und so versteigt er sich zu einer zu einer Behauptung, die sich widersinnig ausnimmt – und deren Widersinn doch auch nur als eine Mahnung verstanden sein mag: „Nach den gesetzlichen Formalitäten, / Wie er [sc. der Prozeß] in Huisum üblich ist". Das Augenmerk ist hier auf das Adjektiv ‚üblich' zu legen. Walter scheint damit zum Ausdruck zu bringen, daß er die Einhaltung der gesetzlichen Vorgaben für selbstverständlich hält. Augenscheinlich entzieht sich der Unterschied von Sein und Sollen dem Vorstellungsvermögen dieses Amtsträgers, und so identifiziert er das Verbindliche mit dem Üblichen.

Eine gleichsam komplementäre Konfusion, eine Verwirrung, die durch die strikte Unterscheidung zwischen beidem zustande kommt und auf eine radikale Trennung von Lebenswelt und Institution setzt, aber führt der unmittelbare Fortgang der Verhandlung plastisch vor Augen:

> A d a m.
> – So nimm, Gerechtigkeit, denn deinen Lauf!
> Klägere trete vor.
> F r a u M a r t h e.
> Hier, Herr Dorfrichter!
> A d a m.
> Wer seyd Ihr?
> F r a u M a r t h e.
> Wer –?
> A d a m.
> Ihr.
> F r a u M a r t h e.
> Wer ich –?
> A d a m.
> Wer Ihr seid!
> Wes Namens, Standes, Wohnorts, und so weiter.
> F r a u M a r t h e.
> Ich glaub', er spaßt, Herr Richter.
> A d a m.
> Spaßen, was!
> Ich sitz' im Namen der Justiz, Frau Marthe,
> Und die Justiz muß wissen, wer ihr seid.
> L i c h t *(halb laut)*.
> Laßt doch die sonderbare Frag' –
> F r a u M a r t h e.
> Ihr guckt
> Mir alle Sonntag in die Fenster ja,
> Wenn Ihr auf's Vorwerk geht!
> W a l t e r.
> Kennt Ihr die Frau?
> A d a m.
> Sie wohnt hier um die Ecke, Ew. Gnaden,

>Wenn man den Fußsteig durch die Hecken geht;
>Wittw' eines Kastellans, Hebamme jetzt,
>Sonst eine ehrliche Frau, von gutem Rufe.
>Walter.
>Wenn Ihr so unterrichtet seid, Herr Richter,
>So sind dergleichen Fragen überflüßig.
>Setzt ihren Namen in das Protokoll,
>Und schreibt dabei: dem Amte wohlbekannt.
>Adam.
>Auch das. Ihr seid nicht für Formalitäten.
>Tut so, wie Sr. Gnaden anbefohlen.
>(V. 573-592)

Die vom Gerichtsrat zuvor verlangte Trennung der Verfahrensweise im Prozeß von der Lebenswelt der daran Beteiligten scheint, wie Dorfrichter Adam ebenso gewitzt wie demonstrativ vorzuführen gesinnt ist, nicht recht zu gelingen. Ein Hindernis gegen die völlige Separation beider Sphären bilden bezeichnenderweise die Prinzipien sprachlicher Kommunikation. Sie erfordern es, daß man zu seinem Gesprächspartner nichts sage (oder frage), wovon Sprecher und Adressat wissen, daß es der jeweils andere auch weiß.[138] Verstößt man gegen dieses Prinzip, so entsteht das, was Schreiber Licht treffend als eine „sonderbare Frag'" bezeichnet, anders gesagt: Es kommt zu einer Störung der Kommunikation, über die sich Marthe Rull denn auch ziemlich heftig beklagt.

Die Abwegigkeit des Postulats, institutionelle und lebensweltliche Kommunikation gänzlich voneinander zu separieren, macht am Schluß der hier zitierten Zeilen Dorfrichter Adam vollends kenntlich. Denn er nutzt Walters Kritik an seinem Vorgehen nun, um den Spieß nun sozusagen umzudrehen, und dem Gerichtsrat seinerseits vorzuhalten, *er* sei es, der nicht auf die Einhaltung der Prozeßordnung achte: „Ihr seid nicht für Formalitäten". Diesmal hat *er* einen Punkt gemacht.

Doch auch damit ist die Erkundung der Grenze zwischen Alltag und Institution noch nicht an ihr Ende gekommen. Denn die Verknüpfung der Feststellung der Identität der Klägerin innerhalb des Prozesses mit der – lebensweltlichen Umständen geschuldeten – Kenntnis ihrer Person seitens des Richters hat eine wiederum institutionelle Konsequenz, die sich bei näherer Überlegung als etwas zwiespältig erweist. Gerichtsrat Walter stimmt Lichts Einschätzung nämlich nicht nur zu und erklärt die von Adam an Marthe Rull gerichtete Frage nach ihrer Identität für überflüssig, nachdem er sich über die örtlichen Gegebenheiten informiert hat. Vielmehr läßt er im Protokoll festhalten: „dem Amte wohlbekannt", womit die Person des Richters und sein Amt kurzerhand gleichgesetzt werden, obwohl das „Amt" – in wiederum bemerkenswerter Anthropomorphisierung der Institution – einzig deshalb davon ‚weiß', weil der Richter auf eine außerhalb seiner Amtstätigkeit

---

[138] Auch diese Regel, *maxim of quantity* genannt, gehört zu den elementaren Konversationsmaximen, die Paul Grice (siehe. Anm. 85) beschrieben hat.

erworbene Kenntnis zurückgreifen kann. Doch genau diese Identifikation der beiden Sphären bildet gleichsam den Kern aller Komplikationen, um die sich Kleists *Zerbrochner Krug* rankt. Das Spiel um die Frage nach der Identität der Klägerin gerät zu einer Demonstration des Scheiterns einer konsequenten Trennung des Systems der Justiz und seiner lebensweltlichen Umgebung, weil die Umstände der sozialen Interaktion des Alltags in die institutionelle Kommunikation hineinwirken.

Die Folgen der dabei vorgeführten Verquickung von Amt und Person für den Prozeß selbst zeigen sich denn auch sogleich im unmittelbaren Anschluß an den soeben besprochenen Wortwechsel.

> Walter.
> Fragt nach dem Gegenstand der Klage jetzt.
> Adam.
> Jetzt soll ich –?
> Walter.
> Ja, den Gegenstand ermitteln!
> Adam.
> Das ist gleichfalls ein Krug, verzeiht.
> Walter.
> Wie? Gleichfalls!
> Adam.
> Ein Krug. Ein bloßer Krug. Setzt einen Krug,
> Und schreibt dabei: dem Amte wohlbekannt.
> Licht.
> Auf meine hingeworfene Vermuthung
> Wollt ihr, Herr Richter –?
> Adam.
> Mein Seel, wenn ich's Euch sage,
> So schreibt ihrs hin. Ist's nicht ein Krug, Frau Marthe?
> Frau Marthe.
> Ja, hier der Krug –
> Adam.
> Da habt ihr's.
> Frau Marthe.
> Der zerbrochne –
> Adam.
> Pedantische Bedenklichkeit.
> (V. 593-602)

Adam hält sich nun selbst auch beim Fortgang der Verhandlung an das ihm soeben zur Vorschrift gemachte Prinzip, Dinge, von denen er Kenntnis besitzt, innerhalb des Prozesses nicht zum Gegenstand seiner Frage zu machen. Ausdrücklich mit derselben, von Gerichtsrat Walter benutzten Formulierung („dem Amte wohlbekannt") läßt er deshalb den Gegenstand der Klage von Schreiber Licht in das Protokoll eintragen.

In diesem Zusammenhang macht *er* sich nun sogar auffällig zu einem Anwalt der strikten Wahrung des (soeben noch von ihm demonstrativ mißachteten) Grundsatzes, dort nichts Überflüssiges festzuhalten: Als Marthe Rull Wert darauf legt, daß in dem Schriftstück nicht nur der Krug, sondern „der zerbrochne" Krug als Grund der Klage aufgeführt werde, quittiert der Dorfrichter ihre Ergänzung seines Eintrags mit einem Tadel ihres – aus seiner Sicht – übertriebenen Wunsches nach Präzision: „Pedantische Bedenklichkeit". Woher aber stammt Adams plötzliche Verhaltensänderung? Gehört auch sie noch immer zu den Reaktionen auf Walters Kritik an seinem Vorgehen?

Die Frage wird sich beantworten lassen, wenn wir klären, unter welchen Umständen Adam Kenntnis vom Gegenstand der Klage gewonnen hat. Im Grunde zeichnen sich zur Erklärung von Adams Wissen um diesen Sachverhalt – abstrakt betrachtet – zwei Möglichkeiten ab, die denn auch beide – am Rande der Verhandlung – zur Sprache kommen.

Nachdem Licht den Streit zwischen Marthe und Veit über den Krug belauscht hat, macht er Adam Meldung darüber.[139] Deshalb nimmt der Gerichtsschreiber in der hier zur Debatte stehenden Szene an, seine bei dieser Gelegenheit gemachte Bemerkung sei die Ursache der Annahme des Dorfrichters, daß ein Krug den Gegenstand des Prozesses bilde: „Auf meine hingeworfene Vermuthung / Wollt Ihr, Herr Richter –?". Oder führt er anderes im Schilde? Denn die dabei zum Ausdruck gebrachte Verwunderung deutet möglicherweise darauf hin, daß Licht bereits eine weitergehende Vermutung hegt und nicht seine Information für Adams voreilige Feststellung des Klagegrundes verantwortlich hält, sondern die Tatsache, daß der Dorfrichter selbst in den Fall verwickelt ist. Will er ihn also gleichsam auf die Probe stellen?

Auszuschließen ist dies jedenfalls nicht, zumal aus den Regieanweisungen im Dramentext nicht recht hervorgeht, ob Licht auch das folgende Gespräch Adams mit Eve mitgehört hat, das sich in der Tat als entscheidend für das Verhalten des Dorfrichters herausstellen wird:

> A d a m *(wieder zu Even).*
> Evchen! Ich flehe dich! Um alle Wunden!
> Was ist's, das ihr mir bringt?
> E v e .
> Er wird's schon hören.
> A d a m .
> Ist's nur der Krug dort, den die Mutter hält,

---

[139] Adam hat die zum Gerichtstag erscheinenden Parteien bemerkt und möchte von Licht wissen, worin ihr Anliegen besteht: „A d a m . Gevatter! Sagt mir doch, was bringen die? L i c h t . Was weiß ich? Lärm um nichts; Lappalien. / Es ist ein Krug zerbrochen worden, hör' ich. A d a m . Ein Krug! So! Ei! – Ei, wer zerbrach den Krug? / L i c h t . Wer ihn zerbrochen? A d a m . Ja, Gevatterchen. L i c h t . Mein Seel, setzt euch: so werdet ihr's erfahren" (V. 503-508).

>   Den ich so viel –?
>   Eve.
>   Ja, der zerbrochne Krug nur.
>   Adam.
>   Und weiter nichts?
>   Eve.
>   Nichts weiter.
>   Adam.
>   Nichts? Gewiß nichts?
>   Eve.
>   Ich sag' ihm, geh er. Laß er mich zufrieden.
>   (V. 521-526)

Diese Unterhaltung scheint den Schlüssel zur Erklärung zu liefern, warum der Dorfrichter kurzerhand selbst den Gegenstand des Prozesses für das Protokoll bestimmt: Er möchte sicherstellen, daß in der Tat der Krug und nichts als der Krug – und, wie zu vermuten steht, nicht etwa sein eigenes schändliches Verhalten gegenüber der jungen Frau – den Grund für Marthes Klage darstellt. Deshalb macht er sich eiligst das soeben vom Gerichtsrat erklärte Prinzip, was der Richter wisse, brauche er nicht zu erfragen, zunutze, um alle weitergehenden Forderungen der Klägerin im Vorfeld der Verhandlung abzuwehren.

Wenn die elementaren Grundsätze sprachlichen Informationsaustausches eine radikale Trennung zwischen der institutionellen Kommunikation innerhalb eines Prozesses und der in lebensweltlichen Gesprächen gewonnenen Kenntnisse nicht zulassen und der Leiter der Verhandlung das dort erworbene Wissen im Prozeß vorauszusetzen berechtigt, ja aufgefordert ist, so versteht es Dorfrichter Adam, diesen Umstand sogleich in eine Strategie seiner Prozeßführung umzuwandeln. Denn es kommt ihm darauf an, potentielle weitere – und ungleich gravierendere – Klagegründe, die sich auf sein Verhalten in der fraglichen Nacht beziehen könnten, von Anfang an auszuschalten.

Was Adam dabei allerdings übersieht (resp. in Kauf nimmt, weil er die Wahrscheinlichkeit eines solchen Effekts nicht sonderlich hoch einschätzt), ist die Dialektik seines Vorgehens. Denn die mangelnde Evidenz des Ursprungs seiner Kenntnis macht den Richter selbst aufgrund der Selbstherrlichkeit seiner Definition des Prozeßgegenstands verdächtig – aber womöglich auch nur für die, die ohnehin schon einen diesbezüglichen Verdacht haben. Fürs erste bleibt eine solche Wirkung jedenfalls aus.

Die Klägerin selbst bestätigt vielmehr bereitwillig, was Adam feststellt, und nimmt keinerlei Anstoß an der Verfahrensweise des Richters, als sei für sie das in der Hand gehaltene – beschädigte – Gefäß ein offensichtlicher Klagegrund: „Ja, hier der Krug –". Hierin mag es allerdings seinen Grund haben, daß sie darauf insistiert, daß er beschädigt ist: „der zerbrochne" merkt sie eigens an – sehr zum Verdruß des Richters, der sich dadurch vermutlich an *seine* Missetat erinnert fühlt:

„Pedantische Bedenklichkeit".[140] Sollte ihn die ausdrückliche Erwähnung dieses Sachverhalts also auf eine für ihn lästige Weise an die besonderen Umstände erinnern, unter denen das Gefäß zu Bruch ging? An (potentiell verderbliche) Begebenheiten, die er mit seiner ausdrücklichen Begrenzung der Klage auf den betreffenden Gegenstand doch gerade zu verdrängen gedenkt? Wenn Adam sich also nun selbst auf das für alle Kommunikation geltende Prinzip einer Vermeidung von Redundanz beruft, dann ist aus dieser Gesetzmäßigkeit sprachlicher Kommunikation längst ein psychologischer Abwehrmechanismus geworden, der Ärgerliches oder sogar Bedrohliches aus der Welt schaffen möchte. Virtuos verschiebt Kleist fast unmerklich die Motivation dieses Grundsatzes aller sprachlichen Kommunikation in ein anderes Verhaltensregister.

So führt der „Siebente Auftritt" in Kleists Lustspiel zum einen vor, wie Konventionen der Sprache eine trennscharfe Separation zwischen institutioneller und lebensweltlicher Kommunikation nicht zulassen, weil sie unweigerlich aufeinander verwiesen bleiben. Doch diese Szene des *Zerbrochnen Krugs* demonstriert ebenso die Risiken des Versuchs, denselben Sachverhalt strategisch zu nutzen, um mithilfe des Einsatzes von Amtsautorität den Richter vor den Folgen seiner Schandtaten zu bewahren, institutionelle Macht und lebensweltliches Handeln also absichtsvoll miteinander zu verbinden. Denn am Ende wird der Prozeß sich auf den eingangs von Adam fixierten Gegenstand nicht begrenzen lassen, vielmehr wird der Dorfrichter von seinen eigenen Missetaten eingeholt, die um so größer ausfallen, *weil* er seine richterliche Gewalt in Verbindung mit seinem gesetzeswidrigen Verhalten zu bringen gedachte. Und der zerbrochene Krug sinkt schließlich zu jener Nebensächlichkeit herab, die er von Anfang an war, weshalb es an anderem Ort eines neuen Prozesses bedürfen wird, damit ihm „sein Recht geschehn" kann.

Doch in dem Maße, in dem dieser Krug an handlungsinternem Belang einbüßt, scheint sein schon im Titel angelegter symbolischer Wert zu steigen.[141] Aber relativiert der Beitrag, den der Zufall für den Ausgang des Prozesses in Kleists Komödie und damit für die Aufdeckung der Missetaten Adams, die sich mutmaßlich

---

[140] Übrigens läßt auch diese Formulierung also solche aufhorchen – und einen Augenblick überlegen, ob nicht eine umgekehrte Verteilung von Adjektiv und Substantiv angemessener wäre: „bedenkliche Pedanterie". Doch in beiden Versionen scheint aus semantischen Gründen die Kombination dieser beiden Worte ein Moment der Störung in sich zu haben. Denn worum es geht, ist ‚pedantische Genauigkeit'. Die „Bedenklichkeit" bringt hingegen den Gesichtspunkt der „Verdächtigkeit" ins Spiel, womit einmal mehr – virtuos – durch die bloße Wortwahl das zum Vorschein gebracht wird, was den Dorfrichter veranlaßt, die für ihn lästige Insistenz Marthe Rulls auf der präzisen Form ihrer Aussage zu kritisieren.

[141] Nur am Rand sei hier angemerkt, daß die Diskussion um den Titel und seine Funktion in der Forschung zum *Zerbrochnen Krug* eine bemerkenswert geringe Rolle spielt. Indessen scheint mir gerade er in seiner Unbestimmtheit resp. mehrfachen Lesbarkeit einen Schlüssel zum Verständnis dieser Komödie zu bieten.

nicht zum ersten Mal ereignen, unübersehbar spielt, nicht auch jene Unausweichlichkeit der Geschehnisse, die das *Alte Testament* mit seiner Gleichung zwischen dem Tod und dem Zerbrechen eines Kruges auf seinem Weg zum Brunnen postuliert?

Doch nicht nur Zweifel an der Stabilität seiner biblischen Semantik kommen in dieser Komödie auf, ebenso tritt darin das Risiko seiner Anwendung zutage, weil deren Voraussetzungen nicht evident sind.

Das einzige Mal, daß der zerbrochene Krug in dem gleichnamigen Lustspiel ganz ausdrücklich in sprichwörtlichem Sinn benutzt wird, benennt er jedenfalls einen Sachverhalt, zu dem er nur infolge eines Irrtums zu passen scheint. Weil Ruprecht ebenso konstant wie zu Unrecht (wenn auch nicht böswillig) beschuldigt wird, den bewußten Krug zerschlagen zu haben, und er selbst Eve ebenso (ohne es zuverlässig wissen zu können) grundlos der Untreue bezichtigt, verbindet er schließlich beide Vorwürfe miteinander:

> Ruprecht.
> S'war ein Spektakel, und Frau Marthe fragte
> Die Jungfer dort, wer ihr den Krug zerschlagen,
> Und die, die sprach, ihr wißt's, daß ich's gewesen.
> Mein Seel', sie hat so Unrecht nicht, ihr Herren.
> Den Krug, den sie zu Wasser trug, zerschlug ich,
> Und der Flickschuster hat im Kopf ein Loch.
> (V. 1040-1045)

Doch weder ist der symbolische Krug von Eves Jungfräulichkeit beschädigt, noch hat der arme Lebrecht eine Verletzung an seinem tatsächlichen Kopf davongetragen. Die betreffende Feststellung ist ebenso falsch, wie das Sprichwort an dieser Stelle in die Irre führt. Denn Ruprechts Behauptungen reichen über bloße Mutmaßungen, die sich als verfehlt herausstellen werden, nicht hinaus. Um so deutlicher aber tritt sein Bedürfnis hervor, den Lauf der Dinge auf griffige Formeln zu bringen. Und eben darin liegt das verführerische Potential des biblischen Spruchs, der nicht zuletzt mit der Autorität der Schrift versehen ist und von daher seine besondere Attraktivität bezieht.

Vielleicht tritt gerade an dieser Stelle des Textes, die die Labilität aller symbolischen Deutung des Geschehens so sinnfällig vor Augen führt, eine grundsätzliche Leistung des Titels der Komödie hervor. Für deren Verständnis scheint zumal die Doppelung seiner Bezüge von Belang zu sein. *Weil* er sich (auch) auf ein Element der Handlung bezieht (und damit bereits eine hinreichende Motivation besitzt), bleibt seine symbolische Bedeutung – ganz unabhängig von der Frage seines konkreten Sinns für die Handlung des *Zerbrochnen Krugs* – als solche bereits eine bloße Potentialität.[142] Und weil dem Krug innerhalb der Handlung selbst

---

[142] An dieser Stelle überschreitet Kleist ganz offensichtlich den überkommenen Gattungsrahmen der Komödie, in dem die Aufwertung des ‚dummen Dings' seinen angestamm-

bereits in beträchtlichem Maß eine zeichenhafte Funktion zukommt, gewinnt die Annahme seiner grundsätzlichen symbolischen Qualität, die durch den ihm eingeschriebenen Verweis auf die Bibel ohnehin naheliegend erscheint, zugleich an Wahrscheinlichkeit. Was der Titel also weit mehr als eine fixe Deutung des Geschehens in diesem Lustspiel bietet, ist die Demonstration des *Bedürfnisses* nach Sinn. Er markiert die Unabweisbarkeit der *Frage* nach Bedeutung.

Just diese Szene, in der Ruprechts unbegründete Verdächtigung seiner Braut auf solch sprichwörtliche Weise zur Sprache gebracht ist, aber führt uns ebenso zur nächsten Facette der Beziehungen zwischen dem System der Justiz und seiner lebensweltlichen Umwelt im *Zerbrochnen Krug*, der wir in diesem Abschnitt nachgehen.

Demonstriert Kleists Lustspiel, wie beobachtet, daß sich beide Sphären nicht trennscharf voneinander unterscheiden lassen, weil sie nicht nur durch die (lebensweltlichen) Funktionen des Systems der Gerichte, sondern ebenso durch ihre jeweiligen Operationen miteinander verbunden sind, so haben wir diese Interferenz zwischen beiden Sphären bislang als das Hineinwirken der Lebenswelt in die Belange der Justiz beobachten können. Indessen kommt es ebenso zu einer umgekehrten Interferenz zwischen ihnen. Auch das institutionelle Handeln der Justiz geht in lebensweltliches Verhalten ein, wie nun anhand zweier – illustrativer, wie es scheint – Beispiele aus der Handlung dieser Komödie beobachtet sei.

---

ten Ort hatte, ohne ihn freilich völlig zu sprengen. Die Komödie ist nun nicht mehr der Wirklichkeit jenseits der großen Gattungen von Epos und Tragödie vorbehalten. Sie bringt nicht mehr nur das zur Anschauung, was die Ordnung durchbricht, was sich andernorts nicht sagen oder zeigen läßt, weil es Normierungen der Kommunikation unterliegt, die seiner Darstellbarkeit im Weg stehen. Diesen angestammten ‚Realismus' der Komödie (wie anderer ‚niederer' Gattungen im Literatursystem des Klassizismus) verbindet Kleist vielmehr mit einer anderen Form des Realismus, der auf die Zukunft der Literatur deutet. In der symbolischen Qualität die dem ‚dummen Ding' nun auch zuwächst und die es zum Schlüssel einer Erklärung der Geschicke dieser Welt erklärt, weist Kleists Komödie auf jenen Realismus des 19. Jahrhunderts voraus, den vor allem der Roman entfalten wird und den Erich Auerbach in seinem kanonischen Buch *Mimesis* so treffend charakterisiert hat: „Indem Stendhal und Balzac beliebige Personen des täglichen Lebens in ihrer Bedingtheit von den zeitgeschichtlichen Umständen zu Gegenständen ernster, ja sogar tragischer Darstellung machten, zerbrachen sie die klassische Regel von der Unterscheidung der Höhenlagen, nach welcher das alltägliche und praktisch Wirkliche nur im Rahmen einer niederen oder mittleren Stilart, das heißt entweder als grotesk komisch oder als angenehme, leichte, bunte und elegante Unterhaltung seinen Platz in der Literatur haben dürfe" (Erich Auerbach, *Mimesis. Dargestellte Wirklichkeit in der abendländischen Literatur*, Bern / München: Francke, ³1964, S: 515). Ansätze zu einer solchen Entwicklung zeigen sich eben schon dort, wo ein klassisches Requisit der Komödie zugleich zum Träger einer symbolischen Deutung des Lebens schlechthin aufsteigt und damit eine deutliche Aufwertung erfährt.

Das erste der beiden betrifft das Phänomen des Zeugens – im doppelten Sinn des Zeugnisses wie der Person, die zu einer solchen Aussage berufen ist. Es meint zunächst und vor allem einen spezifischen Sprechakt vor Gericht, dessen Besonderheit sich aus der Unterscheidung gegenüber benachbarten Sprachhandlungen des Zeugnisses in einem Prozeß ergibt. Vor allem an einer Stelle der Handlung werden dessen charakteristische Merkmale zum Thema gemacht.

Am Ende des soeben besprochenen „Siebten Auftritts" fordert Richter Adam Frau Marthe auf, einen Beweis für ihre bislang unbelegte Behauptung zu erbringen, Ruprecht sei der Schuldige, wehrt dieser sich doch ebenso nachhaltig wie begründet gegen ihre beständigen Anschuldigungen. Um diese Forderung nachzukommen, benennt die Klägerin nun eine Zeugin:

> Adam.
> Da wird Sie den Beweis uns führen müssen.
> Frau Marthe.
> O ja, sehr gern. Hier ist mein Zeuge. – Rede!
> Adam.
> Die Tochter? Nein, Frau Marthe.
> Walter.
> Nein? Warum nicht?
> Adam.
> Als Zeuginn, gnäd'ger Herr? Steht im Gesetzbuch
> Nicht *titulo*, ist's *quarto*? – oder *quinto*?
> Wenn Krüge oder sonst, was weiß ich?
> Von jungen Bengeln sind zerschlagen worden,
> So zeugen Töchter ihren Müttern nicht?
> Walter.
> In Eurem Kopf liegt Wissenschaft und Irrthum
> Geknetet, innig, wie ein Teig, zusammen;
> Mit jedem Schnitte gebt Ihr mir von beidem.
> Die Jungfer zeugt noch nicht, sie deklarirt jetzt;
> Ob, und für wen, sie zeugen will und kann,
> Wird erst aus der Erklärung sich ergeben.
> Adam.
> Ja, deklariren. Gut. *Titulo sexto*.
> Doch was sie sagt, das glaubt man nicht.
> Walter.
> Tritt vor, mein junges Kind.
> (V. 1052-1068)

Mit Verfahrenstricks versucht Adam, Eves Aussage unbedingt zu verhindern, traut er doch augenscheinlich ihrer Standhaftigkeit im Zeugenstand nicht recht und ist deshalb besorgt um den Erfolg seiner Strategie. Doch aller von ihm demonstrierten, fadenscheinigen, wiewohl mit lateinischen Ausdrücken garnierten Gelehrsamkeit (die der Dorfrichter, wie bereits die Unsicherheit seiner eigenen Begriffsverwendung anzeigt, nur sehr unzulänglich beherrscht) zum Trotz, vermag er mit seinen vorgeschützten Argumenten den Gerichtsrat nicht zu überzeugen. Walter erweist sich als der überlegene Kenner der Prozeßordnung und hält dem Dorfrichter nicht nur ganz allgemein seine juristische Pseudobildung vor, sondern vermag ihn sehr präzise mit einer Unterscheidung zu konfrontieren, die er nicht berücksichtigt habe: Es ist die Differenz zwischen Zeugen und Deklarieren, an der alle noch so bemühten Versuche Adams, eine Befragung Eves zu verhindern, schließlich scheitern.

Doch die juristische Expertise des Gerichtsrats hat eine Kehrseite, macht sie ihn doch hilflos gegenüber einem Begriffsgebrauch, der nicht der strengen Regulierung juristischer Fachsprache unterliegt und ihrer dortigen Definition darum nicht entspricht. Als Frau Brigitte bei ihrer Befragung vorbringt, niemand anders als der Teufel höchstpersönlich sei der gesuchte Schuldige, will Walter, empört ob solchen Unsinns, einschreiten und sie an der Fortsetzung ihrer Aussage hindern.[143] Doch sie beruft sich auf den Schreiber Licht, der bestätigen könne, was sie gesehen habe:

> Frau Brigitte.
> Gut, wie Ihr befehlt.
> Doch der Herr Schreiber Licht sind mir ein Zeuge.
> Walter.
> Wie? Ihr ein Zeuge?
> Licht.
> Gewissermaßen, ja.
> Walter.
> Fürwahr, ich weiß nicht –
> (V. 1700-1703)

Lichts Adverb „gewissermaßen" bringt durch Walters Reaktion darauf sein ganzes Unverständnis gegenüber einem Gebrauch des Begriffs ‚Zeuge' auf den Punkt, der jenseits der Verfahrensordnung des Zivilprozesses angesiedelt ist. Bezeugt wird schließlich nicht nur vor Gericht, und – aus des Gerichtsrats Sicht fatalerweise – ist es der außerhalb aller juristischen Systematik agierende ‚Zeuge' Licht, in den der Schreiber bei Gericht sich kurzzeitig verwandelt, der am Ende die Lösung des intrikaten Falls herbeiführt, bei dem sich die Justiz im Umgang mit sich selbst statt dessen recht hilflos zeigt.

Auch die Verfahrensweisen, die für das institutionelle Handeln der Justiz verbindlich sind, bleiben nicht auf diese Institution beschränkt. Auch sie kennen ihre lebensweltlichen Äquivalente, gegenüber deren Leistungsvermögen juristische Expertise gerade ein Stück weit blind zu machen scheint. Doch just das systemexterne Zeugnis Lichts, mit dem der Gerichtsrat ziemlich unbeholfen umgeht, schafft die Voraussetzungen für einen Verfahrensausgang, den das ‚System' allein nicht hat bewerkstelligen können.

---

[143] V. 1695 ff. Siehe hierzu oben S. 113.

Eine solche Verankerung juristicher Handlungen in der Welt außerhalb der Justiz kennt Der *zerbrochne Krug* auch unabhängig von jedem Zusammenhang mit der Verhandlung eines Prozesses. Als noch vor Prozeßbeginn eine fieberhafte Suche nach der Perücke des Dorfrichters einsetzt, bedarf es eines Zeugnisses, um den aufgebrachten Adam von dem zu überzeugen, woran er sich selbst nicht mehr erinnern kann:

> Die zweite Magd *(tritt auf).*
> Im Bücherschrank,
> Herr Richter, find ich die Perücke nicht.
> Adam.
> Warum nicht?
> Zweite Magd.
> Hm! Weil ihr –
> Adam.
> Nun?
> Zweite Magd.
> Gestern Abend –
> Glock elf –
> Adam.
> Nun? Werd ich's hören?
> Zweite Magd.
> Ei, ihr kamt ja,
> Besinnt euch, ohne die Perück' ins Haus.
> Adam.
> Ich, ohne die Perücke?
> Zweite Magd.
> In der That.
> Da ist die Liese, die's bezeugen kann.
> (V. 219-225)

Bei allem Unverständnis von Gerichtsrat Walter: Ohne Zeugnis geht es nicht, auch außerhalb des Gerichts – im *Zerbrochnen Krug*.

Was für das Bezeugen gilt, verhält sich – interessanterweise – bei den dabei zu beobachtenden Beziehungen zwischen Institution und Lebenswelt im Fall des Beschwörens genau umgekehrt.

Eves Aussage, daß Ruprecht in ihr Zimmer eingedrungen sei und den Krug zerstört habe, ist das – einzige – Fundament von Frau Marthes Strategie für den von ihr angestrengten Prozeß. Verständlicherweise setzt sie deshalb alles daran, die Glaubwürdigkeit ihrer Aussage zu bekräftigen. Doch Eve ist peinlichst darauf bedacht, ihre durch Adams Erpressung erzwungene Behauptung nicht über Gebühr zu belasten:

> Frau Marthe.
> Auf dies Wort

> Seh' ich das Mädchen fragend an; die steht
> Gleich einer Leiche da, ich sage: Eve! –
> Sie setzt sich; ist's ein Anderer gewesen?
> Frag' ich? Und Joseph und Marie, ruft sie,
> Was denkt ihr Mutter, auch? – So sprich! Wer war's?
> Wer sonst, sagt sie, – und wer auch konnt' es anders?
> Und schwört mir zu, daß er's gewesen ist.
> Eve.
> Was schwor ich euch? Was hab' ich euch geschworen?
> Nichts schwor ich, nichts euch –
> Frau Marthe.
> Eve!
> Eve.
> Nein! Dies lügt ihr. –
> Ruprecht.
> Da hört ihr's.
> Adam.
> Hund, jetzt, verfluchter, schweig,
> Soll hier die Faust den Rachen dir noch stopfen!
> Nachher ist Zeit für dich, nicht jetzt.
> Frau Marthe.
> Du hättest nicht –?
> Eve.
> Nein, Mutter! Dies verfälscht ihr.
> Seht, leid thut's in der Tat mir tief zur Seele,
> Daß ich es öffentlich erklären muß:
> Doch nichts schwor ich, nichts, nichts hab' ich geschworen.
> Adam.
> Seid doch vernünftig, Kinder.
> Licht.
> Das ist ja seltsam.
> Frau Marthe.
> Du hättest mir, o Eve, nicht versichert?
> Nicht Joseph und Marie angerufen?
> Eve.
> Beim Schwur nicht! Schwörend nicht! Seht, dies jetzt schwör' ich,
> Und Joseph und Maria ruf ich an.
> (V. 773-794)

Für Eve gilt: Versichern und beschwören bleibt zweierlei – vor Gericht ebenso wie außerhalb desselben. Auch in der Lebenswelt des Alltags, dort, wo keine Sanktionen gehörige Furcht vor den strafbewehrten Folgen eines Meineids auslösen, wo nichts als der moralische Kredit ihrer Person auf dem Spiel steht, bleibt für sie die juristische Unterscheidung zwischen Aussagen mit einem unterschiedlichen Grad an Wahrheitsbehauptung als verbindliche Leitlinie des Handelns bestehen.

Interessant ist das Verhältnis zwischen dem Schwur und einer Anrufung der Heiligen, hatte Eve doch Joseph und Maria als Zeugen der Wahrhaftigkeit ihrer Schilderung des nächtlichen Geschehens in ihrer Kammer benannt. Bemerkenswerterweise scheint aus dem zitierten Wortwechsel nämlich hervorzugehen, daß für sie ein Schwur *vor* der religiösen Beteuerung rangiert. Zwar bestreitet sie nicht, ihre Behauptung, Ruprecht sei der Übeltäter, mit der Anrufung dieser Heiligen bekräftigt zu haben. Doch wehrt sich gegen den Vorwurf, diesen Sachverhalt mit einem Schwur beteuert zu haben.

Was aber begründet den ‚Mehrwert' eines Schwurs? Wäre ihm eine heilige Verpflichtung zur Wahrheit immer schon inhärent, während eine ‚bloße', d. h. nicht mit institutioneller Aura versehene, Wendung an den Himmel weniger Gewicht besäße? Und so schwört Eve erst jetzt vor Gericht, zuvor nie geschworen zu haben, um *diesen* Schwur nun seinerseits mit einer Anrufung der Heiligen zu versehen. Damit scheint der für sie wohl höchst denkbare Grad einer Selbstbindung an die Wahrheit erreicht zu sein.

Doch bezeichnenderweise gilt die betreffende Unterscheidung zwischen einem Schwur und einer (öffentlichen) Erklärung für *Eve*. *Nur* für sie besitzt sie Bedeutung, wie wir der Präzision halber hinzufügen sollten. Alle anderen Beteiligten wirken statt dessen ein wenig ratlos angesichts ihres Insistierens auf diesem Unterschied.

Mutter Marthe ist empört über das Verhalten ihrer Tochter, weil sie ihre Felle davonschwimmen sieht. Ruprecht wittert hingegen Morgenluft und glaubt, Eve widerrufe endlich ihre (tatsächlich wahrheitswidrige) Beschuldigung seiner Person. Vor allem aber reagieren die Repräsentanten der Justiz mit einem gewissen Unverständnis. Adams Reaktion ist nicht überraschend, er setzt seine Erpressung fort, die alle Unterschiede zwischen verschiedenen Formen der Wahrheitsrede ohnehin belanglos macht.[144] Doch auch Schreiber Licht scheint ihrem Verhalten

---

[144] „A d a m . Ei, Leutchen! Ei Frau Marthe! Was auch macht sie? / Wie schüchtert sie das gute Kind auch ein. / Wenn sich die Jungfer wird besonnen haben, / Erinnert ruhig dessen, was geschehen / – Ich sage was geschehen i s t , und was, / Spricht sie nicht, wie sie s o l l , geschehn noch k a n n : / Gebt Acht, so sagt sie heut uns aus, wie gestern, / Gleichviel, ob sie's beschwören kann ob nicht. / Laßt Joseph und Maria aus dem Spiele. / W a l t e r . Nicht doch, Herr Richter, nicht! Wer wollte den / Partheien so zweideut'ge Lehre geben" V. 795-805). Zu den infamen Winkelzügen von Adams Erpressung, die sich auch in diesen Versen fortsetzt, gehört sein Umgang mit dem Modalverb ‚sollen', wobei nicht zuletzt der schamlos-raffinierte Einsatz der Subjunktion ‚wie' eine maßgebliche Rolle spielt. Mit Hilfe dieser beiden Worte versucht er nämlich gegenüber allen Anwesenden den Eindruck zu vermitteln, er wolle sie zur Einhaltung eines moralischen Prinzips ermahnen und an die Wahrheitspflicht ihrer Rede zu erinnern: „Spricht sie nicht, wie sie s o l l ." Für Eve selbst stellt sich die Sache indessen anders dar. Für sie hat das „wie" die Bedeutung von ‚was', hat sie doch nach dem erpresserischen Willen des korrupten Dorfrichters genau das zu sagen, *was* er von ihr verlangt. Und wenn es noch irgendetwas gibt, das Adam fürchtet, dann scheint ihn die Sorge vor einer transzendenten Vergeltung seiner üblen Taten umzutreiben. Hierin könnte es seinen Grund

haben, daß er dazu auffordert, „Joseph und Maria aus dem Spiel zu lassen" – aus einem ‚Spiel', das diesen Namen freilich nicht verdient, sondern in skandalöser Verdrehung der Bedeutung dieses Begriffs für den Ernst einer niederträchtigen Nötigung durch einen verkommenen Amtsträger steht. Gerade *weil* er sich, abgesehen vom vorausgehenden Versuch sexueller Nötigung, des Mißbrauchs seiner institutionellen Gewalt schuldig macht, scheint ihm die Anrufung der Heiligen bedeutsamer als ein Schwur zu sein: „Gleichviel, ob sie's beschwören kann ob nicht. / Laßt Joseph und Maria aus dem Spiele". Adams Haltung gegenüber dem Schwur stellt gleichsam eine symmetrische Umkehrung von derjenigen Eves dar. Während sie die institutionell definierte moralisch-religiöse Verpflichtung des Schwurs für wesentlicher erachtet als eine gleichsam ‚freie', außerhalb jeder institutionellen Bindung stattfindende Anrufung von Heiligen, verhält es sich ausgerechnet beim Repräsentanten der Justiz, bei Richter Adam genau andersherum. Seiner weitgehenden Miß- wo nicht Verachtung der Justiz steht eine gewisse Gottesfurcht gegenüber, deren Wirksamkeit indessen eher Rhetorisches betrifft, als daß sie sein Handeln wirklich leiten würde. Nur dort, wo die *Namen* zentraler Akteure der Heilsgeschichte fallen, erst dann, wenn die Sache mit Gott zur *Sprache* kommt, scheint den anderweitig ziemlich ruchlosen Übeltäter, der sich um die Gebote christlicher Moral nicht sonderlich schert, eine gewisse Sorge vor den himmlischen Mächten zu beschleichen. Auch darin tritt die Macht der Sprache, die Wirksamkeit des Ausgesprochenen, die der *Zerbrochne Krug* von Beginn an erkundet, einmal mehr in Erscheinung. (Adams Mahnung, die Heiligen aus dem Spiel zu lassen, zeigt im übrigen keinerlei Wirkung. Schon wenige Zeilen später sagt Marthe Rull, als seien die Worte des Dorfrichters ungehört verklungen: „M a r t h e   R u l l . Daß sie's gesagt hat gestern, das beschwör' i c h , / Und Joseph und Maria ruf' ich an" [V. 812f.]. Fast gewinnt man den Eindruck, als protestiere sie mit ihrer demonstrativen Anrufung der Heiligen gegen Adams Verbot.) Wie gering der Dorfrichter ein religiöses Fundament der Institution der Justiz achtet, geht paradigmatisch aus jenem Augenblick seiner Verhandlungsführung hervor, in dem er eine dem Gericht innewohnende überirdische Autorität für seine eigenen Absichten zu nutzen versucht – seine Rechtsbeugung also gleichsam mit Hilfe einer transzendenten Drohung absichern möchte. Bevor Eve mit ihrer Aussage beginnt, ermahnt der Dorfrichter sie eindringlich in aller Form: „A d a m . Sprich, Evchen, hörst du, sprich jetzt, Jungfer Evchen! / Gieb Gotte, hörst du, Herzchen, gieb, mein Seel, / Ihm und der Welt, gieb ihm was von der Wahrheit. / Denk, daß du hier vor Gottes Richtstuhl bist, / Und daß du deinen Richter nicht mit Läugnen, / Und Plappern, was zur Sache nicht gehört, / Betrüben mußt. Ach, was! Du bist vernünftig. / Ein Richter immer, weißt du, ist ein Richter, / Und Einer braucht ihn heut, und einer morgen" (V. 1097-1105). Für einen Moment scheint der Unterschied zwischen dem himmlischen Richter und Adams eigener Person fast zu verschwinden. Doch offensichtlich traut der Dorfrichter seiner eigenen Beschwörung einer transzendenten Dimension der Justiz die davon für sich erhoffte Wirkung nicht recht zu. Und so sucht er statt dessen mit opportunistischer Pragmatik Eve davon zu überzeugen, bei ihrer Aussage zu bleiben: Einen Richter brauche man immer wieder. Soll Adam also Eve nicht morgen (oder übermorgen) bei Bedarf gewogen sein? (Im Blick auf das Schicksal seiner eigenen Person zeigt sich der Dorfrichter mit seinen Worten allerdings bemerkenswert zuversichtlich. Denn, daß tatsächlich zutrifft, daß ein Richter *immer* ein Richter ist, wird sich für ihn selbst erst noch zu erweisen haben.) Daß Gerichtsrat Walter zu Adams Heiligenverbotsver-

nicht viel abgewinnen zu können: „Das ist ja seltsam" ist alles, was er zu sagen hat.

Welches Fazit aber ist aus diesen Beobachtungen zu ziehen? Im Grunde drängt sich vor allem die folgende Schlußfolgerung auf: Einzig für Eve ist der Schwur eine Frage der *Moral*. Kurioserweise erst außerhalb der Justiz gewinnt er damit im *Zerbrochnen Krug* jene moralische Verbindlichkeit, die ihm die Option seiner religiösen Bekräftigung je schon zu verleihen scheint. Die Autonomisierung des Systems der Justiz gegenüber ihrer Umwelt, d. h. ihre Herauslösung aus allen umfassenden, auch für sie verbindlichen Bestimmungsfaktoren des Verhaltens, scheint in dieser Komödie bemerkenswerter-, um nicht zu sagen: paradoxerweise, gerade dort zu gelingen, wo eine solche Unterscheidung weit weniger willkommen ist, nämlich dort, wo die Justiz mit der institutionellen Handlung eines Schwurs selbst am allgemeinen Moralgesetz partizipiert – präziser formuliert: partizipieren sollte.

Während die Repräsentanten der Justiz in Kleists Komödie wenig Sinn für ein Zeugnis in der Welt des Alltags aufzubringen scheinen, entfaltet die moralische Verbindlichkeit des Schwurs umgekehrt gerade, wo nicht erst in der außerinstitutionellen Umwelt des Gerichts – wenn auch nur höchst selektiv – ihre Wirksamkeit.

---

such nicht mehr als eine weitere verärgerte Aufforderung an ihn zum angemessenen Umgang eines verhandlungsleitenden Richters mit den Parteien im Sinn hat und ihn vor „zweideut'ge(n) Lehren" warnt, gehört zum üblichen Repertoire seiner Verhaltensweisen. Nur insoweit (und nicht an sich) interessiert *ihn* die Sache mit Gott. Aber inwiefern handelt es sich bei Adams Aufforderung zum Verzicht auf die Nennung der Heiligen eigentlich um etwas ‚Zweideutiges'? Zur Antwort auf diese Frage hilft Walters Begriff der „Lehre" weiter. Walter scheint Adam nämlich die potentielle Gottlosigkeit seiner Äußerung zu vorzuhalten, als sei die Wendung an die Himmlischen schlechthin wertlos. Adams Rede wäre insofern ‚doppeldeutig', als sie nicht nur besagen könnte, vor Gericht sei eine religiöse Beteuerung eigener Aussagen unangemessen. Vielmehr könnte sie ebenso ein atheistisches Bekenntnis zum Inhalt haben, für das der Dorfrichter mit seinen Worten zugleich werbe. Der ihm dabei von Walter unterstellte Sinn aber geht ebenso bemerkenswert an den Absichten, die Adam selbst mit seiner Äußerung verbindet, vorbei, wie der Gerichtsrat zum anderen – ohne sich dessen überhaupt bewußt sein zu können – mit dem Begriff der Zweideutigkeit gleichwohl den Nagel auf den Kopf des Sinns von Adams Bemerkung trifft. Denn tatsächlich kann die an alle Anwesenden („Ei, Leutchen!") gerichtete Aufforderung von ihnen selbst kaum anders als ein Aufruf zur Unterlassung einer vor Gericht unangemessenen Anrufung von Heiligen verstanden werden. Den Dorfrichter scheint hingegen weit mehr die Berufung auf die biblischen Eltern des Erlösers angesichts einer von ihm erzwungenen platten Unwahrheit zu bekümmern. Adams Worte haben also wirklich je nach Perspektive eine andere Bedeutung und sind in *diesem* Sinn durchaus ‚zweideutig'. Der Gerichtsrat sagt insofern Treffendes, obwohl er sich irrt. Auch dies gehört zu den Kapriolen der Sprache, die einer Komödie wohl anstehen.

Es bleibt in dieser Komödie in verschiedener Hinsicht bei einer äußerst prekären Beziehung zwischen dem System der Justiz und seiner Umwelt des lebensweltlichen Alltags. Die Grenze zwischen ihnen erweist sich dort als labil, wo sie es nicht sein sollte; und beide Sphären driften auseinander, wo ihr Zusammenhang geboten wäre.

Das – jenseits aller moralischen Verwicklungen – unter systemtheoretischen Gesichtspunkten interessanteste Moment ihres Verhältnisses, das *Der zerbrochne Krug* zum Vorschein bringt, aber besteht wohl darin, daß die Strukturen der Kommunikation es gar nicht zulassen, die Justiz auf eine trennscharfe, ausschließlich funktionale Beziehung zu ihrer Umwelt festzulegen. Die Rede vor Gericht wie diejenige außerhalb desselben gehören einem gemeinsamen *universe of discourse* an, dessen Prinzipien nicht nur diesseits wie jenseits der Grenze des Systems der Justiz Geltung besitzen. Vielmehr konstituiert dieses Diskursuniversum ebenso ein Kontinuum der Rede, ein Netzwerk von sich aufeinander beziehenden Aussagen, an dem dieses System wie seine Umwelt gleichermaßen teilhaben – und ohne dessen Existenz auch die Justiz nicht zu agieren vermöchte.

4.4 Das Sprachspiel des Prozesses

Daß der Sprachgebrauch im *Zerbrochnen Krug* durchgängig mit der Komplexität der Rede der Akteure dieses Stücks spielt, daß er Vieldeutigkeit, unabsehbare Bedeutungen und Mißverständnisse produziert, daß er den wechselnden Sinn gleicher Ausdrücke vorführt etc., derlei Phänomene, denen wir schon vielfach begegnet sind, gehören gleichsam zur Grundausstattung dieser Komödie,[145] die *in praxi*

---

[145] Er ist denn auch in der Forschung zu Kleists Komödie ausführlich besprochen worden. Allerdings kann ich mich nicht zu einer – zumal in jüngerer Zeit, angesichts der Popularität sprachkritisch-dekonstruktiver theoretischer Ansätze in der Literaturwissenschaft – verbreiteten Deutung verstehen, die als eine, wo nicht *die* Essenz dieses Stücks – und womöglich des kleistschen Werks im Allgemeinen – seine Affinität zu genau dieser Theorie herausstellt. Seine Kernbotschaft erkennt sie darin, daß eine schlechthin metaphorische, aller Eigentlichkeit entzogene Sprache das unausweichliche Schicksal jeglicher Kommunikation zwischen den Menschen bilde. Ich zitiere beispielhalber für diese Auffassung zwei Formulierungen, die sie bündig auf den Punkt bringen. Die erste der beiden stammt von Monika Schmitz-Emans, die in den Strukturen von Kleists Sprache die Postulate von Nietzsches Abhandlung *Über Wahrheit und Lüge im außermoralischen Sinne* vorweggenommen sieht und die betreffende These prägnant auf den Begriff bringt: „Keine ‚wahre' Sprache, nur ‚uneigentliche' Ausdrücke begleiten uns auf dem Weg durch (oder um) die Welt" (Schmitz-Emans 2002, S. 51). Bei Bernhard Greiner heißt es in ähnlicher Weise zur *Vorrede* des *Zerbrochnen Krugs*: „Es dürfte deutlich geworden sein, daß die *Vorrede*, wenn Kleist sie in die Druckfassung übernommen hätte, das semiotische Feld schon sinnfällig markiert hätte, auf dem die Komödie sich bewegt. Es gibt hier offenbar keine sichere Verweisung vom Abbild zum Urbild, also von der Erscheinung zur Idee. Die Zeichenrelation ist unsicher, das Urbild verliert sich

das vorwegnimmt, was im 20. Jahrhundert die Sprachwissenschaft unter dem Begriff der Pragmatik[146] als eine eigene Teildisziplin institutionalisieren wird. Darauf sind wir verschiedentlich in diesem Band bereits eingegangen.[147] Indessen ist in

> in immer neuen Prozessen der Stellvertretung" (Greiner 2000, S. 83). Solche Feststellungen scheinen mir, zumal in der dabei mitunter zu bemerkenden Radikalität der betreffenden Position, an dem, was sich für die Sprache im *Zerbrochnen Krug* im Blick auf die dort dargestellte sprachliche Kommunikation beobachten läßt, vorbeizugehen. Was die Dialoge dieser Komödie vorführen, ist – um Saussures einschlägige Terminologie zu benutzen – nicht ein Phänomen der *langue*, sondern ein solches der *parole*. Hier steht nicht eine immanente Aporie des sprachlichen Zeichens, sondern die kontextuelle Unzuverlässigkeit der Semantik im konkreten Sprachgebrauch zur Debatte; und deren Vieldeutigkeit ergibt sich aus der ebenso beträchtlichen wie unvermeidlichen Komplexität aller menschlichen Interaktion. Doch eine solche, im Übrigen aus einer Vielzahl von Ursachen erwachsende, Uneindeutigkeit ist weder grundsätzlich unaufhebbar, noch ist sie allgegenwärtig. Sie ist – ungeachtet ihrer ganz unstrittigen Häufigkeit – vielmehr ihrerseits kontingent. Ich stimme in dieser Hinsicht sehr entschieden Gerhart Pickerodts Skepsis gegenüber der Annahme zu, eine postmoderne Zeichentheorie fungiere als Referenzhorizont von Kleists Komödie (Gerhart Pickerodt, „‚Bin ich der Teufel? Ist das ein Pferdefuss?' Beantwortung der Frage, warum Kleists Dorfrichter Adam den linken Fuß zeigt", in: *Kleist-Jahrbuch* 2004, S. 107-122, hier. S. 108.) Es entbehrt übrigens nicht einer gewissen Komik, wenn bisweilen die Problemstellungen semiotischer Theorie zu Anliegen (oder Motivationen) der Akteure des Geschehens geraten. So äußert Greiner anläßlich von Eves dringlicher Bitte, ihre Mutter solle den beschädigten Krug nicht zum Gegenstand einer Klage bei Gericht machen, sie selbst werde sich statt dessen nach einem Kesselflicker umsehen, der ihn wiederherstellen könne (siehe oben Anm. 83), ein wenig überraschend: „Für Eve sind die Relationen zwischen Zeichen und Referent frei geworden. So kann sie der Mutter vorschlagen, den Krug restaurieren zu lassen" (Greiner 2000, S. 85). Und wenig später liest man: „Von Ruprecht wiederum verlangt Eve, am bisherigen Referenten vom ganzen Krug (d. h. bewahrter Unschuld) festzuhalten" (ebd.). Hier wie dort ist das Interpretament denn doch allzu rasch mit seinem Interpretandum identifiziert. Die Entschiedenheit des hermeneutischen Willens scheint blind für seine kuriosen Nebenwirkungen zu machen, doch gerade an ihnen bricht sich die Plausibilität entsprechender Deutungen. Wenn ich in einer solchen Praxis der Interpretation eine Wiederkehr mittelalterlicher Allegorese bemerkt habe (siehe oben Anm. 35), dann deshalb, weil die Überzeugung von der Geltung der zum Zweck einer Deutung benutzten Theorie sich kaum vom unerschütterlichen Glauben an eine Wahrheit unterscheidet, von der es aufgrund ihrer angenommenen Verbindlichkeit gar nicht sein kann, daß sie sich in dem zur Debatte stehenden Artefakt – wie übrigens auch in jedem anderen – *nicht* wiederfinden ließe.

[146] Siehe etwa den Sammelband *Linguistische Pragmatik*, hg. von Dieter Wunderlich, Frankfurt am Main: Athenäum, 1972.
[147] Für Walter Müller-Seidel sind es „die Widersprüchlichkeit der Welt, und der Schein, der über ihr liegt", der den „Doppelsinn der Sprache" bei Kleist zu verantworten hat. Von ihm heißt es in einem Kommentar zum Dialog in seinen Dramen: „Hier vor allem wird die Sache selbst zum Anlaß fortwährender Versehen. Sie wird in den Schein der Welt hineingezogen und verstrickt sich ins Zweideutige, ins Widersprüchliche und

diesem Zusammenhang eine Besonderheit zu beobachten, die von Anfang an den gesamten Gerichtsprozeß begleitet.

Allenthalben nämlich gibt es nicht nur eine gehörige Verwunderung über Adams ziemlich ‚unkonventionelle' Prozeßführung, die gleichwohl auffällig wenig Verdacht bei den Beteiligten schöpfen läßt. Vielmehr kommt es zu einer ganzen Serie von ausdrücklichen (sprachlichen) Vorwegnahmen des schließlichen Prozeßergebnisses, ohne daß derlei ‚Einsichten' Folgen für den Verlauf der Verhandlung besäßen – auch wenn sich am Ende eine entsprechende Vermutung durchaus als ein entscheidender Hinweis auf den wahren Schuldigen erweist. Doch über die längste Zeit seiner Dauer führt der Prozeß nachgerade systematisch die Blindheit sprachlicher Semantik – der *bloßen* Semantik, sollte man präziser sagen – vor, die erst situationsabhängig ihre Wirksamkeit zu entfalten vermag. Erst in rückblickender Deutung erweist sich das Gesagte als klüger, als man es ihm zugetraut hätte.

Noch bevor der Prozeß beginnt, bemerkt Gerichtsrat Walter Auffälligkeiten im Verhalten des Dorfrichters, für deren Erklärung Adam mit einer ziemlich abenteuerlich anmutenden Geschichte aufwartet:

> Walter.
> Ihr seid ja sonderbar zerstreut. Was fehlt euch?
> Adam.
> – Auf Ehr'! Verzeiht. Es hat ein Perlhuhn mir,
> Das ich von einem Indienfahrer kaufte,
> Den Pips: ich soll es nudeln, und versteh's nicht,
> Und fragte dort die Jungfer bloß um Rath.
> Ich bin ein Narr in solchen Dingen, seht,
> Und meine Hühner nenn' ich meine Kinder.
> Walter.
> Hier. Setzt Euch. Ruft den Kläger und vernehmt ihn.
> (V. 557-564)

Über Walters Reaktion auf die von Adam berichtete und höchst belanglos wirkende Begebenheit, die sein erstaunliches Verhalten gleichwohl erklären soll, erfährt der Zuschauer nichts. Die Einschätzung der Entschuldigung des Dorfrichters durch den Gerichtsrat bleibt im Dunkeln, auch wenn Walter (oder gerade *weil* er) zur Tagesordnung übergeht. Immerhin muß der Dorfrichter selbst wohl annehmen, daß Walter ihm die Sache abnimmt. Denn Adam bleibt der betreffenden Erklärung

---

Rätselhaft-Undurchschaubare" (Müller-Seidel 1961, S. 140). Doch ist es nicht allein die epistemologisch-ethische *Scheinhaftigkeit* der Welt, sondern ebenso deren – ganz wertfreie – *Komplexität*, die die Vieldeutigkeit sprachlicher Äußerungen zur Folge hat. Nicht nur Abgründigkeit, auch Vielfalt produziert Vieldeutigkeit, die im Übrigen von Mehrdeutigkeit – auch wenn dies kaum in wünschenswerter Weise geschieht – zu unterscheiden ist (siehe hierzu Anm. 191).

seines kuriosen Verhaltens treu, als er von Walter neuerlich zur Ordnung gerufen wird, und versucht auch diesmal, sein inkriminiertes Vorgehen im Prozeß mit Hilfe desselben ‚Histörchens' zu erläutern.[148] Gleichwohl erscheint es im Grunde ausgesprochen verwunderlich, wo nicht abwegig, daß der Casus mit dem Perlhuhn Adam in solchem Maß hätte verstören können, daß er das merkwürdige Agieren des Dorfrichters in diesem Prozeß zu motivieren vermöchte.

Doch so kurios die Geschichte klingen mag, tatsächlich hat sich, wie Marthe Rull später bestätigen wird, ereignet, was Adam zur Erläuterung wie Entschuldigung seines auffälligen Betragens anführt. Nur wird er selbst kaum davon ausgehen, daß dies der Grund für sein ungewöhnliches Agieren ist. Interesse kann deshalb nur die Frage finden, warum er just auf diese – alles andere als sonderlich plausible – Erklärung verfällt.

Dazu lassen sich wiederum zwei unterschiedliche Deutungen seiner Äußerung anführen. Ein Grund mag darin bestehen, daß im Raum Anwesende – und vorzugsweise die Partei der Klägerin – bestätigen können, daß er sich die Sache nicht ausgedacht hat, was denn auch geschieht.[149] Doch gibt es möglicherweise einen

---

[148] Und dies, obwohl der Gerichtsrat bereits mit der Absetzung Adams droht. Inzwischen, d. h. im Wiederholungsfall, scheint das Verständnis Walters für die Geschichten des Dorfrichters nämlich deutlich abgenommen zu haben: „W a l t e r. Fragt, macht ein Ende, fragt, ich bitt' euch sehr: / Dies ist die letzte Sache, die ihr führt. / A d a m Die letzte! Was! Ei freilich! Den Beklagten! / Wohin auch, alter Richter, dachtest du? / Verflucht das pips'ge Perlhuhn mir! Daß es / Krepirt wär an der Pest in Indien! / Stets liegt der Kloß von Nudeln mir im Sinn. / W a l t e r. Was liegt? Was für ein Kloß liegt euch –? / A d a m. Der Nudelkloß, / Verzeiht, den ich dem Huhne geben soll. / Schluckt mir das Aas die Pille nicht herunter, / Mein Seel, so weiß ich nicht, wie's werden wird. / W a l t e r. Thut Eure Schuldigkeit, sag ich, zum Henker!" (V. 834-845). Gleich im doppelten Sinn fehlt dem Gerichtsrat das Verständnis für Adams merkwürdige Entschuldigung. Weder versteht Walter, was Adam meint (er scheint beim ersten Mal mithin nicht sonderlich aufmerksam gewesen zu sein), noch scheint er mit der Erklärung einverstanden; denn seine Reaktion fällt diesmal heftig aus. Dies liegt nicht zuletzt daran, daß Adam sich offensichtlich zu immer abstruseren Erklärungen seiner merkwürdigen Ausrede veranlasst sieht. Es scheint, als hätte er sich in die Gefangenschaft seiner eigenen Erklärung begeben, die zu wechseln ebenso unglaubwürdig wirkte, wie an ihr festzuhalten. (Ob allerdings Walters Drohung mit der Absetzung, die sich bereits wie die Feststellung eines längst entschiedenen *fait accompli* ausnimmt, sonderlich dazu beiträgt, den Dorfrichter zu einem vorschriftskonformen Verhalten zu bewegen, steht ebenso dahin. Womöglich reagiert der Dorfrichter nicht zuletzt deshalb so verstört, *weil* er sich mit dem Ende seiner Amtszeit konfrontiert sieht.) Im Grunde fallen – und dies ist wiederum sehr charakteristisch für die Gattung der Komödie – beide Akteure aus ihren jeweiligen Rollen. Auch diese verwickelte Logik der Konversation, die sich einmal mehr einer eindeutigen Deutung entzieht, gehört zum Studium der Pragmatik der Sprache, das Kleists Lustspiel entfaltet.

[149] „W a l t e r. Wie so? Ihr sagtet, / Die Jungfer helfe euren Hühnern auf, / Die euch im Hof erkranken. Hat sie nicht / Noch heut in dieser Sach' euch Rath ertheilt? / F r a u M a r t h e. Ja, allerdings, gestrenger Herr, das thut sie. / Vorgestern schickt' er ihr ein

zweiten, weniger evident scheinenden, aber um so triftigeren Grund für Adams irritierende Wahl einer ziemlich abwegig erscheinenden Erklärung seines Verhaltens. Und gerade dieses Motiv könnte – und vermutlich sogar, *weil* die Erzählung so aberwitzig erscheint – erklären, warum Adam sich zum Zweck seiner Entschuldigung auf einen Sachverhalt beruft, dessen Glaubwürdigkeit als Ursache seines merkwürdigen Benehmens – vorsichtig formuliert – nicht unbedingt überzeugend ausfällt.

Wesentlich für diese zweite Deutung von Adams Aussage ist zunächst, daß sie einen Zusammenhang mit der „Jungfer" Eve herstellt – also in ihrer Bezeichnung der – präsumtive – Status ihres Körpers zur Sprache gebracht ist. Und so läge in diesem Fall noch einmal etwas vor, das man ca. ein Jahrhundert später mit dem Begriff einer freudschen Fehlleistung belegen wird.

Die betreffende Bedeutung von Adams Geschichte mit dem Perlhuhn ergäbe sich diesmal daraus, daß seine Beschreibung des kranken Federviehs und dessen angeratener Behandlung („ich soll es nudeln, und versteh's nicht, / Und fragte dort die Jungfer bloß um Rat") potentiell auch einen obszönen Sinn umfaßt, der Adams geheime Begehrlichkeiten im Blick auf Eve zum Ausdruck bringt. Liest man seine kuriose Entschuldigung in diesem – hier nicht weiter zu erläuternden – Sinn, so läßt sich daraus nicht allein das Phantasma eines Geschlechtsakts lesen, vielmehr passen gleich mehrere Aussagen in verschlüsselter Weise auf die fatalen Ereignisse der zur Debatte stehenden Nacht. Denn in der Tat wußte er sich wohl auch *in eroticis* nicht recht anzustellen, um zum erwünschten Ziel zu gelangen („und versteh's nicht"). Allem begründeten Anschein nach war sein diesbezüglicher Versuch in Eves Kammer – glücklicherweise – nicht von Erfolg gekrönt. Und daß er die „Jungfer bloß um Rat fragte" nimmt sich dann wie eine Abwehr seines Vergewaltigungsversuchs gegenüber sich selbst aus – also ein Fall von Verdrängung. Auch die Sache mit dem Indienfahrer („Es hat ein Perlhuhn mir, / Das ich von einem Indienfahrer kaufte, / Den Pips") paßt nicht übel. Schließlich hat er Eve mit der Behauptung erpreßt, Ruprecht vor einer Expedition in diese Weltgegend bewahren zu können.[150] Die hier skizzierte, einer psychoanalytischen Deutung

---

krankes Perlhuhn / Ins Haus, das schon den Tod im Leibe hatte. / Vorm Jahr rettete sie ihm eins vom Pips, / Und dies auch wird sie mit der Nudel heilen: / Jedoch zum Dank ist er noch nicht erschienen" (V. 1585-1594). Zum Dank wohl kaum, doch „erschienen" ist er durchaus – nur weiß Marthe es (noch) nicht.

[150] Entsprechendes gilt übrigens auch für die Einzelheiten, mit denen Adam beim zweiten Mal seine Geschichte vom kranken Perlhuhn auftischt: „Der Nudelkloß, / Verzeiht, den ich dem Huhne geben soll. / Schluckt mir das Aas die Pille nicht herunter, / Mein Seel, so weiß ich nicht, wie's werden wird". Wofür eigentlich entschuldigt sich der Dorfrichter an dieser Stelle? Dafür daß er wieder von Belanglosem schwadroniert, weil es eben belanglos ist bzw. solange – auch für ihn selbst – erscheinen muß, als der tiefere Sinn seiner Ausflüchte unverstanden bleibt. Zur metaphorischen Verschlüsselung des Unterbewußten aber gehört es auch an dieser Stelle, daß die Bedeutung seiner Zeichen volatil ist. So stünde der Nudelkloß, den Adam dem kranken Huhn verabreichen soll, nun für

präludierende Erklärung seiner abstrusen Geschichte hat aufgrund der Dichte der Indizien manches für sich.

Wenn Adam sich also auf eine so erstaunliche, ja verstörende Weise gegenüber dem Gerichtsrat ‚herausreden' möchte, dann spricht mit hoher Wahrscheinlichkeit zumindest *auch* das Unterbewußte aus ihm; denn der ersten der beiden von uns genannten Alternativen mangelt es an einer hinreichenden Erklärung für das Kuriose seines Verhaltens. So kommt es dazu, daß sich hier vermutlich eine Wahrheit artikuliert, die nicht nach der Stärke ihrer Plausibilität für den ihr zugedachten Zweck fragt, sondern um ihrer selbst willen gesagt sein will und *darum* zur Sprache drängt. Offensichtlich sagt der Dorfrichter, wenn auch in verschlüsselter Unausdrücklichkeit, ja sehr viel mehr, als er an sich von sich preisgeben möchte. Im Grunde äußert er insgeheim sogar das Gegenteil dessen, was er zu sagen beabsichtigt (auch wenn man den symbolischen Kode seiner Rede wohl nur dann treffend zu entschlüsseln vermag, wenn man den verschlüsselten Sachverhalt bereits kennt).

---

die Erpressung, mit der der Dorfrichter Eve gefügig machen und sie an der Offenbarung der tatsächlichen Geschehnisse der vergangenen Nacht hindern möchte. Die Sorge, sie könnte es sich anders überlegen, macht sie zum angstbesetzen Wesen, das der Dorfrichter darum – wenig schmeichelhaft – zum Aas erklärt. Und wenn er verlautbart, daß er dem Huhn den Kloß geben soll, dann entlastet er sich selbst, macht damit doch „die Jungfer" zum Urheber dessen, was er selbst von ihr erpresserisch verlangt. Die Sorge, vor dem, was da kommen mag, aber kommt in einer höchst verräterischen Formulierung zur Sprache: „Schluckt mir das Aas die Pille nicht herunter, / Mein Seel, so weiß ich nicht, wie's werden wird". Daß Adam seine Seele ins Spiel bringt, wirkt angesichts der verhältnismäßig unwichtigen Sache, um die es seinen Erklärungen zufolge im wörtlichen Sinn geht, zweifellos ziemlich übertrieben. Zudem eröffnet der letzte der zitierten Verse mit seiner auffällig allgemeinen Wendung, „wie's werden wird", die Möglichkeit, Verschiedenstes unter das Pronomen ‚es' zu subsumieren. Es bedarf keines exzessiven hermeneutischen Scharfsinns, um zu ermessen, daß das Fürwort aus Sicht des Dorfrichters vor allem als Platzhalter seiner Furcht vor dem Ausgang des Prozesses fungiert. Aber damit tritt auch schon eine weitere Strategie des Unterbewußten in Erscheinung, die in gewisser Weise mit dem Drang zur Offenbarung der Wahrheit konkurriert, der gleichermaßen darin angelegt ist. Das Histörchen vom kranken Perlhuhn stellt nämlich auch ein Medium der Verdrängung dar, es betreibt die Verschiebung der Furcht vor der wirklichen Gefahr auf eine ziemlich belanglose Bekümmernis. Und wenn es sich bei dieser Strategie um eine zum Offenbarungstrieb des Unterbewußten gegenläufige Operation handelt, dann ist ein solcher Widerspruch im Grunde bereits in der Eigenart verschlüsselter Botschaften als solcher angelegt. Eine kodierte Nachricht verbindet immer schon beides: Bekanntmachung und Verrätselung. Und was den Erfolg der Verdrängungsarbeit angeht, so bleibt auch er im Hinblick auf das kranke Perlhuhn zwiespältig. Denn die bei dieser Verschiebung zutage tretende Disproportion im Verhältnis des psychischen Aufwands zu dem Gegenstand, der ihn (vorgeblich) auslöst, macht die betreffende Verdrängung ihrerseits verräterisch für das, was sie doch gerade aus der Welt schaffen soll.

Vermutlich also findet man in den Tiefen von Adams Unterbewußtem den Schlüssel zu seiner irritierenden Wahl einer alles andere als nachvollziehbaren Entschuldigung für sein zurecht kritisiertes, abnormes Verhalten bei Gericht. Wenn *Der zerbrochne Krug* das Paradigma unterschiedlicher hermeneutischer Operationen entfaltet und deren Unvermeidlichkeit im Umgang der Menschen miteinander wie im Verhältnis zu ihrer Welt herausstellt, dann scheint dazu auch bereits eine äußerst hellsichtige Demonstration der Strategien des Unterbewußten zu gehören.[151]

So kommt es denn an dieser Stelle auch zu einer ersten – allem Anschein nach ebenso ungewollten wie unbemerkt bekenntnishaften – Vorwegnahme der Offenbarung des Sachverhaltes, den der Ausgangs des Prozesses offenbar machen wird. Doch vermutlich wird er von niemandem als solcher erkannt, und aller Wahrscheinlichkeit nach wird sich noch nicht einmal Adam selbst seiner verschlüsselten Botschaft bewußt werden – weil er sich ihrer nicht bewußt werden darf (ganz zu schweigen von Eve, deren Vorstellungsvermögen sich das hier figürlich Geschilderte entziehen wird, obwohl sie wissen könnte, worum es geht). Erst der Rezipient des Lustspiels profitiert vom hermeneutischen Vorteil eines kundigen (weil wohlinformierten) Beobachters, dem sich erschließt, was allen Akteuren verschlossen bleibt, da er über Kenntnisse verfügen kann, die den Beteiligten (noch) nicht zugänglich sind.

Kleists im *Zerbrochnen Krug* von Beginn an konsequent betriebene Erkundung solcher Bedeutungen der Sprache, die sich wieder und wieder jenseits des propositionalen Gehaltes ihrer Äußerungen einstellen, führt mithin auch auf die Spur eines Unterbewußten, das zur Sprache drängt und dabei alle absichtsvollen taktischen Erwägungen sprachlicher Äußerungen empfindlich zu durchkreuzen vermag. Suchte diese tiefgründige Komödie deshalb auch in den abgründigen Tiefen des Unterbewußten die Wirksamkeit jenes mehr oder minder latenten Drangs der Sprache zur Wahrheit, zu nichts als der Wahrheit und der ganzen Wahrheit auf, den die Justiz strafbewehrt institutionalisiert hat?

Nicht zuletzt mit dieser ‚Aufklärungsarbeit' leistet Kleists Komödie einen ebenso erheblichen wie erhellenden Beitrag zur Einsicht in den Zusammenhang von Literatur und Recht, die in den Prinzipien der Sprache, präziser gesagt, in den elementaren Modalitäten des Sprachgebrauchs die Fundamente ihrer Gemeinsamkeit(en) besitzen. Er macht die Literatur selbst zum Medium einer solchen

---

[151] Freilich läßt sich nicht grundsätzlich ausschließen, daß Adam hier mit seinen Adressaten spielt und ihnen eine Geschichte zu ‚verkaufen' versucht, die absichtsvoll verrätselt, was er an sich verbergen möchte. Aber paßt eine solche Waghalsigkeit zu der bedrängenden Situation, in der sich der Dorfrichter befindet? Sollte er unter den gegebenen Umständen seine Unglaubwürdigkeit in Kauf nehmen, um sich an der Blindheit derer zu delektieren, an die er seine verschlüsselten Worte richtet? Vieles spricht dagegen, weil zu vieles für Adam auf dem Spiel steht. Doch auch der Rezipient von Kleists Komödie sieht sich einmal mehr auf eine hermeneutische Vermessung von Wahrscheinlichkeiten verwiesen. Die Unvermeidlichkeit von Deutungen verbindet auch hier die Akteure der Handlung mit dem Zuschauer (oder Leser) des *Zerbrochnen Krugs*.

Aufklärung. Der analytische Fokus dieses Lustspiels reicht deshalb weit über die komische Demaskierung einer korrupten Institution oder die Aufdeckung universeller moralischer Defizite der Protagonisten – und damit zugleich der Menschen schlechthin -- hinaus, wiewohl natürlich auch all dies zu dieser Komödie gehört. *Der Zebrochne Krug* betreibt aber gleichermaßen sprachliche Arbeit an der Sprache zum Zweck ihrer Selbsterkundung.[152]

Haben wir bislang eine – als solche unerkannt bleibende – Vorwegnahme des Ausgangs des Prozesses besprochen, die sich aus den Tiefen von Adams Unterbewußtem zu Wort meldet, so kommt es zu solchen gleichfalls ‚blinden' rhetorischen Antizipationen des Endes auch aus ganz anderen Gründen. Sie entstammen allesamt, wie schon der erste von uns untersuchte Fall, einer gemeinsamen Ursache: der Verwunderung über Adams regelwidrige, ja erratisch wirkende Prozeßführung.

Als der Dorfrichter Eves neuerliche Bekräftigung ihrer Aussage, Ruprecht sei der gesuchte Schuldige, vernimmt, will er einmal mehr den Prozeß sogleich für

---

[152] Auf den ersten Blick mag es erstaunlich erscheinen, daß just die Gattung der Komödie, zu deren elementaren Bausteinen das Komische zählt, ein besonderes analytisches Potential besitzen soll. Besteht ihre Funktion nicht vielmehr wesentlich in der Erheiterung, ja Belustigung ihrer Zuschauer, welche Funktionen mit einem Erkenntnisinteresse wenig gemein haben? Die betreffende Zweckbestimmung hat nicht selten Anlaß zur – bisweilen scharfen – Kritik an dieser Gattung gegeben und im Besonderen zum Zweifel an ihrer moralischen Integrität geführt. Die topische Verteidigung der Komödie mit dem Argument, sie stehe vielmehr im Dienst der Moral, sei es doch ihr Anliegen, das Laster lachend als ein solches zu decouvrieren, hat nie rundherum überzeugen können. Die Skepsis, daß Lachen ein geeignetes Mittel sei, um den Menschen ihre unmoralischen Neigungen auszutreiben, überwiegt bei den Gegnern der Komödie diese als bloße Apologie verworfene Rechtfertigung der Gattung. Aber wo wäre dann ein Ansatz zur Begründung einer Affinität des Komischen zu einer analytischen Leistung zu entdecken? Um sich dessen zu vergewissern, gilt es, die Struktur des Komischen in Rechnung zu stellen. Alle Komik hat mit einer Abweichung vom Üblichen und Erwartbaren zu tun (vgl. hierzu des Näheren unten Anm. 198). Man lacht über das, was sich entgegen einer Erwartung einstellt, was die Norm durchbricht, den Absichten zuwiderläuft oder die Ordnung durchbricht: über ein Manuskript, das sich während einer Rede unerwartet über den Fußboden des Vortragssaales ergießt, über den selbsternannten Meisterpianisten, der sich vor allem mit falschen Tönen hervortut oder über einen Versprecher, der unerwartete Bedeutungen eines Wortes erzeugt – vorzugsweise dann, wenn sie für die Sprechsituation ganz besonders unpassend sind. Komisches hat also mit einer Störung zu tun. Störungen aber beinhalten in der Tat ein analytisches Potential. Aus diesem Grund hat die Linguistik nicht zuletzt die Aphasie als ein erhellendes Phänomen zur Analyse des Funktionierens der Sprache erkannt. Es ist dieses analytische Moment der Abweichung vom Üblichen, das in aller Komik steckt, dessen sich Kleist im *Zerbrochnen Krug* virtuos bedient, um die Mechanismen unerwarteter Produktion von Semantik zu erkunden.

beendet erklären.[153] Wiederum fährt ihm Gerichtsrat Walter in die Parade. Wir sind diesen Versen teilweise bereits begegnet:[154]

> Walter.
> Von eurer Aufführung, Herr Richter Adam,
> Weiß ich nicht, was ich denken soll. Wenn ihr selbst
> Den Krug zerschlagen hättet, könntet ihr
> Von euch ab den Verdacht nicht eifriger
> Hinwälzen auf den jungen Mann, als jetzt. –
> Ihr setzt nicht mehr ins Protokoll, Herr Schreiber,
> Als nur der Jungfer Eingeständniß, hoff' ich,
> Vom gestrigen Geständnis, nicht vom Facto.
> (V. 820-827)

Einmal mehr scheint fast jedes Wort dieser Verse wohlüberlegt platziert zu sein, um die geläufige Bedeutung gängiger Redewendungen gleichsam gegen den Strich zu bürsten.

Er wisse nicht, was er von Adams „Aufführung" denken solle, behauptet Walter. Dabei denkt er sich doch gerade etwas, dessen Pertinenz für die laufende Verhandlung kaum anders als bestechend wirkt – und folglich ist dies ebenso etwas, das er sich in der Tat denken *sollte*. Denn mit bemerkenswertem Scharfsinn versteht es der Gerichtsrat, das auffällig ungewohnte – und darum nach einer Erklärung verlangende – Agieren des Richters treffend zu deuten und als Ursache für Adams regelwidriges Vorgehen im Prozeß genau das zu vermuten, was diesen *de facto* zu seinem Handeln veranlaßt. Nur bleibt Walters Gedanke – fürs erste – gänzlich folgenlos. Seine Hellsichtigkeit steht in einem beinahe verstörenden Gegensatz zu seiner Wirkungslosigkeit (die mithin ihrerseits zu einer Deutung aufzufordern scheint). Und wenn diese triftige Vermutung ihren Effekt verfehlt, dann vermutlich deshalb, weil sie dem abnormen Verhalten eine Deutung zumutet, die gleichermaßen abwegig erscheint.

Walters Interpretation von Adams verstörendem und darum erklärungsbedürftigem Agieren spiegelt gleichsam dessen Abnormität, aber sie verfehlt gerade deshalb die Erkenntnis der Ursache des irritierenden Procedere des Dorfrichters, weil diese Deutung etwas für den Gerichtsrat Unvorstellbares zur Sprache bringt. Sollte es womöglich schon hier die Sorge um das Ansehen des Gerichts sein, die Walter davon abhält, seinen eigenen Gedanken wirklich ernst zu nehmen und den Repräsentanten der Justiz für den gesuchten Übeltäter zu halten? Es wird noch gehörige Verhandlungszeit brauchen, bevor aus Walters punktgenauer, aber verkannter Einsicht ein zielführender Verdacht entsteht.

---

[153] „Frau Marthe. Heraus damit! Hast du's mir nicht gesagt? / Hast du's mir gestern nicht, mir nicht gesagt? / Eve. Wer läugnet euch, daß ich's gesagt – Adam. Da habt ihr's./ Ruprecht. Die Metze die! Adam. Schreibt auf" (V. 816-819).
[154] Siehe oben S. 48.

Als eine „Aufführung" bezeichnet der Gerichtsrat zudem das irritierende Verhalten Adams. Die auf das Theater deutende Assoziation des Begriffs benennt die Ungewöhnlichkeit seines Verfahrens im Prozeß. Ein Handeln, das aufgrund einer solchen Ungewöhnlichkeit Aufmerksamkeit auf sich zieht, scheint das Theatralische auszumachen, das diese ja geläufige Redewendung („wie führst Du Dich auf?") einem solchen Betragen bescheinigt. Und weil der Begriff im *Zerbrochnen Krug* im Rahmen einer Handlung fällt, die tatsächlich den Gegenstand einer Aufführung bildet, beleuchtet er zugleich die Beziehung zwischen dem Theater und der von ihm repräsentierten Lebenswelt: Auf der Bühne, so scheint der Begriff zu verstehen zu geben, kommt das Besondere, das, was nicht dem Üblichen entspricht (und darum Aufmerksamkeit erzeugt wie verdient), zur Darstellung. Hierin gibt die Institution des Theaters sozusagen ihren „Sitz im Leben" zu erkennen.

Aber diese immanente Charakteristik der Beziehung zwischen der Bühne und dem Leben steht zum anderen in einem gewissen Spannungsverhältnis zum Titel der Komödie und seinem heimlichen hermeneutischen ‚Auftrag' an den Zuschauer zur Deutung des Bühnengeschehens. Denn der darin verschlüsselte Hinweis auf das biblische Sprichwort zielt gerade auf das Verallgemeinerungspotential des Dargestellten ab. Sollte sich dieser latente Widerspruch dahingehend auflösen lassen, daß sich gerade am Besonderen und Auffälligen das Allgemeine als ein solches zur Anschauung bringen läßt?

Indessen gibt es *einen* Gesichtspunkt, bezüglich dessen Adams „Aufführung" alles anders als theatralisch genannt werden kann. Ihr fehlt jegliche Dimension eines Spiels, ihr eignet keinerlei Fiktion, sie ist vielmehr zutiefst ‚authentisch'. Sie bedeutet bitteren Ernst für den, dem das Wasser bis zum Hals steht und der darum alles daran setzt, seine Haut zu retten (und dafür sogar in Kauf nimmt, daß sein Verhalten den riskanten, seinen Absichten zuwiderlaufenden Charakter einer „Aufführung" annimmt). *Insofern* führt der Hinweis aufs Theater (im Theater) auch in die Irre. Denn in Adams „Aufführung" ist aber auch nichts von einem Spiel im Spiele zu bemerken.

Es gehört zur Ironie des Handlungsverlaufs, daß an dessen Ende tatsächlich eine Interpretation von Richter Adams Verhalten die finale Gewißheit über die Missetaten des Dorfrichters bringen wird, die noch einmal mit der – wiederum nicht ernsthaft erwogenen – Deutung spielt, er könnte sich verräterischer nicht ‚aufführen', wäre er selbst der Schuldige.

Gesucht wird jemand in Huisum, der solche mißgestalteten Füße hat, wie sie den Spuren im Schnee, die bis zu Adams Haus führen, entsprechen:

> Licht.
> Hm! Allerdings ist jemand hier in Huisum –
> Walter.
> So? Wer?
> Licht.
> Wollen Ew. Gnaden den Herrn Richter fragen –

Walter.
Den Herrn Richter Adam?
Adam.
Ich weiß von nichts.
Zehn Jahre bin ich hier im Amt zu Huisum,
Soviel ich weiß, ist Alles grad gewachsen.
Walter *(zu Licht)*.
Nun? Wen hier meint ihr?
Frau Marthe.
Laß er doch seine Füße draußen!
Was steckt er unter'n Tisch verstört sie hin,
Daß man fast meint, er wär die Spur gegangen.
Walter.
Wer? Der Herr Richter Adam?
Adam
Ich? Die Spur?
Bin ich der Teufel? Ist das ein Pferdefuß?
(er zeigt seinen linken Fuß).
Walter.
Auf meine Ehr'. Der Fuß ist gut.
(heimlich)
Macht jetzt mit der Session sogleich ein Ende.
(V. 1811-1822)

Daß auch Marthe Rull, trotz aller Indizien, die sich inzwischen angesammelt haben, noch immer nicht meint, Adam sei es, der den Krug zerschlagen hat, geht aus dem Beginn ihrer Worte hervor. Denn sie ermuntert den Dorfrichter, sich *nicht* so zu verhalten, als hätte er etwas zu verbergen. Offensichtlich ist sie nach wie vor von seiner Schuld nicht überzeugt, sonst forderte sie ihn kaum auf, zu unterlassen, was ihn verdächtig machen *könnte*. Ist es die fortwährende Autorität des Amtsträgers, die sie daran hindert und die folglich von allen Mängeln der Führung des Prozesses durch den Dorfrichter nicht ernsthaft beschädigt worden wäre? Sollte es womöglich noch einen ganz anderen Hinderungsgrund dafür geben, daß sie an die Schuld des Richters nicht zu glauben vermag – oder nicht glauben möchte?[155]

---

[155] Es ist nämlich nicht ganz ausgeschlossen, daß Marthe Rull womöglich für sich selbst weitergehende Pläne mit dem Dorfrichter hegt? Das würde übrigens nicht zuletzt erklären, warum sie sich um Adams Verhalten sorgt und ihm wohlmeinend rät, sich nicht verdächtig zu machen. Zweifellos ist sie, wie wir aus früheren Äußerungen von ihr wissen, betrübt darüber, daß der Dorfrichter ihr Haus meidet, seit ihr Mann gestorben ist (siehe oben Anm. 132). Aber auch in den im Folgenden zitierten Versen gibt es einen versteckten Hinweis, der in eine solche Richtung deutet. Als Adam sich gegen alle Vorwürfe verteidigt, scheint sie eine Gelegenheit gekommen zu sehen, sich ihm ganz besonders zu empfehlen: „Adam. Ein Fuß, wenn den der Teufel hätt', / So könnt' er auf die Bälle gehn und tanzen. / Frau Marthe. Das sag' ich auch. Wo wird der Herr Dorfrichter –/ Adam. Ach, was! Ich!" (V. 1823-1826). Wohl nicht nur die Enttarnung

Oder will sie nach wie vor von ihrem Plan nicht lassen, Ruprecht als den Missetäter identifiziert zu sehen? Schließlich geht es ihr ja nicht allein um die Rettung von Eves und der Familie Ehre, sondern gleichermaßen um die Verhinderung einer Ehe, die die Kastellanswitwe als nicht standesgemäß für ihre Tochter (und wohl im Grunde auch – wo nicht zuvörderst – für sich selbst) betrachtet?

Marthes wohlmeinender Rat an den Dorfrichter macht den Gerichtsrat hellhörig. Licht muß die an ihn gerichtete Frage Walters noch nicht einmal beantworten. Wieder spielen dem äußerst zielstrebig agierenden Schreiber die Ereignisse in die Karten. Marthe Rull fällt die Rolle zu, Richter Adam entgegen ihrem Plan endgültig zu überführen. Denn ihr gutgemeinter Rat bewirkt das Gegenteil dessen, was sie wohl beabsichtigte. Erst die aus Marthes Mund vernommene – potentielle, aber noch einmal verworfene – Deutung von Adams verdächtigen Bewegungen veranlaßt den Gerichtsrat, ernst zu nehmen, was er lange zuvor schon selbst geäußert hatte, ohne es offensichtlich für sonderlich wahrscheinlich zu halten.

Auch die endgültige Entlarvung des Dorfrichters kommt nicht etwa durch eine Befragung seitens der Prozeßführer zustande, sie ist einmal mehr dem Zufall einer anders gedachten Äußerung der ungefragten Klägerin geschuldet (die zudem den Prozeß dadurch paradoxerweise auch noch einem von ihr selbst ungewollten Ende zuführt).

Das Sprachspiel des Prozesses beruht nicht zuletzt darauf, daß er eine in seinem Verlauf längst geäußerte, aber lange als solche verkannte Wahrheit schließlich einholt. Dabei wird diese Einsicht, als welche sie zunächst nicht in Erscheinung tritt, aus ganz unterschiedlichen Gründen zur Sprache gebracht. Dem Drang des Unterbewußten zur – freilich verschlüsselten – Offenbarung verheimlichter Untaten steht eine Deutung von Adams Verhalten gegenüber, die dessen Abnormität in der hypothetischen Annahme einer als abwegig betrachteten – und darum nicht ernst genommenen – Erklärung widerspiegelt. Die bloße Semantik der Rede, präziser gesagt: ihr propositionaler Gehalt, bietet, so führt das Verfahren bei Gericht paradigmatisch vor, keinerlei Garantie für ihre Wirksamkeit.

---

von Adams verbrecherischem Handeln macht den Dorfrichter als Heiratskandidaten ungeeignet (und vermutlich auch ziemlich uninteressant). Sollte Marthe ihre Hoffnungen je auf ihn als Nachfolger des verstorbenen „Castellans" gesetzt haben, sie hätte keine sonderlichen Aussichten auf einen Erfolg ihrer Absichten gehabt. Die Mutter der (begehrten) Tochter scheint dem Schwerenöter herzlich gleichgültig zu sein. Für das Happy End einer (generationenübergreifenden) Doppelhochzeit gibt Kleists Komödie wenig her. Ein *senex amans* ist für die Ehe nicht gemacht (welcher Umstand jedoch keineswegs ausschließt, daß Marthe Rull darauf gehofft haben mag. Des Lebens ungemischte Freude wär ihr vermutlich zuteil geworden, wenn Eve den Herrn Corporal und sie selbst Dorfrichter Adam hätte ehelichen können. Da wäre für ihre Ehre viel gewonnen gewesen.)

5. Sündenfall und Ödipus: die Referenzmythen des *Zerbrochnen Krugs*

Daß die Handlung von Kleists *Zerbrochnem Krug* sich im Horizont der Historie ereignet, macht sein zentrales Requisit gleich in doppelter Weise kenntlich. Nicht nur trägt der Krug auf seiner Oberfläche eine bildliche Darstellung einer wichtigen Szene der Geschichte der Niederlande. Ebenso hat er selbst eine Geschichte, die mit der großen Geschichte vielfältig verbunden ist und die in den Geschehnissen dieses Lustspiels ihr Ende findet. Auch sie gehören insofern in seine wie *die* Geschichte.

Zugleich aber spielt die Handlung dieser Komödie vor dem Hintergrund jenes alttestamentlichen Mythos, der schon mit den Namen von Adam und Eve evoziert ist: der Sündenfallgeschichte. Wie ich in einem ersten Schritt zu zeigen versuche, läßt sich nun in der Tat eine Verbindung – und zwar eine zugleich historische wie systematische Verbindung – zwischen dieser biblischen Geschichte und dem Konzept der Geschichte entdecken, das sich in der Epoche Kleists formiert und das dem Verständnis der Vergangenheit für lange Zeit seinen Stempel aufdrücken wird.

Von Reinhart Koselleck stammt bekanntlich die ebenso scharfsichtige wie einflußreiche Definition des neuzeitlichen Verständnisses der Geschichte als eines Kollektivsingulars.[156] Auf dem Weg ins 19. Jahrhundert sieht er dieses Konzept entstehen: *Die* Geschichte tritt nun als eine umfassende Ordnung des (gesamten) Weltgeschehens in den Horizont der Betrachtung der Vergangenheit. In ihr finden sich alle einzelnen Geschichten nicht nur versammelt. Sie stiftet vielmehr einen sie insgesamt überwölbenden Zusammenhang.[157]

Entscheidend für diese theoretische Umbesetzung des Verständnisses von Geschichte scheint ihr Aufstieg zu einem, wie Koselleck selbst in den zitierten Worten bemerkt, „Subjekt" zu sein. Eine solche Veränderung ihres Status', die sie zum Agens der Menschheitsentwicklung befördert, macht sie indessen zu einem eher

---

[156] Siehe oben Anm. 40.
[157] „Diese sprachliche Konzentration auf einen Begriff seit rund 1770 kann nun gar nicht unterschätzt werden. In der Folgezeit, seit den Ereignissen der Französischen Revolution, wird die Geschichte selbst zu einem Subjekt, das mit den göttlichen Epitheta der Allmacht, der Allgerechtigkeit oder der Heiligkeit versehen wurde. Die *Arbeit der Geschichte*, um Hegels Worte zu gebrauchen, wird zu einem Agens, das die Menschen durchherrscht und ihre natürliche Identität zerbricht" (Koselleck 1992, S. 50).

postulierten als in seinen Eigenschaften bestimmten Subjekt der Steuerung humaner Geschicke. Denn worin besteht die Identität *der* Geschichte als eines autonomen Akteurs? Die Schwierigkeit einer Antwort auf diese Frage kommt nicht zuletzt dadurch zum Vorschein, daß die betreffende Systemstelle in verschiedener Weise konkretisiert worden ist, so etwa logisch (als rationale Selbststeuerung), vitalistisch oder mythisch.

Die durch Kosellecks Begriff des Kollektivsingulars bezeichnete Transformation der rhetorischen Form einer Geschichte in ein Subjekt der Steuerung der Weltläufte sollte sich indessen als eine schwerwiegende theoretische Erblast erweisen, die das Konzept der Geschichte *à la longue* schlechthin in Mißkredit bringen wird. Denn in der Konsequenz dieser Kritik gerät die Geschichte als solche in den Verdacht einer nichts als rhetorisch produzierten Veranstaltung, der es an jedem *fundamentum in re* mangele.[158] Die Konstruktion und die Rekonstruktion der Geschichte werden aus einer solchen Sicht der Dinge zu bloßen Synonyma (und das Präfix *re*- sinkt im gleichen Zug zu einem unschwer zu entlarvenden Hilfsmittel bloßer Illusionsbildung herab).

Gerade der hier betonte Postulatcharakter des Subjekts der Geschichte, das in dessen inhaltlicher Unbestimmtheit (und darum wechselnden Besetzung) dieser gleichwohl für eine Deutung humaner Geschicke unverzichtbar erscheinenden Größe seinen Ausdruck findet, deutet indessen darauf hin, daß es sich dabei um eine theoretische Leerstelle handelt, deren Entstehung sich – ihrerseits – historisch erklären läßt.[159] Koselleck selbst weist – um seine diesbezügliche Formulierung

---

[158] Beispielhaft sei nur ein Klassiker eines solchen, vor allem von der sog. Postmoderne sehr entschieden vertretenen historischen Skeptizismus genannt: Hayden White, *Metahistory. The Historical Imagination in Nineteenth-Century Europe*, Baltimore: Johns Hopkins University Press, 1973. Abstrakt betrachtet, wird man freilich sagen müssen, daß die Annahme einer durchgehenden Ordnungsstruktur der Geschichte ebenso unwahrscheinlich wie die postmoderne Gegenposition ihrer radikalen Kontingenz erscheint. (Siehe hierzu: Andreas Kablitz, „Alterität(en) der Literatur. Überlegungen zum Verhältnis von Geschichtlichkeit und Ästhetik poetischer Rede [nebst einem Fallbeispiel: Der zehnte Gesang des *Inferno* aus Dantes *Divina Commedia* und die Geschichte seiner Deutung]", in: *Alterität als Leitkonzept für historisches Interpretieren*, hg. von Anja Becker und Jan Mohr, Berlin: De Gruyter, 2012, S. 199–242.)

[159] Diese primäre – und darum alternativen Besetzungen offenstehende – Unbestimmtheit des Subjektcharakters der Geschichte äußerst sich übrigens nicht erst im (radikalen) postmodernen Zweifel an der *Existenz* der Geschichte. Man wird sie auch als einen wesentlichen Faktor verstehen können, der die allgemeine Entwicklung der Geschichtswissenschaft (und der damit verbundenen Entstehung ihrer internen Kontroversen) maßgeblich beeinflußt hat. So hängt mit der betreffenden theoretischen Leerstelle zweifellos auch das Aufkommen der sog. Strukturgeschichte zusammen, die entpersonalisierte Kräfte (das Klima, den Kapitalmarkt oder kulturelle Prägungen) als Ursachen der Menschheitsentwicklung begreift und damit ein Gegenkonzept zu einer Ereignisgeschichte entwirft, die den großen Einzelnen als Motor der Veränderung privilegiert. (Wesentlich für die Herausbildung eines solchen Konzepts war bekanntlich die – nach

noch einmal aufzunehmen – darauf hin, daß die Geschichte „zu einem Subjekt, das mit den göttlichen Epitheta der Allmacht, der Allgerechtigkeit oder der Heiligkeit versehen wurde", aufsteigt. Die Zuschreibung solcher Eigenschaften aber markiert nicht allein den hohen Stellenwert, den man der Geschichte als Instanz der Steuerung der Menschheitsentwicklung im Zuge ihrer Wandlung zum Kollektivsingular beimaß. Kosellecks Charakteristik der Geschichte kann vielmehr ebenso auf einen Vorgang der Umbesetzung aufmerksam machen, zu dessen Kennzeichnung man – aller Kritik zum Trotz – durchaus treffend den Begriff der Säkularisierung verwenden kann.[160]

---

der gleichnamigen Zeitschrift benannte – *Annales*-Schule. Der Begriff – *histoire des structures* – findet erstmals Verwendung in: Fernand Braudel, *La Méditerranée et le monde méditerranéen à l'époque de Philippe II*, Paris: Armand Colin, 1949). Gerade im Vergleich zu diesem Konzept einer Strukturgeschichte läßt sich das historiographische Interesse an herausragenden Gestalten als maßgeblichen Akteuren der Geschichte verstehen. Es fällt nicht schwer, es seinerseits aus dem Postulat eines Kollektivsingulars der Geschichte abzuleiten, die als Subjekt ihrer Selbstorganisation begriffen wird. Denn in der Profilierung von solch überragenden Persönlichkeiten, die den Lauf der Dinge für beträchtliche Zeit maßgeblich bestimmen, begegnet gleichsam eine jeweilige Inkarnation jenes abstrakten Subjekts, als das die Geschichte nun selbst gilt. In ihnen konkretisiert sich das Postulat der Existenz eines solchen Subjekts in historischen Figuren, die ihm empirische, und dies bedeutet auch anschauliche Wirklichkeit verleihen und es damit zugleich zu bestätigen scheinen. Die solchen Personen bescheinigte (oder für sie verlangte) Größe ist ein Erfordernis ihres Verständnisses als Repräsentanten der Geschichte selbst. Aus theoretischer Sicht betrachtet, ist es mithin weit weniger ein Personenkult als eine Konsequenz des zugrunde liegenden Konzepts der Geschichte, der dem großen Einzelnen eine so bedeutsame Rolle in der Geschichtsschreibung des 19. Jahrhunderts (und darüber hinaus) zufallen läßt. So kurios es sich ausnehmen mag, die Strukturgeschichte und die Ereignisgeschichte haben, theoriegeschichtlich betrachtet, einen gleichen Ursprung – sei es als Kritik, sei es als Konkretisierung des Postulats der Geschichte als des – unbestimmten – Subjekts ihrer selbst.

[160] Die hier vorgeschlagene Begriffsverwendung scheint sich insoweit zu verbieten, als der Terminus der ‚Umbesetzung' auf Hans Blumenberg zurückgeht, der ihn selbst gerade als Alternative zu dem von ihm kritisierten Begriff der Säkularisierung einführt. „Was in dem als Säkularisierung gedeuteten Vorgang überwiegend, jedenfalls bisher mit nur wenigen erkennbaren und spezifischen Ausnahmen, geschehen ist, läßt sich nicht als Umsetzung authentisch theologischer Gehalte in ihre säkulare Selbstentfremdung, sondern als Umbesetzung vakant gewordener Positionen von Antworten beschreiben, deren zugehörige Fragen nicht eliminiert werden konnten" (Hans Blumenberg, *Säkularisierung und Selbstbehauptung*. Erweiterte und überarbeitete Neuausgabe von *Die Legitimität der Neuzeit*, erster und zweiter Teil, Frankfurt am Main ²1983, S. 77). Wenn ich, anders als Blumenberg selbst, davon ausgehe, daß sich auch das Phänomen der Säkularisierung als ein historischer Prozeß der Umbesetzung in dem von ihm bestimmten Sinn beschreiben läßt, dann deshalb, weil ich nicht annehme, daß die Rede von einer Säkularisierung eine Fortschreibung von Besitzansprüchen aus dem ursprünglichen Verwendungskontext entsprechender Konzepte mit sich bringen muß. Hier scheint mir

Wenn die Geschichte als übergreifender Ordnungsrahmen der Menschheitsentwicklung zugleich als ein Subjekt verstanden ist, das diese Entwicklung steuert, dann besitzt ein solches Modell einen Vorläufer im Konzept einer Heilsgeschichte, die je schon die Geschicke des Menschen in einen umfassenden linearen Ablauf zu integrieren antrat. Den Ansatz zu dieser Interpretation der Weltläufte bietet natürlich die Bibel, die zumal in ihrer Kombination der beiden Testamente die wesentlichen Stationen dieser Geschichte markiert.

In diesem Zusammenhang kommt der Sündenfallgeschichte eine fundamentale Bedeutung zu. Denn sie ist mehr als nur eine Episode innerhalb der Heilsgeschichte. Sie ist der Ort ihrer Entstehung. Ohne den Sündenfall gäbe es keine Heilsgeschichte, ja vermutlich gäbe es ohne sie gar keine Geschichte. Die Geschichte beginnt also mit einer Störung – der Störung der von Jahwe verhängten Schöpfungsordnung, die die Menschen nicht hinnehmen wollen. Und weil es sich um eine Störung handelt, verlangt sie zugleich nach einer Auflösung dieser Störung, die mit der Verheißung einer Erlösung in den Horizont dieser Geschichte tritt und im *Neuen Testament* schließlich ihre – allerdings nur partielle, weil noch nicht vollendete – Erfüllung findet.

Was aber garantiert den Zusammenhalt der Heilsgeschichte? Was sorgt dafür, daß die vielen einzelnen Geschichten, die schon die Bibel mit ihrer Erzählung einer Vielzahl von Geschicken einzelner Individuen aneinanderreiht, jeweils einen Teil der einen, übergreifenden Geschichte Gottes mit den Menschen darstellen?

---

der mit dem Begriff der *Säkularisation* benannte historische Vorgang der Enteignung von Kirchgütern allzu prägend für Blumenbergs Verständnis des Phänomens einer *Säkularisierung* geworden zu sein. Und wenn es sich im konkreten Fall des Kollektivsingulars der Geschichte um einen Prozeß solcher Säkularisierung handelt, dann deshalb, weil die Geschichte an die Stelle Gottes tritt, der zuvor als die Instanz universeller Steuerung der Geschicke des Menschen fungierte. Doch der Glaube an die Determination der Geschehnisse dieser Welt durch eine transzendente Größe hat seinen theoretischen Kredit zumal durch das Denken der Aufklärung eingebüßt, weshalb die Geschichte selbst in eine solche Rolle tritt. Die Epitheta, mit denen Koselleck die Geschichte seit ihrem konzeptuellen Statuswandel ausgestattet sieht, markieren insofern in der Tat einen Funktionswechsel von transzendenter Lenkung zu innerweltlicher Selbstorganisation. Daß die im Zuge dieser Veränderung postulierte Instanz weltimmanenter Steuerung der Dinge ein Abkömmling einer ihr vorausgehenden transzendenten Instanz darstellt, in deren Funktion die Geschichte nun eintritt, aber zeigt sich, wie gesagt, nicht zuletzt anhand der variablen Besetzung, die für die betreffende Instanz in der Konsequenz ihrer Umbesetzung zu beobachten ist. Der Ausfall des transzendenten Gottes macht sich in der Produktion einer theoretischen Leerstelle bemerkbar, die *aufgrund* ihrer Unbestimmtheit in unterschiedlicher Weise besetzt werden kann. (In diesem Sinn ist die Entstehung des Kollektivsingulars der Geschichte als Subjekt ihrer selbst geradezu ein Paradebeispiel einer Säkularisierung, die zugleich eine Umbesetzung im Sinne Blumenbergs darstellt. Denn die Verabschiedung des biblischen Gottes als Herr der Geschichte läßt Fragen zurück, die noch immer von der einst ihm zugedachten Lenkung der Dinge des Menschen her bestimmt werden.)

Eine wesentliche Sicherung dieses Zusammenhangs erfolgt aus christlicher Sicht mit Hilfe einer theologischen Interpretation, die den – einen – Sündenfall in etwas Allgemeines umdeutet, das zugleich eine die ganze Menschheit umfassende zeitliche Kontinuität stiftet. Genau darin besteht eine wesentliche Leistung der sog. Erbsündenlehre, deren Belang für Kleists *Zerbrochnen Krug* wir bereits erörtert haben.

Um dieses Dogma zu begründen, bedurfte es einer mehrfachen hermeneutischen Umbesetzung der Vorkommnisse, von denen der alttestamentliche Bericht über den Sündenfall erzählt. Vor allem bedurfte es zu diesem Zweck einer Psychologisierung der in der Schrift genannten Folgen des Sündenfalls.

Um Adam vom Biß in den Apfel des Baums der Erkenntnis abzuhalten, hatte Jahwe ihn mit dem Tode bedroht. Nach vollzogener (Misse-)Tat aber nimmt er darüber hinaus weitere Bestrafungen vor. Vor allem vertreibt er Adam und Eva aus dem Paradies, um sie in eine unwirtliche Welt zu versetzen, in der sie ein Leben voller Entbehrungen unter schwierigen materiellen Bedingungen werden fristen müssen. Dem Erbsündendogma aber genügt diese massive Verschlechterung der externen Bedingungen eines hinfort wenig glücksträchtigen Daseins nicht, um eine Kontinuität der von nun an geltenden *conditio humana* zum Sündenfall herzustellen. Dieses Dogma will in Gottes Strafaktion über sein widerspenstiges, seinen Willen und damit seinen Vorrang nicht respektierendes und insofern seine Macht bedrohendes Geschöpf vielmehr die Missetat als solche festgehalten und zugleich auf die gesamte Spezies ausgedehnt wissen.

Diese Bindung des Menschen an die moralische ‚Urkatastrophe' der Geschichte erfolgt durch das Postulat, daß er hinfort in der sündhaften Disposition gefangen bleiben wird, die Adam und Eva den Gehorsam gegenüber Gott hat aufkündigen lassen und in die dieser Gott nun zur Strafe alle Menschen einschließt. Er wird aus eigener Kraft künftig nicht mehr anderes als Böses verrichten können.[161] Nur dann, wenn Gottes stets unverdiente (und darum unabsehbare) Gnade

---

[161] Ich zitiere die einschlägige Passage aus dem *Gottesstaat* des Augustinus (*De civitate Dei*, XIV,15), der für die Entwicklung des Erbsündendogmas maßgeblich verantwortlich ist: „Denique, ut breuiter dicatur, in illius peccati poena quid inoboedientiae nisi inoboedientia retributa est? Nam quae hominis est alia miseria nisi aduersus eum ipsum inoboedientia eius ipsius, ut, quoniam noluit quod potuit, quod non potest uelit? In paradiso enim etiamsi non omnia poterat ante peccatum, quidquid tamen non poterat, non uolebat, et ideo poterat omnia quae uolebat; nunc uero sicut in eius stirpe cognoscimus et diuina scriptura testatur, homo uanitati similis factus est" (Aurelius Augustinus, *De civitate Dei. Libri XI – XXII*, Corpus Christianorum Series latina 48, hg. von Bernhard Dombart und Alfons Kalb, Turnhout: Brepols, 1955, S. 437). („Kurzum, womit wurde schließlich zur Strafe für diese Sünde der Ungehorsam geahndet, wenn nicht mit Ungehorsam? Denn worin sonst besteht das Elend des Menschen, wenn nicht im Ungehorsam seiner selbst gegen sich selbst, so daß, weil er nicht wollte, als er es konnte, er nun will, was er nicht kann? Auch wenn er im Paradies vor dem Sündenfall nicht alles konnte, wollte er doch nichts, was er nicht konnte, und darum konnte er alles, was er

ihn aus dieser Gefangenschaft in der Sünde befreit, wird er den Menschen zu Werken der Tugend befähigen.

In geradezu biologischer Konkretheit wird die Fortschreibung des Sündenfalls von Generation zu Generation sichergestellt, indem mit dem Akt der Zeugung auch die moralische Korruption des Menschen an alle Nachkommen weitergereicht wird. Wenn der Mensch aus diesem Zustand durch eine – allerdings eben unverfügbare, stets Gottes unergründlichem Ratschluß anheimgegebene – Gnadenintervention befreit werden kann, dann manifestiert sich in dieser okkasionellen Befreiung aus ansonsten unentrinnbarer Sündhaftigkeit die Wirkung von Christi Heilswerk, das zur Revision dieses Weltzustands von Gott verfügt wurde. Durch Bethlehem, Golgotha und den Ostermorgen ist der Mensch nicht mehr rettungslos in seiner Sündigkeit gefangen, der er infolge des Sündenfalls anheimgefallen war. Doch obwohl Christi Selbstopfer das bis dahin verschlossene Tor zum Paradies wieder aufgemacht hat, bleibt es ungewiß, ob der einzelne Mensch dieser Erlösung teilhaftig wird. Diese Option stellt eine bloße Potentialität dar, auf deren Einlösung der Mensch in letzter Konsequenz keinerlei Einfluß nehmen kann. Wenn Gott einen Menschen in den Himmel holt, hat er letztlich sich selbst belohnt.

So läßt sich das Dogma der Erbsünde als biologische Befestigung einer hermeneutischen Umbesetzung der Mißachtung von Gottes Verbot durch Adam und Eva zum Paradigma menschlichen Handelns schlechthin begreifen. Das Einzelne des Vorfalls im Garten Eden gerät durch diese theologische Reinterpretation zu etwas Allgemeinem. Der eine Vorfall Die Verbotsmißachtung der ersten Menschen gerät zum Ursprung wie zum Modellfall, ja zum Grundmuster humanen Verhaltens. Die vermittels Abstammung gesicherte Kontinuität zum fatalen Beginn der Menschheitsgeschichte erlaubt es, die Sündenfallgeschichte als stets bereitstehendes Interpretament menschlichen Verhaltens zu nutzen. In der solchermaßen stattfindenden Überblendung von Genealogie und Hermeneutik manifestieren sich Status und Stellenwert der alttestamentlichen Sündenfallgeschichte in einer christlich gedeuteten Welt. Paulus' „alter Adam"[162] ist die Figur, in der sich die Engführung von beidem zu plastischer Gestalt verdichtet.[163]

---

wollte. Doch, wie wir nun in seinem Geschlecht erkennen und wie durch die Schrift Gottes bezeugt wird, gleicht er nun bloßer Nichtigkeit." Übersetzung A. K.)

[162] Siehe Kol, 3, 9f.: „belügt einander nicht; denn ihr habt den alten Menschen mit seinen Werken ausgezogen und den neuen angezogen, der erneuert wird zur Erkenntnis nach dem Ebenbild dessen, der ihn geschaffen hat" (Bibel 1999, *Das Neue Testament*, S. 232) sowie Eph 4, 22-24: „Legt von euch ab den alten Menschen mit seinem früheren Wandel, der sich durch trügerische Begierden zugrunde richtet. Erneuert euch aber in eurem Geist und Sinn und zieht den neuen Menschen an, der nach Gott geschaffen ist in wahrer Gerechtigkeit und Heiligkeit" (ebd., S. 223).

[163] Die Formel vom „alten Adam" findet sich, wie erwähnt, auch in Kleists *Zerbrochnem Krug*. Wir sind ihr schon begegnet (siehe Anm. 99), aber es dürfte nicht sonderlich erstaunen, daß sie in dieser Komödie in aufschlußreicher Verfremdung vorkommt. Dorfrichter Adam selbst benutzt sie, als an einer bestimmten Stelle des Prozeßverlaufs

Es ist der eine Gott, der die eine Geschichte mit seinem privilegierten Geschöpf begründet – besser gesagt: der diese Geschichte (entgegen dem ursprünglichen Schöpfungsplan,[164] der keine Diachronie vorsah) hinnehmen mußte. Durch einen stets möglichen, ja unvermeidlichen Rückbezug auf ihren – desaströsen – Anfang konstituiert sie sich in unhintergehbarer Linearität. Es ist deshalb vermutlich kein Zufall, daß der Kollektivsingular der Geschichte in dem Moment entstand, als der Gott der Bibel seinen theoretischen Kredit verloren hatte.[165] Die auf sein Konto

---

seine Hoffnung aufkeimt, dem drohenden Verhängnis entkommen zu können. Als er Marthe Rull zu vernehmen beginnt und sie, ohne zu zögern, Ruprecht zum Schuldigen erklärt, glaubt der Dorfrichter, aufatmen zu können (wir haben die betreffenden Verse bereits in der angegebenen Anmerkung in anderer Hinsicht besprochen): „A d a m . Und wer zerbrach den Krug? Gewiß der Schlingel – ? / F r a u M a r t h e . Ja, er, der Schlingel dort – A d a m *(für sich)*. Mehr brauch ich nicht. / R u p r e c h t . Das ist nicht wahr, Herr Richter. A d a m *(für sich)*. Auf, aufgelebt, du alter Adam!" (V. 603-605). Daß der „alte Adam", als welchen der Dorfrichter sich selbst apostrophiert, so manches auf seinem Kerbholz hat, würde er für seine Person vermutlich kaum in Frage stellen wollen. Doch nicht Empörung über die Ruchlosigkeit seines Handelns befällt ihn, vielmehr hört man aus seinem Ausspruch eine Art Respekt gegenüber seinem Geschick heraus, – einmal mehr, so legen seine Worte nahe – erfolgreich seinen Kopf aus der Schlinge ziehen zu können. „Du alter Schlingel!" böte sich in diesem Sinne als eine in etwa synonyme Formulierung zur Selbstanrede des Dorfrichters an. Zur Positivierung der von Paulus verworfenen Gestalt des „alten Adam" in der Selbstermunterung des Dorfrichters scheint im Übrigen nicht zuletzt die Kombination dieses Ausdrucks mit der Verbform „aufgelebt" beizutragen. Denn das Leben bringt die Dimension der Zeit ins Spiel, und so gewinnt man den Eindruck, als sehe der an Jahren „alte Adam" durch seinen noch resp. wieder einmal gelungenen (oder dafür gehaltenen) Coup seine Jugend wiederkehren. Paulus' Verkörperung des durch Christi Heilstat aus der Gefangenschaft in der Sünde nicht befreiten, im Zustand unhintergehbarer moralischer Korruption verharrenden Menschen tritt im *Zerbrochnen Krug* als Bezeichnung des Respekts gegenüber einem durchtriebenen, mit allen Wassern gewaschenen Tunichtgut auf, der es immer wieder versteht, sich verdienter Strafe zu entziehen. Aber noch diese Pervertierung der paulinischen Formel steht, aller Umwertung der Werte zum Trotz, in der Tradition hermeneutischer Aneignung der alttestamentlichen Sündenfallgeschichte.

[164] Augustinus, *De civitate Dei* (XIII,14): „Deus enim creauit hominem rectum, naturarum auctor, non utique uitiorum; sed sponte deprauatus iusteque damnatus deprauatos damnatosque generauit" (Augustinus 1955, S. 395). („Denn Gott schuf den Menschen als einen rechtschaffenen, ist er doch der Urheber der Naturen, nicht der Laster. Doch der Mensch, aus freiem Willen verderbt und zurecht bestraft, hat verderbte und verdammte Nachkommen gezeugt." Übersetzung A. K.)

[165] Als Hinweis auf den Zusammenhang der Entstehung des Kollektivsingulars der Geschichte mit dem Ausfall des biblischen Gottes als Steuerungsinstanz der Menschheitsgeschicke läßt sich nicht zuletzt das unter ihrem Dach stattfindende neuerliche Aufkommen zyklischer Figuren des Verlaufs verstehen. Dabei muß man nicht bis zu einem Werk wie Oswald Spenglers kulturskeptischem Entwurf *Der Untergang des Abendlands* auf ein solches Konzept warten. Zyklische Muster des Geschichtsverlaufs zeigen

gehende Sicherung des universellen Zusammenhangs der *res gestae* des Menschen, die eine umfassende *historia rerum gestarum* ermöglicht, wechselt nun auf die Geschichte als Instanz der Steuerung, der dadurch die höchst riskante Aufgabe ihrer Selbstorganisation zufällt.

Und weil sie sich solchen Risiken ausgesetzt fand, war das Ende ihrer – im Grunde ziemlich kurzlebigen – Karriere als Fundierungskategorie menschlicher Verhältnisse womöglich von Beginn an absehbar. Wäre darum *die* Geschichte – ihrerseits historisch betrachtet – als das Ergebnis einer Säkularisierung zu betrachten, die *à la longue* den Glauben untergraben hat, daß es die *eine* Geschichte überhaupt geben kann (und muß)? Bildete die solchermaßen entstandene wie verstandene (Universal-)Geschichte gleichsam ein theoretisches Zwischenstadium, in und mit dem sich die Verabschiedung eines theologischen Restes in der Betrachtung humaner Geschicke vollzieht?

Noch immer aber ist auch die für ihr Schicksal selbstverantwortliche Geschichte zur Sicherung ihrer Einheit auf eine Hermeneutik angewiesen. Und an genau dieser Stelle zeigt sich der systematische Konnex der Heilsgeschichte mit ihrem historischen Nachfolger, *der* (sich selbst organisierenden) Geschichte. Vielleicht wird dies nirgends deutlicher als anhand der Geschichtsphilosophie, die die wohl (wirkungs)mächtigste Form des Konzepts eines historischen Kollektivsingulars bietet. Hegels These von der Geschichte als der Instanz der Selbstfindung des Geistes bedarf, um Plausibilität für sich beanspruchen zu können, einer Applikation dieses Theorems auf das konkrete historische Geschehen, die in nichts anderem als in einer Interpretation der Geschichte besteht.[166] Die Methodik einer sich

---

sich bereits sehr viel früher. Als Beispiel sei auf Jules Michelets *Histoire de France* verwiesen, die in ihrem siebenten Band, *Renaissance*, den Beginn der Neuzeit als ein biologistisch beschriebenes Phänomen der Wiederkehr beschreibt (und damit eine massive Veränderung am zeitgenössischen, frühneuzeitlichen Begriff der *rinascita* vornimmt, dem solche Vorstellungen gänzlich fremd sind. Siehe hierzu: Andreas Kablitz, „Renaissance – Wiedergeburt: zur Archäologie eines Epochennamens [Giorgio Vasari – Jules Michelet]" in: *Saeculum tamquam aureum*. Internationales Symposion zur italienischen Renaissance des 14.-16. Jahrhunderts am 17./18. September 1996 in Mainz. Vorträge, hg. von Ute Ecker und Clemens Zintzen, Hildesheim 1997, S. 59–108).

[166] Es sei wenigstens ein Beispiel dafür angeführt, auf welche Weise die Geschichtsphilosophie auf eine Deutung des historischen Geschehens angewiesen ist. Anhand von Hegels Interpretation der historischen Rolle Luthers im *Dritten Kapitel* des *Dritten Abschnitts* seiner *Vorlesungen über die Philosophie der Geschichte* läßt sich dies plastisch illustrieren: „Luther hatte die geistige Freiheit und die konkrete Versöhnung erworben, er hat siegreich festgestellt, was die ewige Bestimmung des Menschen sei, müsse in ihm selber vorgehen" (hier zitiert nach: Georg Wilhelm Friedrich Hegel, *Werke in zwanzig Bänden*, auf Grundlage der Werke von 1832-1845 neu ediert von Eva Moldenhauer und Karl Markus Michel, Frankfurt am Main: Suhrkamp, 1975, Band 12, *Vorlesungen über die Philosophie der Geschichte*, S. 523. Die für Hegel gebotene Ansicht, daß *dies* den Kern von Luthers gnadenzentrierter Theologie ausmache, steht doch auf recht tönernen Füßen.

verwissenschaftlichen Geschichtsschreibung macht allzu leicht vergessen, daß *die* Geschichte ohne Deutung(en) nicht auskommt.

Die Heilsgeschichte wie ihr säkularer Nachfahre sind hermeneutisch gegründete Ordnungen, deren Einheit auf Interpretationen beruht. Geschichte und Hermeneutik sind mithin interdependente Ordnungen des Denkens, die ohneeinander nicht auskommen. Hier ist der strukturelle Zusammenhang zwischen dem Erbsündendogma, in dessen Horizont Kleist den *Zerbrochnen Krug* postiert – *auch* postiert, sollte man genauer sagen – und dem Zugriff auf die Vergangenheit im Rahmen *der* Geschichte angelegt.

In der übergreifenden Linearität ihrer narrativen Struktur zeigt sich ein wesentlicher Unterschied der monotheistischen Erzählung der Schrift gegenüber der – polytheistischen – narrativen Welt antiker Mythologie. Diese präsentiert sich als ein Netzwerk von miteinander verflochtenen Geschichten, deren zeitliche Beziehungen zueinander keine umfassende temporale Ordnung ausbilden – die sich mithin auch jeder Datierung entziehen. Die jeweiligen narrativen Strukturmuster der beiden mythischen Welten spiegeln insofern ziemlich zuverlässig die ihrer Welt zugrunde liegenden Organisationsformen transzendenter Macht.

Die Geschichte des Ödipus ist ein Paradebeispiel dafür, wie einzelne mythologischen Erzählungen mit anderen Geschichten in Zusammenhang treten. Die Widrigkeiten, die dem tragischen Helden des Sophokles begegnen werden, lassen sich mit einem Vorfall in Verbindung bringen, an dem er selbst gänzlich unbeteiligt ist: Ödipus' Vater, König Laios, weilte in Pisa auf der Peleponnes am Hof des Königs Pelops, der seinem Gast aufträgt, seinen Sohn zu unterrichten. Laios aber verliebt sich in seinen Zögling und vergeht sich an ihm, was dem Übeltäter den Fluch Apolls einträgt; denn Pelops hatte den Gott angerufen, um ihn zu bitten, Unglück über Laios und seine Nachkommen zu verhängen.[167] Die Geschichte des

---

[167] Dies jedenfalls ist die Vorgeschichte von Ödipus' Lebensgeschichte, die auf Euripides' Tragödie *Chrysippos* zurückzugehen scheint. Das Stück selbst ist verlorengegangen, doch gibt es aus Sekundärquellen einige Informationen darüber. An der betreffenden Vorgeschichte von Ödipus' widrigen Erfahrungen zeigt sich ein Wesenszug der polytheistischen mythischen Erzählwelt, die mit ihrem von uns besprochenen Strukturmuster einer ausbleibenden Gesamtorganisation zusammenhängt. Sie läßt sich mit einem Phänomen in Verbindung bringen, das Hans Blumenberg in seinem grundlegenden Werk *Arbeit am Mythos* (im Folgenden zitiert nach der Ausgabe: Hans Blumenberg, *Arbeit am Mythos*, Frankfurt am Main: Suhrkamp, [5]1990) als ein konstitutives Element des Mythos beschrieben hat: das Weitererzählen. Zu einem solchen Weitererzählen aber gehört neben einer Ergänzung von Geschichten ebenso deren Veränderung, und eben dies beschert dem paganen Mythos eine Fülle von Varianten, die für ihn nachgerade konstitutiv ist.

Ödipus wird solchermaßen mit einer anderen Geschichte in Verbindung gebracht, an der Ödipus selbst keinen Anteil hat.[168]

---

[168] In *diesem* Punkt vermag ich Hans Blumenberg nicht zu folgen, der zwischen Mythos und Dogma den folgenden Unterschied erkennt: „Im Mythos hinterläßt keine der Geschichten Spuren in der nächsten, so gut sie auch nachträglich miteinander verwoben sind. Die Götter machen Geschichten, aber sie haben keine Geschichte" (Blumenberg 1990, S. 100). So sehr ich Blumenberg bei seiner abschließenden – pointiert formulierten – allgemeinen Sentenz zustimme, so skeptisch bin ich gegenüber der Schlußfolgerung, die er daraus im vorstehenden Satz ableitet. Das letztlich seinem Argument zugrunde liegende Problem scheint mir darin zu bestehen, daß er als essentiell eine Unterscheidung zwischen Mythos und Dogma ansetzt, die den Unterschied zwischen verschiedenen Typen von Mythen jedoch marginalisiert. Indessen lassen sich bereits im Vorfeld einer Dogmatisierung des biblischen Mythos strukturelle Unterschiede bemerken, die aus dem polytheistischen resp. monotheistischen Horizont des jeweiligen Mythos resultieren. Doch der Stellenwert, den Blumenberg der Differenzierung von Mythos und Dogma einräumt, nötigt ihn dazu, dem Mythos als solchem mitunter abzusprechen, was genuin zu ihm gehört. Im vorliegenden Fall scheint sich Blumenberg gezwungen zu sehen, dem pagan-antiken Mythos jegliche Verbindung zwischen einzelnen Geschichten gleichsam zu ‚untersagen', weil eben dies sie in eine für ihn riskante Nähe zu der *einen* Geschichte rücken könnte, die er zurecht als konstitutive Zutat des Dogmas begreift und vor der es den Mythos mithin zu bewahren gilt. (Allerdings wird m. E. nicht recht deutlich, was es besagt, daß verschiedene Geschichten „nachträglich miteinander verwoben sind". Gibt es in der narrativen Ordnung eines strukturellen Weitererzählens überhaupt eine – kategoriale – Unterscheidung zwischen ursprünglichen und späteren Geschichten?) Blumenbergs Postulat entzieht dem Mythos zugleich eine wesentliche Qualität, die ihm aufgrund des ihm zugrundeliegenden Diskurstyps, nämlich als einer Form des Erzählens, eignet und die folglich auch für ein mythisches Erzählen charakteristisch ist. Eine der wesentlichen Leistungen des Erzählens aber besteht darin, Erklärungen für bestimmte Sachverhalte bereitzustellen. (Siehe hierzu noch immer den grundlegenden Artikel von Wolf-Dieter Stempel, „Erzählung, Beschreibung und der historische Diskurs", in: *Geschichte – Ereignis und Erzählung*, hg. von Reinhart Koselleck und Wolf-Dieter Stempel, München, Fink, 1973, S. 325-346. Mir scheint das Erzählen allerdings nicht grundsätzlich, auch wenn dies sehr häufig der Fall ist, die Qualität einer Erklärung anzunehmen. Bisweilen beschränkt es sich auch darauf, Korrelationen zwischen zwei zeitlich aufeinander folgenden Zuständen herzustellen, die unterhalb der Schwelle einer Erklärung bleiben. Siehe hierzu Andreas Kablitz, „Geschichte – Tradition – Erinnerung? Wider die Subjektivierung der Geschichte", in: *Geschichte und Gesellschaft* 32 [2006], S. 220–237.) Die Leistung einer Herstellung narrativer Kohärenz durch die Verbindung verschiedener Geschichten läßt sich auch für den Ödipus-Mythos beobachten, nämlich seine Kombination mit der erwähnten Erzählung der Geschichte des Chrysippos, die in Euripides' gleichnamiger Tragödie auf die Bühne gebracht wird. Der entscheidende Unterschied zwischen Mythos und Dogma besteht nicht in der Antwort auf die Frage, ob sich irgendwelche Verbindungen zwischen einzelnen Geschichten beobachten lassen, ob sich also „Spuren" einer Geschichte in einer anderen wiederfinden lassen. Er beruht vielmehr darauf, daß sich in der Welt des paganen Mythos alle Geschichten nicht zu der einen und umfassenden Geschichte

Die Geschichte seines eigenen Lebens entspricht in ihrer bekanntesten Version derjenigen Fassung, die sie in Sophokles' Tragödie *König Ödipus* gewinnt:[169] König Laios und seine Frau Iokaste bleiben lange kinderlos. Als sich Laios an das Orakel von Delphi wendet, erfährt er, daß, sollte er einen Sohn bekommen, dieser seinen Vater töten und seine Mutter heiraten werde. Um der Vorhersage des Orakels entgegenzuwirken, übergeben die Eltern das neugeborene Kind mit zusammengebundenen durchbohrten Füßen einem Hirten, der es aussetzen soll. Doch den damit beauftragten Mann überkommt Mitleid mit dem todgeweihten Kleinkind, und so übergibt er es einem weiteren Hirten, wodurch es schließlich an den Hof des Königs von Korinth gelangt. Dort wird Ödipus von dem kinderlosen Königspaar adoptiert und wächst in ihrer Obhut auf. Aufgrund der Verletzung seiner

---

zusammenfügen (lassen). Maßgeblich für die Differenz zwischen Mythos und Dogma ist mithin die Frage, ob sich eine integrative narrative Ordnung herausbildet oder nicht. Indessen erscheint es verfehlt, dem paganen Mythos aus Sorge vor einer Nähe zum Dogma als Bindeglied zwischen *einzelnen* Geschichten die Möglichkeit einer Konstitution erzählerischer Schlüssigkeit streitig zu machen, die zutiefst in die Strukturen des Erzählens selbst eingriffe. Eine so radikale Abgrenzung bringt nämlich die paradoxe Nebenwirkung mit sich, daß auch der pagane Mythos *ex negativo* an den Anforderungen partizipiert, denen das Dogma unterliegt. Ein solcher Entzug eines Stücks narrativer Logik wirkt um so erstaunlicher, als es ein wesentliches Anliegen von Blumenbergs Monographie darin besteht, die alte Opposition (und die mit ihr zusammenhängende Entwicklungslinie) „Vom Mythos zum Logos" in Frage zu stellen und dem Mythos seinerseits ein gehöriges rationales Potential zu bescheinigen: „Die Grenzlinie zwischen Mythos und Logos ist imaginär und macht es nicht zur erledigten Sache, nach dem Logos des Mythos im Abarbeiten des Absolutismus der Wirklichkeit zu fragen. Der Mythos selbst ist ein Stück hochkarätiger Arbeit am Logos" (ebd., S. 18). Blickt man auf die grundlegenden Koordinaten von Blumenbergs Auseinandersetzung mit dem Mythos, so gewinnt man allerdings den Eindruck, ihm liege daran, die überkommene Opposition von Mythos und Logos durch diejenige von Mythos und Dogma zu ersetzen (wobei ersterem seine ganze Sympathie zu gelten scheint. Denn, in kategorialer Hinsicht betrachtet, scheint er in seiner [eigenen] *Arbeit am Mythos* den Mythos als eine Sphäre der Freiheit dem Dogma als einer Ausgeburt von Machtinteressen gegenüberzustellen.) Um so paradoxer nimmt es sich aus, wenn just im Dienste der Stabilisierung einer solchen Opposition von Mythos und Dogma mythischen Erzählungen eine Leistung abgesprochen wird, die gerade ihre Teilhabe am Logos dokumentiert, nämlich die Bereitstellung von Erklärungen, die durch miteinander verbundene Geschichten zustande kommen. Blumenbergs Bemühungen um die Abgrenzung des Mythos gegenüber dem Dogma fallen fast so rigide wie die Differenzierungsstrategien des Dogmas selbst aus.

[169] Zu den Quellen des Ödipus-Mythos siehe „Oidipus", in: *Mythenrezeption. Die antike Mythologie in Literatur, Musik und Kunst von den Anfängen bis zur Gegenwart*, hg. von Maria Moog-Grünewald, Stuttgart / Weimar: Metzler, 2008, S. 500-511, hier S. 500f.

Füße, die ihm beim Versuch seiner Aussetzung zugefügt wurden, erhält Ödipus auch seinen Namen, der ‚Schwellfuß' bedeutet.[170]

Als er herangewachsen ist, weissagt auch ihm ein anderes Orakel, er werde seinen Vater töten und seine Mutter heiraten. Daraufhin verläßt er Korinth, um dem vorhergesagten Schicksal zu entkommen. Auf seiner Wanderung trifft er an einer Weggabelung auf Laios, den er jedoch – naheliegenderweise – nicht erkennt. Es kommt zum Streit und im Laufe des Kampfes erschlägt er seinen Vater, ohne zu wissen, was er getan hat.

Sein weiterer Weg führt ihn nach Theben, das von einer Sphinx bedroht wird. Es gelingt ihm, durch den Einsatz seines Lebens ein bislang von niemandem gelöstes Rätsel zu lösen und dadurch Theben vom Terror dieses Ungeheuers zu befreien. Zur Belohnung wird er mit Königin Iokaste vermählt, ohne zu wissen (und wissen zu können), daß er seine eigene Mutter ehelicht und als König von Theben den Platz seines unlängst erschlagenen Vaters annimmt.

Nun aber bricht in Theben die Pest aus, die heftig in der Stadt wütet. Um nach ihren Ursachen zu forschen, wird erneut das Orakel befragt, dessen Auskunft einen Zusammenhang zwischen dieser Seuche und dem Mord an König Laios nahezulegen scheint. Deshalb eröffnet Ödipus einen Prozeß, der rasch Aufklärung erbringen soll und in dessen Verlauf er schließlich erkennen muß, daß er in eigener Sache ermittelt. Als seine Schuld offenbar wird, nimmt sich Iokaste mit dem Strang das Leben, Ödipus selbst blendet sich und begibt sich ins Exil.

Diese beiden Geschichten sind es also, die Kleist in seinem *Zerbrochnen Krug* miteinander engführt. Deshalb gibt es Anlaß, sie zunächst als solche zueinander in Beziehung zu setzen, bevor wir uns etwas genauer um ihre Adaptation in dieser Komödie – als deren Folie bei flüchtiger Betrachtung beide kaum geeignet scheinen – kümmern werden.

Auf den ersten Blick scheinen sie wenig miteinander zu tun zu haben. Der Sündenfall ist eine Geschichte des Anfangs. Mit ihm entscheidet sich das Schicksal der (ganzen) Menschheit. Der Fall des Ödipus spielt hingegen mitten in einer längst etablierten Welt. Er hat eine Vor- wie eine Nachgeschichte, aber sie betrifft zuvörderst Individuen – doch eben nur zuvörderst. Und damit ergibt sich ein erster Ansatzpunkt für jene Perspektive, unter die im Folgenden der Vergleich zwischen beiden Erzählungen gestellt sei. Wir werden sie zunächst im Hinblick auf die Organisation des Verhältnisses zwischen dem Einzelnen und dem Allgemeinen befragen.

Was die Sündenfallgeschichte betrifft, so kann man eine doppelte Verbindung zwischen beiden Kategorien bemerken. Sie kommt einmal als die Veränderung der Lebensverhältnisse *aller* Menschen infolge der Tat zweier *Individuen* zustande

---

[170] Zu den in jüngeren Jahren aufgekommenen Zweifeln an dieser Namensdeutung siehe Wolfgang Christlieb, *Der entzauberte Ödipus. Ursprünge und Wandlungen eines Mythos*, München: Nymphenburger Verlag, 1979.

und macht solchermaßen zahllose Personen zu Opfern ihres Handelns, weil dessen Bestrafung nicht auf die Täter selbst beschränkt bleibt, sondern die Gesamtheit der Menschen trifft. Auf diese Asymmetrie im Verhältnis von Schuld und Strafe reagiert das Erbsündendogma, indem es durch die skizzierte Kombination von Hermeneutik und Genealogie auch sämtliche Nachkommen des Urelternpaars in die Schuld der ersten Menschen hineinholt.

Dieser ‚Schachzug' gelingt, indem die Nachfahren nicht allein die *Folgen* der Bestrafung des Sündenfalls zu spüren bekommen, sondern diese Strafe auch auf die *Voraussetzungen* des Handelns der Urelten ausgedehnt wird. Wenn jeder Mensch aus eigener Kraft gar nicht mehr anders als sündigen kann, weil er in genau jene Disposition seines Handelns eingeschlossen wird, aus der heraus Adam und Eva – sie allerdings aufgrund ihres Freien Willens – Gottes Verbot übertreten haben, gewinnt auch er Anteil an den Umständen, die den Sündenfall ausgelöst haben.

Wenn nun also sogar jene Personen, die an diesem Sündenfall selbst gar nicht beteiligt waren, gleichsam schuldfähig gemacht werden, um eine Begründung für die Ausdehnung der Bestrafung auf alle Menschen im Dogma zu installieren, dann läßt sich freilich nicht übersehen, daß eine solche Rechtfertigung – abstrakt betrachtet – labil bleibt. Denn noch immer werden Menschen, die am Sündenfall selbst gar nicht beteiligt waren, in Haft genommen für etwas, woran sie nicht mitgewirkt haben. Nur wird dieser Sachverhalt – theologisch – ein Stück weit dadurch kaschiert, daß sie sich nicht nur den Folgen der Strafe für die Missetat ihrer Vorfahren ausgesetzt sehen, sondern durch die Erweiterung der Bestrafung um eine psychisch-moralische Komponente an den Voraussetzungen dieses Handelns beteiligt werden.

Die Strafe erscheint insoweit auch für sie verdient, nur täuscht dieser Umstand darüber hinweg, daß die Ausdehnung von Gottes Ahndung des Sündenfalls auf solche generalisierten Bedingungen des menschlichen Handelns ihrerseits eine Bestrafung derjenigen darstellt, die an dem Sakrileg der paradiesischen Gehorsamsaufkündigung gar nicht beteiligt werden. Halten wir indessen fest, daß diese Konsequenz der Tat von Adam und Eva grundsätzlich auf einer Beziehung von Individuen zu Individuen gründet. Das Allgemeine kommt durch Weitergabe von Generation zu Generation, und mithin aufgrund von Verbindungen zwischen einzelnen Personen zustande. Auf diese Weise wird der erste Mensch in der theologisch-hermeneutischen Bearbeitung der Sündenfallgeschichte zu einem Repräsentanten der Menschheit schlechthin, für die er insofern – vorwegnehmend – stellvertretend handelt.

‚Unschuldige' trifft es auch in der Geschichte des Ödipus, und zwar sind es auch hier zwei Akteure. Zum einen gilt dies für das Individuum Ödipus selbst, zum anderen aber für ein Kollektiv, nämlich die Stadt Theben. Wie aber unterscheidet sich eine solche Belastung dieses Gemeinwesens von derjenigen, die in der Bibel für die Gesamtheit der Menschen zu beobachten ist?

Wenn es in der Welt der paganen Mythen eine Begründung für das Ödipus zugedachte Schicksal gibt, dann stellt sie die bei Euripides zu findende Geschichte des Vergehens von Laios, der den Sohn seines Gastgebers entehrt und dafür zunächst einmal selbst bestraft wird, bereit. Der Zusammenhang zwischen beiden Erzählungen beschränkt sich dabei nicht auf das Faktum eines Vergehens, das nach Vergeltung verlangt. Die Motivation dieser Vergeltung reicht vermittels thematischer Parallelen entschieden weiter: Laios' Frevel an dem Sohn eines anderen wird geahndet durch das Vergehen des eigenen Sohnes an seinem eigenen Vater. Auch Ödipus wird insofern zu einem ‚Mitschuldigen' eines primär Schuldigen und zurecht Bestraften *infolge* dieser Bestrafung des Vaters, obwohl er an dessen Freveltat mitnichten beteiligt ist.

Wenn ihn diese Belastung gleichwohl trifft, dann findet sie ihre Begründung vermutlich in einem sozialen Dispositiv, das man als Geschlecht oder Dynastie bezeichnen kann. Kaum zufällig sind die Betroffenen allesamt Mitglieder einer Herrscherfamilie, für die ihre Macht auf Abstammung innerhalb der Grenzen *dieser* Familie, d. h. dieser Abstammungsgemeinschaft gründet. Auch hier wird Schuld insoweit ein Stück weit biologisch weitergegeben.

Vergleicht man diese Konstellation mit der Belastung der Nachkommen in der alttestamentlichen Sündenfallgeschichte, so zeigt sich – ungeachtet einer elementaren Gemeinsamkeit – allerdings ein durchaus bemerkenswerter Unterschied. Auch im Alten Testament geht es ja um Abstammung, um alle, die einer biologischen Deszendenz unterliegen, und damit um alle Menschen. In dieser Universalität aber, und dies stellt die entscheidende Differenz dar, verliert die Abstammungs*gemeinschaft* jede soziale Funktion. Es fehlt das soziale Dispositiv der Familie (oder Dynastie), innerhalb derer sich Generationenbeziehungen auch auf die Anliegen einer solchen, über Abstammungsverhältnisse begründeten Gemeinschaft beziehen lassen. Eine Konsequenz der (anthropologischen) Universalisierung besteht deshalb im Fehlen jeglicher sozialen Bezugsgröße.

An dieser Stelle tritt eine strukturelle Differenz zwischen den Ordnungsmustern in der Welt des paganen Mythos und jenen des monotheistischen Gottes zutage. Die Sündenfallgeschichte samt ihrer theologischen Interpretation kennt die Beziehung Gottes zum Einzelnen und zur Gesamtheit der Menschen. Und diese Gesamtheit ergibt sich aus einer *Addition* aller einzelnen Menschen, wie es für einen Schöpfer auch naheliegt. Für diese Erzählung spielen die dazwischen, zwischen dem Individuum und der gesamten Menschheit, liegenden sozialen Ordnungen, innerhalb derer sich Übertragungen zwischen einzelnen Personen durch eine Partizipation an sozialen Funktionen oder Aufgaben, anders gesagt: durch die Zugehörigkeit zu einer über sie definierten Gemeinschaft begründen lassen, keine Rolle.

Das universalisierte Abstammungsprinzip erscheint durch diese Lücke einer sozialen Rückbindung der biologischen Serie gleichsam entleert. Denn die einzelnen daran beteiligten Personen sind nur als Glieder einer Kette, die sich auf den Urvater der Menschheit zurückführen läßt, von Interesse. Das Erbsündendogma stellt deshalb einen ganz anderen Mechanismus als denjenigen, der sich im Ödipus-Mythos beobachten läßt, bereit, um eine Rechtfertigung der Beteiligung „an sich" unbeteiligter Menschen an der Strafaktion Gottes für die Übeltäter Adam und Eva beizubringen.[171]

Die hohe Bedeutung der Rolle sozialer Gemeinschaften für die Begründung einer Beteiligung von Tatunbeteiligten an den Folgen einer moralischen Untat zeigt sich deutlicher noch beim zweiten Fall, der in dieser Hinsicht in der Geschichte des Ödipus zu bemerken ist: bei den Bürgern Thebens. Sie fallen in nicht unbeträchtlicher Zahl einer Seuche anheim, die ausbricht, weil elementare Prinzipien der Moral verletzt sind – weil mit Inzest und Vatermord grundlegende (aber als solche von den ‚Tätern' nicht erkannte) Regeln des Zusammenlebens gebrochen worden sind. Doch es sind eben Regulative einer *Gemeinschaft*, die hier außer Kraft gesetzt werden; und deshalb ist die ganze Polis davon betroffen, weil an deren Spitze – und damit in der Institution, die sie als solche zusammenhält – gravierende moralische Mängel gegeben sind. Sie verlangen unweigerlich nach einer Beseitigung der Schuldigen, weil sie ihrer Aufgabe für das Gemeinwesen aufgrund ihrer Vergehen nicht mehr nachkommen können.

Die Folgen des doppelten Tabubruchs treten denn auch weit weniger als eine Strafe denn als eine Anzeige dieses Skandalons in Erscheinung. Sie dienen dazu, auf die verborgene moralische Korruption des Gemeinwesens aufmerksam zu machen, und tragen auf diese Weise maßgeblich zur Aufklärung der verkannten Mißstände bei. Die Pest tritt gleichsam als eine Art Initialzündung zur Suche nach ihren Ursachen in Erscheinung. Auch kann es nicht erstaunen, wenn sich die moralische Verderbtheit in Gestalt einer Krankheit manifestiert. Eine solche natürliche Entsprechung moralischer Störung als Signal des ethischen Notstands markiert durch diese Natürlichkeit den gleichsam existentiellen Wert, den die Einhaltung der verletzten Prinzipien für das Funktionieren, ja die Existenz der Polis als solche besitzt.

---

[171] Auch dies stellt im Übrigen eine Dimension jener Theodizee dar, welche Aufgabe dem Erbsündendogma aus gutem Grund gemeinhin zugesprochen wird. Denn die ihm übertragene Rechtfertigung der göttlichen Schöpfung sowie Gottes Entlastung von der Verantwortlichkeit für die Übel in der Welt, die durch die Belastung des Menschen an seiner Stelle erfolgt, bedürfen einer Sicherung der Gerechtigkeit der Bestrafung aller Menschen, die Teil an der Schuld gewinnen müssen, um überhaupt gerecht bestraft werden zu können. Und diese Begründung stellt, wie gesehen, die theologische Vorverlagerung der Strafe auf die *Voraussetzungen* menschlichen Handelns dar. Nur fällt diesem Mechanismus auch die Last zu, darüber hinwegzutäuschen, daß die betreffende Begründung der Bestrafung ja selbst schon einen Teil der Strafe bildet. Der mit dem Erbsündendogma erfolgende Komplexitätszuwachs dieser Strafe gewinnt auf diese Weise die Funktion einer Maske der *petitio principii*, auf die Gefangenschaft in der Sünde, in die der postlapsale Mensch eingeschlossen wird, in logischer Hinsicht gründet. Denn die Nachfahren Adams und Evas werden nun im Grunde deshalb bestraft, weil sie schon bestraft sind.

Wenn die Konsequenzen des doppelten Tabubruchs also auch im Ödipus-Mythos Personen treffen, die an dieser Untat selbst gänzlich unbeteiligt sind, dann geschieht dies deshalb, weil durch die Vergehen der Herrschenden die Grundlagen der sozialen wie der politischen Gemeinschaft, an der die nun von Krankheit Geschlagenen als deren Mitglieder immer schon teilhaben, in Frage gestellt sind. Und mithin sind sie *de facto* an den Mißständen beteiligt, die durch die Verletzung von elementaren Regeln des Zusammenlebens verursacht wurden. Daraus geht noch einmal hervor, daß die soziale Gemeinschaft als Träger wie als Garant der Geltung moralischer Prinzipien fungiert, während die Maßgaben für das Verhalten der Menschen in der Sündenfallgeschichte ihre Verbindlichkeit allein aus dem Diktat des einen und einzigen Gottes beziehen. Sein Gebot aber gilt für den jeweils Einzelnen, und das heißt zugleich: für alle Einzelnen, die in ihrer Addition – und nicht etwa durch irgendeine Form ‚horizontaler' Gemeinschaftsbildung – das einzig Gott gegenüber verantwortliche Menschengeschlecht bilden.[172]

---

[172] Der hier skizzierte Unterschied zwischen dem Ödipus-Mythos und der Sündenfallgeschichte gibt ein nützliches Kriterium an die Hand, um die konzeptuellen Veränderungen zu ermessen, die mit Freuds psychoanalytischer Adaptation der Geschichte von Sophokles' tragischem Helden einhergehen. Im Grunde paßt Freud den griechischen Mythos an die Bedingungen einer monotheistischen Hermeneutik an – ein Umstand, der mir auch für die Bewertung der anthropologischen Pertinenz dieses Mythos nicht ganz unwesentlich zu sein (und deren Kredit nicht unbedingt zu erhöhen) scheint. Denn das ‚Archeypische' das Freud diesem Mythos bescheinigt, ist nicht ihm selbst, sondern erst seiner hermeneutischen Bearbeitung geschuldet, die, aus einer anderen kulturellen Ordnung stammend, mithin von außen an ihn herangetragen wird. Blumenberg hat Freud zur Begründung seines Zweifels an der Vereinnahmung des Ödipus-Mythos für ein anthropologisches Dispositiv hingegen eine Fokussierung auf den „tabuisierten Inzestwunsch" vorgehalten: „Aber die Heraushebung dieses Elements trifft weder den Kern des Mythos noch den der Tragödie. Es ist nicht die Art der Schuld, die Ödipus mit Vatermord und Inzest unwissend auf sich lädt, was diese Konfiguration trägt, sondern die Art ihrer Aufdeckung" (Blumenberg, *Arbeit am Mythos*, S. 100). Dieser Kritik vermag ich nicht ganz zu folgen, und es scheint mir der Ausbruch der Pest in Sophokles' Drama zu sein, der ein gewichtiges Argument gegen Blumenbergs Verständnis von Mythos und Tragödie des Ödipus bietet. Die Krankheit, die als eine biologische Entsprechung moralischer Störung auftritt, muß von solcher Art, d. h. von solcher Schwere sein, daß sie das gesamte Gemeinwesen erfaßt, und dies ist tatsächlich in Theben der Fall, weil die Polis von einem Vatermörder sowie in inzestuöser Ehe mit der Mutter lebenden König regiert wird. Hier sind elementarste Prinzipien des Zusammenlebens an der Spitze der Polis gebrochen worden. Die Qualität der Vergehen und das Erfordernis wie die „Art ihrer Aufdeckung" gehören in Sophokles' Variante des Ödipus-Mythos also unmittelbar zusammen und lassen sich nicht gegeneinander ausspielen. Mit dieser „Aufdeckung" des Ungeheuerlichen, das unerkannt vorgefallen ist, hat es indessen noch eine weitere Bewandtnis, und sie betrifft die Gattung der Tragödie als solche. Zur Rekonstruktion ihres diesbezüglichen Belangs kann uns die aristotelische *Poetik* weiterhelfen, genauer gesagt deren zentrales 9. Kapitel. Dort heißt es vom Plot einer Tragödie, ihre Handlung müsse wahrscheinlich sein, gleichwohl sollen die sie konstituierenden

Zwischen den Göttern und ihrem Einwirken auf den Menschen stehen in der Geschichte des Ödipus mithin soziale Ordnungen, die auch für das Handeln der Götter maßgebliche Bezugspunkte bilden. Es scheint mir übrigens Beachtung zu verdienen, daß sich solche ‚Zwischeninstanzen', als welche sie hier versuchsweise bezeichnet seien, auch an einer anderen Stelle der Ödipus-Geschichte wiederfinden. Es handelt sich dabei um Instanzen des Wissens.

Ebenso wie die Moral ist auch das Wissen zwischen den Göttern und den Menschen mediatisiert, und damit werden für den Informationsaustausch zwischen ihnen spezifische Bedingungen definiert. Solche Instanzen des Wissens kommen in der Geschichte des Ödipus vor allem in Gestalt des Orakels wie des Sehers Teiresias vor. (In gewisser Weise gehört – ungeachtet einiger struktureller Unterschiede – auch die Sphinx zu ihnen. Wir werden darauf noch des Näheren eingehen.)[173]

In der Existenz von solch vermittelnden Instanzen des Wissens ist ein weiterer – wesentlicher – Unterschied zwischen dem paganen Mythos und der Sündenfallgeschichte angelegt. Dabei ist es für einen solchen Vergleich nicht zuletzt von Interesse, daß die alttestamentliche Erzählung von der Mißachtung des göttlichen

---

Ereignisse wider Erwarten eintreten – ein (wie sich zeigen wird, vermeintlicher) Widerspruch, der in der Rezeption dieser Schrift allerdings gehöriges Kopfzerbrechen ausgelöst hat. Indessen bietet gerade Sophokles' *König Ödipus* einen Fingerzeig für die Auflösung dieses Paradoxons. Wohl kaum zufällig genießt dieses Stück, das mit auffälliger Häufigkeit als Musterbeispiel in der *Poetik* zitiert wird, Aristoteles' besondere Wertschätzung. Es liefert in der Tat ein Modell dafür, wie sich die vermeintlich aporetische Konstruktion einer Tragödie, deren Geschehnisse wahrscheinlich und überraschend zugleich sein sollen, verstehen läßt. ‚Versöhnen' lassen sich die ihr abverlangten, miteinander konkurrierenden Eigenschaften ihrer Handlung nämlich dann, wenn man sie jeweils einer Zeitperspektive zuordnet. Was prospektiv unwahrscheinlich erscheint, erweist sich retrospektiv als schlüssig. Genau eine solche Struktur ist für Sophokles' *König Ödipus* konstitutiv. Obwohl es jeder Erwartung zu widersprechen scheint, daß man seinen Vater tötet und seine Mutter ehelicht, erweist sich rückblickend jedoch genau dieser doppelte Tabubruch als schlüssiges Ergebnis einer konsequenten Ereignisfolge. Letztlich werden hier zwei Formen von Rationalität gegeneinander ausgespielt: Der Schwäche der Vernunft im Umgang mit der Zukunft steht ihre Stärke bei der Rekonstruktion der Vergangenheit gegenüber. Aus gattungstheoretischer Perspektive betrachtet, bildet das Verfahren eines Prozesses eine solche Form des rationalen Umgangs mit der Vergangenheit. Und es verhält sich, wie Blumenberg entgegenzuhalten ist, keineswegs so, als hätte Freud *dieses* Moment von Sophokles' Tragödie nicht an zentraler Stelle in sein Konzept des Ödipus-Komplexes eingebaut. Nur wechselt die analytische Komponente des Bühnenstücks auf die Seite des Psychotherapeuten, präziser gesagt, wechselt sie zur Hälfte dorthin. Denn auch der Seelenarzt begleitet ja eine Anamnese, die der Patient selbst zu erbringen hat – in der Hoffnung, das Übel damit aus der Welt zu schaffen (und dabei nicht, wie Ödipus, an seinen Konsequenzen zugrundezugehen). Der Rationalitätsoptimismus fällt in der modernen Adaption des Mythos zweifellos höher als in ihm selbst aus.

[173] Siehe Anm. 176.

Gebots ja gerade im Ringen um den Zugang zum Wissen ihren motivischen Kern besitzt. Denn vom Baum der Erkenntnis dürfen Adam und Eva nicht essen, weil er ein gottgleiches Wissen zu vermitteln vermag. Charakteristisch für sie ist hingegen nicht eine mittelbare Kommunikation zwischen Mensch und Gott, wie sie das Geschehen im Ödipus-Mythos verschiedentlich bestimmt, geprägt wird der biblische Bericht vielmehr durch das unvermittelte Gespräch zwischen Jahwe und seinen Geschöpfen. Gott wendet sich unmittelbar an Adam (und Eva) und gibt ihnen konkrete Anweisungen für ihr Verhalten: Er selbst stellt das Verbot, die Früchte vom Baum der Erkenntnis zu sich zu nehmen, auf und verfügt später aufgrund von dessen Übertretung ebenso höchstpersönlich die Vertreibung aus dem Paradies.[174] Warum aber wirkt – diese Frage drängt sich auf – Gottes unmißverständlich von ihm selbst erklärtes Wort nicht? Warum halten sich Adam und Eva nicht an das, was Jahwe von ihnen verlangt? Warum ist – anders gefragt – die Schlange erfolgreicher als selbst Gott?

Die nächstliegende – und allgemein angenommene – Annahme zur Erklärung dieses Sachverhaltes, derer sich auch die theologische Auslegung der biblischen Geschichte bedient, ist psychologischer Natur: Die Menschen waren begierig, wie Götter zu werden. In der Tat wirbt die Schlange ja mit dieser Aussicht, um Adam und Eva davon zu überzeugen, Gottes Gebot nicht zu folgen.[175] Und es ist das Wissen, das Wissen um den Unterschied zwischen Gutem und Schlechtem, das ihnen als Gewinn ihrer Verbotsübertretung versprochen wird. Wäre die Gier nach einem gottgleichen Kenntnisstand – moraltheologisch gesprochen: ihr Hochmut – also so groß, daß die ersten Menschen darüber den als Folge ihrer Mißachtung von Gott verfügten Tod vergessen oder gar in Kauf genommen hätten?

Zweifel daran, daß diese Erläuterung eine hinreichende Erklärung von Adams und Evas Verhalten bieten kann, sind angebracht; und sie sind es vor allem deshalb, weil die Schlange es nicht dabei bewenden läßt, mit dem versprochenen Zugewinn an Einsicht zu locken, den der Biß in den Apfel verspricht. Sie setzt vielmehr darauf, die Glaubwürdigkeit von Gottes Rede zu erschüttern; und so unter-

---

[174] Es ist auffällig, daß nach Abschluß der Schöpfung Gottes Wort seinen Charakter wesentlich ändert, ja im Grunde den gegenteiligen Effekt seiner ursprünglichen Wirkung bezweckt. Während die von ihm geschaffene Welt aus dem Wort geboren ist, gerät es nach deren Beendigung zu einem restriktiven Wort. Es formuliert Einschränkungen von Möglichkeiten, die das Schöpfungswerk selbst bereitgestellt hatte.

[175] Augustinus, *De civitate Dei*, XIV, 13: „non enim ad malum opus perueniretur, nisi praecessisset uoluntas mala. porro malae uoluntatis initium quae potuit esse nisi superbia? *initium* enim *omnis peccati superbia est*. quid est autem superbia nisi peruersae celsitudinis adpetitus?" (Augustinus 1955, S. 434; die kursiv gesetzten Worte sind ein Zitat aus dem alttestamentlichen Buch Jesus Sirach 10, 15). („Zu einer bösen Tat wäre es nie gekommen, wäre ihr nicht ein böser Wille vorausgegangen. Und was anderes als der Hochmut konnte der Anfang bösen Willens sein? Denn er ist der Anfang jeglicher Sünde. Und was ist dieser Hochmut, wenn nicht das Verlangen nach Erhöhung?" Übersetzung A. K.)

gräbt sie seine Autorität, indem sie ihm ein eigennütziges Motiv unterstellt. Ihm gehe es einzig um die Bewahrung eines Privilegs, das er für sich selbst reservieren möchte und das im Wissen um den Unterschied von gut und schlecht besteht. Die Schlange unterstellt ihm also – keineswegs abwegig – den Wunsch nach Machterhalt. Allerdings unterschlägt sie dabei, daß Jahwe durchaus über die Machtmittel verfügt, um seine Ankündigung wahr zu machen, und den Willen hat, dies auch tatsächlich zu tun.

Die Stärke der Rede des Teufels in Schlangengestalt – und dies ist das für unseren Zusammenhang Entscheidende – beruht mithin auf seiner Argumentation. Er nennt – oder suggeriert – Gründe, die dazu angetan sind, die Rede eines anderen zu schwächen, ja zu entkräften, während sich Jahwe selbst auf ein begründungsloses Verbot beschränkt hatte. Der Erfolg der Schlange bedeutet den Erfolg eines Arguments, auf das Jahwe glaubte verzichten zu können. Und kaum zufällig ist es Gottes Widersacher, der sich dieses Mittels bedient, während der Schöpfergott selbst annehmen mochte, der bloßen Fülle seiner überlegenen Gewalt trauen zu können. Die Sündenfallgeschichte demonstriert nicht zuletzt die Logik (wie die Risiken) von Rede und Gegenrede. Im Besonderen führt sie die diskursive Macht einer Begründung vor, der es gelingt, eine begründungslose Rede auszustechen – und sei es das Wort keines Geringeren als dasjenige von Gott selbst. Der Schöpfergott, von dem Adam und Eva (mit Ausnahme des einen Verbots) bislang nur Gutes erfahren haben, scheitert mit dem Machtanspruch seines Verbots nicht zuletzt an einem Argument.

Alle dialogische Rede eröffnet die Möglichkeit einer Widerrede. Darin besteht die Gefahr, der sich ihre Wirkung aussetzt. Das Orakel hingegen entzieht sich einer solchen Möglichkeit strukturell – und zwar deshalb, weil es den Urheber seiner Auskunft nur vertritt. Das Orakel ist deshalb auch keinem Boten geschuldet, der eine Nachricht überbrächte. Das Orakel will vielmehr befragt sein. Es reagiert, aber agiert nicht. Und weil es nicht die Götter selbst sind, die Auskunft geben, sondern jemand spricht, der den Götterwillen nur zu kennen *behauptet*, bleibt für die Gewißheit von dessen Offenbarung auch eine Ungewißheitsmarge zurück. In dem dadurch eröffneten Spielraum bewegt sich das Handeln der Menschen, die das Orakel befragen. Er scheint deshalb auch die Möglichkeit zu umfassen, das Eintreten des Vorausgesagten verhindern zu können; und genau diese Möglichkeit versuchen Laios und Iokaste wie Ödipus selbst für sich zu nutzen.[176]

---

[176] Zu den Eigenheiten der Auskünfte des Orakels gehört zweifellos die Anonymität, die für seine Informationen charakteristisch, wo nicht konstitutiv ist. Denn sie greifen auf eine Art ‚Weltwissen' zurück, das seinen Geltungsanspruch nicht zuletzt aus seiner Anonymität bezieht. Denn was das Orakel verkündet, gehört keiner Sprechhandlung eines Akteurs zu, der mit seiner Äußerung womöglich seine eigene Agenda verfolgt. Diese Eigenheit der Orakelrede zeigt sich sehr deutlich im Verhältnis zur Gestalt des Teiresias, der – ungeachtet der ihm unterstellten besonderen Verbindung zu den Göttern – ein Mensch unter Menschen bleibt und aufgrund dessen über den Verdacht, sein Wissen für irgendwelche Machenschaften zu nutzen, nicht erhaben ist. Darum ist Ödipus

anfangs nicht bereit, Teiresias' Auskünfte zu akzeptieren, weil er den Seher verdächtigt, mit Kreon im Bunde zu stehen. Er hegt Zweifel daran, daß der Bruder Iokastes' den neuen König als Usurpator auf dem Thron Thebens anzuerkennen bereit ist, hatte er doch zunächst selbst als Schwager des getöteten Laios die Herrschaft übernommen (siehe hierzu unten Anm. 182). Aus solchen Händeln ist das Orakel, dessen Aufgabe auf die Verwaltung eines anonymisierten Wissens beschränkt bleibt, grundsätzlich herausgenommen. Irgendwelche Verwicklungen in irgendwelche Machenschaften fallen deshalb als Verdachtsmomente für eine Verfälschung seiner Mitteilungen aus. Schließlich wird das Orakel angerufen und erteilt keine ungefragten Botschaften, wiewohl es sich in dieser Hinsicht von den Auskünften des Sehers nicht unterscheidet. Und doch bleibt die Anonymität des vom Orakel übermittelten Wissens als Zuverlässigkeitsgarantie zwiespältig. Denn es gehört zu seiner Natur, ein mediatisiertes Wissen zu sein. Die daraus resultierende Ungewißheit des Orakelspruchs, der seinen Geltungsanspruch ausschließlich aus sich selbst, resp. aus der dem Orakel zugebilligten Autorität abzuleiten vermag, kommt nicht zuletzt in der notorischen Dunkelheit resp. häufigen Deutungsoffenheit ziemlich schwer zu interpretierender Auskünfte des Orakels zum Vorschein. Von hierher bezieht das Verb ‚orakeln' bekanntlich seinen Sinn. Es ähnelt nur allzu oft einem Rätsel, und damit tritt die dritte Instanz des Wissens auf den Plan, die für die Handlung des *König Ödipus* von Bedeutung ist: die Sphinx. Ihre Gestalt nimmt sich wie eine Allegorie der von ihr verwalteten Rede aus. Denn sie selbst ist enigmatisch wie die Rede, die sie führt; und so gibt sie Ödipus die Lösung eines Rätsels auf, das über sein Leben entscheiden wird. Gelingt es ihm, die rechte Antwort auf ihre fatale Frage zu finden, was bislang freilich niemandem glückte, so wird er nicht nur sein Leben behalten dürfen, sondern großen Ruhm gewinnen und zum Herrscher in Theben aufsteigen. Versagt er hingegen, wird er dem Tod anheimfallen, dem auch die Sphinx geweiht ist, sofern *sie* die Wette verliert. Unter systematischen Gesichtspunkten betrachtet, erweist sich die Sphinx insofern als ein Gegenstück zum Orakel: Sie wird selbst initiativ und stellt Aufgaben, statt nur auf Anfragen zu reagieren. Und der Rätselcharakter, der etlichen Auskünften des Orakels eignet, wird in ihrem Fall zum Programm. Spiegelten Orakel und Sphinx mithin einander in einem Verhältnis der Komplementarität? Jedenfalls vergleicht Ödipus selbst schon seine bei der Lösung des Rätsels bezeugten Fertigkeiten mit dem Wissen des Teiresias, um dabei die Leistung seines eigenen Verstandes gegenüber dem dubiosen Wissen eines Sehers herauszustreichen, der es offenkundig nicht vermocht habe, die bedrängte Polis von dem Ungeheuer zu befreien (Sophokles, *König Ödipus*, V. 390-400). Auch ein Wortwechsel zwischen Teiresias und Ödipus könnte einen Hinweis auf einen solchen Zusammenhang bieten: „Oidipus: Wie sagst Du alles rätselhaft und unbestimmt! Teiresias: Bist du, es zu erraten, nicht der Fähigste? Oidipus: Verhöhne nur, worin du groß mich finden wirst! Teiresias: Doch eben dieses Glück ward zum Verhängnis Dir" (V. 439-442), (hier zitiert nach: Sophokles, *Dramen*, griechisch und deutsch, herausgegeben und übersetzt von Wilhelm Willige, überarbeitet von Karl Bayer, mit Anmerkungen und einem Nachwort von Bernhard Zimmermann, München / Zürich: Artemis, ²1985. Sämtliche Stellen aus Sophokles' Tragödie werden nach dieser Ausgabe ohne Angabe von Seitenzahlen zitiert). Wären hier zwei Kulturen der Rationalität im Umgang mit dem Geheimnisvollen gegeneinander ausgespielt: die (zukunftsträchtige) des selbstverantworteten Logos und die (herkömmliche) eines Vertrauens in transzendente Offenbarung? Ist dem so, dann

Im Ödipus-Mythos wie in der Sündenfallgeschichte gibt es mithin Ansätze zu dem Versuch einer Relativierung göttlicher Gewalt, nur haben sie einen jeweils sehr unterschiedlichen Ausgangspunkt. In der griechischen Tragödie machen sich die Akteure des Geschehens die (strukturelle) Labilität der (intermediären) Institution des Orakels zunutze, das grundsätzlich nur vermitteltes Wissen an die Menschen weiterzureichen vermag. Der Schöpfungsmythos spielt hingegen die Macht eines rationalen Diskurses gegen eine auf bloße Macht gestützte Rede aus.

Zweimal – sowohl Laios und Iokaste wie Ödipus selbst – hat das Orakel angekündigt, er werde seinen Vater töten und seine Mutter heiraten, und beide Male be-

---

trifft die Tragödie des Sophokles keine Entscheidung zwischen diesen beiden Alternativen, sondern stellt ihre konkurrierende, gerade alternative Geltung heraus: Es ist unstrittig, daß Ödipus Theben von der Sphinx durch seine Ingeniosität befreit hat, wie sich ebenso nicht bestreiten läßt, daß der Seher wie das Orakel recht behalten. Und die Unverzichtbarkeit *beider* Typen von Rationalität geht nicht zuletzt daraus hervor, daß der von Ödipus unerkannt in eigener Sache geleitete Prozeß ja schließlich bestätigt, was der Seher schon wußte. Mythische und rationale Formen des Zugriffs auf die Wirklichkeit scheinen ihre Stärke gerade in ihrem Zusammenspiel zu besitzen. (Wollte man einen großen Sprung wagen und versuchsweise auf die *longue durée* der Rationalitätsgeschichte zwischen Sophokles und Kleist blicken, dann zeigte sich im *Zerbrochnen Krug* wohl die – ihrerseits partielle – Zersetzung des Vertrauens in die Leistungsfähigkeit der Vernunft des Menschen, weil die ‚reine Vernunft' sich an pragmatischen Umständen bricht, über die sie selbst nicht zu verfügen vermag. Nun ließe sich diesem Argument entgegenhalten, daß bei einer solchen Gegenüberstellung ein systemisches Wissen, wie es der metaphorischen Verkleidung des menschlichen Lebens im Rätsel der Sphinx zugrunde liegt, gegen eine kontingente Konstellation ausgespielt wird, die es in der Komödie zu rekonstruieren gilt. Doch auch im Hinblick auf die Rationalität des Gerichtsverfahrens zeigen sich zwischen dem *Zerbrochnen Krug* und dem *König Ödipus* durchaus vergleichbare Unterschiede. Denn in der Tragödie des Sophokles erbringt am Ende ein konsequent durchgeführtes Gerichtsverfahren das gesuchte Ergebnis, so entsetzlich es für den, der den Prozeß leitet, auch sein mag. Allen inneren Widerständen zum Trotz führt Ödipus das Verfahren zum Erfolg. Und so nährt der Ausgang des Prozesses das Vertrauen, daß – so verborgen im Schoß der Zeiten das Aufzuklärende auch sein und so abwegig es erscheinen mag – bei hinreichend schlüssigem Vorgehen die Rekonstruktion des Vergangenen ziemlich zuverlässig zu gelingen vermag. In Kleists Komödie ist es hingegen dem Zufall geschuldet, daß der persönlich an einem bestimmten Ergebnis der Verhandlung interessierte Gerichtsschreiber von Anfang an einen Verdacht hegt, der sich schließlich als triftig erweist. Zudem verliert das Prozeßverfahren selbst, d. h. die institutionelle Form, die das Bemühen um eine rationale Aufklärung der Vergangenheit in die Abhängigkeit von – gleich mehreren – kontingenten Umständen geraten läßt, dadurch ein Stück weit sein Potential wie seinen Kredit. Im Vergleich der beiden Theaterstücke gibt die nachaufklärerische Komödie augenscheinlich ein deutlich geringeres Vertrauen in die Vernunft als die Tragödie des klassischen Griechenlands zu erkennen – ein nicht zuletzt in Anbetracht ihrer unterschiedlichen Gattungszugehörigkeit durchaus bemerkenswerter Sachverhalt.)

mühen sich die, die es befragt hatten, genau das unmöglich zu machen, was ihnen geweissagt wurde. Das Orakel wird gleichsam behandelt, als mache es keine unwiderruflich geltende Antizipation künftigen Geschehens namhaft, sondern benenne eine Möglichkeit, mit der es umzugehen gelte – als beließe es den Menschen auf diese Weise eine in gewissen Grenzen gegebene Selbstbestimmung ihres Schicksals.

In dieser Hinsicht fällt im Blick auf die Wirkung des Orakels in Sophokles' Tragödie auf, daß sowohl Ödipus' Eltern wie er selbst sich nicht nur bemühen, dem zu entkommen, was ihnen als göttliche Verfügung geweissagt ist, sondern daß beide gerade durch ihren Versuch, das Orakel unwirksam zu machen, die Voraussetzungen seiner Wirksamkeit herstellen. Hätten Laios und Iokaste ihren Sohn nicht vom Königshof entfernt, dann würde er seine Eltern gekannt haben und wäre vermutlich kaum in die Lage geraten, jene Taten zu verüben, die ihn ohne sein Wissen mit schwerer Schuld beladen sollten. Und wäre er am Königshof von Korinth geblieben, so hätten sich mutmaßlich ebenfalls die Dinge nicht ereignet, zu denen es in der Folge seines Aufbruchs kam – wobei der Anteil menschlichen Handelns an der Bewahrheitung des Orakels im ersten Fall zweifellos größer als im zweiten ist. Dazu gehört wohl auch, daß Ödipus selbst bereits von einer falschen Annahme ausgeht, glaubt er doch, seine Adoptiveltern seien seine biologischen Erzeuger. Die Reaktion auf das zweite Orakel bildet insofern bereits eine Konsequenz jener sozialen Unordnung, die Laios und Iokastes mit ihrem Versuch, das erste Orakel außer Kraft zu setzen, verursacht haben.

Die Frage, die sich aus diesen Umständen des Handlungsverlaufs ergibt, betrifft die Verteilung der Handlungsmacht zwischen Göttern und Menschen in der Geschichte des Ödipus. Bedürfen die Götter der Menschen, um ihre Ankündigungen durchsetzen zu können? Ist es erst der Versuch der Menschen, ihre Macht zu beschneiden, der die Götter dazu befähigt, diese Macht zur Geltung zu bringen?

In der Sündenfallgeschichte wie in der Ödipusgeschichte ringen Menschen und Götter um ihre Macht. Doch das Verhältnis der Götter zu den Menschen in diesem Kampf um ihre Gewalt nimmt sehr ungleiche Züge an. In der alttestamentlichen Geschichte erscheint der (gottesebenbildliche) Mensch als eine Bedrohung göttlicher Macht. Im paganen Mythos bedürfen die (anthropomorphen) Götter hingegen der Menschen, um ihre Macht durchsetzen zu können, ja sie benötigen dazu den Widerstand dieser Menschen gegen ihren Machtanspruch, den der biblische Jahwe hingegen so sehr fürchtete, daß er ihn grausam bestrafte und selbst die Unbeteiligten in sein Strafgericht einbezog.[177]

Diese beiden so unterschiedlichen Geschichten hat Kleist in seinem *Zerbrochnen Krug* – gleichwohl – miteinander kombiniert.

---

[177] Der mono- bzw. polytheistische Horizont der jeweiligen mythischen Welt bedingt insofern auch die Perspektive, an der sich ihre Erzählungen jeweils ausrichten. Den theozentrischen Geschichten der Bibel stehen die anthropozentrischen Geschichten des paganen Mythos gegenüber.

Wäre der Begriff nicht anderweitig festgelegt, so ließe sich Kleists Umgang mit dem Mythos im Allgemeinen im *Zerbrochnen Krug* treffend mit dem Begriff einer ‚Dekonstruktion' charakterisieren. Denn in der Tat zerlegt er den alttestamentlichen Bericht vom Sündenfall wie den von Sophokles auf die tragische Bühne gebrachten Ödipus-Stoff nicht allein in ihre Bestandteile, um sie in anderer Weise zusammenzusetzen. Zu dieser Rekombination ihrer Elemente gehört nicht zuletzt die Engführung der beiden mythischen Geschichten, die durch die Handlung dieser Komödie zueinander in Beziehung gesetzt werden. Doch es fällt schwer, den Dekonstruktionsbegriff auf die Beschreibung eines solchen, allein technischen Verfahrens zu beschränken.[178]

---

[178] Die betreffenden Schwierigkeiten rühren vor allem von daher, daß sich mit dem Begriff der Dekonstruktion eine bestimmte Theorie der Sprache verbindet, die zugleich als grundlegend für eine bestimmte Ordnung des Denkens zu gelten hat. Die häufig auch als poststrukturalistische Theorie der Sprache verstandene Dekonstruktion gründet auf der Umkehrung eines wesentlichen Elements strukturalen Sprachdenkens, nämlich auf der Inversion der Kategorie der Opposition, resp. ihrer Funktion. Seit dem auf Mitschriften von Vorlesungen Ferdinand de Saussures zurückgehenden *Cours de linguistique générale* galt die Opposition, also eine auf Negation beruhende Entgegensetzung einzelner Lexeme resp. Signifikate, als der logische Mechanismus der Generierung von Bedeutung. ‚Frau' ist bedeutungsvoll aufgrund des Gegensatzes zu ‚Mann', ‚etwas' und ‚nichts' stehen in einem entsprechenden Oppositionsverhältnis etc. Die Kritik des Poststrukturalismus an diesem Kernstück strukturaler Sprachtheorie besteht darin, daß sie eine Opposition zwischen zwei Termen nicht vornehmlich als den Ort der *Konstitution* von Bedeutung, sondern als das Medium ihrer – ihrerseits strukturellen – *Dispersion* versteht. Weil das Netzwerk der Oppositionen, das die Sprache durchzieht und in dem jede einzelne Opposition immer schon aufgehoben ist, eine unabschließbare Struktur des Verweises zwischen verschiedenen oppositiven Termen zur Folge habe, verliere sich der Sinn der innerhalb der einzelnen Opposition durch Unterschiede *(différences)* hervorgebrachten Bedeutung in einem beständigen Aufschub (*différance*) auf immer neue Oppositionspaare. Dadurch komme eine dem Sprachsystem selbst inhärente Dynamik zustande, die in letzter Konsequenz jegliche Möglichkeit einer Konstitution von – fixierbarer, d. h. bestimmter – Bedeutung unterminiere. Es ist hier nicht der Ort, die Plausibilität der poststrukturalen Einrede gegen den klassischen Strukturalismus des Näheren zu diskutieren. Ich habe einige grundsätzliche Einwände gegen die dekonstruktive Theorie der Sprache, die mir vor allem von zwei falschen Prämissen auszugehen scheint, an anderer Stelle formuliert (siehe Kablitz 2020.) Eine Anmerkung sei an dieser Stelle nur zu der verschiedentlich in Anspruch genommenen (und in unserer Auseinandersetzung mit der betreffenden Forschung in diesem Band dokumentierten) Relevanz poststrukturalen Denkens für jene – im kantschen Sinne des Begriffs – Sprachkritik gemacht, die sich im *Zerbrochnen Krug* in der Tat beobachten läßt (und die bei flüchtiger Betrachtung einige Affinität zur poststrukturalen Theorie aufweisen könnte). Auch Kleists Lustspiel operiert, wie gesehen, mit den vielen Unabsehbarkeiten sprachlicher Bedeutungsgenerierung. Indessen gibt es dabei eben einen entscheidenden systematischen Unterschied gegenüber den Postulaten dekonstruktiver Sprachtheorie, den wir bereits verschiedentlich beobachten konnten. Denn die allenthalben vor Augen

Bevor wir einen genaueren Blick auf die Transformation der beiden Erzählungen betrachten, die sie im Zuge ihrer Aneignung in Kleists Komödie erfahren, sei zunächst auf ihren unterschiedlichen Stellenwert im Hinblick auf die Handlung des *Zerbrochnen Krugs* hingewiesen. Während von der ersten Szene an die Bezugnahme auf die Geschichte von Adam und Eva Teil der Komödienhandlung selbst ist, bleibt die Wahrnehmung der Bezüge zum Ödipus-Mythos ein Privileg des (literarisch gebildeten) Zuschauers. Dieser Unterschied wird sich auch für die Bewertung der semantischen Relevanz des jeweiligen Mythos für eine Deutung des Stücks als belangvoll erweisen.

Beginnen wir mit dem Blick auf die Veränderungen, die der Sündenfallmythos im *Zerbrochnen Krug* erfährt. Die vielleicht offensichtlichste Umbesetzung, die sich dabei ergibt, betrifft das Paar von Adam und Eva. Sind sie im *Alten Testament* die Ureltern der Menschheit, deren Zugehörigkeit zueinander außer Frage steht, könnte in Kleists Komödie ihr Verhältnis zueinander kaum konflikträchtiger sein. Sie gehören unterschiedlichen Generationen an, und während die Exegese der Schrift aus Eva den Inbegriff einer Verführerin gemacht hat, tritt sie im *Zerbrochnen Krug* als die Verkörperung reinster Tugend in Erscheinung, die sich der Nachstellungen eines gierigen Alten zu erwehren hat.[179] Dessen Fall – im bildlichen Sinn – scheint auch keineswegs das erste Mal eines solchen Vergehens gewesen zu sein, sondern sich in eine ganze Serie vergleichbarer Vorfälle einzureihen.

Der Desintegration der Rollen des biblischen Ureltempaars steht auf der anderen Seite das Spiel mit einer Amalgamierung verschiedener Rollen des Sündenfallmythos gegenüber, das vor allem den Dorfrichter Adam betrifft.

Ein Klumpfuß versieht ihn mit einem anatomischen Merkmal, das man dem Teufel zurechnen könnte. Aber ist dies ein hinreichender Beweis für dessen Existenz oder bietet er gar einen Beleg für die erbliche Teilhabe des Dorfrichters an

---

geführte Kontingenz der Konstitution von Bedeutung im *Zerbrochnen Krug* ergibt sich aus den jeweiligen situationellen Umständen des *Sprachgebrauchs*. Der Poststrukturalismus leitet die strukturelle Dispersion von Bedeutung hingegen aus den Gegebenheiten des *Sprachsystems* ab. Um noch einmal in der Begrifflichkeit des Strukturalismus zu bleiben: Einer dekonstruktiven Theorie der *langue* steht im *Zerbrochnen Krug* eine – implizite – Theorie der *parole* gegenüber, der man (sehr viel) später den Namen der ‚Pragmatik' als einer linguistischen Teildisziplin geben wird.

[179] Hansgerd Delbrück schreibt: „im Alten Testament verführt Eva Adam, in der Komödie Adam Eve" (Hansgerd Delbrück, „Zur dramentypologischen Funktion von Sündenfall und Rechtfertigung", in: *DVJs* 45 [1971], S. 706-756, hier S. 715). Delbrücks ‚heilsgeschichtlicher' Deutung des Handlungsverlaufs im *Zerbrochnen Krug*, „vom Sündenfall zur Rechtfertigung" (ebd., S. 727), in dem er eine Rehabilitierung der Metaphysik jenseits von Kleists „Kantkrise" (siehe hierzu oben Anm. 52) entdecken möchte, leuchtet mir allerdings nicht ein. Die Pertinenz von Äußerungen wie den folgenden für diese Komödie erschließt sich mir ebenso wenig: „Kleists Stück vermag Metaphysik als notwendige Vollendung (und neue Voraussetzung) von Wissenschaft aus dieser selbst a b - z u l e i t e n, indem es die Selbstüberschreitung von Wissenschaft als ihr gleichsam von ihrer Entelechie her vorgegeben erweist" (ebd., S 720).

jener diabolischen Macht, die mit dem Sündenfall im alten Adam Einzug hielt? Hätte Frau Brigitte mit ihrem kuriosen Verdacht, der Teufel höchstpersönlich sei bei Eve eingedrungen, womöglich mehr Recht, als es der aufgeklärte Gerichtsrat wahrhaben, ja überhaupt zulassen will, weil Adam in der Tat einen ausgeprägten Hang zu Missetaten in sich trägt, für dessgen fortwährende Präsenz im Menschen das Dogma der Erbsünde noch immer eine höchst plausible Erklärung bereithielte? Wäre dem so, dann sagte allerdings auch der in Erklärungsnot geratene Adam mit seinem absurden, sich auf die ungewisse Kleiderordnung der Hölle berufenden Versuch, Frau Brigittes Mutmaßung über die Anwesenheit des Leibhaftigen für bare Münze zu nehmen, mehr über sich aus, als ihm lieb sein kann.

Wie also steht es um die Tauglichkeit der Sündenfallgeschichte zur Erklärung des Verhaltens der Akteure der Handlung im *Zerbrochnen Krug*? Bleibt es bei einer spielerischen Bezugnahme, die potentielle Gemeinsamkeiten suggeriert, ohne den solchermaßen hergestellten Zusammenhang wirklich ernst zu nehmen? Schon die erste Szene des Stücks ist in dieser Hinsicht, wie gesehen, zutiefst ambivalent. Man weiß nicht recht, ob sich Licht nicht eher augenzwinkernd eine kontingente Namensidentität zunutze macht, um den Dorfrichter in die Tradition seines biblischen „Ältervaters" zu rücken, oder ob er der Sache tatsächlich Glauben schenkt. Jedenfalls scheint der Gerichtsschreiber vom grundsätzlichen Hang Adams, über die Stränge zu schlagen, überzeugt, weshalb es ihm denn auch im Prozeß schließlich gelingen wird, die Verhandlung treffsicher auf den richtigen Weg zu führen. Aber damit ist keineswegs gesagt, daß er das Dogma der Erbsünde irgendwie ernst nähme.

Wie also steht es um dessen Geltung und damit um die Möglichkeit, mit Hilfe der Sündenfallgeschichte Motive des Verhaltens der Akteure hermeneutisch zu erschließen? Der Fall sein könnte dies ja nur, wenn es nicht bei einer dem bloßen Zufall geschuldeten Namensidentität zwischen dem Urvater der Menschen und dem Dorfrichter zu Huisum als Verbindungsstück zwischen beiden Geschichten bliebe. Schließlich bezieht die dogmatische Vereinnahmung des Berichts über Adams und Evas Gebotsübertritt ja die gesamte Menschheit in die Hinterlassenschaft der Urkatastrophe im Garten Eden ein. Und in dieser Hinsicht ist zweifellos zu bemerken, daß – wie wir eingehend diskutiert haben – kaum ein Akteur moralisch wirklich einwandfrei davonkommt, sondern letztlich jeder auf eigene Rechnung Geschäfte macht und dabei eine gewisse Großzügigkeit im Umgang mit dem Moralgesetz zu erkennen gibt.

Selbst bei dem Musterbeispiel an Tugendhaftigkeit namens Eve, in die sich die gleichnamige Urmutter der Sünde nun verwandelt hat, kommt der Hauch eines Zweifels auf, ob sie im Bewußtsein ihrer ungebrochenen moralischen Integrität nicht allzu viel für sich selbst von ihren Mitmenschen erwartet. Steckte selbst in ihrer vorbildlichen moralischen Haltung ein Rest an Hochmut, der sogar ihre gänzlich unversehrt scheinende Tugendhaftigkeit mit dem Schatten des moralischen Zweifels versieht?[180]

So zentral die Figur des Dorfrichters für das Bühnengeschehen auch erscheint, *Der Zerbrochne Krug* ist *keine* überkommene Charakterkomödie, in der nur *ein* Störenfried die Welt durcheinanderbringt, dem das Handwerk gelegt werden muß, auf daß diese Welt ihre gewohnte Ordnung wiederfinde, weil sie ansonsten in Unordnung verbliebe. In diesem Lustspiel ist sogar die Aufdeckung der Übeltaten des Dorfrichters noch den eigennützigen Interessen des Gerichtsschreibers Licht geschuldet. Und das auch den Gerichts antreibende Bedürfnis nach Ehre – der Institution der Justiz wie der eigenen Person – läßt womöglich den ziemlich üblen Missetäter Adam am Ende noch davonkommen.

Nicht nur die in die Vorkommnisse um den zerbrochenen Krug involvierten Handelnden belegen, daß es um die Geltung von Gesetz und Moral in der Welt dieses Lustspiels nicht sonderlich gut bestellt ist. Gleich nebenan, in Holla, ist offensichtlich Vergleichbares, wenn nicht noch Ärgeres, im Amte des Richters zu beklagen. Die Welt des *Zerbrochnen Krugs* ist eine – soweit dies in den Grenzen einer Komödie, die auch dieses Stück (ungeachtet einer zweifelsfreien Erkundung der Grenzen dieses Genres)[181] noch immer ist – aus den Fugen geratene Welt, die mit einem *happy end* nicht wirklich in Ordnung gebracht wird, weil sie vermutlich in eine solche Ordnung gar nicht gebracht werden *kann*. Doch in Grenzen bleibt das gattungstypische glückliche Ende gleichwohl noch immer eine mögliche Option. Dies ist die gleichsam positive Seite der Medaille der morali(sti)schen Skepsis, die sich im *Zerbrochnen Krug* zu Wort meldet. Kontingent ist – partielles – Glück möglich.

Wäre also nicht doch die alte Geschichte vom Sündenfall im Paradies eine Erzählung, deren hermeneutischer Belang zur Erklärung menschlichen Verhaltens noch immer nicht ausgespielt hat? Das ist zweifellos nach wie vor ebenso möglich, wie es bei einer bloß spielerischen, eben für ein Lustspiel typischen Verknüpfung der beiden Geschichten durch etliche Anspielungen bleiben mag. Das einzige, das man für dieses Stück ziemlich zuverlässig ausschließen kann, ist die *Unvermeidlichkeit* der *Frage*, wie es denn mit der Sache um den alten Adam in der Handlung des *Zerbrochnen Krugs* steht. Man mag sie so oder so beantworten (können), nur loswerden wird man sie kaum.

Wären durch den Umgang mit dem alttestamentlichen Mythos auch schon die Weichen für die Adaptation des Ödipus-Mythos in dieser Komödie gestellt? In dieser *Komödie* wohlgemerkt, denn die Aneignung seiner Geschichte geht mit einem offenkundigen, ja ostentativen Wechsel, wenn nicht gar einer Inversion der Gattungen her, finden sich Grundelemente von Sophokles' Tragödie *König*

---

[180] Im Hinblick auf eine – im historischen Sinne des Begriffs – moralistische Grundierung (oder Färbung) von Kleists Anthropologie (siehe hierzu unten Anm.) läge eine solche Einschränkung bruchloser Tugendhaftigkeit auch durchaus nahe.

[181] Siehe hierzu unten Kap. 6.3.

Ödipus doch nun in einem Lustspiel wieder. Allerdings bot schon der Sündenfallmythos von Haus aus kaum den Stoff, aus dem (üblicherweise) Komödien sind. Und so mag man sich im Blick auf die Kombination dieser beiden Erzählungen fragen, ob *Der zerbrochne Krug* nicht gleichsam das Beste aus der Sache macht und den Unvermeidlichkeiten einer gefallenen Welt, die nun einmal ist, wie sie ist, die Gelegenheiten zu halbwegs versöhnlichem Lachen und wenigstens partiellen Korrekturen besonders heftiger Störungen abgewinnt, die das Zeug zu einer Tragödie durchaus hätten. Und ebenso mag man umgekehrt spekulieren, ob die intertextuelle Präsenz des Sündenfallmythos in diesem Lustspiel nicht die Grenzen aufsucht, innerhalb derer eine Komödie unter solchen Bedingungen überhaupt noch möglich ist. Sollte deshalb auch für die Adaptation des Ödipus-Mythos im *Zerbrochnen Krug* die Frage Bedeutung besitzen, wie sich das Komische und das Tragische in dieser Welt zueinander verhalten?

Wenn wir es mit einer Inversion der Tragödie *König Ödipus* zu tun haben, dann geht dies ja schon aus der offensichtlichen und wohlbekannten Umkehrung der Voraussetzungen eines Prozesses in eigener Sache hervor. Ödipus ermittelt gegen sich selbst, ohne zu wissen, daß er derjenige ist, dessen Vergehen am Ende des von ihm geführten Gerichtsverfahrens aufgedeckt werden. Das Interesse an dieser Aufdeckung aber teilen bei Sophokles alle – einschließlich dessen, der sich am Schluß als der Schuldige herausstellen wird. Genau dies ist im *Zerbrochnen Krug* anders. Im Grunde ist *niemand* an der Aufklärung des Falles als solchem interessiert – weder der Richter, noch die Klägerin. Denn sie täuscht einen Klagegrund vor, der nur dazu dient, die wahren Absichten ihrer Klage zu verdecken; und sie hat allen Grund zu der Annahme, daß sie den Schaden, den es abzuwehren gilt, nur um so größer machte, wollte sie ihn beim Namen nennen. Zudem scheint sich eine günstige Gelegenheit zu bieten, um sozusagen einen Kollateralnutzen aus der Sache zu ziehen und den ungewollten, als nicht standesgemäß erachteten Schwiegersohn nebenbei loszuwerden.[182]

Daß der Dorfrichter aber auch alles versucht, um seine Tat nicht ruchbar werden zu lassen, ist nachvollziehbar. Gleichwohl ergibt sich dadurch eine – bei allen nicht hinweg zu leugnenden, gravierenden Unterschieden in der Legitimität ihres Handelns – nicht unerhebliche Gemeinsamkeit zwischen den Verhaltensweisen der beiden Akteure. Der rechts- und sittenwidrige Tatbestand einer versuchten Vergewaltigung als solcher findet im Grunde schlechthin kein Interesse. Alle sind einzig an den Folgen interessiert. Nur insoweit ist er von Belang.

Der Richter will sein Amt nicht verlieren und entehrender Bestrafung entgehen. Marthe Rull will die Ehre der Tochter und mit ihr diejenige der Familie retten. Und worauf sonst zielt auch ihr Versuch, die als Mesalliance verschmähte

---

[182] In Sophokles' Tragödie kommt hingegen nur irrtümlich der Verdacht auf, hier operiere jemand auf eigene Rechnung. Ödipus verdächtigt Kreon grundlos des Mordes an Laios und der Benutzung des Sehers Teiresias, der den Verdacht auf den neuen Herrscher lenken solle, weil er dessen Stellung selbst einnehmen wolle (Sophokles, *König Ödipus*, V. 532ff.).

Verbindung Eves mit Ruprecht zu hintertreiben und ihr einen angeseheneren Ehemann zu verschaffen, wenn nicht auf die Wahrung und Maximierung von Sozialprestige? Auch Gerichtsrat Walter kämpft um die Ehre – diejenige der Justiz, also der Institution, der er selbst angehört, und damit letztlich auch für die eigene. Und was anderes als die Eroberung eines prestigeträchtigeren Amtes treibt den Schreiber Licht bei seinem Versuch, den Prozeß zu nutzen, um Dorfrichter Adam zu beerben, an?

In letzter Konsequenz liegt allen Akteuren der Handlung des *Zerbrochnen Krugs* ein gleiches Motiv zugrunde. Das Movens ihres Tuns und Lassens ist die Ehre – die Ehre der eigenen Person, für deren Verteidigung und Steigerung sie mancherlei Bereitschaft zeigen, das Moralgesetz eher großzügig zu handhaben – eine Regung, die keineswegs nur dem korrupten Richter zu eigen zu sein scheint. Während der Prozeß im *König Ödipus* die für die Polis (erfolgreich) vollzogene Prozedur einer Durchsetzung der moralischen Ordnung darstellt, gerät das Gerichtsverfahren im *Zerbrochnen Krug* zu einer bloßen Fortsetzung des Ringens um Ehre mit anderen – nämlich juristischen – Mitteln. Deshalb ist das Verfahren auch nur erfolgreich, weil die Aufdeckung der – moralwidrigen – nächtlichen Geschehnisse im Interesse der persönlichen Absichten eines Beteiligten liegt. Auch der Ausgang des Verfahrens ist damit im Grunde nichts anderes als ein Effekt des Wirkens für den eigenen Vorteil.

Dieser Sachverhalt ist im Vergleich zum Mythos des Ödipus auch insofern interessant, als damit bei Kleist *wie* bei Sophokles die soziale Gemeinschaft als Bezugspunkt des Handelns der *dramatis personae* eine wesentliche Rolle spielt. Doch zugleich sind die erheblichen Unterschiede in der Funktion, die sie jeweils für dieses Handeln besitzt, nicht zu übersehen.

In der Tragödie des *König Ödipus* ist die Polis Träger der moralischen Ordnung. Ihre Verletzung wird als solche für das Geschehen bedeutsam. Deshalb tritt eine natürliche, die Menschen mit dem Tod bedrohende und etliche Opfer fordernde Störung des Lebens in Theben auf, als an der Spitze des Stadtstaates von Theben unerkannte Verbrechen die moralischen Grundlagen des Gemeinwesens untergraben. Im Grunde steht mit dem Ausbruch der Pest seine Vernichtung zur Debatte.

Der Tatbestand, daß die Vergehen, die eine solche Gefährdung der Existenz der Polis zur Folge haben, zudem verborgen sind und erst durch die Pest indizienartig zum Vorschein gebracht werden, zeigt deutlich an, daß es die Vergehen selbst und als solche sind, die das Skandalon dieser Handlung bedeuten. Sie bilden den Kern dieses Mythos und besitzen darum maßgeblichen Anteil am Gang der Dinge in Sophokles' Tragödie. Die Handlung des *König Ödipus* läßt sich deshalb nicht auf eine Darstellung der Umstände der Aufdeckung dieser elementaren, gemeinschaftszerstörenden Verbrechen beschränken. Vielmehr korrespondieren das Erfordernis ihrer Aufklärung ebenso wie deren Modalitäten dem Ausmaß wie der Qualität der Beschädigung, die sie an der Ordnung der Gemeinschaft verursacht haben.

Es ist die Selbstreinigung der Polis, die sich in und mit dem vom König geführten Prozeß vollzieht. Wie dessen Ergebnis zeigt, erscheint Ödipus in dieser Tragödie gleichsam in doppelter Weise entpersonalisiert. Er ist es zum einen, insofern er sich zweier Verbrechen schuldig gemacht hat, die er nicht nur nicht wissentlich begangen hat, sondern von denen er nicht einmal wissen *konnte*, daß er sie begeht. Zum anderen sind die von ihm verübten Vergehen gar nicht vorrangig als *seine* Verbrechen von Interesse, sondern als Beschädigung der Gemeinschaft.[183] Aus diesem Grund wird das Faktum des Vatermordes auch erst in dem Augenblick relevant, als Ödipus zum Herrscher Thebens nach der unerkannten Heirat seiner Mutter aufgestiegen ist. Bemerkenswerterweise ist Ödipus zuvor, worauf hinzuweisen er auch nicht müde wird, ja ein Retter der Polis, die er mit seinem Scharfsinn von der Plage der Sphinx befreien kann. Er ist ein guter König, dessen Regiment über die Polis ihm die Sympathie ihrer Bürger einträgt.[184] Sein persönliches Handeln für die Gemeinschaft ist insofern untadelig.[185] Und dennoch führt er dieselbe Polis an den Rand des Abgrunds, weil die von ihm unerkannt begangenen Verbrechen als solche die Grundlagen ihrer Gemeinschaft und damit ihre Existenz gefährden.

Gänzlich anders stellt sich die Rolle der sozialen Gemeinschaft im *Zerbrochnen Krug* dar. Sie tritt hier weit weniger als der Garant einer moralisch gegründeten öffentlichen Ordnung in Erscheinung. Sie präsentiert sich weit mehr als ein Raum, wo nicht *das* Medium des Erwerbs und Besitzes von Sozialprestige. Das moralische Gesetz erscheint eher als ein Prüfstein des Wertes einzelner Personen, der in ihrer Wertschätzung innerhalb der Gemeinschaft zum Ausdruck kommt,

---

[183] Niemand anderes als Ödipus selbst stellt diesen Sachverhalt zu Beginn seiner Suche nach dem Mörder des Laios fest, als er dem noch unbekannten Schuldigen, wer immer es ist, sein Schicksal vorhersagt – unwissend, daß er seine eigene Zukunft beschreibt, und noch nicht einmal wissend, daß ein Vatermord vorliegt. Die Tötung des Herrschers allein schon bedeutet ihm ein moralisches Skandalon für das gesamte Gemeinwesen, das gesühnt sein will: „Nein, aus den Häusern sollt ihr all' ihn stoßen, weil / er die Befleckung ist für uns, wie eben erst / des Gottes pythischer Wahrspruch mir verkündet hat" (Sophokles, *König Ödipus*, V. 236-238).

[184] Dies versichert ihm ein Priester ausdrücklich, als die Pest in Theben ausbricht: „Nicht einen Göttergleichen ehren wir in dir, / ich und die Knaben, wenn wir flehn zu Deinem Herd, / jedoch der Männer Ersten schätzen wir dich in / des Lebens Drangsal, im Verkehr mit Göttern auch. / Du schafftest, kaum von Kadmos' Stadt gelangt, den Zoll, / den wir der grausen Sängerin gewährten, ab, / und das, wiewohl du gar nichts sonst von uns erfuhrst" (Sophokles, *König Ödipus*, V. 31-37).

[185] Verbunden damit ist die Frage, inwieweit Ödipus überhaupt zu einem tragischen Helden taugt, von dem Aristoteles sagt, daß es nicht hinnehmbar sei, wenn er trotz völliger Unschuld in gänzlich unverdientes Unglück gerate. Gäbe es also auch bei ihm ein moralisches Defizit zu bemerken, das zumindest zu gewissen Anteilen seine eigene Beteiligung an seinem trostlosen Schicksal zu plausibilisieren vermöchte (und ihn damit tragödientauglich machte? Wir werden auf diese Frage im nächsten Kapitel noch einmal zurückkommen (siehe unten Anm. 195).

denn als unverbrüchliches Fundament, das den Bestand der sozialen Gemeinschaft als solcher garantiert. Und innerhalb derselben konkurriert es im Agon um Anerkennung mit anderen als moralischen Werten, so etwa mit einer Hierarchie der Bewertung von beruflichen Tätigkeiten, (wobei in dieser Konkurrenz der Bruch der moralischen Norm, kann man nur darauf zählen, daß er nicht ruchbar wird, durchaus im Bereich des Möglichen zu liegen scheint.)

Der Respekt vor moralischen Prinzipien, genauer gesagt: die öffentliche Demonstration dieses Respekts, erweist sich zwar als eine unabdingbare Voraussetzung für den Gewinn von Sozialprestige. Doch genügt er für dessen Erwerb noch nicht. Eves Tugendhaftigkeit ist eine unverzichtbare Prämisse eines sozial angesehenen Eheschlusses, nicht aber die Münze, mit der man sich selbst schon Sozialprestige aneignen kann. Zu diesem Zweck setzt Marthe Rull auf den Corporal für ihre Tochter. Und wie sehr der Erwerb der Ehre (oder des ständischen Vorteils) die bloße Moral an Bedeutung übersteigt (und deshalb mit ihr auch partiell konkurriert), geht eben daraus hervor, daß der (verborgen bleibende) Konflikt mit der Moral durchaus hingenommen wird, wenn er denn nur einer Steigerung des Sozialprestiges förderlich ist. Gefragt ist im Grunde nur der Eindruck der Wohlanständigkeit – wohlgemerkt der Eindruck, der vom bloßen Schein durchaus zu unterscheiden ist.

Die Veränderungen, die der tragische Plot des *König Ödipus* in der Komödienhandlung des *Zerbrochnen Krugs* erfährt, lassen sich folglich als eine Überschreibung und Umdeutung dieses pagan-antiken Modells begreifen, in der die Konsequenzen einer monotheistischen Weltdeutung wirksam werden. Die Vorordnung der Interessen des Einzelnen vor die Belange der Gemeinschaft als solcher stellt noch immer eine Folgeerscheinung der primären Bedeutung, die der Einzelne durch seine exklusive Beziehung zu seinem Schöpfergott gewinnt, dar. Denn das Verhältnis zwischen ihnen ist wesentlicher als alle anderen und führt insofern zu einer enormen Bedeutungssteigerung des Individuums, das erst in zweiter Hinsicht als das Mitglied einer sozialen Gemeinschaft gilt.[186] Inwiefern

---

[186] Damit einher geht schon bei Kleist die Psychologisierung der Ödipus-Geschichte, wie sie ja auch bei Freud zu bemerken sein wird. Deutlich wird dies anhand von Adams Traum in der Nacht vor dem Prozeß, von dem er ausgerechnet Schreiber Licht erzählt und bei dem sich besonders prägnant die Umbesetzung eines Motivs aus Sophokles' Tragödie beobachten läßt: „ADAM. Mir ahndet heut nichts Guts, Gevatter Licht. / LICHT. Warum? ADAM. Es geht bunt Alles über Eck mir. / Ist nicht auch heut Gerichtstag? LICHT. Allerdings. / Die Kläger stehen vor der Thüre schon. / ADAM. – Mir träumt', es hätt' ein Kläger mich ergriffen, / Und schleppte vor den Richtstuhl mich, und ich / Ich säße gleichwohl auf dem Richtstuhl dort, / und schält' und hunzt' und schlingelte mich herunter / Und judicirt' den Hals ins Eisen mir" (V. 265-273). Nicht zuletzt die hier beschriebene Inversion der Rollen zwischen einem „Kläger" und dem Richter zeigt bereits die Perversion des Prozesses an, der dann *de facto* stattfinden wird. Die hier gewählten Formulierungen aber werden auch am Ende des Prozesses wiederkehren. Als Adam auf Geheiß Walters zur Wahrung des Scheins für die Justiz Ruprecht

verurteilt, benutzt er die auch hier Verwendung findenden Worte: „Den Hals erkenn ich / Ins Eisen ihm". Was aber bedeutet diese Wiederaufnahme der im Zusammenhang mit dem Traum bereits verwendeten Formulierung? Will Adam damit noch einmal das ihm drohende Schicksal abwenden, indem er diese Worte nun auf einen anderen anwendet? Oder weiß er, daß er letztlich sich selbst mit diesem Richterspruch verurteilt? Aber auch wenn dem Dorfrichter bewußt ist, was er Eve angetan hat, ist ihm zu diesem Zeitpunkt am Morgen nach seinem kläglichen Erwachen noch nicht bekannt, was ihn erwartet und daß Marthe Rull tatsächlich eine Klage anstrengen wird. Auch kann er sich nicht gewiß sein, wie ein solcher Prozeß ausgehen sollte. Denn das Schweigegebot, das er der Geschädigten auferlegt hatte, sollte schließlich auch einen Prozeß überstehen können. So gibt es eigentlich nur zwei Erklärungen für diesen Traum, wobei dessen Inhalt selbst schon dafür sorgt, daß die erste der beiden im Grunde ausscheidet. Daß wir es nicht mit einer übernatürlichen Enthüllung der Zukunft zu tun haben (können), geht aus den Details des Traums hervor: „ADAM. So wahr ich ehrlich bin. / Drauf wurden beide wir zu Eins und flohn, / Und mußten in den Fichten übernachten" (V. 274-276). Nicht gemeinsam werden Adam und Licht schändlich des Amtes enthoben, sondern Adam allein, während Licht – fürs erste – seine Stellung übernimmt. Sollte in einem solch symbolischen Sinn also durchaus zutreffen, was die Formulierung „Drauf wurden beide wir zu eins" andeuten könnte, auch wenn die anderweitigen Umstände wenig mit dem zu tun haben werden, was sich am Ende der Komödie zutragen wird? Aber wie immer es um eine solche Interpretation dieses Details stehen mag, die hier zutage tretende Abweichung des Traums gegenüber dem tatsächlichen Ausgang des Prozesses legt es nahe, daß Adam mit seiner nächtlichen Vision kaum eine transzendente Vorausdeutung auf Künftiges zuteilwird. Vielmehr bleibt im Grunde nur die Möglichkeit, den Traum als ein Angstphantasma zu deuten, das eine alles andere als unwahrscheinliche Entwicklung der Dinge vorwegnimmt. Auch wenn der Prozeß im *Zerbrochnen Krug* als eine Inversion desjenigen im *König Ödipus* in Erscheinung tritt, weil Adam weiß, was Ödipus anfangs verschlossen ist, so ähneln sich doch beide Handlungsverläufe darin, als es vor dem Prozeß eine Vorausdeutung auf dessen Ende gibt. Denn Adams Traum korrespondiert bei Sophokles die Weissagung des Sehers. (Doris Claudia Borelbach hat dagegen die These vertreten: „Innerhalb der dramatischen Konstruktion des Lustspiels nimmt Adams Traum dieselbe Funktion ein, die das Orakel von Delphi im *König Ödipus* innehat" [Claudia Borelbach, *Mythos-Rezeption in Heinrich von Kleists Dramen*, Würzburg: Königshausen und Neumann, 1998, S. 124]. Dagegen sprechen vor allem zwei Argumente, und zwar der Ort von Adams Traum innerhalb der Handlung des Stücks sowie der Adressat der Botschaft dieses Traums. Teiresias Weissagung findet bei Prozeßbeginn statt, nicht anders steht es um die nächtliche Vision des Dorfrichters, die er gleichfalls, kurz bevor er das Verfahren eröffnen muß, erhält; das Orakel im *König Ödipus* spielt hingegen in der Vorgeschichte der Bühnenhandlung. Zudem ist Ödipus selbst derjenige, an den sich der Seher mit seinen Auskünften wendet. Und gleichermaßen erhält Adam höchstpersönlich durch seinen eigenen Traum eine Botschaft, die ihm eröffnet, was sich ereignen wird. Das Orakel richtet sich hingegen vor allem an Laios und Iokaste. Strukturell spricht deshalb etliches gegen die von Borelbach geltend gemachte Parallele zwischen Sophokles' Tragödie und Kleists Komödie an dieser Stelle.) Anfangs will Teiresias bei Sophokles mit der Sprache nicht heraus, weil er sich scheut, dem König, der ihn energisch auffordert, sein Wissen preiszugeben, so Ungeheuerliches eröffnen zu müssen. Erst als Ödipus ihn deshalb beschuldigt, selbst mit den Mördern des Laios im Bunde zu stehen (*König Ödipus*, V. 346-349), benennt er schonungslos, was er weiß: „Ich fordre, daß du bei der Anordnung, / die du verkündet, bleibst und weder diese hier / noch mich anredest von dem heutigen Tage an, / da Du des Landes frevelnder Beflecker bist" (V. 350-353). Doch der König will ihm keinen Glauben schenken, wie er überhaupt lange zögern wird, seine immer evidenter werdende Schuld als wahr zu akzeptieren. Und so legt Teiresias noch einmal nach, ohne auch nur den Hauch eines Zweifels zurückzulassen: „Den Mörder des Mannes nenn' ich dich, nach dem du forschst" (V. 362). Doch selbst diese schonungslose Explizität vermag Ödipus nicht von dem nach wie vor für ihn Undenkbaren zu überzeugen. Der übernatürlichen Weisheit des Sehers bei Sophokles steht bei Kleist insofern der aus Angst geborene Traum Adams gegenüber. Man wird diese Umbesetzung des betreffenden Motivs aus der Tragödie in die Komödienhandlung des *Zerbrochnen Krugs* gewiß als eine Rationalisierung vermittels einer Psychologisierung beschreiben können. Eine angstgeborene Projektion möglichen Geschehens tritt an die Stelle eines übernatürlichen Wissens, das die Götter einem Blinden schenken. Die Blindheit des Sehers, der im Wortsinn kein Auge für die Dinge der wahrnehmbaren Welt hat, ist gleichsam kompensiert durch das Wissen um die verborgenen Dinge. (Diese Komplementarität macht übrigens Ödipus' Selbstblendung am Ende der Tragödie zu einem Gegenstück der Blindheit des Sehers. *Als* der unschuldig schuldig Gewordene das Verbogene seiner Existenz kennt, kann er die sichtbare Welt nicht mehr hinnehmen und verschließt sich ihrem Anblick. Wäre deshalb – die Frage scheint sich aufzudrängen – die durchschaute Welt stets unerträglich?) So plausibel also die Erklärung einer rationalen Transformation der Weissagung des Sehers in die Traumbotschaft eines Angsterfüllten erscheint, auch bei ihm bleibt insofern eine Marge des Irrationalen zurück, als nicht bewußte Überlegung zu dieser Vorwegnahme des Laufs der Dinge führt, sondern ein Unterbewußtes, das sich im Schlaf Gehör verschafft. Auf diese sich schon bei Kleist abzeichnende Sphäre des Menschen wird Freud sehr konsequent setzen, um die gesamte Geschichte des Ödipus als eine generische Figur eines unterbewußten Wunschtriebs zu verstehen und an die Stelle von Sorge insofern ein Begehren setzen. Individualisierung und Psychologisierung sind eng miteinander verbinden. Dazu gehört im Übrigen auch, daß Adam durch den Traum mehr beunruhigt ist als Ödipus durch die Botschaft des Sehers. Die Ausgeburt der eigenen Phantasie läßt sich offensichtlich schwerer ignorieren als die Offenbarung eines – vorgeblich – göttlichen Wissens durch eine andere Person – zumal dann, wenn dabei der Ahnung eines wahrscheinlichen Verlaufs der Dinge das für die eigene Person Unvorstellbare gegenübersteht. Im „Sprachspiel des Prozesses" (siehe Kap.4.4) konnten wir beobachten, wie die Vorstellung von Adams Verwicklung in das aufzuklärende Geschehen zwar eine schlüssige Erklärung für sein kurioses Verhalten während des Prozesses liefert, wegen der für diesen Amtsträger angenommenen Unwahrscheinlichkeit gleichwohl keine Glaubwürdigkeit bei den Beobachtern seines Procedere, denen dies in den Sinn kommt, gewinnt. Im *König Ödipus* ist es hingegen der Betroffene selbst, der nicht wahrhaben will, was geschehen ist – auch dann noch nicht, als es immer plausibler wird, daß er der Gesuchte ist. Auch hierin zeigt sich ein Stück der strukturellen Inversion des sophokleischen Modells, die Kleist im *Zerbrochnen Krug* nachgerade systematisch betreibt.

aber läßt sich dann behaupten, daß auch die Beziehung des Einzelnen zu ihr, wie sie sich in Kleists Komödie darstellt, nach wie vor aus dieser monotheistischen Konstellation entstammt?

Das Verhältnis zwischen dem einzelnen Menschen und seinem Gott erweist sich schon in der Sündenfallgeschichte als eine Beziehung der Rivalität, als ein Agon um den Rang, den der Mensch in der Ordnung der Schöpfung einzunehmen berechtigt ist. Das Sozialmodell, das uns im *Zerbrochnen Krug* begegnet, verlagert indessen diesen Kampf um den Rang des Einzelnen in den Raum der sozialen Gemeinschaft.[187] In ihr wird nun im beständigen Wettstreit um die Ehre, die nichts anderes als ein Distinktionsmerkmal darstellt und deren Ausmaß die Hierarchie des Wertes von Personen entscheidet, gekämpft. Doch dieses agonale Grundmuster, das die Gesellschaft und ihre Kommunikationsformen zutiefst bestimmt, macht den Konflikt im Grunde zum Normalfall des Sozialverkehrs. Denn die Beschädigung der Selbstliebe, die ihre Befriedigung in einer Zuschreibung von Ehre als Anerkennung der eigenen Besonderheit (wo nicht Außergewöhnlichkeit) erfährt, droht allenthalben. Damit ergibt sich auch ein fundamentaler Wandel des Status wie der Funktion ethischer Prinzipien. Ein solches Gemeinwesen ist letztlich nicht auf Tugend gegründet, sondern das moralische Gesetz erscheint als Regulativ für den sozialen Agon um die Ehre.

Die Ursache für diesen Wechsel der anthropologischen Perspektive von einer Rivalität zwischen Mensch und Gott zur Konkurrenz innerhalb der Gesellschaft besteht im Bedeutungsverlust, den die Rolle des transzendenten Gottes für den Menschen in der Neuzeit mehr und mehr erfährt. Dieser Gott büßt zunehmend seine überkommene Funktion des Fluchtpunkts jeglichen menschlichen Handelns ein. Auch anhand der Handlung des *Zerbrochnen Krugs* läßt sich dies deutlich ablesen. Im Grunde beschränkt sich die ihm dort in allerlei Anrufungen seiner Person zugedachte Aufgabe weithin darauf, zur Beglaubigung der eigenen Rede und

---

[187] Diese Umbesetzung einer augustinisch basierten christlichen Anthropologie in ein Sozialmodell ist wesentlich von der französischen Moralistik des 17. Jahrhunderts geleistet worden und läßt sich in ihren Konsequenzen bis hin zu Rousseaus Verdächtigung der Gesellschaft als Quelle allen Übels verfolgen. Die Kappung des theologischen Horizonts der biblisch gegründeten Anthropologie hat die Substitution des *amor Dei* durch einen kompromißlosen *amor sui* zur Grundlage einer Psychologie gemacht, in der die Gemeinschaft der Menschen zum Austragungsort der Befriedigung dieses *amour propre* gerät und aller sozialen Formation damit eine grundlegende Konfliktstruktur implementiert. Denn die grenzenlose Selbstliebe, die stets mit dem Anspruch einer Überlegenheit gegenüber jedwedem anderen einhergeht, macht jegliche Kommunikation wie Interaktion zu einer Konkurrenz um den Vorrang. Zu dieser Verwandlung der Erbsündenlehre in eine säkularisierte Sozialpsychologie siehe Andreas Kablitz, *„Daran ist die Gesellschaft schuld!": Zur Vorgeschichte eines Diktums der Moderne*, Baden-Baden: Nomos, 2020. Zum Verhältnis von Kleist zur Moralistik siehe Blamberger, *Heinrich von Kleist*, S. 153 und S. 298 sowie Adam Soboczynski, *Versuch über Kleist. Heinrich von Kleist und die Kunst des Geheimnisses um 1800*, Berlin: Matthes und Seitz, 2007.

damit zur Sicherung jenes ebenso prekären wie unverzichtbaren Gutes in der Interaktion der Menschen herzuhalten, das da Wahrheit heißt. Sich auf Gott zu berufen, bildet gleichsam die letzte Instanz des Aufrichtigkeitsanspruchs für die eigene Rede.

Eine Anrufung Gottes oder der Heiligen funktioniert mithin als Beteuerung von Behauptungen. Aber welchen Status besitzt sie? Ist sie zu einer bloßen rhetorischen Übung herabgesunken? Oder bezeugte die Spekulation auf ihre Wirkung einen Rest des Glaubens an den biblischen Gott, der in *dieser* Hinsicht seine Macht noch immer nicht ganz verloren zu haben scheint. Ja, man wird vermutlich nicht fehlgehen zu sagen – und dieser Sachverhalt ist noch einmal zutiefst symptomatisch für den Zustand der Welt, in der Kleists Komödie spielt –, daß die Instanz dieses Gottes in jener Weise für das Handeln der Menschen Bedeutung gewinnt, wie sie in der institutionellen Praxis der Eidesleistung bei Gericht vorgesehen ist und in den alltäglichen Umgang der Menschen miteinander Eingang gefunden hat. Das Paradoxon aber besteht darin, daß just in der Institution, in der er zuhause ist, eben in der Justiz, der Schwur an Belang, ja an Verständnis einzubüßen scheint, wie die Ratlosigkeit zu erkennen gibt, in die Eves Revision ihrer anfänglichen Aussage, die sie eben nicht *beschwören* kann, die am Prozeß Beteiligten stürzt.

Unter den hier für den *Zerbrochnen Krug* skizzierten Voraussetzungen gewinnt, wie erörtert, schlüssigerweise auch die Moral einen wesentlich anderen Status in ihrer Relation zur sozialen Gemeinschaft, als dies in Sophokles' Tragödie der Fall ist. Sie erscheint weit weniger als eine Instanz der Begründung der sozialen Ordnung denn als Regulativ des Agons um Anerkennung, den die einzelnen Individuen untereinander austragen.

Von diesem Unterschied ist ebenso die *Geltung* des moralischen Gesetzes betroffen, denn auch sie gerät unter die Bedingungen der Umstände des Handelns eines Einzelnen. In der Welt des *Zerbrochnen Kruges* hätte sich Ödipus keineswegs *moralisch* schuldig gemacht, auch wenn dies am Tatbestand eines am eigenen Vater verübten Totschlags und eines mit der Mutter begangenen Inzests nichts geändert hätte. Und dennoch wäre er vor eigener *Schuld* bewahrt geblieben, weil er nicht wissentlich handelte.[188] Aber weil für die Polis der Verstoß gegen das Moralgesetz als solches nicht hinnehmbar ist, kommt das Verbrechen als – naturalisiertes – Übel der Gemeinschaft ans Licht und trifft auch den, der es ohne sein Wissen begangen hat, am Ende mit existentieller Härte.

Daß in Huisum epidemische Zustände ausgebrochen wären, wenn Marthe Rull ihre Klage nicht angestrengt hätte und Eve dauerhaft schweigsam geblieben wäre,

---

[188] Dies gilt jedenfalls im Hinblick auf den unbewußten Eheschluß mit der Mutter, und es gilt im Hinblick auf die Tötung des Vaters zumindest, insoweit es den Tatbestand betrifft, daß das Opfer der eigene Vater ist. Ob der Totschlag als solcher ganz ohne ein Fehlverhalten des Ödipus zustande kommt, erscheint hingegen durchaus fraglich. (Wie bereits angedeutet, werden wir im folgenden Kapitel dieses Bandes darauf zurückkommen.)

scheint deshalb höchst unwahrscheinlich, um nicht zu sagen, völlig ausgeschlossen zu sein.

Welche Voraussetzungen aber müssen gegeben sein, damit sich der tragische Mythos des Ödipus in den Stoff einer Komödie zu verwandeln vermag?[189] Wie wir sehen werden, findet eine solche Transformation dort statt, wo die überkommene Opposition zwischen den beiden literarischen Genres ihrerseits auf einen

---

[189] Wir haben uns in diesem Kapitel im Wesentlichen mit den konzeptuellen Unterschieden beschäftigt, die dem jeweiligen Mythos zugrunde liegen, sowie mit der Bedeutung, die sie für die Kombination beider Geschichten in Kleists *Zerbrochnem Krug* besitzen. Indessen gibt es auch Formen einer motivischen Verwandlung im Verhältnis der Komödie zu Sophokles' Tragödie, die – zumindest für einen ersten Eindruck – gleichsam unterhalb dieser Schwelle konzeptueller Relevanz verbleiben, einen gleichsam ludischen Charakter besitzen und der Entdeckerfreude des literarisch interessierten Zuschauers zum Vergnügen gereichen mögen. Dazu gehört die – jedenfalls zunächst – wiederum gänzlich funktionslos erscheinende Episode des Unfalls, der Gerichtsrat Walter auf den Weg von Huisum nach Holla mit seinem Wagen widerfährt. (Wir haben dieses Ereignis bereits erörtert. Siehe oben, Anm. 120). Die Deichsel seines Gefährts bricht ihm und verzögert seine Weiterfahrt. Die Verletzung, die der Gerichtsrat sich dabei zuzieht, ist unerheblich. Die Störung, die das betreffende Mißgeschick verursacht, bleibt insoweit weithin folgenlos. Ein Wagen aber hat bekanntlich auch für die Geschichte des Ödipus eine Bewandtnis und spielt in diesem Fall eine zentrale Rolle für den gesamten Ablauf des Geschehens. Denn mit der betreffenden Episode setzt jene Verstrickung in Schuld ein, von der Ödipus selbst nichts ahnt, als er – wie sein eigener Bericht lautet – an einer Weggabelung einem Wagen mit Gefolgschaft begegnet und auf die gegen ihn gerichtete Attacke des Herolds reagiert, indem er zuerst ihn und sodann alle anderen, das gesamte Gefolge wie den Leiter des Wagens, erschlägt (V.799-813). Pausanias weiß in seiner *Hellados Periegesis* (Beschreibung Griechenlands) noch Einzelheiten über den Vorfall zu berichten (IX, 2, 4 u. X, 5, 3). Der Fahrer des fremden Wagens habe dieser Version zufolge von Ödipus verlangt, ihm Platz zu machen, und weil dieser der Einschätzung des Fahrers zufolge seiner Aufforderung zu langsam nachkommt, erschlägt er eines der Pferde des Ödipus. Sophokles läßt in Ödipus' eigenem Bericht alle Aggressivität des Herolds statt dessen bereits gegen seine eigene Person gerichtet sein (– ein nicht unerheblicher Unterschied für eine moralische Bewertung von Ödipus' gewaltsamer Reaktion). Jedenfalls wandelt sich im *Zerbrochnen Krug* die bei Sophokles höchst folgenreiche Episode der Begegnung mit dem Wagen eines Fremden (der sich unglücklicherweise als das Gefährt des eigenen Vaters herausstellen wird) in das belang-, weil folgenlose Motiv eines Deichselbruches, der nicht mehr als eine oberflächliche Verletzung zur Folge hat. *Dies* wird man durchaus als eine den Konventionen der jeweiligen Gattung entsprechende Verwandlung vom schicksalsschwangeren Ereignis zu einem kontingent-bedeutungslosen Vorfall beschreiben können. Und Entsprechendes gilt schon für die Beschränkung des Unfalls auf ein technisches Versagen, auf den bloßen Bruch einer Deichsel, bei dem alle Verwicklungen zwischen Handelnden ausgespart bleiben. (Auch hier ist das komödientypische ‚dumme Ding' im Spiel, das diesmal freilich belanglos bleibt.) Indessen wird sich die Verwandlung von Sophokles' Tragödie in Kleists Komödie keineswegs gänzlich auf eine Anpassung des tragischen Stoffs an die überkommenen Regeln eines Lustspiels zurückführen lassen.

Wandel der Wirklichkeitsmodelle, die den jeweils auf die Bühne gebrachten Geschichten zugrunde liegen, trifft. Diese Veränderung wird sich – bis zu einem gewissen Grad – als eine Relativierung des Gegensatzes zwischen den beiden traditionellen Gattungsmodellen erweisen, die sich aus dem Wandel ihrer außerliterarischen Voraussetzungen ergibt.

6. *Michael Kohlhaas* und *Der zerbrochne Krug.* Kleists literarische Variationen über das Thema der korrupten Justiz

6. 1. Tragisch vs. komisch

Nicht nur überkommene Geschichten bieten Interpretationsmodelle für das Handeln der Menschen an, gleiches gilt für die traditionellen Gattungsmodelle der Literatur. Ganz besonders trifft dies auf das kanonische Geschwisterpaar der dramatischen Dichtung, auf Tragödie und Komödie zu.

Seit alters her werden die beiden Gattungen einander gegenübergestellt. Eine auf elementare Merkmale reduzierte Form ihres komplementären Gegensatzes findet sich bei dem spätantiken römischen Grammatiker Evanthius, der der Komödie bescheinigt, einen turbulenten Anfang, aber ein glückliches Ende zu haben – und für die Tragödie das Gegenteil vorsieht.[190] Konstitutiv für beide Gattungen scheint also nicht nur ihre jeweilige Definition aufgrund distinktiver Merkmale zu sein. Zu ihrer Charakteristik gehört ebenso ihre Koexistenz, durch die sie sich wechselseitig interpretieren: Die beiden generischen Modelle halten alternative Entwürfe für Ereignisfolgen bereit. Ihrem Nebeneinander, das letztlich jeden Determinismus zur Erklärung des Laufs der Welt unterläuft, ist insoweit ein Moment generischer Kontingenz für den Lauf der Dinge in dieser Welt eingeschrieben. Sie können sich

---

[190] Evanthius, *De fabula*, IV, 2: „Inter tragoediam autem et comoediam cum multa tum inprimis hoc distat, quod in comoedia mediocres fortunae hominum, parui impetus pericula laetique sunt exitus actionum, at in tragoedia omnia contra: ingentes personae, magni timores, exitus funesti habentur; et illic prima turbulenta, tranquilla ultima, in tragoedia contrario ordine res aguntur; tum quod in tragoedia fugienda uita, in comoedia capessenda exprimitur; postremo quod omnis comoedia de fictis est argumentis, tragoedia saepe de historica fide petitur" (hier zitiert nach: Evanzio, *De fabula*, introduzione, testo critico, traduzione e note di commento a cura di Giovanni Cupaiuolo, Napoli: Società Editrice Napoletana, 1979, S. 146f.). („Auch wenn sich Tragödie und Komödie in vielem unterscheiden, so doch vor allem darin, daß die Komödie mittelmäßige Geschicke der Menschen darstellt, weniger bedrohliche Gefahren und mit glücklichem Ausgang der Handlung, während in der Tragödie das Gegenteil all dessen gegeben ist: bedeutende Personen, große Furcht und ein todbringendes Ende. Erstere kennt einen bewegten Anfang und ein ruhiges Ende, in der Tragödie verlaufen die Dinge genau umgekehrt. Weiter gilt, daß in der Tragödie das zu vermeidende, in der Komödie das zu ergreifende Leben zur Darstellung gebracht wird. Schließlich stammen alle Komödien aus einem erdachten Sujet, die Tragödie folgt häufig einer historischen Überlieferung." Übersetzung A. K).

komisch oder tragisch gestalten. Die literarisch gestaltete Wirklichkeit hält – und behält sich – grundsätzlich beide Möglichkeiten vor.[191]

---

[191] In dieser Koexistenz von Alternativen, die das literarische System in Gestalt von unterschiedlichen Gattungsmodellen bereithält, scheint mir eine Differenz zwischen einem poetischen und einem theoretischen – philosophischen oder wissenschaftlichen – Wirklichkeitsverhältnis sichtbar zu werden, die mehr Beachtung verdient, als ihr in der Diskussion über die Eigenart von Literatur zukommt. Beliebt ist die Unterscheidung zwischen literarischen und theoretischen Weltentwürfen im Hinblick auf ihre Eindeutigkeit. Einer – generischen – Vieldeutigkeit des künstlerischen Werks wird die Eindeutigkeit der Theorie gegenübergestellt. Doch diese Opposition, so prägnant sie erscheinen mag, kann bei näherer Betrachtung nicht recht überzeugen, und zwar deshalb nicht, weil zumindest zwei Gesichtspunkte einer Klärung bedürfen. Dieses Erfordernis betrifft zunächst die Frage, unter welchen Voraussetzungen literarische und theoretische Texte sich überhaupt in Beziehung zueinander setzen lassen. Denn ihre Vergleichbarkeit ist keineswegs unmittelbar gegeben, sondern verlangt eine bestimmte Bearbeitung des literarischen Textes und hängt von einer Deutung des jeweiligen Werks ab. Nicht der Wortlaut eines poetischen Textes selbst läßt sich einem theoretischen gegenüberstellen, sondern erst dessen Interpretation ermöglicht dies. Und im Blick auf eine solche Deutung gilt, daß sie die Übersetzung eines Diskurstyps in einen anderen impliziert, nämlich einer zumeist narrativen in eine argumentative Rede. Man charakterisiert den Unterschied zwischen ihnen gern als denjenigen zwischen einer mimetischen und einer expositorischen Rede. Doch der Begriff der Mimesis ist im Grunde irreführend. Er setzt die platonischen Vorbehalte fort, die der Kunst aus ontologischem Interesse das nehmen, was sie zutiefst kennzeichnet: Kunst ist zunächst und vor allem Gestaltung (siehe hierzu bereits oben, S. 14). Nachahmung von Wirklichkeit bildet deshalb nicht die Grundlage der Kunst, sondern stellt eine Sonderform ihrer Gestaltung (von Wirklichkeit) dar. Um deshalb aus einer narrativen Gestaltung *der* Welt eine Aussage *über* die Welt zu gewinnen – und sie damit theoretischen Aussagen über die Welt kompatibel zu machen –, bedarf es der Übersetzung in argumentative Rede, und genau dies bezeichnet die diskursive Operation, die wir ‚Interpretation' nennen. Der betreffende Sachverhalt ist von entscheidender Bedeutung für das, was man als die ‚Vieldeutigkeit der Kunst' bezeichnet. Der Begriff besagt nämlich zunächst nichts anderes, als daß es verschiedene Perspektiven gibt, unter denen man ihr Wirklichkeitsverhältnis betrachten kann. Um es anhand unseres Beispiels zu illustrieren: Der *Zerbrochne Krug* läßt sich im Hinblick auf das diesem Stück zugrunde liegende Rechtsverständnis, auf die psychologisch-anthropologischen Eigenschaften der Akteure der Handlung oder auf sein (implizites) Konzept der Sprache untersuchen. Solche verschiedenen Hinsichten müssen keineswegs interdependent sein. Was hindert daran, einen Text – um beliebte Paradigmen einer literarischen Interpretation zu bemühen – gleichzeitig als Repräsentation eines Ödipuskomplexes, als Ausdruck der sozio-ökonomischen Verhältnisse seiner Entstehungszeit und als Dokument eines epistemologischen Wandels zu begreifen? Und damit kommen wir zum zweiten der genannten Gründe, die einer Klärung im Hinblick auf die ‚Vieldeutigkeit' der Kunst bedürfen: Sie bedeutet eine Konsequenz der *Komplexität* von Kunstwerken, aber ist nicht an die *Natur* der Kunst gebunden. Denn erst die Transformation der Kunst in ein anderes Medium (resp. einen anderen Diskurstyp) zum Zweck ihrer Deutung erzeugt dieses Phänomen. Das Ausmaß der Vieldeutigkeit

Evanthius' Bestimmung der beiden Gattungen weist eine Reihe von Merkmalen auf, die bereits auf die *Poetik* des Aristoteles zurückgehen, wobei es in der Forschung umstritten ist, ob ein unmittelbarer Bezug zu dessen Dichtungstheorie gegeben oder eine Vermittlung über Aristoteles' Schüler Theophrast anzunehmen ist.[192] Gerade diese Gemeinsamkeiten zwischen beiden Texten aber lassen auch die Differenzen zwischen ihnen um so deutlicher hervortreten.

Während Evanthius eine jeweils andere ständische Zugehörigkeit für das Personal beider Gattungen vorsieht, geht Aristoteles im zweiten Kapitel seiner *Poetik* von einem moralischen Unterschied aus: Die Komödie stellt schlechtere, die Tragödie bessere Menschen dar, als wir es gemeinhin sind.[193]

---

von Kunstwerken ist deshalb eine vom Grad ihrer Komplexität abhängige Variable; und daraus folgt, daß die Rede von der *Vieldeutigkeit* der Kunst etwas anderes als ihre *Mehrdeutigkeit* besagt – eine Differenzierung, an der es m. E. in der Diskussion über diese Frage weithin mangelt. Kunst ist nicht, jedenfalls nicht notwendigerweise und schon gar nicht *per naturam*, auf jene *Polysemie* festgelegt, die man ihr allenthalben bescheinigen möchte. Um einen *solchen* Fall von Vieldeutigkeit handelt es sich nur dann, wenn verschiedene Deutungen desselben Werkes miteinander konkurrieren, nicht aber, wenn sie nebeneinander existieren, weil sie voneinander unabhängige Gesichtspunkte zur Geltung bringen. Und selbst im Fall eines Konflikts von Interpretationen, bei dem einander ausschließende Aussagen aufeinandertreffen, handelt es sich keineswegs notwendigerweise um einen Fall von Polysemie. Denn die Konkurrenz zwischen alternativen Lesarten, zwischen denen sich nicht entscheiden läßt, kann *als solche* die einem Kunstwerk zu bescheinigende Aussage darstellen. Ist also auf der Ebene eines einzelnen Kunstwerks die Zuschreibung einer (von Vieldeutigkeit zu unterscheidenden) Mehrdeutigkeit eine äußerst diffizile Angelegenheit, so verhält sich dies auf der Ebene des Literatur*systems* anders. Hier gibt es durchaus das Nebeneinander von gegenläufigen Weltentwürfen, und die in unserem Zusammenhang zur Debatte stehende Koexistenz von Tragödie und Komödie scheint auf dieses Alternativität geradezu angelegt zu sein. Die Konkurrenz von Theorien, die einander ausschließende Feststellungen treffen ist hingegen keine Lizenz, sondern ein Skandalon der Theoriebildung. (Daß sie die Literaturwissenschaft nicht sonderlich zu bekümmern scheint, sagt etwas über die Verfaßtheit dieser akademischen Disziplin, nicht aber über die Eigenheiten von Theoriebildung aus. Hätte die Wissenschaft von der Literatur womöglich die Modalitäten der Deutung einzelner Texte auf ihre Theoriebildung übertragen und deshalb die Vieldeutigkeit von Kunstwerken zur Ermächtigung für ein bloßes Nebeneinander von Theorien – *der* Literatur wohlgemerkt – gemacht? Es scheint darum keineswegs ausgeschlossen, daß die seit geraumer Zeit theoretisch diskreditierte Hermeneutik als fortwirkende Leerstelle ihrer selbst in den Modalitäten einer um ihre Ausgrenzung bemühten Theorie irrlichtert.)

[192] Siehe hierzu Stefan Feddern: „Die Diskussion über Wesen und Wert der (Plautinischen) Komödie in lateinischen poetologischen Schriften zwischen 1350 und 1500", in: *Plautus in der Frühen Neuzeit*, hg. von Thomas Baier und Tobias Dänzer, Tübingen: Gunter Narr, 2020, S. 165-189, hier S. 169, Anm. 15.

[193] Aristoteles, *Poetik*, Kap. 5: „Die Nachahmenden ahmen Handelnde nach. Diese sind notwendigerweise entweder gut oder schlecht. Denn die Charaktere fallen stets unter

Die gegenüber Evanthius höhere Komplexität der aristotelischen Gattungsdefinition ergibt sich daraus, daß in der *Poetik* einen Zusammenhang zwischen der Qualität der Akteure des Geschehens und dessen Verlauf hergestellt wird. Die im 13. Kapitel dieser Schrift skizzierte Idealform der Tragödie sieht für Aristoteles wie folgt aus:

> Dies ist bei jemandem der Fall, der nicht trotz seiner sittlichen Größe und seines hervorragenden Gerechtigkeitsstrebens, aber auch nicht wegen seiner Schlechtigkeit und Gemeinheit einen Umschlag ins Unglück erlebt, sondern wegen eines Fehlers – bei einem von denen, die großes Ansehen und Glück genießen, wie Ödipus und Thyestes und andere hervorragende Männer aus derartigen Geschlechtern.[194]

Aus dieser Beschreibung der besten aller Optionen für die Gestaltung einer Tragödienhandlung geht hervor, daß konstitutiv für sie ein Mißverhältnis zwischen der Schwere der Verfehlung und den von ihr ausgelösten Folgen besteht. Jemand, der moralisch dem Durchschnitt der Menschen überlegen ist, begeht einen Fehler, der eine dazu in keinem Verhältnis stehende Konsequenz hat.[195] Die Tragödie

---

eine dieser beiden Kategorie; alle Menschen unterscheiden sich nämlich, was ihren Charakter betrifft, durch Schlechtigkeit und Güte. Demzufolge werden Handelnde nachgeahmt, die entweder besser oder schlechter sind, als wir zu sein pflegen, oder auch ebenso wie wir. [...] Auf Grund desselben Unterschiedes weicht auch die Tragödie von der Komödie ab: die Komödie sucht schlechtere, die Tragödie bessere Menschen nachzuahmen, als sie in der Wirklichkeit vorkommen" (Aristoteles, *Poetik*, griechisch / deutsch, übersetzt und herausgegeben von Manfred Fuhrmann, Stuttgart: Reclam, 1982, S. 7-9).

[194] Aristoteles 1982, S. 39.

[195] Im Blick auf diese Definition eines tragödientypischen Handlungsverlaufs stellt sich die schon oben (siehe Anm. 188) aufgeworfene Frage, ob sie auf Sophokles' *König Ödipus* überhaupt zutrifft. Denn wo wäre das moralische Defizit des Protagonisten zu finden, das am Lauf der Ereignisse beteiligt ist, scheint doch von allem Anfang an sein Leben allein durch den Götterspruch über sein Schicksal bestimmt zu werden. Indessen wäre es erstaunlich, sollte gerade diejenige Tragödie, die Aristoteles' besondere Wertschätzung genießt, von seinem Modell einer für diese Gattung idealtypischen Handlung abweichen. Denn ausdrücklich nennt er ihn in der soeben zitierten Definition ja als einen idealtypischen Tragödienhelden, der aufgrund einer *hamartia*, wegen eines Fehlers ins Unglück gerate. In der Tat scheint es ein Charaktermerkmal des Ödipus zu geben, das an seiner Verstrickung in seine fatale Selbstzerstörung einen gewissen Anteil besitzt – oder doch zumindest besitzen könnte. Mehrfach wird in Sophokles' Tragödie auf Ödipus' Zorn hingewiesen (siehe z. B. V. 627 und 841. V. 969 spricht Ödipus sogar selbst von seinem Zorn im Zusammenhang mit der Tötung seines Vaters und dessen Gefolges). In diesem Sinn läßt sich sein Verhalten an der fatalen Weggabelung als eine Überreaktion verstehen, die seinem Jähzorn entspringt und in keinem Verhältnis zum Maß seiner Bedrohung steht. Ebenso werden dann die Folgen seines Handelns in keinem Verhältnis zu seinem Vergehen stehen, weshalb sein Schicksal durchaus den in der *Poetik* vorgesehenen Mustern einer gelungenen Tragödienhandlung entspricht. Die hier

beruht mithin auf einer Diskrepanz zwischen der moralischen Statur eines Protagonisten und seinem Schicksal. Sie definiert sich am Verhältnis zwischen Ethik und Geschick, dessen Bewertungsmaßstab eine Kongruenz zwischen beidem zu sein scheint: eine Übereinstimmung zwischen dem moralischen Standard einer Person und dem Glück, das ihm im Leben zuteilwird. Im Fall der Tragödie ist dieses Korrespondenzverhältnis empfindlich gestört.[196]

---

involvierten Fragen haben vor einiger Zeit zu einer lebhaften Diskussion in der klassischen Philologie geführt, in der die Rolle von Ödipus' Charakter für die ihm widerfahrenden Erlebnisse kontrovers erörtert wurde. Der, wesentlich von Eckard Lefèvre und Arbogast Schmitt vertretenen, These, derzufolge Ödipus' Schicksal weitgehend seinen Charaktereigenschaften geschuldet sei, steht eine ebenso engagierte Kritik an dieser Position gegenüber. Siehe Eckard Lefèvre, „Die Unfähigkeit, sich zu erkennen: Unzeitgemäße Bemerkungen zu Sophokles' *Oidipus Tyrannos*", in: *Würzburger Jahrbücher* 13 (1987). S. 37-58 sowie Arbogast Schmitt, „Menschliches Fehlen und tragisches Scheitern. Zur Handlungsmotivation im Sophokleischen *König Ödipus*", in: *Rheinisches Museum* 131 (1988), S. 8-30. Zur Kritik an diesen Ansätzen siehe Bernd Manuwald, „Oidipus und Adrastos. Bemerkungen zur neueren Diskussion um die Schuldfrage in Sophokles' *König Ödipus*", in: *Rheinisches Museum* 135 (1992), S. 1-43.

[196] Wolfgang Binder hat eine epochale Unterscheidung für die Auffassung von der Tragödie festgestellt. Während er für das 18. Jahrhundert eine wirkungspoetische Konzeption, die Erzeugung von Furcht und Mitleid, als das gattungskonstitutive Moment annimmt, bescheinigt er dem 19. Jahrhundert hingegen: „die Tragödie stellt ein Problem dar, das ‚Tragische' wird zur Qualität eines Vorgangs, der im Leben vorkommt und Wirklichkeit besitzt" (Wolfgang Binder, „Kleists und Hölderlins Tragödienverständnis", in: *Kleist-Handbuch* 1981/1982, S. 33-49, hier S. 37). Indessen erschiene es m E. verkürzend, das für das 18. Jahrhundert charakteristische Verständnis der Gattung auf den bloßen Wirkungsaspekt reduzieren zu wollen. Die von Binder zurecht erwähnte aristotelisch geprägte Vorstellung von der Wirkung der Tragödie, wie sie im Besonderen Lessing in seiner Epoche prominent gemacht hat, wird schon in der *Poetik* unmittelbar mit der Frage nach demjenigen Verlauf der Handlung verbunden, durch den der betreffende (psychische) Effekt vorzugsweise zustande kommt. Auch Lessing hebt eigens die erforderlichen Voraussetzungen in der Struktur des Plots einer Tragödie hervor, die für ihre Wirkung verantwortlich sind. (Siehe hierzu in Lessings *Hamburgischer Dramaturgie* vor allem das *Achtundzwanzigste* sowie das *Einundfünfzigste Stück*.) Insoweit fällt der von Binder skizzierte Richtungswechsel weniger radikal aus, als es seine historische Gegenüberstellung zweier Konzeptionen der Tragödie nahelegt. Schon die aristotelische Konzeption dieser Gattung sieht für sie im Grunde die Struktur „eines Vorgangs, der im Leben vorkommt" vor. Vielleicht ist die wesentlichere Verschiebung, die sich im Wechsel vom 18. zum 19. Jahrhundert im Hinblick auf die Konzeption der Tragödie – nicht zuletzt infolge des Zusammenbruchs der frühneuzeitlichen, an der Antike orientierten und maßgeblich von Aristoteles beeinflußten Gattungspoetik – vollzieht, diejenige von der Tragödie zum Tragischen, d. h. von einer bestimmten Ereignisfolge einer dramatischen Handlung samt der dazugehörigen Wirkung zu einem Konzept der Wirklichkeitsdeutung. (Siehe in diesem Sinn Peter Szondi, *Versuch über das Tragische*, Frankfurt am Main: Insel, 1961.)

Für die Komödie scheint sich in Aristoteles' *Poetik* eine komplementäre Struktur abzuzeichnen, wiewohl alle Aussagen über diese Gattung in dieser Schrift unter dem Vorbehalt stehen, daß ihr zweiter, den Eigenheiten der Komödie gewidmeter Teil verloren ist. Immerhin läßt sich dem fünften Kapitel der *Poetik* so viel entnehmen:

> Die Komödie ist, wie wir sagten, Nachahmung von schlechteren Menschen, aber nicht im Hinblick auf jede Art von Schlechtigkeit, sondern nur insoweit, als das Lächerliche am Häßlichen teilhat. Das Lächerliche ist nämlich ein mit Häßlichkeit verbundener Fehler, der indes keinen Schmerz und kein Verderben verursacht, wie ja auch die lächerliche Maske häßlich und verzerrt ist, jedoch ohne den Ausdruck von Schmerz.[197]

Wie im Fall der Tragödie gilt auch hier, daß eine Relativierung des charakterlichen Grundzugs einer komischen Figur die Voraussetzung für den Protagonisten einer Komödie ist; nur gilt dies in dieser Gattung in genau umgekehrter Hinsicht (womit sich noch einmal die komplementäre Beziehung zwischen den beiden Gattungsmodellen bestätigt): Er darf keinen ganz schlechten Charakter haben, sondern nur in gewissen Grenzen ist dies zulässig (aber ebenso notwendig). Wieder ist dieses Erfordernis auch für die Komödie in den Zusammenhang mit einem Handlungsverlauf gerückt, denn der Fehler darf – und darin ist der entscheidende Unterschied gegenüber der Tragödie angelegt – „kein Verderben" bringen. Indessen bezieht sich das moralische Porträt des Komödienhelden nur zum Teil auf den Handlungsverlauf des Stücks, es ist ebenso auf das Komische, auf dasjenige, was zum Lachen reizt, hin ausgerichtet. Aristoteles bezieht offenkundig das Komische und die Komödienhandlung aufeinander.[198]

---

[197] Aristoteles 1982, S. 17. Aristoteles formuliert hier mithin ästhetische Bedingungen für den komischen Effekt eines Verstoßes gegen die Prinzipien der Moral.

[198] Dieser Sachverhalt wirft die Frage auf, inwieweit, ungeachtet der für die Komödie gattungstheoretisch sinnvollen Unterscheidung zwischen Komik und Komödienhandlung (siehe hierzu oben Anm. 65), gleichwohl ein Zusammenhang zwischen beiden Phänomenen gegeben ist. Einen Ansatz zu dessen Rekonstruktion kann womöglich die Definition des Komischen bieten, die Joachim Ritter entwickelt hat (Joachim Ritter, „Über das Lachen", in: ders., *Subjektivität. Sechs Aufsätze*, Frankfurt am Main: Suhrkamp, 1989, S. 62-92). Die Besonderheit seiner Begriffsbestimmung besteht darin, daß er das Phänomen des Komischen nicht von seiner Ursache, sondern von seiner Wirkung her in den Blick nimmt. Das unterscheidet ihn von den meisten Definitionen seit der aristotelischen *Poetik*, die sich in struktureller Hinsicht darin ähneln, daß sie das Komische aufgrund einer (bestimmten) Abweichung von Erwartbarem und Üblichem bestimmen wollen. Vgl. etwa die kanonische Definition in Ciceros *De oratore*, 2,236: „Locus autem et regio quasi ridiculi – nam id proxime quaeritur – turpitudine et deformitate quadam continetur; haec enim ridentur vel sola vel maxime" (M. Tulli Ciceronis *De oratore libri tres*, with introduction and notes by Augustus S. Wilkins, Amsterdam: Adolf M. Hakkert, 1962, S. 345). („Der Ort und sozusagen der Bereich des Komischen

– denn dies steht als nächstes in Frage – besteht aus Schändlichkeit und Häßlichkeit; nur dasjenige reizt allein oder zumeist zum Lachen, das etwas Schändliches auf eine nicht schändliche Weise bezeichnet.") Die moralische bzw. ästhetische Normabweichung gilt Cicero als Quelle des Komischen, wobei als Zusatzbedingung die Art der Vermittlung genannt wird, die ihrerseits gerade nicht die Eigenschaften des komischen Gegenstandes selbst haben darf. Dieses strukturelle Muster, die Definition des Komischen vermittels einer Normverletzung, ist bis in die Gegenwart hinein maßgeblich geblieben. Und weil nicht jeder Verstoß gegen das Vertraute oder die vorausgesetzte Ordnung zum Lachen reizt, zielen diese Definitionen darauf ab, die betreffende Abweichung inhaltlich zu spezifizieren. Um nur einige Beispiele dafür zu nennen: Arthur Schopenhauer wollte die Frage des Komischen dadurch für alle Zeit geklärt wissen, daß er in *Die Welt als Wille und Vorstellung* die Diskrepanz zwischen Begriff und Erscheinung zu seiner Ursache erklärte. Henri Bergson macht in *Le Rire* den Gegensatz zwischen dem Mechanischen und dem Lebendigen dafür verantwortlich. In seiner Abhandlung *Über das Komische* betrachtet Friedrich Georg Jünger einen Konflikt zwischen unebenbürtigen Konkurrenten als komisch. (Zu den Nachweisen im Einzelnen siehe den folgenden Artikel, in dem ich die Ergebnisse meiner unveröffentlichten Habilitationsschrift [*Die Diskussion um das* ridiculum *im 16. Jahrhundert in Italien. Die Anfänge der neuzeitlichen Theorie des Komischen in der italienischen Renaissance,* FU Berlin 1987] zusammengefaßt habe: Andreas Kablitz, „Lachen und Komik als Gegenstand frühneuzeitlicher Theoriebildung. Rezeption und Verwandlung antiker Definitionen von *risus* und *ridiculum* in der italienischen Renaissance", in: *Semiotik, Rhetorik und Soziologie des Lachens. Vergleichende Studien zum Funktionswandel des Lachens vom Mittelalter zur Gegenwart,* hg. von Lothar Fietz, Joerg O. Fichte und Hans-Werner Ludwig, Tübingen: Max Niemeyer, 1996, S. 123–153. Auch bei den folgenden Überlegungen stütze ich mich auf diesen Aufsatz.) Das Problem aller Versuche, das Komische durch einen spezifischen qualitativen Charakter der Abweichung vom Üblichen zu definieren, besteht darin, daß sich letztlich zu allen Vorschlägen jeweils Gegenbeispiele finden lassen, die die betreffende inhaltliche Bestimmung durchkreuzen; die jeweilige inhaltliche Bestimmung tendiert daher zu Metaphorisierungen ihres basalen Kriteriums, mit denen sie ihre Distinktivität verliert. Insofern erscheint es verlockend, das Komische von seinem Effekt her zu charakterisieren und einen inneren Zusammenhang zwischen der Eigenart des Phänomens, das ein Lachen auslöst, und dieser Reaktion selbst aufzusuchen. Genau dies macht den erwähnten Ansatz von Ritters Definition des Komischen aus. Das Lachen gilt ihm als ein Ausdruck der Lebensfreude, so daß er seine intrinsische Beziehung zum Komischen darin entdeckt, daß es die ihm zugrundeliegende Ordnungsstörung gerade als das zum Leben Dazugehörige ausweist. Gleichsam vitalistisch wird das Leben gegen die Norm ausgespielt. Doch auch diese Definition sieht sich mit dem Problem konfrontiert, daß eine solche Charakteristik keineswegs sämtliche Erscheinungen des Komischen zu erfassen vermag. Dagegen spricht etwa die lebensweltliche Sorge davor, zum Gegenstand des Lachens zu werden, anders gesagt: lächerlich zu wirken. Wie aber lassen sich die beiden widerstreitenden Wirkungen des Komischen unter einen gemeinsamen Nenner von dessen Bestimmung bringen? Der Vorschlag, den ich in dem zitierten Artikel unterbreitet habe, besagt, daß das Komische zum Lachen reizt, weil es als eine *bloße* Abweichung gegenüber dem Üblichen, Erwartbaren oder der Norm betrachtet wird und dabei keine anderweitige Bewertung erfährt.

6.2 *Michael Kohlhaas*: tragische Inversion der Tragödie

Kleists Erzählung *Michael Kohlhaas* – dies festzustellen ist nichts als eine Selbstverständlichkeit – ist keine Tragödie. Dies ergibt sich allein schon aus ihren gattungssystematischen Merkmalen. Wenn ich im Folgenden gleichwohl den Versuch unternehme, das semantische Profil dieser Novelle am überkommenen Modell der Tragödie zu messen, dann deshalb, weil m. E. gerade durch einen solchen Vergleich die historische Eigenart der Problemstellung deutlich wird, den die Geschichte vom fanatischen Kämpfer für sein Recht entfaltet. Und dieser Sachverhalt resultiert daher, daß sich eine bestimmte Strukturanalogie zwischen dem von Aristoteles für die Tragödie beschriebenen (resp. bestimmten) und dem in der Novelle *Michael Kohlhaas* gestalteten Konflikt beobachten läßt – eine strukturelle Parallele, die zugleich mit einer bemerkenswerten Inversion der Rollen einhergeht, wie nun im Einzelnen zu erörtern sein wird.

Wenn die Tragödie in aristotelischem Verständnis, wie gesehen, auf einem Mißverhältnis zwischen Tugend und Glück gründet, dann ist in dieser Konzeption die Geltung einer moralischen Ordnung vorausgesetzt, zu der sich jedes Handeln in Beziehung setzt und anhand derer es sich zu messen hat. Der Unterschied, der sich in Kleists Novelle gegenüber dieser Konstellation abzeichnet, ergibt sich zu erheblichen Teilen daraus, daß nicht die *Tugend*, sondern das *Recht* den Bezugspunkt der Handlung dieser Erzählung bietet. In der Konsequenz dieser Differenz ergibt sich ein beträchtlicher Zuwachs an Komplexität der Handlung. Denn das Recht impliziert auch die Existenz einer Institution, die dieses Recht zu verwalten und seine Geltung sicherzustellen hat: die Justiz.

Andreas Voßkuhle hat in einer scharfsichtigen Deutung von Kleists Erzählung die Koexistenz dieser beiden Instanzen, des Rechts und der Institution seiner

---

Die jeweilige Wirkung einer solchen Einstellung ist deshalb abhängig von den Kontexten, in denen sich das Lachen jeweils einstellt. Man fürchtet sich davor, ausgegrenzt zu werden, aber man mag darauf hoffen, sein Vergehen durch eine betreffende Reaktion als belanglos quittiert zu finden. Anders als es Aristoteles glaubte, kann selbst der Tod komisch wirken. Der Legende nach soll Pietro Aretino bei einem Lachanfall vom Stuhl gefallen sein und sich dabei tödliche Verletzungen zugezogen haben. Auch das kann – etwa auf der Bühne – durchaus komisch wirken. Aus diesem Grund scheint mir in der Tat die Ursache des Komischen auf der Möglichkeit zu beruhen, etwas Normwidriges, Ungewöhnliches oder Unerwartetes als *bloß* abweichend zu begreifen, ohne es mit einer weitergehenden Bewertung dieser Abweichung zu verbinden. (Womöglich läßt sich eine solche Definition des Komischen sogar mit der aristotelischen Bindung des Unmoralischen an das Häßliche als der Bedingung seiner Komik in Verbindung bringen. Denn das damit in Anschlag gebrachte ästhetische Kriterium besagt ja auch, daß der Moralverstoß solchermaßen als ein Gegenstand der *Betrachtung*, der *bloßen* Betrachtung, sollten wir der Genauigkeit halber hinzufügen, fungiert. Dies bedeutet im Grunde gleichermaßen nichts anderes, als daß von seiner Bewertung als *moralisch* anstößig abgesehen wird.)

Anwendung, im Hinblick auf eine rechtsphilosophische, in *Michael Kohlhaas* gespiegelte wie reflektierte, Entwicklung betrachtet, die sich zwischen John Locke und Immanuel Kant vollzieht und anhand der Frage eines Widerstandsrechts hervortritt. Ein solches Recht aber setzt die Unterscheidung zwischen einer Institution, die dieses Recht durchzusetzen hat, und diesem selbst voraus. Das Widerstandsrecht erwächst deshalb aus der Verletzung dieses Rechts durch dessen institutionelle Handhabung:

> Der vergesellschaftete Mensch gibt seine natürlichen Rechte nicht auf. Lediglich ihr Schutz und ihre Durchsetzung sind einem Staat, verstanden als Einrichtung der bürgerlichen Gesellschaft, überantwortet. Ist vertraglich begründete Herrschaftsgewalt auf den Schutz der naturrechtlichen Locke'schen Trias von life, liberty und estate verpflichtet, verfehlt deren Missachtung den Vertragszweck und berechtigt zum Widerstand. Auf diesem theoretischen Fundament aufbauend ist es kein fernliegender Gedanke, in Michael Kohlhaas einen Widerständler nach Locke'scher Inspiration zu sehen.[199]

Im Denken Kants verliert sich jedoch ein solches Widerstandsrecht. Weil die Gründung des Staates einer Notwendigkeit der Vernunft folgt, kann es nur widersinnig – und mithin unrechtmäßig – erscheinen, wollte man dem Menschen ein Recht gegen die dem Staat aufgetragene Ausübung seiner Herrschaft einräumen. Es würde dessen elementare Grundlage in Frage stellen. Das Widerstandsrecht verliert deshalb seine Legitimität, weil es einen Widerspruch der Vernunft mit sich selbst zur Folge hätte.[200] Kleists Novelle *Michael Kohlhaas* macht insofern in der Gestalt des unerbittlichen Kämpfers für sein Recht – so Voßkuhles Deutung – ein gegen das Postulat der Königsberger Rechtsphilosophie gerichtetes Plädoyer für ein Anrecht auf das Widerstandsrecht geltend.[201]

---

[199] Voßkuhle / Gerberding 2012, S. 921.

[200] Mit einer prägnanten Formulierung Voßkuhles ist dieser Sachverhalt auf den Begriff gebracht: „Auf der Grundlage seiner Vernunftvorstellung erledigt Kant das Widerstandsrecht nun mit transzendentalphilosophischer Gründlichkeit. Die Vorstellung einer obersten Gesetzgebung sei selbstwidersprüchlich, bestünde gegen sie ein Widerstandsrecht" (Voßkuhle / Gerberding 2012, S. 921).

[201] „Mit seiner Erzählung fordert Kleist die Kantische Lehre heraus. Denn dort, wo Michael Kohlhaas am rücksichtslosesten, am wildesten kämpft, geht es ihm gerade nicht um ein glückliches Leben, seinen persönlichen Nutzen, sein behagliches Dasein als wohlhabender Rosshändler, in dem er sich doch so kommod eingerichtet hat. Kurzum: Jener eigenen „Glückseligkeit", von der Kant spricht, begegnet Kohlhaas mit kalter Geringschätzung. Haus und Hof hat er verkauft, seine liebe Lisbeth hat er verloren, nun kämpft er nur noch um die Durchsetzung seines Rechtsanspruchs. Bei seinem Kampf ums Recht handelt Michael Kohlhaas nicht nach den Maximen einer Kosten und Nutzen gegeneinander abwägenden Klugheit – eine Abwägung übrigens, deren Ergebnis Martin Luther Michael Kohlhaas klar aufgezeigt hat. Seine Ablehnung instrumenteller Rationalität, sein Pflichtgefühl und seine Konsequenz machen Michael Kohlhaas gleich-

Mir wird es im Folgenden um eine weitere Konsequenz der Differenz zwischen dem Recht und den Institutionen seiner Verwaltung gehen. Denn diese Unterscheidung besagt auch, daß das Recht *de facto* nie unabhängig von einem Handeln vorkommt. Ein Rechtsbewußtsein oder auch Rechtsgefühl bleibt bezogen auf eine Abstraktion, die außerhalb der tatsächlichen Wirksamkeit des Rechts situiert ist. Wollte man eine – möglicherweise erhellende – Analogie zur Sprache bemühen, so könnte man mit Ferdinand de Saussure sagen, daß das Recht selbst den Status einer *langue*, eines abstrakten Systems besitzt, das in der Wirklichkeit sozialer Interaktion hingegen immer nur in Gestalt einer *parole*, als ein tatsächlicher Sprechakt in Erscheinung tritt. Virulent wird das Recht immer erst durch einen Umgang mit diesem Recht, und damit durch das Handeln von Personen, die es handhaben. Dies ist für die Seite der zur Wahrung und Durchsetzung des Rechts eingesetzten Institutionen evident. Aber sie gilt gleichermaßen für denjenigen, der sich auf das Widerstandrecht beruft. Auch seine Bezugnahme auf das Recht, dessen Verteidigung gegen seine Verletzung, erfolgt im Rahmen individuellen Handelns.

Sofern das Recht jedoch zum Gegenstand eines Handelns gerät, unterliegt es Handlungsabsichten, die nicht unbedingt mit den Vorgaben des Rechts übereinstimmen müssen. Das ist bei korrupten Richtern offensichtlich, die anderen Zielen als der Durchsetzung des Rechts bei dessen Anwendung, im Besonderen persönlichen Vorteilen, den Vorzug geben. Die Handhabung des Rechts stellt insofern immer auch einen Bezug zu der Person her, *die* diese Handhabung vornimmt. Dies aber ist bei einem Richter nicht anders als auch bei demjenigen, der ein Widerstandsrecht gegen eine rechtswidrige Entscheidung der zur Durchsetzung des Rechts berufenen Institutionen geltend macht. Auch bei ihm erfolgt die Bezugnahme auf das Recht stets im Rahmen *seines* Handelns, dessen Motivationen nicht auf das bloße Faktum der Herstellung eines rechtskonformen Zustands beschränkt bleiben müssen.

An genau dieser Stelle aber entsteht, wie nun des Näheren begründet sei, in Kleists *Michael Kohlhaas* die erwähnte – inverse – Parallele zur aristotelischen Konzeption einer Tragödie. Eine wesentliche Ursache dieser Strukturanalogie besteht in der Umkehrung der Hierarchie zwischen dem Recht und der eigenen Person als Motivation des Handelns bei Kohlhaas' Durchsetzung seines Widerstandsrechts. Nicht Nutzen, wohl aber Respekt ist wesentlicher Grund seines Handelns.

Daß die Achtung der eigenen Person Vorrang gegenüber dem Recht als solchem gewinnt, wird vor allem daraus ersichtlich, daß der Titelheld zur Rechtsbrechung nicht nur bereit ist, sondern etliche Menschen zu unschuldigen Opfern

---

sam zu einem dunklen Spiegelbild des Kantischen Vernunftmenschen" (Voßkuhle / Gerberding, S. 921). Meine folgenden Überlegungen zu *Michael Kohlhaas* setzen nicht zuletzt bei der von Voßkuhle und Gerberding betonten Tönung des „dunklen" Spiegelbilds von Kants Konzeption des *animal rationale* an, das Kleists Novelle entfaltet. Es hat den Anschein, als ließe sich auch in der Figur des Protagonisten der Erzählung eine „dunkle" Seite ausmachen, die ebenso eine grundsätzliche Problematik im Verhältnis zwischen dem Recht und dessen Handhabung betrifft.

seines unerbittlichen Kampfes für das Recht werden läßt, die dabei ihr Leben verlieren. Worauf es mir an dieser Stelle ankommt, ist der Umstand, daß auf der Seite der – korrupten – Justiz *wie* auf der Seite des Widerständlers das Recht stets nur im Zusammenhang eines Handelns vorkommt, in dem immer schon ein Bezug zum Subjekt dieses Handelns angelegt ist. Und dieses Verhältnis kann in der Suche des eigenen materiellen Vorteils ebenso wie in der Absolutheit einer Beanspruchung der Achtung der eigenen Person bestehen, die um dieses Vorrangs willen genau das beschädigt, worauf sie sich beruft: das Recht (und die damit auch ihr Recht auf dieses Recht verwirkt).

Weil die Norm, in diesem Fall das Recht, immer nur in Gestalt eines Umgangs *mit* diesem Recht vorkommt, ändern sich auch die Voraussetzungen für die Entstehung tragischer Handlungskonstellationen gegenüber einem Wirklichkeitszustand, in dem diese Norm durch das Moralgesetz bestimmt wurde. Die institutionelle Vermittlung des Rechts nämlich führt dazu, daß auch das Verhältnis *zu* diesem Recht selbst in Gestalt einer institutionellen sozialen Interaktion vorkommt. Der Konflikt entzündet sich deshalb nicht im Verhältnis zwischen dem Handeln und der (rechtlichen) Norm selbst, nicht anhand einer Gesetzesübertretung als solcher, sondern anhand des Ausfalls der institutionellen Sicherung der – verletzten – Norm. Anders gesagt: Die *faktische* Geltung der handlungsleitenden Norm wird abhängig vom institutionellen Umgang mit ihr, und genau dies führt zu einer Inversion der klassischen Struktur einer Tragödienhandlung.

Diese Struktur sah vor, daß ein Handelnder, der Protagonist des Geschehens, einen – in aller Regel moralischen – Fehler begeht und in der Folge seiner Verfehlung einem Unglück anheimfällt, das in keinem Verhältnis zu dem Grad der Verfehlung steht. In *Michael Kohlhaas* verhält es sich hingegen so, daß der Protagonist des Geschehens selbst das Opfer einer Verfehlung wird, nämlich der institutionellen Verweigerung des ihm zustehenden Rechts. Dadurch aber wird er seinerseits zu Rechtsbrüchen motiviert, deren Ausmaß in keinem Verhältnis zu der ihm angetanen Rechtsverletzung steht. Und diese Maßlosigkeit wird ihm am Ende selbst zum Verhängnis. Kohlhaas' Rechtsbruch stellt jedoch eine Konsequenz der institutionellen Verweigerung einer Gewährleistung des Rechts dar. Widrige Umstände sind diesmal also nicht die Konsequenz des Verhaltens eines tragischen Helden, sondern sie gehen ihm gerade voraus. Zu der dadurch verursachten Inversion der überkommenen Struktur einer Tragödienhandlung gehört es deshalb auch, daß der Protagonist des Geschehens nun selbst durch sein eigenes Handeln sein tragisches Schicksal betreibt: Aus dem Urheber einer Verfehlung, die dazu in keinem Verhältnis stehende Folgen verursacht, wird das Opfer einer Verfehlung, die eine zu dem Ausmaß des erlittenen Unrechts in keinem Verhältnis stehende Reaktion auslöst.

Indessen werden wir beobachten können, daß die Konsequenzen der hier skizzierten Inversion der überkommenen Tragödie noch weiter reichen. Denn sie führen schließlich auch dazu, daß die Handlung der Tragödie nicht auf das Schicksal des tragischen Helden begrenzt bleibt. Weil die Handhabung des Rechts durch

Personen, die in die komplexen Händel dieser Welt eingebunden sind, selbst in die Kontingenzen dieser Komplexität gerät, läßt sich die Geschichte des einen Protagonisten auch nicht mehr auf seine Person und sein Schicksal beschränken. Sie erfaßt am Ende die gesamte soziale Gemeinschaft, deren Existenz auf dem Recht gegründet ist – und nicht einmal nur diejenige eines einzelnen Staates.

Das vielleicht tragischste Moment in den vielfältigen Verwicklungen, die die Ereignisse in Kleists Novelle kennzeichnen, besteht darin, daß gerade der Versuch staatlicher Autorität, den anfänglichen Rechtsbruch rückgängig zu machen, in die finale Katastrophe des Protagonisten führt. Von der narrativen Komplexität des Geschehens her erklärt sich vermutlich auch die Verlagerung dieses tragischen Stoffes in eine andere Gattung, nämlich eine Erzählung. Eine Bühnenhandlung verfügte gar nicht über die erforderlichen Dimensionen, um die betreffende Vervielfältigung der Akteure in Raum und Zeit zur Darstellung zu bringen. Denn am Ende weitet sich die tragische Geschichte eines tragischen Helden zum allgemeinen Notstand in den Verwicklungen einer letztlich tragischen Welt. *Dies* ist vielleicht die eigentliche Wende, die die Gattung der Tragödie in Kleists Erzählung *Michael Kohlhaas* nimmt: Das tragische Schicksal eines Protagonisten gerät zur Tragödie der sozialen Gemeinschaft.

Verortet man den in der Novelle entfalteten tragischen Zustand der Welt in der historischen Situation, die Voßkuhle als Horizont von Kleists *Michael Kohlhaas* skizziert hat, so macht diese Erzählung zum einen in der Tat das Widerstandsrecht gegen die institutionelle Beugung des Rechts geltend und wendet sich damit gegen Kants Postulat der kompromißlosen Gültigkeit staatlicher Verfügungen, deren Rechtmäßigkeit kein Recht jenseits ihrer selbst anerkennen kann. Weil die staatliche Institution für ihn die Vernunft als solche repräsentiert, kann der Widerstand gegen sie gemäß Kant nur einen Selbstwiderspruch der Vernunft zur Folge haben.[202] Kleists Novelle aber situiert staatliches Handeln nicht in einem systemati-

---

[202] Die bei Kant erfolgende Verwandlung der Vernunft in eine Institution, die ihre Geltung zu garantieren hat, setzt in gewisser Weise die Funktion fort, die man der Vernunft für die überkommene Moral zusprach. Denn die Tugend gründete, dieser Auffassung entsprechend, auf der Vernunft als Leitlinie des Handelns. Bei Aristoteles ist sie als das rechte Maß verstanden, als die Mitte zwischen zwei Extremen. Thomas nennt das *esse secundum rationem*, ein ‚sich in Einklang mit der Vernunft Befinden' als die Voraussetzung tugendhaften Handelns. Die Umbesetzung der Vernunft in eine institutionenförmige Gestalt erklärt sich nicht zuletzt aus der Tatsache, daß die Moral nun nicht mehr (wie etwa in Sophokles' Tragödie des Ödipus gesehen) als Grundlage des Staates gemeinschaftsstiftend wirkt, sondern diese Funktion auf das Recht übergeht, während die moralische (in Kants Begriffsgebrauch „praktische") Vernunft nun das – im kategorischen Imperativ verdichtete – Handeln des Einzelnen bestimmt. Mit diesem Imperativ sind zudem keineswegs konkrete Handlungsanweisungen vorgegeben, sondern die Tauglichkeit der jeweiligen Handlung für alle Handelnden ist der Prüfung des Einzelnen übertragen und überlassen. *Er* hat darauf zu achten, daß sich die Maxime seines Handelns in ein allgemeines Gesetz übersetzen läßt. Die soziale Gemeinschaft kommt als Bezugspunkt moralischen Handelns unter diesen Bedingungen also nur im Sinne

schen Aufriß, sondern in einer Geschichte, und damit in einer Wirklichkeit, in der der kategorische Imperativ womöglich einen Anspruch, nicht aber das faktische Prinzip des Handelns der Akteure ausmacht. Und weil auch die Anwendung der Gesetze ein Handeln von Personen voraussetzt, ist deshalb keineswegs garantiert, daß das Agieren von Amtsträgern in der bloßen Anwendung der Gesetze aufgeht. Denn ihr Handeln gehört seinerseits einer Komplexität von Handlungssituationen zu, in der das von Gesetzen festgeschriebene Recht seine faktische Geltung einbüßen kann. Insofern erscheint ein Widerstandsrecht in der Tat nur allzu begründet.

Indessen, und daher macht Kleist in *Michael Kohlhaas* zugleich die Gegenrechnung auf, gerät die Ausübung eines Widerstandsrechts ebenso unter die Bedingungen einer komplexen Welt des Handelns, in der sich die Durchsetzung des Rechts mit anderen Motiven (wie Umständen) verbindet, so daß auch dieses Handeln in dem betreffenden Zweck nicht aufgeht, sondern ihn zu überschießen droht. Kleist wertet das Widerstandsrecht gegen Kant auf, indem er die Gefährdung des staatlich garantierten Rechts durch die Modalitäten seiner Anwendung ausstellt – eine Gefährdung, die darin angelegt ist, daß die betreffende Anwendung ein Handeln von Akteuren verlangt, deren Selbstbindung an das Recht nicht gewiß sein kann. Zugleich aber stellt er die Risiken eines Widerstandsrechts aus, dessen Inanspruchnahme ebenso durch ein Handeln erfolgt, dessen Motivation wie Zweck keineswegs in der bloßen Wahrung des Rechtes aufgehen muß.

Wenn die Welt dieser Novelle eine tragische Welt genannt werden kann, dann deshalb, weil sie den Widerstreit zwischen dem berechtigten Widerstand gegenüber staatlicher Rechtsbeugung und der Verwicklung einer Durchsetzung des eigenen Rechtes in die Rechtsverletzung nicht auflösen kann, sondern diesen Konflikt nur als solchen – eben tragisch – zu entfalten vermag.

Alles Unglück beginnt damit, daß Michael Kohlhaas, ein Roßhändler, bei einer Geschäftsreise nach Sachsen aufgrund eines vorgetäuschten Privilegs des Junkers Wenzel von Tronka an der Weiterreise gehindert wird und als Pfand mehrere Pferde samt einem Diener zurücklassen muß. In Dresden erfährt er, daß das Verlangen des Junkers jeder Rechtsgrundlage entbehrt; auf dem Rückweg muß er jedoch feststellen, daß von Tronka seine Pferde in einen kläglichen Zustand versetzt und den Diener verjagt hat. Das Recht auf seiner Seite wissend, beginnt er einen Prozeß, für den ihm beste Erfolgschancen in Aussicht gestellt werden. Gleichwohl wird seine Klage abgewiesen, weil es dem Junker gelingt, aufgrund von Verwandtschaftsbeziehungen das Gericht zu einem solchen Schritt zu bewegen.

Nicht die Verfehlung des Junkers, sondern deren Fortschreibung in der Rechtsbeugung durch die Justiz wird deshalb zum Ausgangspunkt von allen weiteren Verwicklungen der Handlung. Denn in der Konsequenz dieser Rechtsbeugung

---

eines logischen Tests seiner Allgemeinverträglichkeit zustande. Zur fundierenden Kategorie der (institutionell verfaßten) Gemeinschaft wird hingegen das staatlich garantierte Recht.

kommt auch auf Seiten des Michael Kohlhaas eine Dimension seiner Person ins Spiel, die den durch von Tronkas Betrug verursachten Schaden weit übersteigt. Zutiefst gekränkt durch die Verweigerung des ihm zustehenden Rechts, will er Haus und Hof verkaufen, seine Frau und Kinder zu ihrer Verwandtschaft schicken, um sich nur noch der Wiedergutmachung erfahrenen Unrechts zu widmen. Seine verzweifelte Frau versucht, ihn von seinem Vorhaben abzubringen. Er aber erklärt, warum er entschlossen sei, so zu handeln, wie er es verfügt habe:

> Warum willst Du dein Haus verkaufen? rief sie, indem sie mit einer verstörten Gebärde, aufstand. Der Roßkamm, indem er sie sanft an seine Brust drückte, erwiderte: weil ich in einem Lande, liebste Lisbeth, in welchem man mich, in meinen Rechten, nicht schützen will, nicht bleiben mag. Lieber ein Hund sein, wenn ich von Füßen getreten werden soll, als ein Mensch! Ich bin gewiß, daß meine Frau hierin so denkt, als ich.[203]

Nicht der materielle Schaden, der ihm durch das Vergehen des Junkers und die Niederschlagung des Prozesses entstanden ist, bekümmert ihn, sondern die im Vorenthalt seiner Rechte für ihn bekundete Verweigerung seines Menschseins bestimmen ihn in seinem weiteren Handeln. Anders formuliert: Für ihn steht seine – empfindlich angetastete – Würde, anders gesagt: seine Ehre auf dem Spiel.[204] Und dieser Verlust der Ehre ist für ihn gleichbedeutend mit einer Verweigerung der Zugehörigkeit zur Gemeinschaft, wie Kohlhaas in seiner – in ihrer Bedeutung für die Erzählung noch zu erörternder – Unterredung mit Martin Luther ausdrücklich erklären wird:

> Verstoßen, antwortete Kohlhaas, indem er die Hand zusammendrückte, nenne ich den, dem der Schutz der Gesetze versagt ist! Denn dieses Schutzes, zum Gedeihen meines friedlichen Gewerbes, bedarf ich; ja, er ist es, dessenhalb ich mich, mit dem Kreis dessen, was ich erworben, in diese Gemeinschaft flüchte; und wer mir ihn versagt, der stößt mich zu den Wilden der Einöde hinaus; er gibt mir, wie wollt Ihr das leugnen, die Keule, die mich selbst schützt, in die Hand.[205]

---

[203] Kleist 2018, S. 53.
[204] Der Begriff der Würde kommt, anders als der der Ehre, in Kleists Erzählung nicht vor. Beide Termini scheinen sich dadurch zu unterscheiden, daß die Würde einen kategorialen Anspruch auf Wertschätzung meint, die Ehre hingegen als eine Modalität sozialer Interaktion bestimmt ist. Kohlhaas' Begründung für seine Entschluß verbindet im Grunde beides. Wenn er sich mit einem Hund vergleicht, ist seine Menschenwürde, die ihm gleichsam gattungsmäßig zukommt, verletzt. Doch es sind eben andere, die ihn dabei mit „Füßen" treten; und diese Erniedrigung findet innerhalb einer sozialen Gemeinschaft statt, aus der er sich ausgeschlossen fühlt, weil ihm seine Ehre in der Verweigerung des ihm Zustehenden genommen wird.
[205] Kleist 2018, S. 78.

Anhand dieser Äußerung zeigen sich die Preise, die für die staatliche Garantie des Rechts in Kleists Erzählung zu entrichten sind. Eine Rechtsbeugung stellt den Staat als solchen in Frage, weil die staatliche Ordnung selbst auf den Gesetzen beruht. Insofern bleibt auch das „Rechtgefühl", wie der betreffende Begriff in *Michael Kohlhaas* lautet,[206] auf die Institution bezogen – aber damit ebenso an sie gebunden.

Kohlhaas selbst bemüht einen Gegensatz zwischen dem Schutzraum des Staates, in den man sich flüchtet, und den „Wilden der Einöde" draußen, um die Leistung von Staatlichkeit kenntlich zu machen. Die staatliche Verletzung des Rechts entspricht aus seiner Sicht deshalb einer Ermächtigung zur Wildheit. Aber die von Kohlhaas benutzte Metaphorik wirft auch schon die Frage auf, ob sich mit ihr nicht ebenso ein Handeln im Namen eines „Rechtgefühls" diskreditiert, das Recht gegen die Rechtsbeugung geltend machen will. Gibt es in der Wildnis überhaupt noch ein *Recht*? Im Grunde zeigt sich schon hier die letztendliche Unauflöslichkeit des Kleists Novelle zugrunde liegenden Konflikts. Der Staat zerstört durch die Verletzung des Rechtes seine eigenen Voraussetzungen. Aber damit läßt sich im Namen des Rechts auch nicht mehr gegen ihn agieren, weil es außerhalb des Staates gar kein Recht gibt.

An diesen komplexen Beziehungen, wo nicht unentwirrbaren Verflechtungen von Recht und Staatlichkeit in *Michael Kohlhaas* tritt deutlich der Unterschied gegenüber einer auf dem Moralgesetz gegründeten Gemeinschaftsordnung zutage, wie sie sich in der Tragödie des *König Ödipus* darstellt. Das Moralgesetz trägt

---

[206] Schon im ersten Absatz der Erzählung, der einer allgemeinen Charakteristik ihres Protagonisten gewidmet ist, kommt der Begriff vor: „[…] nicht Einer war unter seinen Nachbarn, der sich nicht seiner Wohltätigkeit oder seiner Gerechtigkeit erfreut hätte; kurz, die Welt würde sein Andenken haben segnen müssen, wenn er in einer Tugend nicht ausgeschweift hätte. Das Rechtgefühl aber machte ihn zum Räuber und Mörder" (Kleist 2018, S. 13). Dort, wo der Begriff zum ersten Mal fällt, werden von Kleist vor allem die Risiken des „Rechtgefühls" und mithin die tiefe Ambivalenz dessen, was ja auch als Tugend bezeichnet wird, hervorgehoben. Und wenn wir in diesem Kapitel *Michael Kohlhaas* in die Tradition der Tragödie rücken, dann gehört zu den Spuren ihres Erbes zweifellos auch die Ähnlichkeit dieses Protagonisten mit Aristoteles' Charakteristik eines tragischen Helden, dem ja in der *Poetik* gleichfalls eine moralische Zwieschlächtigkeit attestiert wird. Ein Tugendhafter, dem ein Fehler unterläuft, dessen verheerende Folgen die Schwere seiner Verfehlung übertreffen: So sieht, wie besprochen, sein Idealporträt bei Aristoteles aus. Eine moralische Ambivalenz gehört ebenso zur ethischen Ausstattung des Michael Kohlhaas. Und wenn dieser anfängliche Inbegriff aller Tugend und spätere „Räuber und Mörder" zunächst zum Opfer der Verfehlung eines anderen wird, dann gehört diese Verwandlung eben zur Umbesetzung des überkommenen Gattungsmodells, die eine moralische *hamartia* durch eine Rechtsbeugung ersetzt. Und diese Veränderung führt dazu, daß der zu Unrecht beschädigte tugendhafte Modellbürger zum Verbrecher wird. Denn die Folge des ihm widerfahrenen Unrechts besteht darin, daß er sein eigenes Schicksal in die Hand nimmt und es mit Taten betreibt, die in keinem Verhältnis zu der ihm angetanen Schmach stehen.

seine Geltung unverbrüchlich in sich selbst – ob es gebrochen wird oder nicht. Seine Beschädigung tangiert seine Verbindlichkeit nicht. Im Falle von Kleists Novelle stellen sich die Verhältnisse infolge der Substitution der Moral durch das Recht hingegen sehr viel komplizierter dar. Denn es gibt zu dem vom Staat geschützten Recht ein Rechtsempfinden, das mit der faktischen Handhabung des Rechts innerhalb staatlicher Institutionen nicht deckungsgleich sein muß. Gleichwohl geht das „Rechtgefühl" mit der Erwartung einher, *daß* dieses Recht mit dem vom Staat garantierten und mithin auch angewandten Recht zusammenfällt.

Dies ist die Dialektik, die Kleist in seiner Erzählung *Michael Kohlhaas* in Szene setzt, indem er den *einen* Vorfall staatlicher Rechtsbeugung *paradigmatisch* zu einer Verletzung des Rechts *als solcher* geraten läßt, die deshalb auch den Staat *an sich* ins Wanken bringt.[207] Die narrative Struktur der Erzählung läßt sich deshalb insgesamt in diesem Sinne symbolisch verstehen. Daß der staatlich sanktionierte Rechtsbruch in der tragischen Geschichte des unglücklichen Michael Kohlhaas in der Verkettung ihrer Ereignisse immer weitere Kreise zieht, daß seine Folgen schließlich das Gemeinwesen insgesamt in Gefahr bringen, stellt im Grunde eine narrative Repräsentation wie Entfaltung des systematischen Verhältnisses von staatlicher und rechtlicher Ordnung dar. Insoweit ist Michael Kohlhaas auch eine allegorische Erzählung.

Die von uns bemerkte Interferenz zwischen dem „Rechtgefühl" und der staatlichen Institution der Rechtsgarantie bestätigt sich anhand jener Textstelle, an der Kleist zum zweiten Mal in seiner Erzählung diesen Begriff benutzt.

Als Kohlhaas von seiner Geschäftsreise nach Sachsen zurückkommt und in der Burg des Junkers von Tronka seine zu Unrecht festgehaltenen Rappen zurückfordert, muß er nicht nur bemerken, in welch erbärmlichem Zustand sie sich befinden,

---

[207] Auch hierin scheint man noch einmal eine Transformation eines Erbstücks der Aristotelischen *Poetik* und ihrer Tragödientheorie entdecken zu können, die ja gleichfalls davon ausgeht, daß die individuelle Handlung eines Stücks zugleich etwas Allgemeines zur Darstellung bringt, und zwar insofern die Akteure des Geschehens einer bestimmten Logik des Handelns folgen und entsprechend den allgemeinen Prinzipien der Wahrscheinlichkeit oder Notwendigkeit agieren. Kleist läßt das Allgemeine seiner Geschichte anders zustande kommen, indem der eine Vorfall immer weitere Kreise zieht, mehr und mehr Personen und schließlich das gesamte Gemeinwesen erfaßt. Die Beziehung zwischen dem Einzelnen und dem Allgemeinen stellt hier mithin keine logische Beziehung dar, die das Handeln der einzelnen Akteure strukturiert. Sie ist vielmehr in der Entwicklung der Geschichte als fortschreitende Wirkung ihres Ausgangspunktes angelegt. Auf diese Weise aber wird das Einzelne zum Allgemeinen gerade deshalb, weil es ein allgemeines Prinzip untergräbt und dadurch die Ordnung des Ganzen zerstört. Das Einzelne bildet insofern das Allgemeine nicht ab, sondern es wird als ein Ferment der Störung zu etwas Allgemeinem. Nicht Ordnung sondern Unordnung organisiert hier das Verhältnis zwischen den beiden Kategorien. Auch dieser Sachverhalt deutet darauf hin, daß die Welt, in der sich eine solche Verschiebung ereignet, selbst und schlechthin in einen tragischen Ordnungsverlust gefallen ist.

sondern sich auch noch unflätige Beschimpfungen des widerwärtigen Schloßvogts anhören.[208] Doch obwohl sich Kohlhaas sicher ist, daß die Anschuldigungen des Schloßvogts unbegründet sind, will er sich der Sache genauer vergewissern:

> Doch sein Rechtgefühl, das einer Goldwaage glich, wankte noch; er war, vor der Schranke seiner eigenen Brust, noch nicht gewiß, ob eine Schuld seinen Gegner drücke; und während er, die Schimpfreden niederschluckend, zu den Pferden trat, und ihnen, in stiller Erwägung der Umstände, die Mähnen zurecht legte, fragte er mit gesenkter Stimme: um welchen Versehens halber der Knecht denn aus der Burg entfernt worden sei? Der Schloßvogt erwiderte: weil der Schlingel trotzig im Hofe gewesen ist! Weil er sich gegen einen notwendigen Stallwechsel gesträubt, und verlangt hat, daß die Pferde zweier Jungherren, die auf die Tronkenburg kamen, um seiner Mähren willen, auf der freien Straße übernachten sollten! – Kohlhaas hätte den Wert der Pferde darum gegeben, wenn er den Knecht zur Hand gehabt, und dessen Aussage mit der Aussage dieses dickmäuligen Burgvogts hätte vergleichen können.[209]

Es lohnt sich, auf einige – metaphorische – Begriffe zu achten, die in diesen Zeilen Verwendung finden. Denn sie zitieren Formulierungen, die üblicherweise im Zusammenhang mit der Justiz vorkommen. Auffällig in dieser Hinsicht ist zunächst die Rede von der „Schranke seiner eigenen Brust", die Kohlhaas davon abhält, sogleich Partei zu ergreifen, spricht man doch ansonsten eher von der „Schranke des Gerichts". Mit diesem versteckten Hinweis auf die Justiz übersetzt Kleist gleichsam die betreffende Institution in jene Haltung des Protagonisten, die mit dem Begriff „Rechtgefühl" benannt ist. Das Rechtsbewußtsein und die Institution, die für die Anwendung des Gesetzes verantwortlich ist, werden einander auffällig ähnlich. Kohlhaas' Brust gerät solchermaßen zu einem inneren Gerichtshof.

In diesem Sinn fallen weitere Formulierungen ins Auge, die auf die Justiz deuten. Dies gilt etwa für die „Goldwaage", derer sich Kleist gleichfalls zur Kennzeichnung der Eigenart von Kohlhaas' „Rechtgefühl" bedient. Die Waage gehört zu den unverzichtbaren Attributen einer jeden Allegorie der Justitia, wie sie über

---

[208] „Was es gibt? antwortete Kohlhaas. Wer hat dem Junker von Tronka und dessen Leuten die Erlaubnis gegeben, sich meiner bei ihm zurückgelassenen Rappen zur Feldarbeit zu bedienen? Er setzte hinzu, ob das wohl menschlich wäre? versuchte, die erschöpften Gaule durch einen Gertenstreich zu erregen, und zeigte ihm, daß sie sich nicht rührten. Der Schloßvogt, nachdem er ihn eine Weile trotzig angesehen hatte, versetzte: seht den Grobian! Ob der Flegel nicht Gott danken sollte, daß die Mähren überhaupt noch leben? Er fragte, wer sie, da der Knecht weggelaufen, hätte pflegen sollen? Ob es nicht billig gewesen wäre, daß die Pferde das Futter, das man ihnen gereicht habe, auf den Feldern abverdient hätten? Er schloß, daß er hier keine Flausen machen mögte, oder daß er die Hunde rufen, und sich durch sie Ruhe im Hofe zu verschaffen wissen würde. – Dem Roßhändler schlug das Herz gegen den Wams. Es drängte ihn, den nichtswürdigen Dickwanst in den Kot zu werfen, und den Fuß auf sein kupfernes Antlitz zu setzen" (Kleist 2018, S. 23-25).
[209] Kleist 2018, S. 25.

dem Eingang so mancher Gerichtsgebäude thront. Und schließlich möchte Kohlhaas auch vorgehen, wie man es in einer Verhandlung bei Gericht tut, um Klarheit über einen Sachverhalt zu gewinnen. Darum wünscht er sich, er hätte den „Knecht zur Hand gehabt", damit er „dessen Aussage mit der Aussage dieses dickmäuligen Burgvogts hätte vergleichen können".

Was die hier benutzte Terminologie anzeigt, bestätigt sich im weiteren Vorgehen des Michael Kohlhaas, mit dem er Rechenschaft über das Verhalten seines Dieners gewinnen möchte. Denn nun verfährt er in der Tat so, wie es einem korrekten Gerichtsverfahren wohl anstände:

> Spornstreichs auf dem Wege nach Dresden war er schon, als er, bei dem Gedanken an den Knecht, und an die Klage, die man auf der Burg gegen ihn führte, schrittweis zu reiten anfing, sein Pferd, ehe er noch tausend Schritt gemacht hatte, wieder wandte, und zur vorgängigen Vernehmung des Knechts, wie es ihm klug und gerecht schien, nach Kohlhaasenbrück einbog. Denn ein richtiges, mit der gebrechlichen Einrichtung der Welt schon bekanntes Gefühl machte ihn, trotz der erlittenen Beleidigungen, geneigt, falls nur wirklich dem Knecht, wie der Schloßvogt behauptete, eine Art von Schuld beizumessen sei, den Verlust der Pferde, als eine gerechte Folge davon, zu verschmerzen.[210]

Den ersten, aus Empörung geborenen spontanen Entschluß, sogleich nach Dresden aufzubrechen, um sich Recht zu verschaffen, revidiert sodann die Einsicht, es sei klüger, zunächst selbst zur „Vernehmung" des Knechts zu schreiten – sich also einmal mehr wie ein Richter in einer Verhandlung zu verhalten, bevor er womöglich zu Unrecht etwas ihm von Rechts wegen nicht Zustehendes geltend mache. Das „Rechtgefühl" – das, sprachlich betrachtet, hier übrigens in ein „richtiges [...] Gefühl" mutiert – übernimmt mithin die klassische Aufgabe der Vernunft, der es seit alters her zukam, die Affekte zu kontrollieren, um tugendhaftes Handeln sicherzustellen. Und ganz in diesem Sinn wird denn auch hier eine Unternehmung korrigiert, die „spornstreichs" begonnen war.

Einmal mehr tritt in all dem hervor, wie das Recht bis in das Bewußtsein hinein an die Stelle von Funktionen tritt, die traditionell der Moral zugehörten. Es zeigt sich, wie das Moralgesetz durch das Gesetz, das sich bei Gericht einklagen läßt, substituiert wird, wobei noch die dort üblichen Verfahrensweisen in den Praktiken des eigenen Handelns aufgenommen sind.[211] Und so erklärt sich Kohlhaas denn

---

[210] Kleist 2018, S. 27.
[211] Auch bei seinem konkreten Vorgehen zur Verifizierung des Verhaltens seines Knechts auf der Burg derer von Tronka verfährt Kohlhaas wie ein Richter. Entgegen den Beschuldigungen des Schloßvogts macht der Diener selbst geltend, daß er keineswegs aufsässig, sondern vielmehr zu Unrecht mißhandelt worden sei. Um seine Behauptungen zu überprüfen, befragt Kohlhaas seine Frau: „– Liegt er denn noch im Bette? fragte Kohlhaas, indem er sich von der Halsbinde befreite. – Er geht, erwiderte sie, seit einigen Tagen schon wieder im Hofe umher. Kurz, du wirst sehen, fuhr sie fort, daß Alles seine Richtigkeit hat, und daß diese Begebenheit einer von den Freveln ist, die man sich seit

Kurzem auf der Tronkenburg gegen die Fremden erlaubt. – Das muß ich doch erst untersuchen, erwiderte Kohlhaas. Ruf' ihn mir, Lisbeth, wenn er auf ist, doch her! Mit diesen Worten setzte er sich in den Lehnstuhl; und die Hausfrau, die sich über seine Gelassenheit sehr freute, ging, und holte den Knecht" (Kleist 2018, S. 29). Der „Lehnstuhl", in den Kohlhaas sich setzt, nimmt sich wie ein Richterstuhl aus, und so setzt denn nun auch eine regelrechte Vernehmung des Knechts ein, die ihn keineswegs schont: „Nun, nun! sagte der Roßhändler; es war eben nicht böse gemeint" (ebd., S. 37). Die gerichtförmige Vorgehensweise ist, wie Kohlhaas' Beschwichtigung anzeigt, dazu angetan, den erwartbaren Umgang miteinander zu stören. Am Ende seiner „Untersuchung" des Falles aber ist Kohlhaas bereit, das zu tun, wozu er sich „spornstreichs" ja schon entschlossen hatte: „Hierauf erzählte er Lisbeth, seiner Frau, den ganzen Verlauf und inneren Zusammenhang der Geschichte, erklärte ihr, wie er entschlossen sei, die öffentliche Gerechtigkeit für sich aufzufordern, und hatte die Freude, zu sehen, daß sie ihn, in diesem Vorsatz, aus voller Seele bestärkte. Denn sie sagte, daß noch mancher andre Reisende, vielleicht minder duldsam, als er, über jene Burg ziehen würde; daß es ein Werk Gottes wäre, Unordnungen, gleich diesen, Einhalt zu tun; und daß sie die Kosten, die ihm die Führung des Prozesses verursachen würde, schon beitreiben wolle" (ebda., S. 37-39). Es verdient Beachtung, in welcher Weise Lisbeth sich genau zu dem Entschluß ihres Mannes verhält, eine Klage gegen von Tronka anzustrengen. Ihre Reaktion ist in zweierlei Hinsicht bemerkenswert, tritt darin doch ein latenter – vermutlich von ihr selbst gar nicht bemerkter – Unterschied gegenüber den Motiven zutage, die ihren Gatten in seinem Handeln bestimmen. Zum einen weist Lisbeth auf den *allgemeinen* Nutzen hin, den die von ihm in Aussicht genommene Klage haben werde, könne sie doch noch so manchen Reisenden vor vergleichbaren Unliebsamkeiten, wie sie ihrem Mann widerfahren seien, bewahren. Zum anderen verbindet sie diesen allgemeinen Nutzen mit einer *religiösen* Rechtfertigung eines gerichtlichen Vorgehens gegen den Junker, weil es doch „ein Werk Gottes wäre, Unordnungen, gleich diesen, Einhalt zu tun". Auch hier muß man den genauen Wortlaut präzise unter die Lupe nehmen, um den Sinn ihrer Äußerung angemessen zu verstehen. Nicht nur stellt sie einen Zusammenhang zwischen dem Nutzen eines aus ihrer Sicht erfolgreichen Ausgangs des Prozesses und dem Vorteil, den viele davon haben werden, her, bedenkt also keineswegs nur den eigenen Vorteil und die eigene Genugtuung, um die es ihrem Mann Michael offensichtlich von Anfang an zu tun ist. Vielmehr erklärt sie den zum Nutzen aller erwarteten Gewinn dieses Prozesses ausdrücklich zu einem „Werk Gottes". Die staatliche Autorität zur Durchsetzung des Rechts wird im Namen einer unmittelbaren Einwirkung dieses Gottes in die Welt zur Sicherung des *bonum commune* relativiert, und das Gesetz des Staates sieht sich zugunsten einer göttlich verfügten Ordnung marginalisiert. Eine solche gottgläubige Einschätzung der Dinge erscheint gewiß traditioneller als Michaels staatsgläubiges Rechtsvertrauen. Doch läßt sich auch für Lisbeths ‚lammfromme' Haltung unerschütterlichen Gottvertrauens eine Gegenrechnung aufmachen. Denn derselbe Gott wird auf diese Weise ebenso relativ umstandslos für die Durchsetzung eines staatlich garantierten Rechts in Anspruch genommen, als ließe sich der Wille des Allmächtigen mit dem bei Gericht erhofften (oder erwünschten) Ausgang des Prozesses kurzerhand gleichsetzen. Und um diesem Gott gleichsam auf die Sprünge zu helfen, zeigt sich Lisbeth denn auch unaufgefordert bereit – *ad maiorem Dei gloriam* möchte man sagen – die Kosten aufzutreiben, die für die Führung dieses Prozesses aufgebracht sein

auch innerlich bereit „den Verlust der Pferde, als eine „*gerechte* Folge"[212] hinzunehmen, wenn den Knecht auch nur irgendeine Schuld träfe.

Was die an die Justiz gemahnende Begrifflichkeit, die zur Erläuterung von Kohlhaas' „Rechtgefühl" in Anschlag gebracht wird, andeutet, findet mithin eine Bestätigung in seinem praktischen Verhalten. An die Stelle eines moralischen Bewußtseins tritt zu weiten Teilen ein „Rechtgefühl", wobei es zu den Konsequenzen dieses Tausches zählt, daß das Rechtsbewußtsein auch im eigenen Verhalten in beträchtlichem Maß auf die Modalitäten der staatlichen Institution bezogen ist, die das Gesetz zur Anwendung zu bringen und seine Geltung durchzusetzen hat. Versagt diese Institution bei der ihr abverlangten Aufgabe, ergeben sich deshalb Konsequenzen, die mit der Verinnerlichung des Rechts als Leitlinie des eigenen Handelns unmittelbar zusammenhängen. Der wider sein „Rechtgefühl", unter offensichtlicher Mißachtung des geltenden Rechts, Behandelte fühlt sich von dieser Verweigerung des ihm Zustehenden zutiefst, weil im Innersten seiner Person getroffen. Insoweit ein „Rechtgefühl" weithin die Moral als Leitinstanz des eigenen Handelns ersetzt, erschüttert das Versagen der Instanz, die über die Einhaltung des Rechts zu wachen hat, den von diesem Versagen Beschädigten in den Grundfesten seiner Existenz. Wenn Kohlhaas deshalb wider staatlich verfügtes Unrecht ein Widerstandsrecht für sich in Anspruch nimmt, dann folgt sein daraus erwachsendes Handeln nicht zuletzt aus jener Interferenz zwischen der Institution und seinem Bewußtsein, die wir in dem von ihm reklamierten „Rechtgefühl" als der Maxime seines Handelns bemerken konnten.

Eine der entscheidenden Fragen zur Bewertung von Michael Kohlhaas' Handeln betrifft die Rolle, die der Zufall des Eintretens von Ereignissen für den Handlungsverlauf spielt. Und in dieser Hinsicht gilt es festzustellen, daß der Faktor ‚Kontingenz' schon sehr früh fatale Wirkungen entfaltet. Aristoteles hat die Kontingenz als das Aufeinandertreffen zweier voneinander unabhängiger Kausalketten definiert,[213] in der Welt des *Michael Kohlhaas* ist es vor allem die Interferenz von miteinander unverbundenen Handlungsabsichten, die kontingente Konstellationen herstellt.

---

wollen. Die transzendent gestützte, zuversichtliche Hoffnung auf das Recht wird solchermaßen ziemlich unvermittelt auf die Bedingungen seiner Durchsetzung in der Immanenz dieser Welt heruntergebrochen. Ganz ohne den schnöden Mammon scheinen auch für die glaubensstarke Frau Gottes Mühlen nicht zu mahlen. Schon an dieser Stelle ist damit die Frage nach dem Verhältnis von Recht und Religion aufgeworfen, die für Kleists Erzählung auch weiterhin eine erhebliche Bedeutung spielt. Vor allem in Michael Kohlhaas' – für den Fortgang der Handlung sehr folgenreichen – Unterredung mit keinem geringeren als Doktor Martin Luther wird sie zum Gegenstand einer ausführlichen und zugleich durchaus nuancierten Erörterung werden. Die Frage nach der Beziehung zwischen ihnen wird uns also weiterhin zu beschäftigen haben.

[212] Hervorhebung A. K.
[213] Aristoteles, *Physik*, II, 5 (196b 27-29).

Um ihren Mann von seinem Entschluß, Hab und Gut zu verkaufen, weil er – wie gesehen – „in einem Lande, […] in welchem man mich in meinen Rechten nicht schützen will", nicht bleiben mag, abzubringen, überzeugt ihn seine Frau, zuvor noch einen weiteren Versuch zu unternehmen, um auf rechtmäßigem Weg Genugtuung für das erfahrene Unrecht zu erhalten. Dem Landesherrn, dessen Rechtschaffenheit beide Eheleute vertrauen, soll der Sachverhalt persönlich vorgetragen werden, um das gewünschte Ziel zu erreichen.

Lisbeth schlägt vor, daß vorzugsweise sie diese Demarche unternehmen sollte; denn es begab sich, „daß der Kastellan des kurfürstlichen Schlosses, in früheren Zeiten, da er zu Schwerin in Diensten gestanden, um sie geworben" und sie nach wie vor, wiewohl längst mit einer eigenen Familie ausgestattet, „immer noch nicht ganz vergessen"[214] habe. So verspricht sie sich, leichter als ihr Mann Zugang zum Landesherrn zu finden. Ein kontingenter Umstand scheint das Vorhaben also zu begünstigen. Indessen gehört es zu den unseligen Fatalitäten der Handlung des *Michael Kohlhaas*, daß Lisbeths Vorstoß ebenso kontingent – aber diesmal mit tragischen Folgen – scheitert:

> Diese Reise war aber von allen erfolglosen Schritten, die er in seiner Sache getan hatte, der allerunglücklichste. Denn schon nach wenigen Tagen zog Sternbald in den Hof wieder ein, Schritt vor Schritt den Wagen führend, in welchem die Frau, mit einer gefährlichen Quetschung an der Brust, ausgestreckt darnieder lag. Kohlhaas, der bleich an das Fuhrwerk trat, konnte nichts Zusammenhängendes über das, was dieses Unglück verursacht hatte, erfahren. Der Kastellan war, wie der Knecht sagte, nicht zu Hause gewesen; man war also genötigt worden, in einem Wirtshause, das in der Nähe des Schlosses lag, abzusteigen; dies Wirtshaus hatte Lisbeth am andern Morgen verlassen, und dem Knecht befohlen, bei den Pferden zurückzubleiben; und eher nicht, als am Abend, sei sie, in diesem Zustand, zurückgekommen. Es schien, sie hatte sich zu dreist an die Person des Landesherrn vorgedrängt, und, ohne Verschulden desselben, von dem bloßen rohen Eifer einer Wache, die ihn umringte, einen Stoß, mit dem Schaft einer Lanze, vor die Brust erhalten. Wenigstens berichteten die Leute so, die sie, in bewußtlosem Zustand, gegen Abend in den Gasthof brachten; denn sie selbst konnte, von aus dem Mund vorquellendem Blute gehindert, wenig sprechen. Die Bittschrift war ihr nachher durch einen Ritter abgenommen worden.[215]

Wenn ich die Folgen von Lisbeths Reise in bittstellerischer Absicht als tragisch bezeichnet habe, dann deshalb, weil diesmal Aristoteles' Definition des Verlaufs einer Tragödienhandlung ziemlich genau zutrifft. Fatalerweise aber entwickelt sie sich anhand einer Bagatelle, wie man sie eher in einer Komödie vermuten möchte. Man wird noch nicht einmal als ein „Kavaliersdelikt" bezeichnen können, wessen sich Lisbeth ‚schuldig' gemacht hat – oder gemacht haben soll. Angeblich habe sie sich „zu dreist" an den Landesherrn herangedrängt und deshalb „ohne Ver-

---
[214] Kleist 2018, S. 57.
[215] Kleist 2018, S. 57-59.

schulden desselben, von dem bloßen rohen Eifer einer Wache, die ihn umringte, einen Stoß, mit dem Schaft einer Lanze, vor die Brust erhalten". Die Konsequenzen dieses Vorfalls aber sind, so nebensächlich, um nicht zu sagen banal, er zunächst erscheinen mag, verheerend.[216] Schwerverletzt ankommend, stirbt Lisbeth – allen vergeblichen Rettungsversuchen zum Trotz – nur wenige Tage nach ihrer Heimkehr in Anwesenheit ihres Mannes.[217]

Ein kontingenter Faktor scheint die Angelegenheit zu begünstigen, ein kontingenter Vorfall ihr Scheitern zu besiegeln. Genau genommen sind es also zwei kontingente Umstände, die den Gang der Ereignisse bestimmen: die Bekanntschaft

---

[216] Betrachten wir diese Episode der Handlung unter den in diesem Kapitel verfolgten gattungssystematischen Gesichtspunkten, so kommt die kanonische Tragödienstruktur also nur in einer Nebenhandlung vor, aber selbst hier ist sie gebrochen, weil ein komödientaugliches Sujet zur Tragödie mutiert. Doch macht dieser Umstand eine tragödientaugliche Handlung nicht um so *tragischer*?

[217] Die Umstände ihres Sterbens sind im Übrigen noch einmal recht aufschlußreich im Hinblick auf das Verhältnis von Religion und Recht, das schon bei Lisbeths Einwilligung in die erste Klage Michaels eine erhebliche Rolle spielte. Im Angesicht des Todes mahnt sie ihren Mann nun zu einer christlichen Haltung im Umgang mit dem ihm widerfahrenen Unrecht: „Nur kurz vor ihrem Tode kehrte ihr noch einmal die Besinnung wieder. Denn da ein Geistlicher lutherischer Religion (zu welchem eben damals aufkeimenden Glauben sie sich, nach dem Beispiel ihres Mannes, bekannt hatte) neben ihrem Bette stand, und ihr mit lauter und empfindlich-feierlicher Stimme, ein Kapitel aus der Bibel vorlas: so sah sie ihn plötzlich, mit einem finstern Ausdruck, an, nahm ihm, als ob ihr daraus nichts vorzulesen wäre, die Bibel aus der Hand, blätterte und blätterte, und schien etwas darin zu suchen; und zeigte dem Kohlhaas, der an ihrem Bette saß, mit dem Zeigefinger, den Vers: ‚Vergib deinen Feinden; tue wohl auch denen, die dich hassen.' – Sie drückte ihm dabei mit einem überaus seelenvollen Blick die Hand, und starb. – Kohlhaas dachte: ‚so möge mir Gott nie vergeben, wie ich dem Junker vergebe!' küßte sie, indem ihm häufig die Tränen flossen, drückte ihr die Augen zu, und verließ das Gemach" (Kleist 2018, S. 59). Dem radikalen christlichen Gebot der Feindesliebe, das die Sterbende von ihrem Mann erbittet, stellt Michael eine – wenn auch nicht ausgesprochene – Weigerung der Akzeptanz desselben gegenüber. Nicht einmal die dramatischen Umstände des Todes seiner offensichtlich innig geliebten Frau vermögen ihn dazu zu bewegen, ihrem Wunsch zu genügen. Aufschlußreich ist nicht zuletzt die ziemlich gewundene Formulierung, in der Michael – ausgerechnet beim letzten Kuß, den er seiner dahinscheidenden Frau geben kann – in seinen Gedanken die Zurückweisung ihrer Bitte zum Ausdruck bringt: „so möge mir Gott nie vergeben, wie ich dem Junker vergebe!". Das besagt im Klartext nichts anderes, als daß er dem Junker *nicht* vergeben werde und gleichwohl auf Gottes Gnade setzt. Die Existenz dieses Gottes scheint er nicht irgend in Zweifel ziehen zu wollen, wohl aber die Pertinenz von dessen Geboten als Regulativ für sein Handeln in *dieser* Welt. Kohlhaas' „Rechtgefühl" trennt – anders als ein moralisches Bewußtsein – streng zwischen der Immanenz der Welt und einer transzendent verfügten Ethik. (Aber welchen Belang hat dieser Gott dann noch für die Händel des Diesseits? Geriete womöglich das „Rechtgefühl" selbst unter die Posten, die Gottes Vergebung anheimzugeben wären?)

Lisbeths mit dem Kastellan (dessen Abwesenheit ihrerseits kontingent ausfällt) wie der unbeabsichtigte Schlag der Wache.

Allerdings ist zu vermerken, daß die bemerkte Symmetrie zwischen einer (potentiell) nützlichen und einer (definitiv) ruinösen Kontingenz in Kleists Schilderung der Abfolge der Ereignisse nicht ganz aufgeht. Und dies liegt daran, daß der Schlag, den die Wache Lisbeth mit einer Lanze versetzt, womöglich durchaus absichtsvoll platziert wurde. Denn alles, was wir wissen, ist, daß die Leute, die sie „in den Gasthof brachten", es so berichteten. Als die Nachricht bei Michael Kohlhaas ankommt, gab es mithin noch (zumindest) einen weiteren Überbringer dieser Nachricht. In dieser Sukzession von Auskünften, deren Wahrheitsgehalt nicht überprüfbar ist, verliert sich mithin eine klare Distinktion von Zufall und Absicht und macht die Bewertung der Ereignisse um so schwieriger.

Die solchermaßen entstehende Unzuverlässigkeit der Informationen in Betreff einer klaren Unterscheidung zwischen einem kontingenten Vorfall und einem absichtsvollen Handeln wird zudem durch die etwas widersprüchlich wirkende Formulierung des Satzes erhöht, der von Lisbeths Unglück berichtet. Sie habe „ohne Verschulden desselben, von dem bloßen rohen Eifer einer Wache, die ihn umringte, einen Stoß, mit dem Schaft einer Lanze, vor die Brust erhalten". Die Merkwürdigkeit dieses Satzes besteht darin, daß der „rohe Eifer" sich nicht unbedingt mit dem Ausbleiben von jeglichem Verschulden verträgt.

Der Bericht über Lisbeths tragisch mißlingende Mission ist ein Kabinettstück über die Abgründigkeit der Bewertung menschlichen Verhaltens. Wo liegt die Grenze zwischen Verschulden und Zufall? Wie zuverlässig ist die Auskunft, die man darüber erhalten kann? Wieder und wieder gelangt man über Deutungen auf unsicherer Datenbasis unterschiedlichen Ursprungs nicht hinaus. Und was sich *en miniature* für den Bericht von Lisbeths Ende beobachten läßt, gilt *a fortiori* für die Geschichte des Protagonisten.

Die „landesherrliche Resolution auf die Bittschrift", die Lisbeth abgenommen worden war, enthält die Nachricht über die völlige Erfolglosigkeit ihrer Unternehmung. Und sie erreicht ihren Ehemann zu allem Unglück mitten im Begräbnis seiner Frau, „des Inhalts: er soll die Pferde von der Tronkenburg abholen, und bei Strafe, in das Gefängnis geworfen zu werden, nicht weiter in dieser Sache einkommen."[218] Es ist dies der Moment, in dem das Handeln des Michael Kohlhaas die alles Künftige präjudizierende Wende nimmt:

> Kohlhaas steckte den Brief ein, und ließ den Sarg auf den Wagen bringen. Sobald der Hügel geworfen, das Kreuz darauf gepflanzt, und die Gäste, die die Leiche bestattet hatten, entlassen waren, warf er sich noch einmal vor ihrem, nun verödeten Bette nieder, und übernahm sodann das Geschäft der Rache. Er setzte sich nieder und verfaßte einen Rechtsschluß, in welchem er den Junker Wenzel von Tronka, kraft der ihm angeborenen Macht, verdammte, die Rappen, die er ihm abgenom-

---

[218] Kleist 2018, S. 61.

men, und auf den Feldern zu Grunde gerichtet, binnen drei Tagen nach Sicht, nach Kohlhaasenbrück zu führen, und in Person in seinen Ställen dick zu füttern.[219]

Der Zusammenhang von Kohlhaas' Entschluß mit dem Tod seiner Frau ist unverkennbar, und so verbinden sich offensichtlich – aber auch dies bleibt letztlich Gegenstand bloßer Mutmaßung, so wahrscheinlich es sich ausnehmen mag – seine tragischen persönlichen Erlebnisse, die ja bereits ihrerseits eine Folge des ihm widerfahrenen Unrechts darstellen, mit diesem selbst zu einer Motivationsstruktur, die ihn bereit zeigt, den Rahmen des Rechts zu überschreiten. Und so übernahm er „das Geschäft der Rache."

Der Widerstand gegen das Unrecht und dessen staatliche Sanktionierung gerät zum Rachefeldzug, weil sich in der Komplexität der kontingenten Händel dieser Welt wie aufgrund der Persönlichkeitsstruktur des (resp. eines) Geschädigten, die erfahrene Rechtsverweigerung nicht auf diese Rechtsverletzung selbst beschränken läßt. Sie bringt die *ganze* Person ins Spiel. Hier ist die Ursache für den – vordergründig zutiefst paradoxen – Tatbestand zu suchen, daß die Bemühung um die Wiederherstellung des Rechts einen Rechtsbruch in einem Ausmaß hervorrufen wird, das in keinem Verhältnis zu dem erfahrenen Unrecht steht. Denn, wie es schon im ersten Absatz von Kleists Erzählung kompromißlos formuliert ist, wurde Michael Kohlhaas, ursprünglich ein Ausbund an Tugend, zum „Räuber und Mörder". In dieser Diskrepanz von erfahrenem und begangenem Unrecht aber haben wir ein wesentliches Element der Transformation der von Aristoteles beschriebenen Struktur einer tragischen Handlung, als welche wir hier Kleists *Michael Kohlhaas* beschreiben, erkennen können.

Um diesen Sachverhalt, der mir für das Verständnis von Kleists Novelle wesentlich zu sein scheint, noch einmal festzuhalten: Aristoteles' idealtypischen tragischen Helden bildet ein (äußerst) tugendhafter Mensch, der einen Fehler begeht, dessen Folgen durch das Maß seiner Verfehlung weder zu erklären noch zu rechtfertigen sind. Der Protagonist von Kleists Erzählung ist hingegen das Opfer der Verfehlung eines anderen, und er betreibt sein eigenes Unglück, indem er Verbrechen begeht, die sich nicht durch die von ihm erfahrene Beschädigung entschuldigen lassen. Die Ursache dieser Umbesetzung aber haben wir in der Substitution des Moralgesetzes durch das im staatlichen Gesetz garantierte Recht erkannt. Während die Geltung der Moral unabhängig von dem Respekt ihr gegenüber gegeben ist und von einem Verstoß gegen sie nicht in Frage gestellt wird, verhält sich dies anders im Falle des Rechts, dessen Geltung sich nicht von der staatlichen Ordnung, durch die es garantiert wird, ablösen läßt. Verstößt deshalb die staatliche Institution gegen das Recht, so ist dieses selbst *wie* die staatliche Ordnung gefährdet. Und eben diesen Zusammenhang exponiert Kleists – tragische – Geschichte des Michael Kohlhaas, in der die Koordinaten der klassischen Tragödie eine – tragische – Umkehrung erfahren.

---

[219] Kleist 2018, S. 61.

Läßt sich die Ersetzung der Moral durch das Recht, die Substitution eines Moralbewußtseins durch ein „Rechtgefühl", als ein historischer Prozeß beschreiben, so ist doch zum anderen nicht zu bestreiten, daß auch in der Welt Heinrich von Kleists – und keineswegs nur in der historischen Umgebung der im 16. Jahrhundert spielenden Geschichte – eine religiös begründete Moral nach wie vor einen beachtlichen Stellenwert besitzt. Und damit stellt sich das Problem ihrer Beziehung zueinander. Handelt es sich um eine – bloße – Koexistenz? Oder konkurrieren sie miteinander? Existiert womöglich gar eine agonale Relation zwischen ihnen? Wie also verhalten sich die Normierung des Handelns durch das Recht und der Geltungsanspruch einer auf ein transzendentes Fundament zurückgeführten Ethik zueinander?

Im Grunde ist genau dieser Frage die Episode der Begegnung des Michael Kohlhaas mit Martin Luther gewidmet.[220] Darin besteht der systematische Gehalt dieser narrativen Sequenz. Und nicht nur das Aufeinandertreffen der beiden Personen selbst ist von bemerkenswertem thematischem Interesse, gleiches gilt für dessen Folgen. Denn bezeichnenderweise scheitert die zwischen ihnen ausgehandelte Lösung der völlig aus den Fugen geratenen Situation, obwohl bei allen Beteiligten großes Einvernehmen über die Tauglichkeit des betreffenden Vorschlags und beträchtliche Bereitschaft, ihn zu realisieren gegeben ist. Die Ursachen dieses Scheiterns aber sind ihrerseits höchst aufschlußreich.

Doch werfen wir zunächst einen Blick auf die Begegnung zwischen Michael Kohlhaas und dem Reformator als solche. Das Profil Martin Luthers in Kleists Erzählung wird nicht zuletzt durch eine strukturelle Gemeinsamkeit mit den Amtsträgern des brandenburgischen wie des sächsischen Staates geprägt. Auch in seiner Person werden wir eine Symbiose zwischen einer abstrakten Norm (in seinem Fall der christlichen Moral) und den Modalitäten ihrer Anwendung beobachten können. Zu seiner Aufgabe zu prädestinieren aber scheint ihn aus Sicht derer, die seine Unterstützung suchen, vor allem eine Autorität, die er zwar als prominenter Geistlicher besitzt, deren spirituelle Grundlage dafür indessen keine Rolle zu spielen scheint.[221] Luther selbst hingegen läßt eine weiträumig verbreitete Verurteilung

---

[220] Dietmar Willoweit hat im Zuge seiner überzeugenden Rekonstruktion von Kleists universitärer, vorzüglich juristischer Ausbildung in Frankfurt an der Oder hervorgehoben, daß für Kleist das „Thema ‚Religion', jedenfalls in ihrer tradierten Form," keine bedeutende Rolle gespielt habe (Willoweit 1997, S. 61). Dies besagt aber keineswegs, daß er sich in systematischer Hinsicht nicht für das Verhältnis von Staat und Religion interessiert habe.

[221] In der Charakteristik der Aufgabe Luthers, zur Zügelung des Rebellen beizutragen, kommt bezeichnenderweise seine Rolle als Geistlicher gar nicht vor: „Unter diesen Umständen übernahm der Doktor Martin Luther das Geschäft, den Kohlhaas, durch die Kraft beschwichtigender Worte, von dem Ansehn, das ihm seine Stellung in der Welt gab, unterstützt, in den Damm der menschlichen Ordnung zurückzudrücken, und auf ein tüchtiges Element in der Brust des Mordbrenners bauend, erließ er ein Plakat

des verbrecherischen Treibens von Michael Kohlhaas plakatieren, die schließlich auch diesem zur Kenntnis gelangt:

> „Kohlhaas, der du dich gesandt zu sein vorgibst, das Schwert der Gerechtigkeit zu handhaben, was unterfängst du dich, Vermessener, im Wahnsinn stockblinder Leidenschaft, du, den Ungerechtigkeit selbst, vom Wirbel bis zur Sohle erfüllt? Weil der Landesherr dir, dem du untertan bist, dein Recht verweigert hat, dein Recht in dem Streit um ein nichtiges Gut, erhebst du dich, Heilloser, mit Feuer und Schwert, und brichst, wie der Wolf der Wüste, in die friedliche Gemeinheit, die er beschirmt. Du, der die Menschen mit dieser Angabe, voll Unwahrhaftigkeit und Arglist, verführt: meinst du, Sünder, vor Gott dereinst, an dem Tage, der in die Falten aller Herzen scheinen wird, damit auszukommen? Wie kannst du sagen, daß dir dein Recht verweigert worden ist, du, dessen grimmige Brust, vom Kitzel schnöder Selbstrache gereizt, nach den ersten, leichtfertigen Versuchen, die dir gescheitert, die Bemühung gänzlich aufgegeben hat, es dir zu verschaffen? Ist eine Bank voll Gerichtsdienern und Schergen, die einen Brief, der gebracht wird, unterschlagen, oder ein Erkenntnis, das sie abliefern sollen, zurückhalten, deine Obrigkeit? Und muß ich dir sagen, Gottvergessener, daß deine Obrigkeit von deiner Sache nichts weiß – was sag ich? daß der Landesherr, gegen den du dich auflehnst, auch deinen Namen nicht kennt, dergestalt, daß wenn dereinst du vor Gottes Thron trittst, in der Meinung, ihn anzuklagen, er, heiteren Antlitzes, wird sprechen können: diesem Mann, Herr, tat ich kein Unrecht, denn sein Dasein ist meiner Seele fremd? Das Schwert, wisse, das du führst, ist das Schwert des Raubes und der Mordlust, ein Rebell bist du und kein Krieger des gerechten Gottes, und dein Ziel auf Erden ist Rad und Galgen, und jenseits die Verdammnis, die über die Missetat und die Gottlosigkeit verhängt ist.
> Wittenberg, usw.
> *Martin Luther*."[222]

---

folgenden Inhalts an ihn, das in allen Städten und Flecken des Kurfürstentums angeschlagen ward" (Kleist 2018, S. 74f.,). Wenn es heißt, daß Luther das „Geschäft", Kohlhaas zur Räson zu bringen, „übernahm", dann deutet dieser Begriff darauf hin, daß damit die staatliche Sicht auf die an ihn herangetragene Bitte (resp. den ihm erteilten Auftrag) wiedergeben ist. Obwohl sie sich an einen Mann Gottes richtet, ist von ihm gleichwohl einzig in Kategorien der bürgerlichen Gesellschaft die Rede. Sein „Ansehn, das ihm seine Stellung in der Welt gab", prädestiniert ihn zu der ihm zugedachten Aufgabe, und nicht etwa die spirituelle Autorität des prominenten Geistlichen wird zu diesem Zweck namhaft gemacht. Sie geht in ihren weltlichen Wirkungen auf. Gleichermaßen setzen die staatlichen Autoritäten bei ihrer Hoffnung, Luther vermöchte Kohlhaas von seinem zerstörerischen Tun abzubringen, keinesfalls auf fromme, sondern auf „beschwichtigende Worte". Die geistliche Autorität des Reformators wird insofern genutzt, aber zugleich in die Belange und Begriffe des Staates übersetzt. Der Staat bedient sich gleichsam der Aura des Gottesmannes, ohne ihm doch religiöse Autorität zuzubilligen – eine durchaus bemerkenswerte Sicht auf das Verhältnis von Staat und Religion.

[222] Kleist 2018, S. 75.

Luther selbst situiert die Vorkommnisse um Michael Kohlhaas durchaus in einer theologischen Sicht der Dinge, wobei ihn die staatlichen Autoritäten offensichtlich reichlich mit Information über die betreffenden Vorgänge munitioniert haben. Bis in Einzelheiten hinein scheint er über das Agieren des Rebellen orientiert zu sein. In dem von ihm geltend gemachten religiösen Sinn bestreitet er Kohlhaas die Legitimität seines Kampfes für Gerechtigkeit, weil der Rebell selbst zum Inbegriff der Ungerechtigkeit geworden sei und bezeichnet ihn als „Sünder". Sogar ein „Gottvergessener" wird er genannt. Auch benennt Luther sehr deutlich die alles andere als rechtschaffene Ursache, die Kohlhaas zu seinem Handeln treibt: „vom Kitzel schnöder Selbstrache gereizt."

Indessen steht diese Formulierung in einem Zusammenhang, der eine rein theologische Sicht der Dinge längst verlassen hat. Denn der Reformator bezieht sich auch sehr genau auf die Vorgaben des Staates, die er – der Terminologie seines historischen Vorbilds entsprechend – als „Obrigkeit" bezeichnet; und dabei geht er so weit, sogar zu bestreiten, daß Kohlhaas sein Recht verweigert worden sei, schließlich habe er noch gar nicht alle legalen Mittel es sich zu verschaffen, ausgeschöpft: „Wie kannst du sagen, daß dir dein Recht verweigert worden ist, du, dessen grimmige Brust, vom Kitzel schnöder Selbstrache gereizt, nach den ersten, leichtfertigen Versuchen, die dir gescheitert, die Bemühung gänzlich aufgegeben hat, es dir zu verschaffen?" Auch Luther bindet insofern die Frage des Rechts an die institutionellen Möglichkeiten des Staates, die er bemerkenswert weiträumig auslegt.

Zu diesem Zweck nimmt er zudem eine ebenso bemerkenswerte Differenzierung vor, die den Begriff der Obrigkeit gleichsam von einer institutionellen Bedeutung des Begriffs abzulösen versucht: „Ist eine Bank voll Gerichtsdienern und Schergen, die einen Brief, der gebracht wird, unterschlagen, oder ein Erkenntnis, das sie abliefern sollen, zurückhalten, deine Obrigkeit?" Frappierend an diesen Worten ist zumal, daß die Zurückweisung von Kohlhaas' Klage durch das Gericht, also genau durch die Einrichtung, die für die Garantie der Geltung der Gesetze der „Obrigkeit" zuständig ist, auch nicht mit einem einzigen Wort Erwähnung findet, sondern er sich einzig auf – heruntergespielte – Unregelmäßigkeiten bei seinen persönlichen Demarchen verwiesen sieht.

So bleibt nur die Person des Landesherrn übrig, um den Begriff der „Obrigkeit" zu (er)füllen: „Und muß ich dir sagen, Gottvergessener, daß deine Obrigkeit von deiner Sache nichts weiß – was sag ich? daß der Landesherr, gegen den du dich auflehnst, auch deinen Namen nicht kennt, dergestalt, daß wenn dereinst du vor Gottes Thron trittst, in der Meinung, ihn anzuklagen, er, heiteren Antlitzes, wird sprechen können: diesem Mann, Herr, tat ich kein Unrecht, denn sein Dasein ist meiner Seele fremd?" Die hier betriebene Personalisierung – und gleichzeitige Entinstitutionalisierung – der Obrigkeit scheint am Herrn der Schöpfung Modell zu nehmen. Doch ebenso gilt umgekehrt, daß Luthers Freispruch für die Obrigkeit dieser Welt bis zum jüngsten Tag hin reicht, der tatsächlich wie eine Gerichtsverhandlung organisiert zu werden scheint. Zwischen dem Urteil der Obrigkeit und demjenigen des Allmächtigen scheint auch für ihn nicht der Hauch einer Differenz zu existieren: „ein Rebell bist du und kein Krieger des gerechten Gottes, und dein Ziel auf Erden ist Rad und Galgen, und jenseits die Verdammnis, die über die Missetat und die Gottlosigkeit verhängt ist." Die Obrigkeit ist *ad imaginem Dei* gedacht. Doch dies bedeutet ebenso, daß dieser Gott sich für den solchermaßen transzendent begründeten Staat umstandslos mobilisieren läßt.

Interessant ist es deshalb zu beobachten, daß der Luther, der Kohlhaas im persönlichen Gespräch begegnet, andere Akzente als der Autor der öffentlichen Verlautbarung setzen wird.

Entgegen der Erwartung seiner Knechte, die aus Furcht vor der Wirkung des vom Reformator verfaßten Plakats auf ihren Herrn diese Bekanntmachung lange vor ihm zu verbergen versuchen, reagiert der Rebell weder empört noch zornig, als er von seiner öffentlichen Verurteilung Kenntnis bekommt,[223] er zeigt sich vielmehr höchst betroffen und beschließt, den verehrten geistlichen Herrn aufzusuchen. Als er unangemeldet bei Luther vorstellig wird, möchte dieser ihn, entsetzt über die unvermutete Anwesenheit dieses Frevlers[224], zunächst fortschicken, läßt sich schließlich jedoch nach der Beteuerung seiner Friedfertigkeit auf eine Unterredung ein.

Auch bei ihrer persönlichen Unterhaltung schont Luther Kohlhaas keineswegs, er macht ihm heftige Vorwürfe wegen seiner ebenso zahlreichen wie schändlichen Untaten und hält ihm als sein größtes Versäumnis vor, nicht den Landesherrn persönlich mit seiner Sache befaßt zu haben. Diesmal allerdings zeigt er sich deutlicher noch als Theologe und bewertet das Handeln Michael Kohlhaas', der nach wie vor auf einer Bestrafung des Junkers sowie der Restitution seiner in ihren ursprünglichen Zustand zurückversetzten Pferde besteht, aus einer zutiefst christlichen Ethik des Liebesgebotes heraus:

> Luther sagte: schau her, was du forderst, wenn anders die Umstände so sind, wie die öffentliche Stimme hören läßt, ist gerecht; und hättest du den Streit, bevor du eigenmächtig zur Selbstrache geschritten, zu des Landesherrn Entscheidung zu bringen gewußt, so wäre dir deine Forderung, zweifle ich nicht, Punkt vor Punkt bewilligt worden. Doch hättest du nicht, Alles wohl erwogen, besser getan, du hättest, um deines Erlösers willen, dem Junker vergeben, die Rappen, dürre und abgehärmt, wie sie waren, bei der Hand genommen, dich aufgesetzt, und zur Dickfütterung in deinen Stall nach Kohlhaasenbrück heimgeritten? – Kohlhaas antwortete: kann sein! indem er ans Fenster trat: kann sein, auch nicht! Hätte ich gewußt, daß ich sie mit Blut aus dem Herzen meiner lieben Frau würde auf die Beine bringen müssen: kann sein, ich hätte getan, wie ihr gesagt, hochwürdiger Herr, und einen Scheffel Hafer nicht gescheut! Doch, weil sie mir einmal so teuer zu stehen

---

[223] „Aber wer beschreibt, was in seiner Selle vorging, als er das Blatt, dessen Inhalt ihn der Ungerechtigkeit zieh, daran [sc. an einen Pfeiler] erblickte: unterzeichnet von dem teuersten und verehrungswürdigsten Namen, den er kannte, von dem Namen Martin Luthers!" (S. 76).

[224] „[...] dein Odem ist Pest und deine Nähe Verderben!" (ebd., S. 77).

gekommen sind, so habe es denn, meine ich, seinen Lauf: laßt das Erkenntnis, wie es mir zukömmt, sprechen, und den Junker mir die Rappen auffüttern.[225]

Luthers Vorgabe des richtigen Handelns unterscheidet sich nicht wesentlich von dem Weg, den zu beschreiten auch Lisbeth Kohlhaas ihrem Ehemann im Augenblick ihres Todes nahelegte. Und zunächst hat es den Anschein, als könne auch der Reformator eine – jedenfalls grundsätzliche – Akzeptanz dieser Ethik nicht erreichen. Denn Kohlhaas nennt besondere Umstände für seine Bereitschaft, diesem Urprinzip einer christlichen Ethik Folge zu leisten, obwohl diese Ethik in der Radikalität ihres Anspruchs doch gar keine Ausnahmen zulassen kann: Hätte er gewußt, welch schmerzlichen Verlust ihn seine Insistenz auf seinem Recht kosten würde, er hätte seinem Widersacher wohl verziehen. Solche Erklärungen aber bedeuten natürlich keineswegs die Annahme von Christi Liebesgebot, denn sie machen die Akzeptanz ihrer Geltung wiederum nur vom eigenen Vorteil abhängig und führen das absolute Verlangen der Feindesliebe selbst damit im Grunde *ad absurdum*. Doch selbst unter diesen Umständen scheint Luther bereit, sich für Kohlhaas' gerechtes Anliegen einzusetzen. Er sagt ihm zu, sich beim Kurfürsten für seine Sache zu verwenden, ohne allerdings irgendwelche Erfolgsversprechungen geben zu können.

Mit einem Mal nimmt das Gespräch jedoch eine unerwartete Wende, die Michael Kohlhaas als einen auffällig, wenn auch nicht kompromißlos frommen Mann zeigt. Weil er zu Pfingsten den Kirchgang wegen seiner kriegerischen Aktivitäten versäumt habe, bittet er Luther, ihm die Beichte abzunehmen:

> Luther, nach einer kurzen Besinnung, indem er ihn scharf ansah, sagte: ja, Kohlhaas, das will ich tun! Der Herr aber, dessen Leib du begehrst, vergab seinem Feind. – Willst du, setzte er, da jener ihn betreten ansah, hinzu, dem Junker, der dich beleidigt hat, gleichfalls vergeben: nach der Tronkenburg gehen, dich auf deine Rappen setzen, und sie zur Dickfütterung nach Kohlhaasenbrück heimreiten? – „Hochwürdiger Herr", sagte Kohlhaas errötend, indem er seine Hand ergriff, – nun? – „der Herr auch vergab allen seinen Feinden nicht. Laßt mich den Kurfürsten, meinen beiden Herren, dem Schloßvogt und Verwalter, den Herren Hinz und Kunz, und wer mich sonst in dieser Sache gekränkt haben mag, vergeben: den Junker aber, wenn es sein kann, nötigen, daß er mir die Rappen wieder dick füttere." – Bei diesen Worten kehrte ihm Luther, mit einem mißvergnüglichen Blick, den Rücken zu, und zog die Klingel.[226]

Die Versöhnung von Recht und christlicher Moral scheitert nun definitiv. Kohlhaas' Versuch, das Pochen auf sein Recht mit der neutestamentlichen Ethik radikaler Vergebung zu versöhnen, indem er Gott selbst zum Kronzeugen seiner Haltung herbeizurufen versucht, ist kein Erfolg beschieden. Der Theologe läßt nicht mit sich handeln. Der transzendente Gott bleibt inkommensurabel.

---

[225] Kleist 2018, S. 79f.
[226] Kleist 2018, S. 81.

Das Scheitern ihrer Versöhnung aber bedeutet auch ihre je separate Geltung. Als Kohlhaas Luther verläßt, will er es noch einmal wissen:

> Kohlhaas sprach, indem er seinen Hut bewegt zwischen beide Hände nahm: und so kann ich, hochwürdigster Herr, der Wohltat versöhnt zu werden, die ich mir von Euch erbat, nicht teilhaftig werden? Luther antwortete kurz: deinem Heiland, nein; dem Landesherrn, – das bleibt einem Versuch, wie ich dir versprach, vorbehalten! Und damit winkte er dem Famulus, das Geschäft, das er ihm aufgetragen, ohne weiteren Aufschub, abzumachen. Kohlhaas legte, mit dem Ausdruck schmerzlicher Empfindung, seine beiden Hände auf die Brust; folgte dem Mann, der ihm die Treppe hinunter leuchtete, und verschwand.[227]

So wichtig dem gläubigen Mann der Empfang des Leibs des Herrn gewesen wäre, sein Recht geht ihm vor. Ebenso aber gilt, daß der Mann Gottes bereit ist, für ihn im Sinne *dieses* Rechts tätig zu werden. Und gleichermaßen ist nicht zu bestreiten, daß die Autorität des prominenten Geistlichen durchaus in die Sphäre des staatlichen Rechts und die Praxis seiner Anwendung hineinzuwirken vermag. Aber dieser Effekt hat im säkularen Staat des *Michael Kohlhaas* seine Bindung an das Dogma, an die Botschaft der Bibel verloren. Er ist, wie gesehen, einem eher auratischen Moment geschuldet, als wirke die Zuständigkeit des Geistlichen für die Dinge jenseits dieser Welt wie eine Bekräftigung für die Geltung des Rechts in dieser Welt,[228] sofern er an der Praxis dieses Rechts teilnimmt.[229] Man wird

---

[227] Kleist 2018, S. 81.

[228] Die Funktion Luthers für die Geschichte des Michael Kohlhaas ähnelt insofern derjenigen, die wir für die Berufung der Akteure auf Gott und die Heiligen im *Zerbrochnen Krug* beobachten konnten (siehe oben S. 193f.). Sie dient dort zur Bekräftigung von Wahrheitsbehauptungen, deren Geltung stets labil bleibt in der Welt, in der die Bühnenhandlung spielt.

[229] Dabei legt Luther in seinem Schreiben an den Kurfürsten von Sachsen eine bemerkenswerte pragmatische Flexibilität bei der Empfehlung der mit Kohlhaas ausgehandelten Lösung des Konflikts an den Tag: „Am anderen Morgen erließ Luther ein Sendschreiben an den Kurfürsten von Sachsen, worin er, nach einem bitteren Seitenblick auf die seine Person umgebenden Herren Hinz und Kunz, Kämmerer und Mundschenk von Tronka, welche die Klage, wie allgemein bekannt war, untergeschlagen hatten, dem Herrn, mit der Freimütigkeit, die ihm eigen war, eröffnete, daß bei so ärgerlichen Umständen, nichts anderes zu tun übrig sei, als den Vorschlag des Roßhändlers anzunehmen, und ihm des Vorgefallenen wegen, zur Erneuerung seines Prozesses, Amnestie zu erteilen. Die öffentliche Meinung, bemerkte er, sei auf eine höchst gefährliche Weise, auf dieses Mannes Seite, dergestalt, daß selbst in dem dreimal von ihm eingeäscherten Wittenberg, eine Stimme zu seinem Vorteil spreche; und da er sein Anerbieten, falls er damit abgewiesen werden sollte, unfehlbar, unter gehässigen Bemerkungen, zur Wissenschaft des Volks bringen würde, so könne dasselbe leicht in dem Grade verführt werden, daß mit der Staatsgewalt gar nichts mehr gegen ihn auszurichten sei" (Kleist [2018], S. 82). Luther geht sogar so weit, Kohlhaas zuzugestehen, „daß derselbe in der Tat durch das Verfahren, das man gegen ihn beobachtet, auf gewisse Weise außer der

Luthers Einsatz für den Kompromißvorschlag im übrigen nicht zuletzt als eine Rechtfertigung des Widerstandsrechts begreifen können,[230] das Kant im Namen der Vernunft für den vernunftgegründeten Staat ausschließen wollte und dessen Rehabilitierung Andreas Voßkuhle in Kleists *Michael Kohlhaas* am Werk sieht.[231] Daß auch die staatlichen Autoritäten sich auf diesen Vorschlag einlassen, bestätigt die Legitimität eines solchen Widerstands.[232] Doch Kleists Erzählung führt auch vor, wie die Legitimität eines Widerstandsrechts sich an der Legalität des Staates bricht – und sich wohl unvermeidlich an dieser Legalität brechen muß.

Warum aber scheitert die von Luther akzeptierte wie vorgeschlagene Lösung des Konflikts, obwohl auch der Kurfürst von Sachsen, trotz der unterschiedlichen Meinungen, die in der ausführlichen Erörterung dieses Vorhabens am Dresdner Hof aufeinanderprallen, ihr zustimmt? Er scheitert im Grunde an einem kontingenten Umstand, dessen scheinlose Belanglosigkeit indessen noch einmal den psychosozialen Kern bloßlegt, um den das Drama in Michael Kohlhaas kreist: Es geht um die Ehre.

Nachdem unter gewaltigen und zeitweilig völlig aussichtslos wirkenden Mühen die nach wie vor in einem erbärmlichen Zustand befindlichen und augen-

---

Staatsverbindung gesetzt sei" (ebd.). Doch wird die in Kleists Novelle erzählte Geschichte des Michael Kohlhaas auch demonstrieren, wie derlei Pragmatik in der Welt, die durch einen staatlichen Rechtsbruch in Unordnung geraten ist, zum Scheitern verurteilt ist. Das Recht läßt sich nicht mehr einholen.

[230] Dabei bleibt die Anerkennung von dessen Legitimität allerdings auch bei Luther ein Stück weit brüchig, denn schon er beruft sich zur Begründung seines Vorschlags ebenso auf das Argument der Zweckdienlichkeit: Weil eine weitere Verweigerung einer Konzession an den rebellischen Kohlhaas absehbar noch gravierendere Schäden für die öffentliche Ordnung nach sich ziehen würde (siehe die vorstehende Anmerkung), empfiehlt er ein gewisses Nachgeben. Gleichwohl kommt es ungeachtet dieser Einschränkung zu einer partiellen Anerkennung eines Widerstandsrechts.

[231] Siehe oben. S. 205.

[232] Auch wenn der Kurfürst, nach der Erörterung des Falls im Kreise seiner Ratgeber, vor allem nach Opportunitätsgründen entscheidet und die Bedrohung der öffentlichen Ordnung zum Anlaß seiner Entscheidung nimmt, geht gleichwohl aus seiner Verlautbarung implicite ebenfalls eine gewisse Anerkennung von Kohlhaas' Widerstandsrecht hervor: „Wir etc, etc. Kurfürst von Sachsen, erteilen, in besonders gnädiger Rücksicht auf die an Uns ergangene Fürsprache des Doktors Martin Luther, dem Michael Kohlhaas, Roßhändler aus dem Brandenburgischen, unter der Bedingung, binnen drei Tagen nach Sicht die Waffen, die er ergriffen, niederzulegen, Behufs einer erneuerten Untersuchung seiner Sache, freies Geleit nach Dresden; dergestalt zwar, daß, wenn derselbe, wie nicht zu erwarten, bei dem Tribunal zu Dresden mit seiner Klage, der Rappen wegen, abgewiesen werden sollte, gegen ihn, seines eigenmächtigen Unternehmens wegen, sich selbst Recht zu verschaffen, mit der ganzen Strenge des Gesetzes verfahren werden solle; im entgegengesetzten Fall aber, ihm mit seinem ganzen Haufen, Gnade für Recht bewilligt, und völlige Amnestie, seiner in Sachsen ausgeübten Gewalttätigkeiten wegen, zugestanden sein solle" (Kleist 2018, S. 86).

scheinlich dem Tode geweihten Pferde des Kohlhaas aufgetrieben sind, die inzwischen dem „Abdecker von Döbbeln" gehören, wird ihr derzeitiger Besitzer aufgefordert, sie nach Dresden zu bringen. Nachdem der Roßhändler sie als die vormals in seinem Besitz befindlichen Pferde erkannt hat, fordert der Kämmerer einen Knecht auf, sie vom Karren des Abdeckers loszulösen, damit sie nun im Sinne der getroffenen Vereinbarung von Junker von Tronka wieder „dickgefüttert" werden können. Nun jedoch ereignet sich etwas gänzlich Unerwartetes:

> doch kaum hatte er [sc. der Knecht] ihre Halftern erfaßt, um sie loszubinden, als ihn Meister Himboldt, sein Vetter, schon beim Arm ergriff, und mit den Worten: du rührst die Schindmähren nicht an! von dem Karren hinwegschleuderte. Er setzte, indem er sich mit ungewissen Schritten über die Mistpfütze wieder zu dem Kämmerer, der über diesen Vorfall sprachlos dastand, zurück wandte, hinzu: daß er sich einen Schinderknecht anschaffen müsse, um ihm einen solchen Dienst zu leisten! Der Kämmerer, der, vor Wut schäumend, den Meister auf einen Augenblick betrachtet hatte, kehrte sich um, und rief über die Häupter der Ritter, die ihn umringten, hinweg, nach der Wache; und sobald, auf die Bestellung des Freiherrn von Wenk, ein Offizier mit einigen kurfürstlichen Trabanten, aus dem Schloß erschienen war, forderte er denselben unter einer kurzen Darstellung der schändlichen Aufhetzerei, die sich die Bürger der Stadt erlaubten, auf, den Rädelsführer, Meister Himboldt, in Verhaft zu nehmen.[233]

Doch der Meister gibt sich nicht geschlagen. Geschickt versteht er es, dem Kämmerer eine Falle zu stellen. Er solle doch den Knecht fragen, ob der bereit sei, einen so entehrenden Dienst zu vollziehen. Zu dessen Entsetzen verneint der durch seinen Vetter hellhörig – wo nicht aufmüpfig – gemachte Knecht dies:

> und da dieser schüchtern, indem er sich unter die Bürger mischte, erwiderte: die Pferde müßten erst ehrlich gemacht werden, bevor man ihm das zumute; so folgte ihm der Kämmerer von hinten, riß ihm den Hut ab, der mit seinem Hauszeichen geschmückt war, zog, nachdem er den Hut mit Füßen getreten, von Leder, und jagte den Knecht mit wütenden Hieben der Klinge augenblicklich vom Platz weg und aus seinen Diensten. Meister Himboldt rief: schmeißt den Mordwüterich doch gleich zu Boden! und während die Bürger, von diesem Auftritt empört, zusammentraten, und die Wache hinwegdrängten, warf er den Kämmerer von hinten nieder, riß ihm Mantel, Kragen und Helm ab, wand ihm das Schwert aus der Hand, und schleuderte es, in einem grimmigen Wurf, weit über den Platz hinweg. Vergebens rief der Junker Wenzel, indem er sich aus dem Tumult rettete, den Rittern zu, seinem Vetter beizuspringen; ehe sie noch einen Schritt dazu getan hatten, waren sie schon von dem Andrang des Volks zerstreut, dergestalt, daß der Kämmerer, der sich den Kopf beim Fallen verletzt hatte, der ganzen Wut der Menge Preis gegeben war.[234]

---

[233] Kleist 2018, S. 96.
[234] Kleist 2018, S. 97.

Es hat wiederum etwas Tragisches an sich, daß just die Bemühung, dem geschädigten Roßhändler endlich die Genugtuung für das ihm widerfahrene Unrecht zukommen zu lassen, in einem Tumult endet, der das Interesse an der weiteren Verfolgung dieses Vorhabens zerstört.[235] So zufällig der Vorfall sich ereignet, der den Versuch, Kohlhaas zu seinem Recht zu verhelfen, scheitern läßt, seiner unanfechtbaren narrativen Kontingenz steht zum anderen seine schlüssige psychosoziale Logik gegenüber. Der Kampf um die Ehre ist omnipräsent; und nicht nur der aufsässige Meister, der seinen allzu eilfertigen Vetter an seiner eigenen Entehrung hindern möchte (und dabei vermutlich auch sich selbst als ein Verteidiger der Ehre des Volkes in Szene zu setzen gedenkt), ist um ihre Verteidigung besorgt. Gleiches gilt von dem ausfällig werdenden Kämmerer, der sich durch die Gehorsamsverweigerung seines Knechtes ebenfalls in seiner Ehre beschädigt fühlt und deshalb sogar gewalttätig wird.

Man wird kaum fehlgehen, auch die Sensibilität Meister Himboldts für die Wahrung der Ehre seines Verwandten der aufgeheizten Stimmung im Volk zuzuschreiben, die durch den längst zu einer Angelegenheit der Öffentlichkeit gewordenen Kampf um die Revision der Kohlhaas angetanen Rechtsverletzung im Volk entstanden ist. In der durch einen sich fort und fort zeugenden Rechtsbruch gestörten Ordnung fällt das staatliche Bemühen um die Aufhebung des solchermaßen verursachten Unrechts deshalb seinerseits tragisch dem allgegenwärtigen Risiko jener Läsion anheim, die die vermutlich gefährlichste Folge der Verweigerung des Rechts darstellt: Es wird seinerseits zum Opfer einer neuerlichen Ehrverletzung.

Die Ursache des Scheiterns von dem „redlichen Versuch", zu reparieren, was vorgefallen war, mag zufällig erscheinen. Genau besehen, gerät gerade die Kontingenz dieses Scheiterns der aufrichtigen Bemühungen – paradoxerweise – zum symbolischen Spiegel der Unmöglichkeit dieser Anstrengungen. Denn in dem nur vordergründig zufälligen Vorfall, der dieses Vorhaben mißlingen läßt, tritt einmal mehr der psycho-soziale Sprengstoff hervor, der auch Michael Kohlhaas zu seiner Rebellion gegen die lädierte staatliche Autorität veranlaßt hatte: die Beschädigung seiner Ehre und mithin jenes Bandes, das die Beziehung zwischen dem Einzelnen und der Gemeinschaft sicherstellt. In der gestörten Ordnung ist die Gefahr einer Detonation dieses Dynamits allgegenwärtig.

Mit der gescheiterten Roßübergabe auf dem Dresdner Marktplatz kommt der auf Vorschlag des „Doktor Martin Luther" gemachte Vermittlungsversuch an sein Ende. Und vermutlich konnte auch nur ein Mann, dessen Autorität sich nicht staatlicher Gewalt verdankt, einen solchen Vorschlag überhaupt machen. Doch der Versuch, gleichsam durch Kulanz, als Kompensation für das von Staats wegen erlittene Unrecht, Kohlhaas zu seinem Recht zu verhelfen, indem man ihm seine ihrerseits unrechtmäßigen, ja inzwischen zu einer stattlichen Zahl von Verbrechen

---

[235] „Einen so heillosen Ausgang nahm der wohlgemeinte und redliche Versuch, dem Roßhändler wegen des Unrechts, das man ihm zugefügt, Genugtuung zu verschaffen" (Kleist 2018, S. 97f.). ‚Heillos' aber ist eine andere Vokabel, für das, was man ansonsten ‚tragisch' nennt.

angewachsenen Reaktionen nachsieht, mißlingt. Und wenn er kontingent – d. h. wegen nicht vorhersehbarer Umstände – mißlingt, dann erscheint der sich solchermaßen ereignende Vorfall aufgrund seiner Motivation, wie gesehen, nicht nur als symptomatisch, er ist im Grunde wohl unvermeidlich. Denn dem Staat stehen die Möglichkeiten, außerhalb der von ihm gegebenen Ordnung zu agieren – und sei es um eigene Fehler zu korrigieren – , aufgrund seines Selbstverständnisses letztlich nicht zur Verfügung. Auch in diesem Sinn hat der betreffende Zufall seine – symbolische – Logik.

Die Amnestie, die Kohlhaas im Zuge des lutherschen Vorschlags gewährt worden und zu deren Schutz eine Wache vor sein Haus gestellt war, verwandelt sich infolge der unglückseligen Vorfälle am Dresdner Marktplatz plötzlich in ein Gefängnis, in dem er in den Gewahrsam des Staates genommen wird. Deshalb läßt er sich mit einem Mann aus seinem Trupp, der inzwischen auf eigene Rechnung unterwegs ist,[236] ein, um die ihm garantierte Freiheit wiederzuerlangen. Doch die mit dem kriminellen Mann ausgetauschten Schreiben werden entdeckt, und Kohlhaas wird zum Tode verurteilt.

Noch einmal scheinen außenpolitische Händel sowie eine – ziemlich kuriose – Privatsache des sächsischen Kurfürsten einen Ausweg für Kohlhaas zu eröffnen. Doch im Endeffekt setzt sich die staatliche Ordnung durch. Junker von Tronka wird für sein rechtswidriges Verhalten verurteilt. Doch von dieser Genugtuung erfährt Kohlhaas erst auf dem Richtplatz vor seiner Hinrichtung, zu der man ihn aufgrund seiner zahllosen Verbrechen im Widerstand gegen die Staatsgewalt verurteilt hat.[237] Am Ende ist *insoweit* das Recht wiederhergestellt. Doch es bleibt ein ungedeckter Rest. Denn die staatliche Rechtsbeugung bleibt – ihrerseits aus

---

[236] „Johann Nagelschmidt nämlich, Einer von den durch den Roßhändler zusammengebrachten, und nach Erscheinung der kurfürstlichen Amnestie wieder abgedankten Knechten, hatte für gut befunden, wenige Wochen nachher, an der böhmischen Grenze, einen Teil dieses zu allen Schandtaten aufgelegten Gesindels von neuem zusammenzuraffen, und das Gewerbe, auf dessen Spur ihn Kohlhaas geführt hatte, auf seine eigne Hand fortzusetzen (Kleist 2018, S. 100).

[237] „Demnach sprach der Kurfürst, als Kohlhaas von der Wache begleitet, auf den Hügel zu ihm heranschritt: Nun, Kohlhaas, heut ist der Tag, an dem dir dein Recht geschieht! Schau her, hier liefere ich dir Alles, was du auf der Tronkenburg gewaltsamer Weise eingebüßt, und was ich, als dein Landesherr, dir wieder zu verschaffen, schuldig war, zurück: Rappen, Halstuch, Reichsgulden, Wäsche, bis auf die Kurkosten sogar für deinen bei Mühlberg gefallenen Knecht Herse. Bist du mit mir zufrieden? – Kohlhaas, während er das, ihm auf den Wink des Erzkanzlers eingehändigte Conclusum, mit großen, funkelnden Augen überlas, setzte die beiden Kinder, die er auf dem Arm trug, neben sich auf den Boden nieder; und da er auch einen Artikel darin fand, in welchem der Junker Wenzel zu zweijähriger Gefängnisstrafe verurteilt ward: so ließ er sich, aus der Ferne, ganz überwältigt von Gefühlen, mit kreuzweis auf die Brust gelegten Händen, vor dem Kurfürsten nieder. Er versicherte freudig dem Erzkanzler, indem er aufstand, und die Hand auf seinen Schoß legte, daß sein höchster Wunsch auf Erden erfüllt sei" (Kleist 2018, S. 140).

rechtlicher Warte betrachtet – ohne Konsequenzen, obwohl gerade sie den Ausgangspunkt jener dramatischen Ereignisse bildet, die Kleists Erzählung entfaltet und die den Staat selbst an den Rand seiner Auflösung führen.

Dies gehört zur Dialektik, die Kleist anhand der Person des Michael Kohlhaas entwickelt: Als letztinstanzliche Garantie des Rechts bleibt der Staat gegenüber seiner eigenen Rechtsverletzung, die seine Rechtsordnung nicht ausschließen kann, weil deren Anwendung der Gefahr ihrer Störung unterliegt, im Grunde wehrlos; aber ebenso bleibt er der Notwendigkeit einer Selbstkorrektur enthoben.[238] Doch die Konzession eines aufgrund dieser Unvermeidlichkeit begründeten Widerstandsrechts bietet ebenso keinen gangbaren Ausweg, weil dieser Widerstand außerhalb der Reichweite des Staates bleibt und damit die öffentliche Ordnung ebenso gefährdet wie auch eine staatliche Rechtsverletzung diesen Staat in Frage stellt.

Aus systemischer Sicht wird man eine solche Konstellation als dialektisch bezeichnen können, wenn eine Korrektur von Fehlern dasjenige verursacht, was sie reparieren möchte. Im Hinblick auf das Schicksal eines Einzelnen, eines von dieser Dialektik Betroffenen aber hat diese systemimmanente Dialektik einen anderen Namen. Er lautet: Tragik.

Daß dem Protagonisten der Novelle die mit der Verurteilung des Junkers ihm zuteilwerdende Genugtuung wichtiger als sein Leben zu sein scheint, bezeugt der Gleichmut, mit dem er in den Tod schreitet.[239] Daß der Kampf für diese Ehre ihn jedoch nicht nur das Leben kostet, sondern ihn auch selbst enthert, aber gehört zur (invertierten) Tragik der Geschichte von Kleists Erzählung *Michael Kohlhaas*.

6.3 *Der zerbrochne Krug*: die entfremdete Komödie

Die (invertierte) Tragödie des *Michael Kohlhaas* handelt von einer Rechtsbeugung, deren Folgen den Geschädigten zum Verbrecher werden lassen. *Der*

---

[238] Eine gewisse Parallele besitzt diese Stellung des Staates, darin also, daß er selbst über das erhaben ist, was er anderen zugleich abverlangt, in jener Charakteristik des biblischen Gottes, die Kohlhaas Luther entgegenhält, als dieser von ihm eine allumfassende Vergebung verlangt, bevor er den Leib des Herrn zu geben bereit ist: „der Herr auch vergab allen seinen Feinden nicht". Luther wendet sich mißvergnügt ab, verweigert das Abendmahl, aber macht eines nicht: widersprechen. Steckte der transzendente Gott auch in Kleists Porträt des Staates als dessen latentes Modell?

[239] „Der Kurfürst rief: ‚nun, Kohlhaas, der Roßhändler, du, dem solchergestalt Genugtuung geworden, mache dich bereit, kaiserlicher Majestät, deren Anwalt hier steht, wegen des Bruchs ihres Landfriedens, deinerseits Genugtuung zu geben!' Kohlhaas, indem er seinen Hut abnahm, und auf die Erde warf, sagte: daß er bereit dazu wäre! übergab die Kinder, nachdem er sie noch einmal vom Boden erhoben, und an seine Brust gedrückt hatte, dem Amtmann von Kohlhaasenbrück, und trat, während dieser sie unter stillen Tränen, vom Platz hinwegführte, an den Block" (Kleist 2018, S. 141). Der Amtmann weint, nicht Kohlhaas.

zerbrochne Krug handelt statt dessen von der Verhinderung einer Rechtsbeugung, bei der alle Beteiligten, unter teilweisem Einschluß der Geschädigten, die Gelegenheit zu nutzen versuchen, ihren Vorteil aus dem – gefährdeten – Gerichtsverfahren zu ziehen.[240] Und wenn sich in der dabei auf die Bühne gebrachten Geschichte die Gattungsregeln der Komödie ebenfalls ändern, dann deshalb, weil eine wesentliche Voraussetzung ihres – kanonischen – Gattungsmodells nicht mehr gegeben ist.[241]

Die Komödie handelt von einer harmlosen, weil folgenlosen Störung der sozialen Ordnung. Ihre Handlung dient deshalb der Behebung dieser Störung, um die Ordnung wiederherzustellen. Doch eben diese „Ordnung" gibt es im *Zerbrochnen Krug* im Grunde nicht, weil die soziale Welt, in der seine Handlung spielt, schlechthin nicht „in Ordnung" ist. Sie ist vielmehr geprägt von einem allgegenwärtigen Kampf um die Befriedigung von allerlei Bedürfnissen wie sexueller Lust (Adam) oder materiellem Reichtum (der Richter in Holla), deren bedeutsamstes jedoch die Sucht nach dem Gewinn von Sozialprestige darstellt, für dessen Sicherung fatalerweise allein der Schein moralischen Handelns zu genügen scheint. Wie aber verhält sich die staatliche Institution der Justiz unter solchen Bedingungen zu

---

[240] Zu einem Vergleich zwischen der Erzählung und dem Theaterstück siehe Klaus Müller-Salget, *Heinrich von Kleist*, Stuttgart: Reclam, 2002, S. 186-210. Das betreffende Kapitel in diesem Buch steht unter der Überschrift: „Um Recht und Gerechtigkeit: *Der zerbrochne Krug*, *Michael Kohlhaas*." Die Beschäftigung mit beiden Texten Kleists gelangt allerdings über ein Referat des Verlaufs der jeweils dargestellten Handlung kaum hinaus.

[241] Allerdings scheinen mir diese Veränderungen keineswegs bis zur Anpassung des *Zerbrochnen Krugs* an die Muster einer Tragödie heranzureichen, wie verschiedentlich zu lesen ist: „Im *Zerbrochnen Krug* erinnert Adam zwar noch an Tragödien (die des Sündenfalls und die des Ödipus), aber er ist von vornherein eine durchschaute Figur, die erwartbare Komik bedient. Eve steht demgegenüber in einer geschlossen tragischen Konstellation" (Bernhard Greiner, „Sturz als Halt. Kleists dramaturgische Physik", in: *Kleist-Jahrbuch* 2005, S. 67-78, hier S.73). Zwar hätte die Situation, in der sich Eve befindet, durchaus das Zeug für eine Tragödie, aber von einer „geschlossen tragischen Konstellation" kann kaum die Rede sein, weil sie sich, komödienkonform, zum Ende auflösen läßt. Übrigens scheint mir auch die Sündenfallgeschichte das Epitheton einer Tragödie nicht zu verdienen. Denn Adam und Eva wissen, was sie tun. Zumindest *sollten* sie es wissen. Und sie bekommen, was ihnen vorhergesagt wurde. Sie werden sterben. Gemessen daran ist die Vertreibung aus dem Paradies, von der zuvor in der Tat nicht die Rede war, nur ein Begleitumstand der angekündigten substantiellen Verschlechterung der *conditio humana*. Das Handeln der ersten Menschen ist nicht tragisch, sondern tollkühn. Tragisch sind allenfalls die Folgen für ihre Nachkommen. Denn sie finden vor, was sie nicht ändern können, obwohl sie es nicht verursacht haben. Das Erbsündendogma erscheint insofern auch als ein Versuch, den Kindern Adams und Evas alle Tragik ihrer Existenz abzusprechen.

der strukturell in Unordnung geratenen oder befindlichen Welt, in der sie zu wirken hat?

Beginnen wir mit einem Blick auf die Klägerin, Marthe Rull, die den im Mittelpunkt des Stücks stehenden Prozeß anstrengt. Ihr Anliegen besteht in der Rettung der Ehre der Tochter, die durch einen – von anderen bemerkten – nächtlichen Besuch in der Kammer ihrer Tochter gefährdet ist. Und eben dieser Umstand ist entscheidend. Man hat *beobachtet*, daß sich jemand zu nächtlicher Stunde bei Eve aufhielt. Im Raum steht also der – ja auch ausdrücklich geäußerte – Verdacht, sie sei eine „Metze", mithin eine ehrlose Frau, die einem fragwürdigsten Gewerbe nachgehe. Diesen Verdacht aus der Welt zu schaffen, ist das zweifellos berechtigte Anliegen Marthes. Indessen läßt sich ihr Anliegen auch nur auf Umwegen in einen Klagegrund bei Gericht verwandeln. Denn wollte sie den Versuch einer Vergewaltigung zum Anlaß eines Prozesses nehmen, so würde sie dasjenige in den Vordergrund einer öffentlichen Erörterung rücken, wovon sie alle Aufmerksamkeit *ab ovo* gerade ablenken möchte. Deshalb darf, was dem geäußerten Verdacht zugrunde liegt, nicht Gegenstand eines öffentlichen Gesprächs sein. Wegen dieser Sachlage wählt sie – wohldurchdacht – einen Klagegrund, der es erlaubt, das eigentlich gewünschte Ziel gleichsam als einen Kollateralnutzen zu erreichen. Frau Marthe klagt um den materiellen Schaden des zerbrochenen Krugs, obwohl er für sie eine – zunächst – bestenfalls nachrangige Bedeutung besitzt.

Damit deutet sich bereits eine erste Ursache einer Transformation der überkommenen Muster der Komödie ab. Die gattungstypische Karriere des „dummen Dings", sein Aufstieg zu einem wesentlichen Element der Handlung gerät im *Zerbrochnen Krug* zu einem bloßen *Vorwand* des wahren Klagegrunds der Klägerin, der alles andere als nebensächlich, sondern schlicht wesentlich ist. Doch in der Welt, in der die Komödie spielt, läßt sich das Wesentliche nicht aussprechen, und so wandelt sich das kanonische Requisit der Komödie zur unumgänglichen Maske einer alles andere als komischen Angelegenheit.

Das Recht als solches interessiert Marthe Rull herzlich wenig. Aber dieser Zustand ist im Grunde nicht ihr anzulasten, weil jede Explizität ihres berechtigten Anliegens dieses bereits unwiderruflich beschädigen, ja zunichte machen würde. Auch die Handhabung des Rechts ist folglich abhängig von sozialen Bedingungen, die ihr reibungsloses Funktionieren unmöglich machen. Erst, als Marthe ihr vorrangiges Ziel erreicht hat, verfällt sie – gleichsam auf den Geschmack gekommen – darauf, daß eine Entschädigung für das zerstörte Gefäß durchaus auch angebracht sei. Sie nutzt insofern die Justiz zunächst, um von Amts wegen einen Riegel vor die drohende soziale Ächtung der Tochter – und damit ihrer ganzen Familie – geschoben zu wissen. Ihre schon zitierten Worte aber lassen an Deutlichkeit nichts zu wünschen übrig. Sie benutzt die Justiz für *ihre* Zwecke: „Der Richter ist mein Handwerksmann, der Schergen, / Der Block ist's, Peitschenhiebe, die es braucht."

Das Gerichtsurteil erscheint auf diese Weise als ein Freispruch ihrer Tochter, die in einer kuriosen Vertauschung der Rollen in der Interaktion der sozialen Gemeinschaft als potentiell Schuldige gilt. Die Geschädigte wird paradoxerweise zu einer (keineswegs nur unausdrücklichen) Angeklagten. Dem Versuch der Rechtsbeugung durch den Dorfrichter steht insofern die Inanspruchnahme des Gerichts für die Behauptung der eigenen Stellung im Agon der sozialen Welt gegenüber. Auch die Justiz läßt sich mithin nicht nur behindern, sie läßt sich ebenso „mißbrauchen", d. h. zu anderen Zwecken als der Durchsetzung des Rechts, welches Anliegen nachrangig wird, nutzen. Aber dieser „Mißbrauch" nimmt sich wie eine unvermeidliche Folge in einer sozialen Gemeinschaft aus, in der Verurteilungen ohne ein Verfahren zur Verifizierung einer – noch nicht einmal stillschweigenden – Anklage auf der Tagesordnung stehen.

Allerdings sind die Anführungszeichen beim „Mißbrauch" des Gerichts in gewisser Weise gerechtfertigt, insofern die Klägerin sich ja noch einen weiteren Nutzen aus ihrem Manöver bei Gericht verspricht. Sie möchte, wie gesehen, auch ihren prospektiven Schwiegersohn loswerden, und mit diesem Vorhaben entfernt sie sich offensichtlich von allen Fragen des Rechts. So unterschiedlich das Verhalten von Klägerin Marthe und Dorfrichter Adam zweifellos zu bewerten ist, sie ähneln sich insofern, als beide die Justiz zur Durchsetzung ihrer ureigensten Interessen benutzen. Während *Michael Kohlhaas* die Folgen einer – rechtswidrigen – Gerichtsentscheidung untersucht, widmet sich *Der zerbrochne Krug* einer Erkundung der sozialen Welt, in der die Justiz ihrer Aufgabe nachzukommen hat – und in der ihr die Erfüllung dieser Aufgabe alles andere als leichtfällt. *Insoweit* bestätigt sich anhand dieser Komödie – ungeachtet des Verlustes der überkommenen Voraussetzungen ihrer Handlung – noch einmal ihre uralte Funktionsbestimmung eines *speculum vitae*.

Wenn die Klägerin den Prozeß als ein Instrument zur Durchsetzung ihrer Interessen zu nutzen versucht, während der verhandlungsführende Richter alles daran setzt, dessen korrekte Durchführung zu behindern und beide sich sogar darin einig sind, daß sie dieselbe Person, Eves Verlobten Ruprecht, als den Schuldigen identifiziert wissen möchten, wieso gelingt es dann gleichwohl, daß Adam seiner Schuld überführt wird? An dieser Stelle kommt Gerichtsrat Walter ins Spiel, der in systematisch-symbolischer Hinsicht die Institution der Justiz als solche repräsentiert, aber nicht nur sie selbst, sondern ebenso für die – fehlbaren – Personen steht, die ihre Regeln anzuwenden haben. Schließlich entgleitet ihm der Prozeß in dessen Verlauf. Adam hingegen ist eine Allegorie der Korruption. Walter ist es deshalb, der – im Sinne seiner systemischen Rolle einer Repräsentation der Institution in Kleists Stück – auf einen korrekten Prozeßverlauf achtet und die geordnete Vernehmung aller an dem strittigen Vorfall Beteiligter verlangt.[242] Dadurch

---

[242] Das Agieren von Adam und Walter innerhalb des Prozesses spielt sich folglich nicht auf gleicher Ebene ab. Der Gerichtsrat *kontrolliert* den Dorfrichter, aber er *konkurriert* nicht mit ihm. Genau dies aber muß Ethel Matala de Mazza annehmen, um zu ihrer – von Jacques Derrida inspirierten – Deutung des *Zerbrochnen Krugs* zu gelangen: „Die Rechtsvertreter machen sich mit ihren Verfahrensweisen und Auslegungspraktiken gegenseitig Konkurrenz und treiben die politische Ordnung – fast – in den Ruin. Im

Drama um den zerbrochenen Krug wird damit zum heiklen Punkt, was für Aristoteles mit der Forderung nach theatraler Mimesis geboten war: die Darstellung eines Normengefüges, das die soziale Verständigung trägt. Indem Kleist die Hüter des Rechts einander zuwiderhandeln und auf konträre Weise Recht geben lässt, setzt er nichts weniger als die Darstellbarkeit des Gesetzes aufs Spiel – und mit ihr das Darzustellende, das Gesetz als den einen, unantastbaren Legitimationsgrund des sozial Verbindlichen selbst (Ethel Matala de Mazza, „Recht für bare Münze. Institution und Gesetzeskraft in Kleists *Zerbrochnem Krug*", in: *Kleist-Jahrbuch* 2001, S. 160-176, hier S. 162). Es sei hier nicht eingehender diskutiert, ob für Aristoteles „die Darstellung eines Normengefüges, das die soziale Verständigung trägt" eine notwendige Ingredienz „theatraler Mimesis" bildet. Plausibler erschiene mir im Blick auf seine Dichtungskonzeption die Annahme, daß ein solches Normengefüge schlicht vorausgesetzt wird, während tragische oder komische *mythoi*, um den *terminus technicus* seiner *Poetik* für einen Plot zu zitieren, gerade einen Konflikt mit und innerhalb dieser Ordnung auf die Bühne bringen. Im Übrigen scheint mir ebenso fraglich, daß Kleist „das Gesetz als den einen, unantastbaren Legitimationsgrund des sozial Verbindlichen selbst" als das „aufs Spiel" gesetzte „Darzustellende" gilt. Und schließlich sei hier auch nicht weiter erörtert, ob die „Konkurrenz" von Adam und Walter „die politische Ordnung, – fast – in den Ruin treibt". Was für *Michael Kohlhaas* zweifellos zutrifft, gilt für den *Zerbrochnen Krug* indessen kaum. Doch ein solches Postulat scheint auch für diese Komödie unverzichtbar, will man wie die Verfasserin dieser Studie jegliches Gesetz in die Logik aller Repräsentation hineinholen: „Der Dorfrichter Adam, der sich seiner Amtsgewalt in ungebührlichem Maße bedient, macht durch sein Vorgehen unmittelbar deutlich, dass ‚es kein Recht gibt, das nicht *in sich selbst* [...] *die Möglichkeit einschließt*, [...] mit oder aufgrund von Gewalt angewendet zu werden'. Als Neu-Setzung des Rechtsgrunds, als wiederholende Setzung des ersten Gesetzes ist die Umsetzung des Rechts ein performativer Akt" (ebd., S. 170). Und um genau diese Interpretation durchzusetzen, bedarf Matala de Mazza der – wiederholten – Behauptung einer Gleichwertigkeit von Adams und Walters Vorgehen bei der Prozeßführung: „Im Gegeneinander von Adam und Walter, in ihren gegensätzlichen Verfahrensweisen tritt diese Begründungsstruktur mit sämtlichen Aporien zutage" (ebd.). Aber worin eigentlich bestehen diese Aporien? Wer wollte bestreiten, daß ein Urteil bei Gericht – im Sinne der Sprachakttheorie – einen *performativen Akt* darstellt? Denn eine Verkündigung eines dort gesprochenen Urteils schafft eine Tatsache, die es *ohne* diese Rede nicht gäbe und die *durch* sie allererst zustande kommt. Dies – und nichts anderes – bildet das Merkmal eines performativen Sprechakts. Dafür bedarf es keiner „Neu-Setzung des Rechtsgrunds", Performativität verlangt keineswegs die „wiederholende Setzung des ersten Gesetzes". Aber ist es überhaupt stimmig, letztere als das fundierende Kennzeichen eines jeden Vollzugs eines Gesetzes vermittels eines Urteilsspruchs zu beschreiben? Inspiriert von Jacques Derridas *Force de loi. Le ‚Fondment mythique de l'autorité'* (Paris: Galilée, 1994), heißt es dazu bei Matala de Mazza: „Das Erteilen eines Bescheids im Namen des Gesetzes setzt die Geltung dieses Gesetzes nicht allein voraus; es lädt das Gesetz vielmehr rückwirkend auch mit Gesetzeskraft auf. In der Anwendung des Gesetzes beglaubigt und statuiert sich dessen Autorität. Das Übersetzen der Gesetzeskraft in die Rechtskraft der Verordnung ist zugleich ein neuerliches Fest-Setzen der Bedingungen, die die Auslegung ermöglichen sollen. Anders gesagt ist das, was als Ursprung des Rechts anerkannt werden soll, tatsächlich immer auch

gelingt es zwar (vorerst), die Verurteilung eines Unschuldigen zu verhindern. Es gelingt indessen bezeichnenderweise *nicht*, den Schuldigen zu ermitteln.

Daß dies auch weiterhin nicht glückt, liegt daran, daß Gerichtsrat Walter als Repräsentant der Justiz im Fortgang des Prozesses ausfällt, weil er ebenfalls nicht frei von Anfälligkeiten für gewisse Bedürfnisse ist und dem nicht zu verachtenden Wein, der ihm höchst absichtsvoll von Adam kredenzt wird, reichlich, ja überreichlich zuspricht. Er geht dem korrupten Richter, der seine Schwäche rasch erkennt, also blindlings in die Falle. Aber gerade dadurch ergibt sich in seiner Person auf komische Weise ein struktureller Zusammenhang mit dem systemischen Konflikt, den die Erzählung des *Michael Kohlhaas* tragisch entfaltet; denn Walter repräsentiert ebenso die Institution als eine abstrakte Einrichtung mit ihren

---

die Folge einer Rückprojektion" (ebd., S. 169). Der Schlußsatz der zitierten Zeilen büßt seine Plausibilität nicht zuletzt dadurch ein, daß er die Korrespondenz zweier performativer Sprechakte übersieht, die an einer Urteilsverkündigung beteiligt sind und in einem Abhängigkeitsverhältnis, mitnichten jedoch in einem solchen wechselseitiger Abhängigkeit stehen. Denn Gesetzeskraft gewinnt die Gesetzesnorm vermittels des Akts ihrer Verkündigung durch diejenigen, die dazu befugt sind (und deshalb auch über die Mittel verfügen, ihre Anwendung gegebenenfalls mit Gewalt durchzusetzen). Eine dekonstruktiv inspirierte Deutung aber muß alles Interesse daransetzen, Kleists Komödie die Offenlegung einer logischen Aporie zu bescheinigen – jener Aporie, die Derrida jeglicher Form von Repräsentation unterstellt. Nicht anders verhält es sich für ihn ja auch in der Sprache: Während ein Satz oder Text behaupte, die Wirklichkeit wiederzugeben, konstituiert er sie seiner Theorie zufolge erst. Diese Theorie möchte gleichsam grundsätzlich die Fiktion eines Präfixes entlarven und alle Re-produktion zu einer Produktion erklären. Analog heißt es deshalb auch zum Gerichtsurteil: Während es vorgebe, eine Gesetzesnorm zu repräsentieren, verleihe es dem Gesetz erst seine Kraft und dadurch Geltung; doch diese These verkennt den Unterschied von – im Wortsinn – Konfirmation und Konstitution. Ein Gerichtsurteil bestätigt die Geltung eines Gesetzes, das dieser Bestätigung indessen gar nicht bedarf; denn seine Geltung ist nicht von seiner Anwendung abhängig. Wie etwa stünde es um ein Strafgesetz, das den Tatbestand, den es ahnden soll, aufgrund einer Androhung von Sanktionen auch schon aus der Welt schafft? Wollte man ihm seine Geltung absprechen? Ein Widerspruch ist für Kleists *Zerbrochnen Krug* – wie im Übrigen auch für seinen *Michael Kohlhaas* – in anderer Weise, als es ein dekonstruktiver Blick auf diese Texte vermuten muß, wirksam. Beide Stücke sind nicht einer logischen Aporie, sondern einer pragmatischen Dialektik auf der Spur: Sie ergibt sich daraus, daß die Unvermeidlichkeiten der Umstände bei der Anwendung des Gesetzes es mit sich bringen, daß auch diese Applikation zur Welt des Handelns gehört, zu deren Regulation das Gesetz zugleich bestimmt ist.

normativen Vorgaben, wie er die Verletzlichkeit dieser Institution symbolisiert, weil sie auf die – fehlbaren – Menschen nicht verzichten kann, die ihre Belange wahrzunehmen haben.

Wie aber gelingt es, eine Katastrophe zu verhindern und Adam seiner verschiedenen Missetaten zu überführen? Zwar wird man Ruprecht kaum das Potential zu einer Kampagne à la Kohlhaas zubilligen wollen, statt dessen verfügt er offensichtlich über eine gewisse Gewaltbereitschaft. Schaden anrichten könnte in Anbetracht einer ungerechtfertigten Verurteilung auch er allemal. Doch dazu kommt es nicht, jedenfalls nicht wirklich. Denn schließlich befinden wir uns eben in einer Komödie. Den – jedenfalls in Grenzen – glücklichen Ausgang der Komödie betreibt Schreiber Licht, der den Ausfall Walters als Prozeßführer ausnutzt und mit seinem überlegenen Vorwissen die Zeichen richtig deutet, die es gestatten, den wahren Schuldigen enttarnen. Intrigen von Dienern, die ein glückliches Ende der Handlung herbeiführen, gehören zum eisernen Bestand der Komödie. Nun aber überkreuzt sich dieses konventionelle Motiv der Gattung mit dem institutionellen Verfahren eines Prozesses. Präziser gesagt: Die Institution der Justiz fällt im *Zerbrochnen Krug* gleichsam den Konventionen der Komödie anheim, um erfolgreich sein zu können. Noch einmal gerät auch dabei der Prozeß zu einem Instrument der Durchsetzung (ur)eigener Interessen. Denn Licht will nach oben, auf den Stuhl des Dorfrichters. Die Behinderung wie die Beförderung des Erfolgs dieses Prozesses unterliegen – irritierenderweise – vergleichbaren Absichten.[243]

Aus Sicht der Justiz ist es zweifellos bedenklich, daß sie zwar hilfreiche, ja unverzichtbare, gleichwohl nicht hinreichende Vorgaben zur Aufklärung eines Verbrechens zur Verfügung stellt – und sie auch nur bereitstellen kann. Allein der kontingente Umstand, daß Schreiber Licht den Richter allzu gut kennt, erlaubt es – im Verbund mit seinen nur oberflächlich verhohlenen Ambitionen, dessen Amt so bald wie möglich zu übernehmen –, den Dorfrichter zu enttarnen.[244] Aber unter

---

[243] Zurecht nennt Albert M. Reh Schreiber Licht einen „Mann des Kalküls", für den der „Dorfrichterposten schon veranschlagt ist" (Albert M. Reh, „Der komische Konflikt in dem Lustspiel *Der zerbrochne Krug*", in: *Kleists Dramen. Neue Interpretationen*, hg. von Walter Hinderer, Stuttgart: Reclam, 1981, S. 93-113, hier S. 106). Für Claus Reinert ist er sogar ein „schäbiger, charakterlos-kriecherischer Opportunist" (ders., *Detektivliteratur bei Sophokles, Schiller und Kleist* oder *Das Rätsel der Wahrheit und die Abenteuer des Erkennens*, Kronberg 1975, S. 83).

[244] Es ist diese tiefe Ambivalenz, die Walter Hettches Versuch, Schreiber Licht – gegen den Mainstream der Forschung – zu einer rundherum positiven Gestalt zu erklären, nicht recht überzeugend werden läßt: „Aber Respekt verdient seine der Wahrheitsfindung dienende Tätigkeit allemal" (Hettche 1993, S. 98). Diesem Urteil zuzustimmen, fällt nicht ganz leicht. Gewiß hat Hettche Recht, wenn er gegen Erich Schmidt einwendet, daß Licht keineswegs „vom ersten Augenblick an klar sieht" (ebd., S. 87). Gleichwohl hat er von Beginn an einen sich schließlich bestätigenden Verdacht, und er ist es, der sein Verhalten aus alles andere als nur uneigennützigen Motiven bestimmt. „Die Gestalt des Schreibers Licht im *Zerbrochnen Krug* ist keine Lichtgestalt; der Name ist

den Bedingungen einer Welt, in der die Gerichtsbarkeit in diesem Stück ihre Aufgaben zu erfüllen hat, in einer Welt, in der sie selbst zum Spielball von Interessen gerät, die mit einer Sicherung von Recht herzlich wenig zu tun haben, ist sie unweigerlich darauf angewiesen.

Kontingente Umstände führen mithin in der Komödie des *Zerbrochnen Krugs* dazu, daß dem Prozeß ein Erfolg beschieden ist. Kontingente Umstände bewirken in der an eine Tragödie gemahnenden Erzählung *Michael Kohlhaas* hingegen, daß der Prozeß, den der Protagonist anstrengt, niedergeschlagen wird; und noch einmal sind es kontingente Umstände, die das Scheitern der Bemühungen um eine Korrektur des Kohlhaas angetanen Unrechts verursachen. Der jeweils unterschiedliche Effekt der Kontingenz ist zweifellos den jeweils unterschiedlichen Gattungsmodellen zuzuschreiben, die beiden Stücken zugrunde liegen. Die Koexistenz beider Varianten der Wirkung des Zufalls aber legt hier wie dort die strukturelle Schwäche einer Justiz bloß, die – zu ihrem Schaden wie zu ihrem Nutzen – von ihm abhängig bleibt (wobei man sich fragen mag, ob – aus der Warte der Institution betrachtet – letzteres nicht sogar die riskantere Variante darstellt).

Die vielleicht größte Nähe des *Zerbrochnen Krugs* zu *Michael Kohlhaas* stellt sich am Ende des Lustspiels, das ganz so lustig nicht (mehr) ist, ein, als das gleich mehrfach rechtswidrige Verhalten Adams schließlich doch ruchbar wird. Nicht nur, daß Walter den Dorfrichter zu einer Verurteilung Ruprechts animiert, um dem unseligen Treiben so rasch wie möglich ein Ende zu setzen. Auch wenn er die Revision des wissentlich vorgenommenen Fehlurteils schon einkalkuliert, das Verfahren des Prozesses wird an dieser Stelle zu einem Scheinverfahren, und damit nähert sich die Praxis der Justiz dem Verhalten der Klägerin Marthe Rull an, die ja ebenfalls einen nur vorgeschobenen Klagegrund anführte, um das Gericht für ihre Interessen dienstbar zu machen. Fatalerweise, möchte man sagen, scheinen zum Schutz der Justiz wie zur Nutzung ihrer institutionellen Möglichkeiten für eigene Zwecke vergleichbare Praktiken geeignet zu sein. Sie fällt hier wie dort dem Schein anheim.

Bedenklicher noch, und gerade darin ist die Nähe zu *Michael Kohlhaas* ganz besonders signifikant, erscheint die von Gerichtsrat Walter in Aussicht gestellte Wiedereinsetzung Adams in sein Amt, wenn denn nur die Kassen stimmen (wofür – fatalerweise, möchte man auch im Hinblick darauf beinahe sagen – einiges spricht). Denn auf diese Weise wird einmal mehr eine Person im Amt gehalten, deren korrekte Vorgehensweise angesichts seiner bislang an den Tag gelegten, ruchlosen Bereitschaft zum Amtsmißbrauch auch für die Zukunft bestenfalls ein ungedeckter Wechsel bleibt.

Wer vermag zu versichern, daß Dorfrichter Adam aus Schaden, wenn schon nicht tugendhaft, so doch zumindest klug geworden ist und hinfort in interesselosem Wohlgefallen an nichts anderem als dem Recht sein Amt versehen wird – und sei es nur, um seine Stellung nicht ein neuerliches Mal zu gefährden? Wer vermag

---

eher satirisch gemeint" heißt es kurz und bündig bei Müller-Seidel (Müller-Seidel 1961, S. 193).

dies zu garantieren, wenn Adam – in einer gefallenen Welt – womöglich gar nicht anders kann, als auch weiterhin vorrangig seinen eigenen fragwürdig(st)en Bedürfnissen nachzugehen und dafür wie schon bislang seine Amtsgewalt schonungslos einzusetzen?

Das Interessanteste an der durchaus wahrscheinlichen Aussicht, daß der Dorfrichter seinen Posten nicht verliert, aber ist womöglich die Motivation, die Gerichtsrat Walter bei seiner Entscheidung über Adams Schicksal bestimmt. Ihm geht es um die Wahrung der „Ehre" der Justiz und damit auch für sie um den Fortbestand jenes Guts, das allenthalben das Handeln der Menschen in dieser Komödie antreibt und das im Besonderen Marthe Rull dazu veranlaßt, einen Prozeß anzustrengen. Es ist höchst signifikant, daß die Indienstnahme der Justiz für – rechtsfremde – eigene Absichten derselben Motivation folgt wie das Belassen von Personen, die nachweislich ihre Amtsgewalt mißbraucht haben, zur weiteren Tätigkeit in derselben, von ihnen beschädigten Institution. Wie also funktioniert dieser soziale Mechanismus der Ehre – eines Wertes, der Personen auszeichnet, aber offensichtlich auch auf Institutionen anzuwenden ist?

Der Besitz von Ehre gründet letztlich auf nichts anderem als dem *Anschein* von Ehre. Die Berechtigung eines solchen Anscheins kann gegeben sein oder auch nicht. Anschein bedeutet übrigens keineswegs notwendig Scheinhaftigkeit. Der Unterschied von Schein und Sein bleibt vielmehr so lange unerheblich, wie der Anschein erhalten bleibt. Ein Gerichtsurteil, wie Marthe es mit ihrem Prozeß erwirken möchte, gilt mithin der Sicherung des fortbestehenden *Anscheins* der Ehrenhaftigkeit ihrer Tochter.

Die Bindung des Besitzes von Ehre an den Anschein ist eine Folge der Modalitäten der Begründung wie Ingeltungsetzung dieses Merkmals einer Person. Die Ehre ist der Ausweis der Zugehörigkeit zur sowie der (in ihrem Ausmaß skalierbaren) Akzeptanz innerhalb der Gemeinschaft. Sie erwirbt und bewahrt sich also vermittels sozialer Interaktion und Kommunikation. Ihre Existenz ist folglich abhängig von Beobachtung, und damit von dem, was sich der *Beobachtbarkeit* darbietet. Hierin hat es seinen Grund, daß die Ehre mit dem Anschein der Ehre zusammenfällt. Sie hat keine andere Grundlage als die auf Beobachtung beruhende Annahme der Existenz ihrer Voraussetzungen. (Man kann sie deshalb wohl auch nicht eigentlich erwerben, sondern nur verlieren, wohl aber läßt sie sich steigern.)[245]

---

[245] Darin ist möglicherweise ein weiterer Unterschied gegenüber der Würde angelegt. *Sie* kann man nicht verlieren. Sie ist nicht nur unantastbar für andere. Sie ist sogar in letzter Konsequenz immun gegenüber dem eigenen Fehlverhalten. Eine solche Unverbrüchlichkeit der Menschenwürde läßt sich vielleicht bereits der theologischen Bewertung menschlicher Existenz entnehmen, die sich aus seiner Geschöpflichkeit herleitet. Beim Kirchenvater Augustinus heißt es in *De doctrina christiana* (I, 32 [38]): „Quia ergo bonus est [sc. Deus] sumus; et in quantum sumus, boni sumus. Porro quia etiam justus est, non inpune sumus mali, et in quantum sumus mali, in tantum etiam minus sumus" (Aurelius Augustinus, *De doctrina christiana*, in: *Corpus Christianorum Series Latina*

In einer sozialen Gemeinschaft, in der die Ehre die Münze der Geltung einer Person darstellt, hat auch die Institution der Justiz zu wirken und Recht zu sprechen. Auch ihre Wirksamkeit hängt deshalb von *ihrer* Ehre ab, näherhin von der Ehre der Personen, die die Institution repräsentieren und ihren staatlichen Auftrag ausführen. Die Ehre der Justiz ist deshalb eine Metonymie der Ehre derer, die das Recht sprechen. Aber zugleich gilt die Inversion dieses Satzes, denn die betreffende Beziehung ist umkehrbar: Die auf die beschriebene Weise zustande kommende Ehre der Institution strahlt wiederum auf diejenigen aus, *die* der Justiz angehören und sie darum repräsentieren. Auch sie sind in ihrer Ehre abhängig von der Ehre der Institution. Die Beschädigung der Institution fiele insofern auch auf Gerichtsrat Walter selbst zurück. Sein Kampf für die Ehre der Institution ist deshalb nicht zuletzt ein Kampf für seine eigen Ehre.

Es ist im Grunde die hier skizzierte zirkuläre Struktur im Verhältnis zwischen der Institution und ihren Repräsentanten, die Gerichtsrat Walter dazu bestimmt, den gefallenen Dorfrichter gegebenenfalls wieder in sein Amt einzusetzen. Und wenn er dazu zu tendieren scheint, dann wohl im Sinne einer Güterabwägung. Natürlich beschädigt auch der Versuch einer Rechtsbeugung die (Ehre der) Institution. Den Amtsträger deshalb aus seinem Amt zu entfernen, aber käme einer institutionellen Anerkenntnis des Versagens der Institution gleich, die deshalb schwerfällt und schwerfallen muß, weil sie ihre eigenen Grundlagen in Frage stellt.[246]

32, hg. von Klaus-Detlef Daur und Josef Martin, Turnhout: Brepols, 1962, S. 1-167, hier S. 26). („Weil er [sc. Gott] also gut ist, existieren wir. Und insoweit wir existieren, sind wir gut. Weil er aber auch gerecht ist, sind wir nicht ungestraft böse, und in dem Maß, in dem wir böse sind, existieren wir weniger." Übersetzung A. K.). So riskant der zweite Teil von Augustins Feststellung sich auch ausnehmen mag, weil seine Folgen für den Umgang mit den Menschen durchaus gravierend ausfallen können, aufgrund der Herleitung der Existenz des Menschen aus seiner Erschaffung durch einen guten Gott kommt ihm aufgrund seines bloßen Daseins das Prädikat, gut zu sein, zu. Es läßt sich ihm unter keinen Umständen absprechen und nicht einmal er selbst kann es gänzlich zerstören.

[246] In der Konsequenz dieser Lenienz kommt die Frage auf, warum der Richter im Nachbarort Holla gleichwohl von demselben Gerichtsrat suspendiert wird (welcher Umstand für ihn einen solchen Ehrverlust – nämlich im Grunde den Ausstoß aus der sozialen Gemeinschaft – bedeutet, daß er sich das Leben nehmen möchte und damit faktisch nachvollzöge, was symbolisch bereits mit seiner unehrenhaften Entfernung aus dem Amt geschehen ist.) Matala de Mazza schreibt: „Warum er [sc. Walter] im Falle Adams Gnade vor Recht ergehen lässt, während der Richter aus dem Nachbardorf die ganze Härte des Gesetzes zu spüren bekommt, bleibt rätselhaft" (Matala de Mazza 2001, S. 175). Oder ließe sich doch eine Erklärung für dieses „Rätsel" finden? Die Antwort scheint mir darin zu bestehen, daß der Griff in die „Cassen" zum eigenen Vorteil von anderer Art ist als der zu eigenem Nutzen veruntreute Prozeß. Die illegale Entwendung des Geldes betrifft die materielle Existenz der Justiz, aber das betreffende Vergehen findet außerhalb einer Amtsausübung statt. Genau dies ist im Falle von Dorfrichter Adam anders, weil er die Tätigkeit der Rechtsprechung pervertiert. Diesen Sachverhalt

Aus demselben Grund nimmt Gerichtsrat Walter auch um der raschen Beendigung der Verhandlung willen ein – wiewohl auf seine Revision hin schon angelegtes – Fehlurteil in Kauf, weil es den Anschien vermeiden kann, ein enttarnter Richter führe den Prozeß fort, den er selbst behindert. Ebenso wie in *Michael Kohlhaas* diejenigen Staatsdiener davonkommen, die für das dem Protagonisten angetane Unrecht verantwortlich zeichnen, hat auch Dorfrichter Adam beste Aussichten, in seiner Stellung zu verbleiben. Um des Selbstschutzes des Staates willen scheint die Institution der Justiz keinen anderen Ausweg zu sehen als die Vertuschung ihres Versagens, dessen Anerkenntnis die eigenen Grundlagen in Frage stellen würde.

So bleibt nur zu hoffen, daß einem mutmaßlich wiedereingesetzten Richter Adam kein Michael Kohlhaas über den Weg läuft.

Michael Kohlhaas und *Der zerbrochne Krug* stehen in einem Verhältnis der Komplementarität zueinander. Die Erzählung handelt von den Folgen einer Rechtsbeugung, die Komödie von der Verhinderung einer solchen. *Michael Kohlhaas* exponiert die fatalen Wirkungen des Versagens der Justiz auf den von diesem Versagen Betroffenen. *Der zerbrochne Krug* demonstriert hingegen die verschiedentliche Indienstnahme der Justiz für eigensüchtige Zwecke, die sie ihrer Aufgabe entfremden.

Wir haben gesehen, wie in *Michael Kohlhaas* das überkommene Modell einer Tragödie eine tragische Inversion erfährt. Der Ersatz der Tugend durch das Recht führt, dazu, daß – in Gestalt einer Umkehrung des von Aristoteles beschriebenen Handlungsverlaufs für ein Werk dieser Gattung – derjenige, dem sein Recht verweigert wird, sich selbst ein Schicksal bereitet, das in keinerlei Verhältnis zu dem von ihm erlittenen Unrecht steht.

Im *Zerbrochnen Krug* rückt die Institution der Justiz hingegen in ein Verhältnis zu traditionellen Gattungsmustern einer Komödie. Daß die Heirat zweier Liebenden durch allerlei Umstände behindert wird, daß die füreinander Bestimmten sich zwischenzeitlich selbst zu entzweien drohen, um am Ende durch eine glückliche Fügung schließlich doch zusammenfinden, ist gleichsam narratives Urgestein eines Lustspiels. Die Besonderheit des *Zerbrochnen Krugs* besteht darin, daß mitten in diesen zutiefst konventionellen Handlungsverlauf ein Prozeß gestellt wird.

Dieser Prozeß aber droht, die Unordnung der Welt, die einer glücklichen Verbindung der Liebenden entgegensteht, zu befestigen, statt sie zu beseitigen. Die Justiz, die Ordnung in der Welt stiften soll, gerät in den Sog einer sozialen Unordnung, die zu untermauern sie in der Gefahr steht. Und wenn dieser Effekt am Schluß verhindert wird, dann nur deshalb, weil durch kontingente Umstände der Prozeß eine Wende nimmt, die das glückliche Ende doch noch ermöglichen. Die

---

anzuerkennen, bedeutet eine ungleich größere Beschädigung der Institution als die Existenz eines Richters, der seine materielle Gier nicht zu kontrollieren vermag, aber dieses Sakrileg außerhalb einer Amtshandlung begeht.

zu diesem Zweck in der Tradition der Komödie geläufige Intrige eines Dieners geht in das Prozeßverfahren ein. Der (subalterne) Gerichtsschreiber weiß sich der Verhandlungsführung zu bemächtigen, weil die dafür Vorgesehenen versagen. Und er vermag den Prozeß zum Erfolg zu führen, weil er an dem schließlich erreichten Ausgang ein persönliches Interesse nimmt. Der Erfolg des Gerichtsverfahrens wird abhängig von den Ambitionen dessen, der sie zum eigenen Fortkommen nutzen und darum von der Korruption der Institution durch den schamlosen Dorfrichter profitieren möchte.

In der strukturell ‚unordentlichen' Welt des *Zerbrochnen Krugs* gerät die Institution der Ordnungssicherung, die Justiz, zu einem potentiellen Faktor der Befestigung dieser Unordnung. Und wenn der eine zur Verhandlung stehende Fall am Ende des Lustspiels eine Lösung erfährt und damit das gattungstypische *Happy End* der Komödie besiegelt, so mag es für dieses Mal aufgrund der besprochenen Umstände gut gegangen sein. Doch es bleibt die nach wie vor höchst virulente Gefahr einer Fortschreibung von Rechts wegen verhängten Unrechts. Etliches spricht dafür, daß Adam weitermachen wird wie bislang und die Justiz von so manchen auch in (aller) Zukunft als Organ der Durchsetzung eigener Interessen – und nicht um des Rechtes willen – in Anspruch genommen werden wird.

In einer Welt, in der eine Institution (staatlicher) Ordnungssicherung zu einem riskanten Faktor der Fort- und Festschreibung sozialer Unordnung gerät, kommt das *Happy End* als kontingente Ausnahme vor. Es ist die Welt einer ihrer selbst entfremdeten Komödie.[247] Aber es gibt sie noch. Denn es *kann* gut ausgehen.

---

[247] Mit diesem Urteil aber sei keineswegs in Zweifel gezogen, daß es sich bei Kleists *Zerbrochnem Krug* eben noch immer um eine Komödie handelt – um ein Lustspiel, das diesen Begriff mit vollem Recht verdient. Tragisches darin zu entdecken, fällt mir schwer. Einem Urteil wie dem folgenden zu Kleists Komödien *Amphitryon* und dem *Zerbrochnen Krug* vermag ich nicht zuzustimmen: „Plautus profiliert den Komödiencharakter, Kleist entwickelt demgegenüber aus der Komödienkonstellation selbst Tragik, zumindest für einige Figuren (analog auch in seiner ersten Komödie *Der zerbrochne Krug*)" (Bernhard Greiner, „Komödie / Tragikomödie", in: *Komik. Ein interdisziplinäres Handbuch*, hg. von Uwe Wirth, unter Mitarbeit von Julia Paganini, Stuttgart: Metzler, 2017, S. 30-35, hier S. 34). Allerdings führt der *Zerbrochne Krug* auch vor, wie sich die Voraussetzungen der überkommenen Gattungsregeln einer Komödie, zu denen etwa die Wiederherstellung sozialer Ordnung zählt, verändert haben. Zu der schon seit dem 19. Jahrhundert geführten Debatte über den generischen Status des zerbrochnen Krugs siehe: Fritz Martini, *Lustspiele – und das Lustspiel. J. E. Schlegel, Lessing, Goethe, Kleist, Grillparzer, G. Hauptmann, Brecht*, Stuttgart: Klett, 1974, S. 150-197. Martinis Schlußvotum stimme ich voll und ganz zu: „*Der zerbrochne Krug* ist ein Lustspiel, das aus einer sehr genauen Besinnung auf die Kunstgesetze dieser dramatischen Form entstanden ist" (ebd., S. 197). Jedoch gilt ebenso, daß Kleists Komödie die Transformation der Bedingungen der Möglichkeit dieser literarischen Gattung spiegelt.

7. Exkurs. Metapher – Metonymie – Symbol: Anmerkungen zur hermeneutischen Struktur figürlicher Rede

Wo immer eine Deutung zentrale Bedeutung besitzt, kommt dem Zeichen eine wesentliche Rolle zu. Denn Zeichen bilden die Scharnierstelle zwischen Gegenständlichkeit und Bedeutung: Ein Gegenstand kann die Bedeutung eines Zeichens ausmachen, und Gegenstände können ihrerseits zeichenhaft werden und eine Bedeutung gewinnen. Kein zweites Element der Handlung weist in Kleists *Zerbrochnem Krug* eine solche Vielfalt der zeichenhaften Bezüge wie dieses titelgebende Requisit auf – als Metapher, Metonymie oder Symbol.

Wenn wir für die Komödie des *Zerbrochnen Krugs* und nicht zuletzt für diesen Krug selbst die Unvermeidlichkeit der Deutung als eine der wesentlichen Botschaften dieses Stücks festgestellt haben, so sei in diesem Exkurs untersucht, inwieweit sich der betreffende Befund generalisieren und auf Formen sekundärer Zeichenhaftigkeit schlechthin anwenden läßt. Diese Frage richtet sich dabei vor allem auf die Struktur rhetorische Figuren. Es hat nämlich den Anschein, als bezögen sie ihre Eigenart nicht, wie aus ihren geläufigen Definitionen hervorgeht, aus einer spezifischen semantischen Qualität, die jeweils aus der Relation zwischen einem ‚eigentlichen' und einem ‚uneigentlichen' Ausdruck, zwischen einem *proprium* und einem *translatum* bestünde. Der Unterschied zwischen den einzelnen Tropen ergibt sich vielmehr, dieser These werden wir im Folgenden nachgehen, aus den unterschiedlichen hermeneutischen Verfahren, derer es bedarf, um die mit ihnen verbundenen Störungen in widerspruchsfreien Aussagen aufzuheben.

Was aber bedeutet es, dies ist zunächst zu klären, wenn wir die Begriffe ‚Metapher', ‚Metonymie' und ‚Symbol' als unterschiedliche Erscheinungsformen „sekundärer Zeichenhaftigkeit" verstehen? Hier sind zunächst zwei Typen einer solchen semiotischen Qualität zu unterscheiden.

Dieser Begriff kann zum einem besagen, daß ein Zeichen eine doppelte semiotische Beziehung ausbildet. Dies scheint bei jeder Metapher der Fall zu sein. Wer vom ‚Lebensabend' spricht, benutzt das Lexem ‚Abend', das eine bestimmte Tageszeit bezeichnet. Diese Bedeutung aber verliert durch die Kombination mit dem Lexem ‚Leben' ihre Angemessenheit. *Per analogiam*, so besagt es die geläufige Erklärung dieser rhetorischen Figur, wird die späte Tageszeit auf eine späte Lebenszeit übertragen, und ‚Abend' bedeutet nun ‚Alter'.

Strukturell nicht anders verhält es sich bei der Metonymie. Lädt man jemanden ein, ein Glas zu trinken, dann steht das Gefäß für dessen Inhalt, der zugleich – approximativ – eine bestimmte Quantität (in aller Regel eines alkoholischen Getränks) bezeichnet. Die Qualität der Beziehung zwischen den beiden Ebenen einer ‚eigentlichen' und einer ‚übertragenen' Bedeutung unterscheidet sich indessen in diesem Fall von derjenigen bei einer Metapher. In welcher Weise sie voneinander differieren – und in welcher Weise die in diesem Exkurs vorgeschlagene Definition zugleich von überkommenen theoretischen Modellen dieser rhetorischen Figuren abweicht –, wird im Einzelnen zu besprechen sein.

Um einen Fall von „sekundärer Zeichenhaftigkeit" aber handelt es sich ebenso, wenn ein Gegenstand, der nicht als Zeichen konstituiert ist, zu einem Zeichen wird. Der Eiffelturm ist in diesem Sinn zu einem, wo nicht *dem* Symbol der Stadt Paris geworden, obwohl er zunächst als nichts anderes denn das höchste Gebäude der Welt auf dem Gelände der Pariser Weltausstellung von 1889 zur Zentenarfeier der Französischen Revolution errichtet wurde. Wie aber – von dieser Frage waren wir ausgegangen – verhalten sich die drei genannten Typen der Zeichenhaftigkeit, die der zerbrochene Krug im Laufe von Kleists Lustspiel allesamt annimmt, zueinander?

Wenn Metapher wie Metonymie einen Fall „sekundärer Zeichenhaftigkeit" im Sinne der ersten unserer beiden Definitionen darstellen, dann fragt sich, wie diese doppelte semiotische Relation in ihrem Fall entsteht, wie es zur Ausbildung einer weiteren Bedeutung kommt. In einer – grundlegenden – Hinsicht erfolgt dies bei beiden rhetorischen Figuren durch eine sprachliche Operation, die Harald Weinrich für die Metapher in scharfsichtiger Weise als eine „widersprüchliche Prädikation" bezeichnet hat.[248]

---

[248] „Ich schlage vor, entsprechend den voraufgehenden Überlegungen, als neue Grundlage einer Metaphorik den Satz zu nehmen: Die Metapher ist eine widersprüchliche Prädikation" (Harald Weinrich, „Semantik der kühnen Metapher", in: *DVJs* 37 [1963], 325–344, hier S. 312.) Weinrichs Artikel stellt eine der gleichermaßen ingeniösesten wie substantiellsten Studien dar, die je zur Metapher verfaßt worden sind. Die in diesem Exkurs angestellten Überlegungen zu den verschiedenen Typen sekundärer Zeichenhaftigkeit greifen auf diesen Grundgedanken Weinrichs sowie einige Schlussfolgerungen, die er daraus abgeleitet hat, zurück. Seine innovative Definition der Metapher scheint mir allerdings einige weitere Konsequenzen zu haben, die er selbst noch nicht daraus gezogen hat. Ihnen nachzugehen, ist das Kernanliegen der folgenden Auseinandersetzung mit der Theorie von Metapher und Metonymie. Dabei kommt der parallelen Betrachtung der beiden rhetorischen Figuren eine beträchtliche theoretische Bedeutung zu. Denn Weinrichs Definition der Metapher umfaßt mehr als nur diese Trope: „Eine Metapher, und das ist im Grunde die einzig mögliche Metapherndefinition, ist ein Wort in einem Kontext, durch den es so determiniert wird, daß es etwas anderes meint, als es bedeutet" (ebd., S. 334). So schlagend diese Bestimmung einer Metapher ist, sie ist nicht distinktiv für diese Trope; denn darunter läßt sich gleichermaßen eine Metonymie subsumieren. Wie also unterscheiden sich diese beiden rhetorischen Figuren unter der

Weinrich selbst interessiert sich im genannten Artikel, wie erwähnt, allein für die Metapher. Entsprechendes aber ließe sich eben gleichermaßen für die Metonymie feststellen. Ein Titel von *Info France 2* auf *Twitter* vom 29. November 2022 lautet: „Paris a déclaré la guerre aux graffeurs" („Paris hat allen Graffiti-Sprayern den Krieg erklärt"). Weil das Verbum ‚erklären' ein personelles Sprechersubjekt voraussetzt, d. h. eine einzelne Person oder eine Gruppe von Personen, kann die Stadt als solche nicht der Urheber der betreffenden Äußerung sein. ‚Paris' vertritt in diesem Satz deshalb die Administration der Stadt, deren Repräsentanten – wer auch immer es *in concreto* gewesen sein mag – diese Erklärung abgegeben haben.

Wesentlich an Weinrichs Definition der Metapher als einer „widersprüchlichen Prädikation", ist zweierlei. Zum einen macht sie deutlich, daß es sich jeweils um einen Satzzusammenhang handelt, innerhalb dessen eine rhetorische Figur als eine solche konstituiert wird. Diese Einsicht ist in der Tat essentiell und stellt einen entschiedenen Vorteil gegenüber jenen (im Folgenden eingehend zu diskutierenden) Definitionen dar, die die Metapher auf eine Relation zwischen zwei Ausdrücken zurückführen möchten. Zum anderem geht daraus hervor, daß die betreffende Prädikation eine Störung aufweist – d. h. eine semantische Inkompatibilität, die die beiden Tropen zugleich als solche zu erkennen gibt. Welcher Art aber ist diese Störung, welche Reaktionen löst sie aus und wie unterscheiden sich die beiden für Metaphern und Metonymien jeweils konstitutiven Störungen voneinander?

Letztere Frage muß Weinrich in seiner auf die der Metapher zentrierten Untersuchung nicht beschäftigen. Indessen scheint sie mir nicht allein in systematischer Hinsicht im Blick auf die Struktur von Tropen von Interesse zu sein. Vielmehr stehen Metapher und Metonymie, wie bereits angedeutet und wie im Laufe der im Folgenden angestellten Überlegungen des Näheren begründet sei, in einem gewissen Interdependenzverhältnis zueinander. Ihre jeweilige Beschaffenheit erhellt nicht zuletzt aus der Relation dieser beiden rhetorischen Figuren zur jeweils anderen. Sie schöpfen in gewisser Weise das Spektrum der verschiedenen Modalitäten von Bedeutungsproduktion durch eine „widersprüchliche Prädikation" aus. Nicht zuletzt deshalb lassen sich ihnen anderweitige Tropen, die die Rhetorik begrifflich ausdifferenziert hat, subsumieren. Dies gilt für die Synekdoche im Hinblick auf die Metonymie oder für das Oxymoron und seine Beziehung zur Metapher. Metonymie und Metapher erscheinen deshalb gleichsam als „Schwestertropen". Es empfiehlt sich darum, sie im Verbund miteinander zu definieren.[249]

Maßgabe von Weinrichs auf alle Tropen ausweitbaren Definition als einer widersprüchlichen Prädikation? Diese Frage zu beantworten, ist ein primäres Anliegen der im Folgenden angestellten Überlegungen, wobei wir die Beziehung *zwischen* beiden rhetorischen Figuren als ein konstitutives Element ihrer *jeweiligen* Definition begreifen werden. Sie bestimmen sich in beträchtlichem Maße wechselseitig.

[249] Die Gemeinsamkeiten von Metapher und Metonymie treten nicht zuletzt anhand eines weiteren rhetorischen Verfahrens zutage, das man traditionell den Tropen zurechnet, nämlich die Ironie. Was alle drei sprachlichen Operationen miteinander verbindet, ist der Sachverhalt, daß eine wörtliche Bedeutung sprachlicher Ausdrücke jeweils ihre

Was Weinrichs Antwort auf die erste der beiden hier aufgeworfenen Fragen, diejenige nach der spezifischen Qualität der Störung, die eine Metapher auslöst, betrifft, so scheint er mir an genau dieser systematischen Stelle den Konsequenzen seiner eigenen Metapherndefinition noch nicht hinreichend Rechnung zu tragen. Er bleibt hier m. E. einer Ansicht der überkommenen Theorie verhaftet, obwohl sie durch seine eigene Bestimmung dieser rhetorischen Figur an Plausibilität gerade verloren hat. In einem ersten Schritt sei deshalb noch einmal auf diese Tradition selbst zurückgeblickt, um sodann zu erläutern, warum das Verständnis der Metapher, mit welcher rhetorischen Figur wir beginnen wollen, als einer „widersprüchlichen Prädikation" das Erklärungspotential ihrer geläufigen Bestimmung erheblich einschränkt. Die veränderte Definition, die im Rahmen dieses Exkurses vorgeschlagen sei, werden wir statt dessen aus der Besonderheit der hermeneutischen Reaktion, die eine Metapher auslöst, ableiten – anders gesagt aus der *Operation*, die eine ‚widersprüchliche Prädikation' aufzuheben vermag

Geht man von den kanonischen Begriffen aus, die der Metapher wie der Metonymie ihren Namen geben, so ist die eine wie die andere Bezeichnung im Grunde wenig aussagekräftig für eine Kennzeichnung der mit ihnen benannten sprachlichen Operationen. Der griechische Begriff der Metapher (μεταφορά) bedeutet ‚Übertragung'. Aber weder gibt er an, was worauf übertragen wird, noch wird aus seiner Wortbedeutung ersichtlich, welche Bedingungen der Übertragung gegeben sein müssen.[250] Der Begriff der Metonymie (μετωνυμία) erscheint noch unspezi-

---

Pertinenz verliert. Indessen unterscheidet sich die Ironie von den beiden anderen Tropen in zumindest doppelter Hinsicht. Zum einen wartet sie nicht mit einer übertragenen Bedeutung auf, sondern operiert mit der Negation des Gesagten. Zum anderen gibt es keine semantische Störung in der Konstruktion eines Satzes, die die Ironie als solche markierte. Sie ist nicht zuletzt deshalb ungleich schwerer zu bemerken, weil sie sich in ihren Formulierungen von nicht-ironischer Rede gar nicht unterscheiden muß. Ihre Markierung beruht deshalb auf Indikatoren, die in sehr viel größeren Kontexten spielen (können) – in Widersprüchen zwischen einzelnen Aussagen eines Textes, in Inkompatibilitäten in Beziehung zu den Umständen der Äußerungssituation, im Mißverhältnis zu bekannten Überzeugungen des Sprechers, etc. Nicht zuletzt suprasegmentale Zeichen wie die Satzmelodie können als Anzeichen ironischer Rede fungieren. Sie unterscheidet sich insofern strukturell sehr deutlich von Metapher und Metonymie, die gemeinsam ein Paar tropischer Bedeutungsproduktion bilden, während sich für die Ironie keine entsprechende „Schwestertrope" zu finden scheint. Ihr Bezugspunkt ist vielmehr einzig die nicht-ironische Rede.

[250] Auch eine andere geläufige Bezeichnung für diese rhetorische Figur gibt wenig Auskunft über die Eigenart der mit ihr bezeichneten sprachlichen Operation, ja man wird sogar sagen müssen, daß sie ein Stück weit das ihr zugrunde liegende Verfahren verdunkelt. Gemeint ist die Rede von der Metapher als einem ‚sprachlichen Bild', die im Grunde so etwas wie eine Metapher der Metapher darstellt. Ein Bild impliziert (optische) Wahrnehmung. Dieser Ausdruck scheint insofern auf eine Produktion von Anschaulichkeit zu setzen. Nun ist es in der Tat der Fall, daß zahlreiche Metaphern für ein

fischer, besagt er doch nicht mehr als den Tausch eines Wortes gegen ein anderes, ohne dessen Modalitäten auch nur irgend zu präzisieren. Letztlich ließe er sich deshalb – von seinem Wortsinn her – ebenso für die Bezeichnung von Metaphern verwenden.

Die Definition der für die Metapher charakteristischen Art der Übertragung der Bedeutung eines Wortes hat die rhetorische Theorie seit der Antike vorzugsweise mit Hilfe einer syntaktischen Bestimmung der Relation betrieben, die zwischen einem eigentlichem und einem uneigentlichen Ausdruck, zwischen *proprium* und *translatum* existiert. Als wesentlich für diese Bestimmung erweist sich dabei das Verständnis der Metapher als eines „verkürzten Vergleichs".

Um diese Definition anhand der kanonischen, auf Homers *Ilias* zurückgreifenden und durch Aristoteles' *Rhetorik* prominent gemachten Metapher[251] zur illustrieren:

---

abstraktes Phänomen eine solche wahrnehmungsspezifische Einprägsamkeit herstellen. Wer von der „Sonne der Gerechtigkeit" spricht, macht sich mit diesem, dem *Alten Testament* entnommenen (Mal 3, 220) ‚Bild' die wohltuende, lebensspendende Wirkung der Sonne in der Vorstellung von Licht zunutze, um das moralische Prinzip der Gerechtigkeit zu illustrieren. Doch derlei Effekte sind keineswegs konstitutiv für die Metapher. Heißt es etwa, man wolle verschiedene Standpunkte „unter einen Nenner bringen", so benutzt man gerade eine abstrakte mathematische Operation, um einem Sachverhalt Prägnanz zu verschaffen. Nun ließe sich der gleiche Sachverhalt ebenso mit Hilfe der Metapher, man wolle die unterschiedlichen Positionen „unter einen Hut bringen", veranschaulichen; doch diese Ausdrucksweise kann keinerlei metaphorische Priorität gegenüber der alternativen metaphorischen Formulierung beanspruchen, die nicht auf Veranschaulichung durch Angleichung an einen Wahrnehmungsprozeß setzt. Die Bezeichnung der Metapher als „sprachliches Bild" benennt mithin eine semantische Wirkung, die zahlreichen Metaphern zu eignen scheint, die indes keineswegs eine notwendige Voraussetzung ihrer Bildung darstellt und die vor allem nicht das sprachliche Verfahren benennt, auf dem Metaphern beruhen. Dieser seinerseits metaphorische Name für die betreffende rhetorische Figur postuliert hingegen eine mediale Äquivalenz von Sprache und Bild, die in der einen wie in der anderen Hinsicht weit mehr Verwirrung stiftet, als daß sie eine tragfähige Erklärung für die Struktur dieser Trope anzubieten vermöchte. Insofern stimme ich Michael Silks Urteil in jeder Hinsicht zu: „As a host of modern critics have pointed out, there is nothing especially visual about metaphorical (or any other kind of) actualization" (Michael Skill, „Metaphor and Metonymy: Aristotle, Jakobson, Ricœur, and Others", in: *Metaphor, Allegory, and the Classical Tradition. Ancient Thought and Modern Revisions*, hg. von George Robin Boys-Stones, Oxford / New York: Oxford University Press, 2003, S. 115-147, hier S. 129). Weder läßt sich die Metapher mit Hilfe von Eigenschaften erklären, die für das Medium des Bildes charakteristisch sind, noch gelingt es umgekehrt, aus ihren Merkmalen abzuleiten, wie Bilder funktionieren. Die Rede vom „sprachlichen Bild" besitzt insofern kaum ein heuristisches theoretisches Potential (auch wenn man diesem Ausdruck eine solche Leistung in der jüngeren medien-, im Besonderen bildwissenschaftlichen Diskussion durchaus zugetraut hat. Siehe etwa Gottfried Boehm, „Die Wiederkehr der Bilder", in: *Was ist ein Bild?*, hg. von Gottfried Boehm, München: Fink, 1994, S. 11-38).

[251] Aristoteles, *Rhetorik*, III, 4, 1406b f. Zum Wortlaut der Textstelle siehe unten S. 250.

Der Satz „Achilles war ein Löwe in der Schlacht" wäre in diesem Sinn als Kurzform des Vergleichs „Achilles war *wie* ein Löwe in der Schlacht" zu deuten. Von hierher leitet sich das klassische Kriterium ab, das man – weithin bis auf den heutigen Tag – als Konstituens aller Metaphern benennt: die Ähnlichkeit zwischen *proprium* und *translatum*.

In Quintilians höchst einflußreicher *Institutio oratoria*, 8, 6, 8 (die nicht zuletzt zur Karriere des aristotelischen Metaphernbeispiels maßgeblich beigetragen hat) heißt es zu dieser Definition:

metaphora brevior est similitudo, eoque distat, quod illa comparatur rei quam volumus exprimere, haec pro ipsa re dicitur; comparatio est, cum dico fecisse quid hominem ›ut leonem‹; translatio, cum dico de homine ›leo est‹.[252]	Die Metapher ist ein kürzerer Vergleich. Sie unterscheidet sich von ihm dadurch, daß durch ihn etwas der Sache, die wir ausdrücken wollen, verglichen wird, die Metapher hingegen von der Sache selbst ausgesagt wird. Um einen Vergleich handelt es sich, wenn ich von einem Menschen sage, er habe etwas ‚wie ein Löwe' gemacht; um eine Übertragung, wenn ich sage: ‚Er ist ein Löwe'.[253]

Die auf dieser Grundlage zum kanonischen Merkmal der Metapher erklärte Ähnlichkeit[254] aber scheint schon in der antiken Metaphorik selbst keineswegs als eine notwendige Ingredienz dieser rhetorischen Figur gegolten zu haben. Ein – wenn auch sich gleichsam nebenbei, genau besehen, gegen die Intention des Verfassers einstellendes – Zeugnis für diese Einschätzung verdanken wir einer Äußerung Ciceros in seiner Schrift *De oratore* (3, 39, 157):

[translatio] Similitudinis est ad verbum unum contracta brevitas, quod verbum in alieno loco tamquam in suo positum si agnoscitur, delectat, si simile nihil habet, repudiatur.[255]	Die Übertragung des Vergleichs besteht darin, daß er zu einem Wort zusammengezogen wird. Ein solches an einen anderen Ort verschobenes Wort, als wäre es sein eigentlicher, gefällt, sofern es verstanden wird. Wenn es aber keinerlei Ähnlichkeit aufweist, stößt es ab.[256]

---

[252] Heinrich Lausberg, *Handbuch der literarischen Rhetorik. Eine Grundlegung der Literaturwissenschaft*, zweite, durch einen Nachtrag vermehrte Auflage, München: Hueber, 1973, S. 285.

[253] Übersetzung A. K.

[254] „Zwischen der metaphorischen Bezeichnung und dem so Bezeichneten muß also eine *similitudo* bestehen" (Lausberg 1973, S. 285). Das Modalverb changiert auch bei Lausberg in signifikanter Weise zwischen der Feststellung von etwas Gegebenem und einem normativen Postulat.

[255] Cicero 1962, 495. Auch Lausberg macht, wiewohl in anderer Intention, auf diese Stelle aufmerksam.

[256] Übersetzung A. K.

Es ist ein aristotelisches, zutiefst rationalistisches Argument zur Charakteristik der Wirkung der Metapher, dessen sich Cicero an dieser Stelle bedient. Denn daß sie Vergnügen bereitet, bescheinigt er ihr, sofern sie nur verstanden wird. Und daß alle Erkenntnis mit Lust verbunden ist, weil sie dem *animal rationale* als sein natürliches Verhalten wohl ansteht, gehört zu den elementaren Annahmen im Denken des Aristoteles. Gewiß geht es Cicero um eine Bewertung von Metaphern unterschiedlicher Art – ungleicher Evidenz, sollte man vermutlich präziser sagen. Doch unter der Hand gerät ihm sein Plädoyer für das *simile* zu einer Bestätigung der Tatsache, daß die Ähnlichkeit für eine Metapher nicht unverzichtbar ist. Sie mag weniger Vergnügen erzeugen, wenn sich eine Ähnlichkeit zwischen *proprium* und *translatum* nicht erkennen läßt, aber daß es sich auch unter solchen Bedingungen noch immer um dieselbe rhetorische Figur handelt, scheint davon unberührt zu bleiben.

So wird denn auch kaum in Zweifel stehen, daß der in Ciceros *De oratore* kritisierte Typus von Metaphern für die Lyrik der Moderne nachgerade konstitutiv geworden ist. Um diesen Sachverhalt nur anhand eines einzigen, berühmten – weil besonders plastischen – Beispiels zu illustrieren, sei der erste Vers von Paul Celans *Todesfuge* zitiert: „SCHWARZE Milch der Frühe wir trinken sie abends".[257] Eine poetische Aussage wie diese scheint es auf Unähnlichkeit geradezu angelegt zu haben. Und vermutlich genügt es bereits, an die ‚kanonische' – weil kodifizierte – Trope des Oxymorons zu erinnern, um zu einem ähnlichen Ergebnis zu kommen. Denn keineswegs die Ähnlichkeit, sondern gerade der Widerspruch resp. semantische Unverträglichkeit gilt als das Prinzip der Verbindung der in einem Oxymoron miteinander kombinierten Elemente, die gleichwohl eine Erscheinungsform der Metapher darstellt: Charles Baudelaires berühmter Titel seines lyrischen Zyklus, *Fleurs du Mal (Blumen des Bösen)*, belegt diesen Sachverhalt sehr plastisch.

Doch nicht erst die dunkle Metapher oder ihre Sonderform des Oxymorons (wir werden später noch die sog. „absolute Metapher" in die in diesem Exkurs angestellten Überlegungen einbeziehen) wecken Zweifel an der Pertinenz des Ähnlichkeitskriteriums zur Erklärung ihrer semantischen Struktur. Die mangelnde Tauglichkeit dieses Kriteriums zum konstitutiven Moment der Metapher tritt bei näherem Zusehen schon anhand ihrer kanonischen Beispiele auf.

Seine Prominenz verdankt es, wie erwähnt, der Definition der Metapher als eines verkürzten Vergleichs. Der zitierte Vers aus Celans *Todesfuge* vermag allerdings zu belegen, wie verkürzend eine solche – syntaktische – Bestimmung seiner strukturellen Merkmale ausfällt. Denn was wäre hier womit *verglichen*? Mit dem

---

[257] Paul Celan, *Gesammelte Werke in fünf Bänden*, hg. von Beda Allemann und Stefan Reichert unter Mitwirkung von Rudolf Bücher, Frankfurt am Main: Suhrkamp, 1983, Band 1, *Gedichte I*, S. 41.

Zweifel an der Ähnlichkeit als der semantischen Grundlage der Metapher scheidet letztlich auch die Möglichkeit ihres Verständnisses als eines verkürzten Vergleiches aus.[258]

Wie eng hingegen der Zusammenhang zwischen beiden rhetorischen Figuren in der antiken Rhetorik gedacht war, belegt nicht zuletzt die schulbildende Definition des Aristoteles, der kaum einen Unterschied zwischen Metapher und „Gleichnis" annimmt:

> Auch das Gleichnis ist eine Metapher; denn der Unterschied ist geringfügig. Wenn man nämlich [zu Achill] sagt: „wie ein Löwe stürzte er (auf ihn)", ist es ein Gleichnis, wenn aber: „ein Löwe stürzte (auf ihn), ist es eine Metapher. Weil nämlich beide tapfer sind, sprach er, indem er eine Übertragung vornahm, von Achill als von einem Löwen.[259]

Diese konzeptuelle Bindung der Metapher an den (verkürzten) Vergleich hat vor allem eine – fatale – theoretische Konsequenz. Die ihr geschuldete Bedeutung der Ähnlichkeitskategorie für die Beschreibung ihrer Struktur besitzt nämlich eine Implikation, die für die Metapher insgesamt keinerlei Geltung zu beanspruchen vermag. Denn – die Antwort auf diese Frage erweist sich bei näherer Betrachtung als keineswegs trivial – zwischen welchen Gliedern eines verkürzten Vergleichs tritt ein solches Similaritätsverhältnis eigentlich in Erscheinung?

Um zu unserem kanonischen Beispiel zurückzukommen: Wenn es heißt „Achilleus war *wie* ein Löwe in der Schlacht", dann postuliert dieser Vergleich eine Ähnlichkeit zwischen einem Löwen und dem mit ihm verglichenen Heroen der *Ilias*. Doch das von der Metapher erwartete *simile* bezieht sich keineswegs auf die Beziehung zwischen ihnen, sondern auf die Ähnlichkeit zwischen einem eigentlichen und einem uneigentlichen Ausdruck, zwischen *proprium* und *translatum*. Wenn es also heißt „Achilleus war ein Löwe im Kampf" verwandelt sich die Frage nach der Ähnlichkeitsbeziehung in diejenige nach dem Verhältnis zwischen einem ersetzenden und einem ersetzten Ausdruck. Aber welcher Ausdruck wird

---

[258] Schon Harald Weinrich hat höchst berechtigte Zweifel an der Tauglichkeit von Quintilians Bestimmung der Metapher angemeldet: „Die schulmäßige Definition ‚Die Metapher ist ein verkürzter Vergleich' (Quintilian) ist unbrauchbar. Das Phänomen der Metapher ist ursprünglich; man kann den Vergleich als eine erweiterte Metapher auffassen" („Die Metapher [Bochumer Diskussion], in: POETICA 2 [1968], S. 100-130, hier S. 100). Auch wenn ich Weinrichs Befund der Unzulänglichkeit von Quintilians Metapherndefinition sehr entschieden zustimme, so weicht meine Erklärung für ihre Untauglichkeit gleichwohl von der seinen ab (siehe hierzu des Näheren unten, S. 260). Denn es scheint mir zweifelhaft zu sein, daß die Metapher im Verhältnis zum Vergleich als „ursprünglich" zu begreifen sei. Es handelt sich bei den beiden rhetorischen Figuren vielmehr um unterschiedliche sprachliche Verfahren, zwischen denen indessen keine hierarchischen Beziehungen zu existieren scheinen.

[259] Aristoteles, *Rhetorik*, III, 4, 1406b f. (Aristoteles, *Rhetorik*, übersetzt und erläutert von Christof Rapp, Erster Halbband, Berlin: Akademie Verlag, 2002, S. 135 f.)

hier eigentlich ‚ersetzt'? Und läßt sich überhaupt *ein* Ausdruck benennen, der die Eigentlichkeit dieses Uneigentlichen ausmachte? Denn was ist es, das einen Löwen im Kampf auszeichnet? Stärke? Wildheit? Unerschrockenheit? Versammelte dieser Löwe in sich womöglich all jene Eigenschaften, die man zum nemeischen Löwen in Hesiods *Theogonie*[260] nachlesen kann, dem unverwundbaren Raubtier, den nur ein Halbgott wie Herakles zu überwinden vermochte? Aber was *ist* dann das *proprium* dieses *translatum*? All diese Begriffe zusammen? Oder einer unter ihnen, dem die anderen hierarchisch nachgeordnet wären? Es fällt offenkundig schwer, eine solche ‚Eigentlichkeit' zu benennen. Sie bleibt im Grunde eine – darum mehrfach besetzbare – Leerstelle.

Etwas Zweites kommt hinzu. Das für die Metapher erhobene Postulat der Ähnlichkeit setzt voraus, daß der übertragene Ausdruck das Zeug zu einem *proprium* hat. Aber was, wenn dies gar nicht der Fall ist?

> Freude, schöner Götterfunken,
> Tochter aus Elisium,
> Wir betreten feuertrunken,
> Himmlische, dein Heiligthum.
> Deine Zauber binden wieder,
> Was die Mode streng getheilt,
> Alle Menschen werden Brüder,
> wo Dein sanfter Flügel weilt.[261]

So beginnt bekanntlich Schillers *Ode an die Freude*. Ihr Anfang wird von einer ganzen Serie von Metaphern bestimmt. Um bei einer unter ihnen anzufangen: Was bedeutet der Ausdruck „feuertrunken", der einer Charakteristik des Zustands der mit „wir" bezeichneten Personen gilt? Daß es sich dabei um eine Metapher handelt, dürfte außer Frage stehen. Doch worin besteht ihr semantischer Gehalt?

Dies zu bestimmen, fällt alles andere als leicht; denn dem Ausdruck ist die Uneigentlichkeit eines Widerspruchs eingeschrieben. Es gibt in seinem Fall mithin gar keine ‚eigentliche' Bedeutung, die in übertragenem Sinn gebraucht würde. Die vertraute Unterscheidung zwischen *proprium* und *translatum*, die die Beschreibung des Mechanismus der Metapher gleichsam selbstverständlich voraussetzt, scheint hier auszufallen.

Das Partizip „trunken" setzt den Trank voraus, der mit dem Feuer schwerlich zu vereinbaren ist. (Von Feuerschluckern wird hier schließlich kaum die Rede sein.) Indessen läßt sich im Kontext dieses Ausdrucks in den ersten Versen von Schillers Ode ein semantischer Anknüpfungspunkt finden, der zur Erklärung dieser rätselvollen Metapher beitragen kann. Das „Feuer" verweist nämlich auf den „Götterfunken" des ersten Verses zurück, als der die Freude zunächst bestimmt

---

[260] Hesiod, *Theogonie*, 327-329.
[261] Friedrich Schiller: *An die Freude*, in ders., *Gedichte. Zweiter Theil*, Leipzig: Siegfried Lebrecht Crusius, ³1808, S. 121-127, hier S. 121.

wird. Und damit wird dieser Ausdruck, dem gleichermaßen die Evidenz eines *proprium* fehlt, seinerseits erläutert. Der Funken der Freude weitet sich zu einem Feuer aus, das die Freude zu entfachen vermag, um die Menschen, alle Menschen dadurch in einen rauschhaften Zustand zu versetzen – die Menschheit, sollte man präziser sagen; denn in keinem geringeren Namen glaubt das Ich das Pronomen der ersten Person Plural beanspruchen zu können.

Dieses Ich, das sprachlich im „wir" aufgeht (resp. das „wir" vereinnahmt), tritt in Schillers hymnischem Gedicht gleichsam als Sprecher des gesamten Menschengeschlechts auf (ein, den Üblichkeiten seiner kulturellen Epoche folgend, erkennbar männlich dominiertes Geschlecht, das unter der Einwirkung der Freude alle Menschen zu *Brüdern* werden läßt). Und wenn in der ekstatischen Verzückung, die die Freude auszulösen vermag, selbst der Gegensatz der Elemente von ‚Feuer' und ‚Wasser' aufgehoben zu sein scheint, dann deutet diese *coincidentia oppositorum* zugleich auf die Verse fünf und sechs voraus, die davon berichten, wie dieselbe Freude zusammenbringen kann, was „die Mode streng geteilt". Die latente Aporie des Ausdrucks „feuertrunken" markiert nicht zuletzt als solche den Ausnahmezustand, den die Freude, die alle Konventionen sprengt, hervorbringt.

Darin aber trifft sich diese Metapher mit der ersten, die Schiller benutzt, um die Freude zu charakterisieren: dem „Götterfunken". Auch zu ihren semantischen Effekten gehört es, daß sie die Außergewöhnlichkeit des Erlebnisses dieses Gefühls markiert, die vermittels der „Götter" in der metaphorischen Gestalt überirdischer Herkunft zum Ausdruck gebracht ist – ein Umstand, den die folgende Metapher der „Tochter aus Elysium", gleichsam eine genealogische Variante des „Götterfunkens", verdeutlichend kenntlich macht und der sich schließlich in der Metapher vom „Heiligthum" der Freude noch einmal bestätigt.

Die Eröffnung von Schillers *Ode an die Freude* spinnt gleichsam ein Netz von Metaphern, in dem sich die einzelnen metaphorischen Ausdrücke wechselseitig erläutern. Dieses Netz ist in seiner Struktur jedoch deutlich verschieden von jener „fortgesetzten Metapher", als die man die Allegorie traditionell bestimmt.[262] Konstitutiv für sie ist die Verwandlung eines sich über mehrere Ausdrücke erstreckenden und insofern mehrere Metaphern kombinierenden kohärenten Sachzusammenhangs in einen metaphorischen Sachverhalt. Sie beruht also auf einer Kombination von Ausdrücken, die metonymisch miteinander verbunden sind und metaphorisch zur Bezeichnung eines Sachverhalts Verwendung finden.[263] Das

---

[262] „Metaphora continuata" lautet bekanntlich ihre kanonische Definition bei Quintilian (*Institutio oratoria* VIII, 6.44).

[263] Mein immer wieder gern benutztes ‚Paradebeispiel' zur Illustration einer Metonymie verdanke ich einer Teilnehmerin eines literaturwissenschaftlichen Grundkurses, den ich in den 80er Jahren des vergangenen Jahrhunderts als Assistent an der Freien Universität Berlin hielt. Der in der Abschlußklausur dieser Lehrveranstaltung gestellten Aufgabe, einige rhetorische Figuren anhand von selbstgewählten Beispielen zu erläutern, kam sie mit der folgenden, sinnreich erdachten Allegorie nach: „Wenn London nicht endlich seine Bremserrolle aufgibt, wird der Zug der europäischen Einigung bald zum Stillstand

hier beobachtete Netz von Metaphern besteht statt dessen aus einer Verknüpfung von Ausdrücken, für die eine Unterscheidung zwischen *proprium* und *translatum* selbst kaum zu leisten ist, die sich statt dessen vermittels ihrer Kombination wechselseitig interpretieren. Jenes Störpotential, das die Metapher als eine „widersprüchliche Prädikation" kennzeichnet, kann sich insofern bereits auf den metaphorischen Ausdruck selbst beziehen und nicht nur seine Relation zu seinem syntaktischen Kontext bezeichnen.

Nun mag man gegen unsere Interpretation von Schillers *Ode an die Freude* einwenden, daß dieses Gedicht aufgrund seiner Komplexität bei der Konstruktion ihrer Metaphern eine Ausnahme darstelle. Doch ein solches Argument ist theoretisch kaum stichhaltig. Gerade anhand komplexer Fälle zeigt sich die Leistungsfähigkeit eines Phänomens. Sie müssen sich daher unter die gleichen Definitionen wie einfache Erscheinungsformen subsumieren lassen. Weder aber ist bei jeder einzelnen Metapher von Schillers Ode eine Unterscheidung zwischen *proprium* und *translatum* möglich, noch basiert der dortige Gebrauch von Metaphern auf einer diesem selbst vorgängigen Ähnlichkeitsbeziehung. Zwischen der „Freude" und einem „Götterfunken" ist keine *Ähnlichkeit gegeben*, sondern Schillers Text *postuliert* einen *semantischen Zusammenhang* zwischen ihnen.

Um eine erste Schlußfolgerung aus unserer Analyse der *Ode an die Freude* für die allgemeine Struktur der Metapher zu ziehen: Metaphern beruhen auf einer semantischen Störung, die gleichwohl die Herstellung eines kohärenten Zusammenhangs verlangt.

Die Komplexität der semantischen Konstruktion, die Schillers Eröffnung seiner *Ode an die Freude* kennzeichnet, gibt damit nur um so prägnanter etwas zu erkennen, was auch für weniger komplexe metaphorische Verfahren der Rede festzustellen ist. In seinem Gedicht gilt nur *a fortiori*, was schon für das klassischste aller Metaphernexempel, den „Löwen im Kampf" gilt: Es verhält sich eben auch bei ihm keineswegs so, daß der uneigentliche Ausdruck als Stellvertreter eines einzigen eigentlichen, der zu jenem in einem Ähnlichkeitsverhältnis stünde, in Erscheinung tritt.[264]

---

kommen." Diesem Satz ist seine – inzwischen vielleicht sogar nostalgisch erinnerte – Entstehungszeit recht deutlich anzusehen. Er stammt erkennbar aus den Jahren, in denen Margaret Thatcher mit ihrem berühmt gewordenen *ceterum censeo* die Geduld ihrer europäischen Partner – nicht ohne Erfolg – gehörig strapazierte: „I want my money back". Der Sachzusammenhang einer Zugfahrt wird in das metaphorische Bild des Prozesses der europäischen Einigung übersetzt.

[264] Wo immer sich das Phänomen einer Mehr- oder Vieldeutigkeit einstellt, kommt die Frage nach der Möglichkeit ihrer Begrenzung auf. Gibt es Kriterien, die eine beliebige, einzig in das Belieben des Rezipienten gestellte Ausweitung einer hermeneutischen Auflösung der mit aller Metapher verbundenen semantischen Störung einzuschränken vermögen? Im Grunde fällt die Antwort im Fall der Metapher nicht schwer. Wenn sie darauf beruht, daß eine semantische Störung in einen stimmigen Kontext zu verwandeln ist, dann liefert die Frage nach der Vereinbarkeit einer Deutung der Metapher *mit*

Diesem Eindruck hat Aristoteles zwar mit seiner Bemerkung Vorschub geleistet, daß die Gemeinsamkeit zwischen Achill und einem Löwen in ihrer Tapferkeit bestehe. Doch im Spannungsfeld der zwischen ihnen hergestellten Beziehung lassen sich weitere, durch ihre Kombination evozierte Eigenschaften bemerken.[265] So

---

diesem Kontext auch den Maßstab für die Angemessenheit der betreffenden Interpretation. Um diesen Sachverhalt anhand unseres Beispiels zu illustrieren: In ihrer 1983 erschienenen Erzählung *Kassandra* hat Christa Wolf Achill „das Vieh" getauft. Läßt sich auch eine solche Qualifizierung des Protagonisten der *Ilias* mit Homers Vergleich des Achill mit einem Löwen in Einklang bringen? Akzentuiert der Löwe ein Verhalten, das man eher einem Tier als einem Menschen zuschreiben möchte? Oder handelt es sich um eine, selbstredend völlig legitime, poetische Transformation der griechischen mythologischen Figur in eine von ihrer Charakteristik in der *Ilias* erkennbar abweichende Gestalt? Manches in Homers Schilderung des zur Debatte stehenden Kampfes [*Ilias*, XX, 158ff.], so der von den Zähnen herabtriefende Schaum [V. 168f.], deutet in der Tat auf ein Verhalten, das man eher tierisch als menschlich nennen möchte. Gleichwohl scheint diese Beschreibung bei Homer nicht in Widerspruch zu Wertvorstellungen zu stehen, die einen edlen Krieger in besonderer Weise auszeichnen. So ist gleichermaßen von Achills „tapferem Herzen" [V. 169: „ἄλκιμον ἦτορ"] die Rede, wie sein „mannhaftes Gemüt" [V. 174: „θυμὸς ἀγήνωρ"] hervorgehoben wird. Dies aber sind Verhaltensdispositionen, die man kaum mit einem moralischen Herabsinken auf die Stufe eines entmenschlichten Wesens identifizieren könnte. Christa Wolfs „Achill das Vieh" stellt eine Kritik des antiken Heldenkonzepts dar, das mit heute geltenden Maßstäben des Handelns kaum in Gleichklang zu bringen ist. Für Homers „Achill den Löwen" gelten andere kulturelle Voraussetzungen. Hier steht eine poetische Umgestaltung zur Debatte, die die Grenzen der homerischen Vieldeutigkeit seiner Verbindung des Kriegers mit dem Raubtier zweifellos überschießt, aber gerade dadurch gewinnt der Achill aus Christa Wolfs *Kassandra seine* epochentypische Prägnanz.

[265] In Anlehnung an Herbert Reads hat Philipp Wheelwright diese plurale Dimension, die für ihn jede (gute) Metapher kennzeichnet, „Diapher" genannt, während er die Übertragung aufgrund von Ähnlichkeit, die er als das andere ihrer Konstitutionsmomente beschreibt, als „Epipher" bezeichnet: „For whereas ‚epiphor' connotes a semantic movement *(phora)* from something on to *(epi-)* something else, the word ‚diaphor' connotes a semantic movement through *(dia-)* a grouping of several particulars. The point of my fourth Statement is not merely a contrast of definitions but also the judgment that in any good metaphor there is some combination, in whatever degree, of epiphoric and diaphoric ingredients. (Philipp Wheelwright, „Semantics and Ontology", in: *Metaphor and Symbol*, hg. von Lionel C. Nights und Basil Cottle, London 1960, S. 1-9, hier S. 5). Und um eine „Diapher" handle es sich seiner Auffassung zufolge dabei, weil sie „eine semantische Bewegung durch *(dia-)* eine Ansammlung mehrerer Einzelerscheinungen" namhaft mache. Wheelwright versteht „Epipher" und „Diapher" als voneinander unabhängige Komponenten einer Metapher. Sieht man indessen von der Annahme der Notwendigkeit einer vorgängigen Ähnlichkeit zwischen einem *proprium* und einem *translatum* ab und beschreibt die Metapher grundsätzlich als eine kontextuelle semantische Störung, die zu ihrer hermeneutischen Aufhebung auffordert (zum Begriff der ‚Aufhebung' in diesem Zusammenhang siehe unten, S.257), dann hängt die Pluralität von möglichen Kohärenzbildungen mit dem auslösenden Moment der Metapher, eben einer

gehört zweifellos auch das Moment des Ungestümen der Führung des Kampfes dazu. Auch in diesem kanonischen Fall eröffnet die Metapher ein Spektrum von Eigenschaften Achills, das durch die Kombination dieses Kämpfers mit dem Löwen produziert wird, ohne daß sich das *eine*, ihre syntaktische wie semantische Verknüpfung erschöpfende Merkmal daraus ableiten ließe.[266]

---

semantischen Störung, durchaus zusammen. Denn die Störung eröffnet ein Spektrum von Lösungsmöglichkeiten, die keineswegs auf nur eine einzige Option der Aufhebung dieser Störung beschränkt bleiben müssen, auch wenn dies natürlich der Fall sein *kann*.

[266] In *dieser* Hinsicht entspricht der Mechanismus einer Metapher übrigens recht genau einem Verfahren, das Kant mit dem Begriff der „ästhetischen Idee" bezeichnet hat: „G e i s t in ästhetischer Bedeutung heißt das belebende Princip im Gemüthe. Dasjenige aber, wodurch dieses Princip die Seele belebt, der Stoff, den es dazu anwendet, ist das, was die Gemüthskräfte zweckmäßig in Schwung versetzt, d. i. in ein solches Spiel, welches sich von selbst erhält und selbst die Kräfte dazu stärkt. Nun behaupte ich, dieses Princip sei nicht anders, als das Vermögen der Darstellung ä s t h e t i s c h e r I d e e n; unter einer ästhetischen Idee aber verstehe ich diejenige Vorstellung der Einbildungskraft, die viel zu denken veranlaßt, ohne daß ihr doch irgend ein bestimmter Gedanke, d. i. B e g r i f f, adäquat sein kann, die folglich keine Sprache völlig erreicht und verständlich machen kann. – Man sieht leicht, daß sie das Gegenstück (Pendant) von einer V e r n u n f t i d e e sei, welche umgekehrt ein Begriff ist, dem keine A n s c h a u u n g (Vorstellung der Einbildungskraft) adäquat sein kann" (Immanuel Kant, *Kant's Gesammelte Schriften*, Bd. V, Abt. 1, Werke, Bd. 5, *Kritik der Urtheilskraft*, hg. von der Königlich Preußischen Akademie der Wissenschaften, Berlin: Georg Reimer, 1913, S. 314). Kants Konzept einer „Vorstellung der Einbildungskraft, die viel zu denken veranlaßt", erweist sich als das psychologische Äquivalent einer semantischen Struktur, wie sie in der Metapher zu beobachten ist. Insofern wirkt es aufschlußreich, wenn er dieses Phänomen vor allem als charakteristische Eigenschaft sprachlicher Artefakte bezeichnet: „[…] und es ist eigentlich die Dichtkunst, in welcher sich das Vermögen ästhetischer Ideen in seinem ganzen Maße zeigen kann" (ebd.). Indessen ist ebenso signifikant, daß Kant die „ästhetische Idee" schließlich zum Merkmal des Schönen schlechthin deklariert: „Man kann überhaupt Schönheit (sie mag Natur- oder Kunstschönheit sein) den Ausdruck ästhetischer Ideen nennen: nur daß in der schönen Kunst diese Idee durch einen Begriff vom Object veranlaßt werden muß, in der schönen Natur aber die bloße Reflexion über eine gegebene Anschauung ohne Begriff von dem, was der Gegenstand sein soll, zur Erweckung und Mittheilung der Idee, von welcher jenes Object als der Ausdruck betrachtet wird, hinreichend ist" (ebd., S. 320). Wie ich an anderer Stelle zu begründen versucht habe (siehe Andreas Kablitz, *Epistemologie und Ästhetik. Die Philosophie der Dichtung im Spiegel ihrer Transformationen*, Heidelberg: Winter, 2021), läßt sich diese Ausweitung der ästhetischen Idee zum Postulat der Schönheit schlechthin als „Ausdruck ästhetischer Ideen" im Sinne einer Lösungsstrategie für eine Schwierigkeit verstehen, die sich Kant mit seiner allgemeinen Definition des ästhetischen Urteils einhandelt. Übrigens enthält schon die in seiner grundsätzlichen Definition der Schönheit als „Ausdruck ästhetischer Ideen" steckende, latente Inversion der Beziehung zwischen dem *Phänomen* der Schönheit und den Modalitäten ihrer *Erscheinungsweise* einen versteckten Hinweis darauf, daß Kants schließliche Generalisierung der „ästhetischen Idee" zur Merkmalsbestimmung des Schönen an asich

Auch die Ähnlichkeit zwischen dem Löwen und Achill stellt mitnichten eine zwischen ihnen gegebene, d. h. gegenüber dieser Metapher präexistente Beziehung dar, die es nur durch den ingeniösen Dichter zu entdecken gälte.[267] Das, was wir im Hinblick auf die Definition einer Metapher ‚Ähnlichkeit' nennen, ist jedoch erst ein *Ergebnis* der Dekodierung dieser rhetorischen Figur, das in der Herstellung kontextueller Kohärenz besteht. Die für die Begriffsbestimmung der Metapher geläufige Kategorie der Ähnlichkeit versucht hingegen, eine rhetorische Operation, die auf die Aufhebung einer semantischen Störung durch deren hermeneutische Bearbeitung zielt, an etwas je schon Gegebenes rückzubinden, sie gleichsam auf ein *fundamentum in re* zurückzuführen, das es nur durch Scharfsinn zu bemerken gälte. Die Ähnlichkeit zwischen einer ‚eigentlichen' und einer ‚übertragenen'

---

nicht bruchlos gelingen will. Denn die Schönheit stellt doch im Grunde das Phänomen dar, auf das eine Fülle von Ideen reagiert. Kant aber formuliert es so, als gingen die „ästhetischen Ideen" der Schönheit voraus, die sie zum „Ausdruck" brächte. (Im Grunde begegnet uns hier auch eine strukturelle Figur, die dem Postulat der Ähnlichkeit als der Grundlage der Metapher vergleichbar ist, aber dazu später). Die erwähnte, in der *Kritik der Urteilskraft* auftretende, Schwierigkeit, der Kant mit dieser Verallgemeinerung der vorrangig für sprachliche Artefakte beschriebenen „ästhetischen Idee", wie hier thesenhaft behauptet sei, begegnen möchte und die auch in der hier festgestellten Umkehrung der Verhältnisse zwischen der Schönheit und den Umständen ihrer – hermeneutischen – Verarbeitung zutage tritt, besteht in seiner Bestimmung eines „ästhetischen Urteils" ohne Begriff: „Die subjective allgemeine Mittheilbarkeit der Vorstellungsart in einem Geschmacksurtheile, da sie, ohne einen bestimmten Begriff vorauszusetzen, Statt finden soll, kann nichts anders als der Gemüthszustand in dem freien Spiele der Einbildungskraft und des Verstandes (sofern sie unter einander, wie es zu einem E r k e n n t n i s s e ü b e r h a u p t erforderlich ist, zusammen stimmen) sein" (Kant 1913, S. 217). Die Grundfrage, die eine solche Definition eines „ästhetischen *Urteils*" aufwirft, ist diejenige nach der Möglichkeit eines begriffsfreien Urteils. Gehört es nicht zu den elementaren Merkmalen eines jeden Urteils, *daß* es sich eines Begriffs bedient? So kommt im logischen Urteil die Verbindung von Einbildungskraft und Verstand eben vermittels der Subsumtion einer Vorstellung unter einen Begriff zustande. Wie aber *entsteht* eine Verbindung zwischen beiden Gemütskräften im Falle des Geschmacksurteils, um das für dieses konstitutive „freie Spiel" zwischen ihnen in Gang zu setzen? Diese Frage bleibt in der *Kritik der Urteilskraft* letztlich offen. Daher nimmt sich die „ästhetische Idee" wie eine Füllung dieser Lücke auf. Sie kommt als ein *plurale tantum* vor. Insoweit ist es (nach wie vor) nicht der eine Begriff, der das Urteil konstituiert. Doch Begriffe sind es gleichwohl. Kants „ästhetische Idee" nimmt sich wie ein Vermittlungsversuch zwischen der Unverzichtbarkeit von Begriffen für jedwedes Urteil und dem Postulat der Begriffsfreiheit für das Geschmacksurteil aus. Dies, so scheint mir, ist der Grund für Kants finales Postulat, die Schönheit schlechthin, alias das „ästhetische Urteil", lasse sich auf „ästhetische Ideen" zurückführen.

[267] Einen solchen Eindruck erweckt bereits Aristoteles' Formulierung, daß die Voraussetzung für die Bildung guter Metaphern im Talent, Ähnlichkeit zu bemerken (θεωρεῖν), bestehe – diese Ähnlichkeit also stets schon gegeben, wenn auch vor der Entdeckung durch den – scharfsichtigen – Dichter unbeachtet gewesen sei.

Bedeutung stellt jedoch nicht die *Voraussetzung* einer Metapher dar, sondern sie ist, genau besehen, so etwas wie eine hypothetische *Prämisse* des hermeneutischen Bemühens um semantische Kohärenz zur Aufhebung einer durch sie verursachten Störung.

Ich spreche übrigens sehr bewußt von der ‚Aufhebung einer semantischen Störung' und nicht etwa von einer ‚Bereinigung', ‚Beseitigung' oder ‚Auflösung'. Denn hermeneutische Kohärenzbildung bringt die für die Metapher konstitutive kontextuelle semantische Störung nicht zum Verschwinden, sondern nutzt sie zum Anlaß einer jeweiligen Kohärenzbildung, die Bedeutung produziert – und darum durch einzelne Bedeutungszuweisungen auch nicht aus der Welt geschafft ist, sondern als fortwährender Anreiz zu semantischer Produktion wirkt.

Wenn die grundsätzliche Reduktion der Metapher auf ihr zugrundeliegende Ähnlichkeiten nicht gelingen kann, dann deshalb, weil sie ebenso über die Möglichkeit verfügt, Zusammenhänge zu konstruieren, die sich keineswegs auf eine ihnen vorgängige[268] Voraussetzung dieser Art stützen müssen. Schillers Anspruch in seiner *Ode an die Freude,* dieses Gefühl oder diese Gestimmtheit als ein quasi-transzendentes Erlebnis zu bestimmen, das die gesamte Menschheit zur Renaissance einer postaufklärerischen Gotteszuversicht zu vereinen vermag, kann sich kaum auf eine ihr je schon anhängende, nur als solche (noch) nicht zur Sprache gebrachte, gleichsam selbstverständlich inhärente Qualität berufen. Schillers metaphorische Charakteristik der Freude bedeutet im Gegenteil weit mehr *Programm*, als daß sie einen schlechthin konsensfähigen *Befund* zum Ausdruck brächte.[269]

---

[268] Ausdrücklich spricht Wheelwright von einer vorausgehenden Ähnlichkeit als Bedingung der Möglichkeit einer Metapher: „an antecedent resemblance, which justifies the metaphoric comparison" (Wheelright 1960, S. 6).

[269] Das Programmatische dieser Metaphorik wird zumal in ihrer latenten Suggestionsfunktion deutlich, die im Laufe des Textes hervortritt. Denn jeder Strophe antworten vier Zeilen, die unter der Überschrift *Chor* stehen. Dieser Chor hat gleichsam die geflissentliche Subsumtion des „wir" unter das Sprecher-Ich zu bestätigen, mit welchem Anspruch dieses Ich von allem Anfang an aufwartet. Im ersten der mit dem Titel *Chor* versehenen Textteile heißt es bekanntlich: „Seit umschlungen Millionen! / Diesen Kuß der ganzen Welt! / Brüder – überm Sternenzelt / Muß ein lieber Vater wohnen" (Schiller 1808, 121). Schillers enthusiastische Feier der Freude ruft eine mit Konnotationen der Transzendenz gesättigte Metaphorik auf den Plan, die dazu zu verführen scheint, noch einmal den Blick übers Sternenzelt hinauszuwagen und dort jenseits aller aufklärerischen Skepsis einen „lieben Vater" zu vermuten, der seinen Kindern so Überwältigendes und Erhabenes wie den im Namen der Freude entstehenden Bund einer menschheitsumfassenden Massenintimität ermöglicht. Die sakrale Metaphorik dieser Ekstase universeller Verbrüderung, die die Außergewöhnlichkeit einer solchen Erfahrung beschwört, schlägt um in die nicht zuletzt von dieser Bildlichkeit genährte Hoffnung auf einen Gott, der die Wörtlichkeit der übertragenen Bedeutung dieser metaphorischen Rede besiegeln könnte. Diese Metaphern geraten dabei freilich zu nach wie vor nicht wirklich gedeckten Wechseln auf eine Transzendenz, die in einem exzentrischen Er-

Die Bindung der Metapher an die Ähnlichkeit, so wird anhand dieses Beispiels deutlich, erweist sich bei näherem Zusehen als ein Versuch ihrer Disziplinierung, als das Bemühen, sie grundsätzlich auf etwas Gegebenes zurückzuführen,[270] statt ihr (ebenso) den Freiraum des (ganz) Neuen zu lassen. Natürlich wäre es abwegig zu behaupten, daß ein Moment der Ähnlichkeit zwischen ‚eigentlicher' und ‚metaphorischer' Bedeutung nicht für etliche Metaphern kennzeichnend sei. Doch diese *similitudo* stellt nicht das Konstitutionsmerkmal von Metaphern dar. Sie gibt nur einen anderen Namen für die in bestimmten Metaphern gegebene Evidenz des hermeneutisch zu bestimmenden Zusammenhangs an die Hand, mit dem sich eine metaphernkonstitutive Störung aufheben läßt.

Im Grunde erscheint es ja bereits paradox, eine rhetorische Figur ausgehend vom Gegenteil ihres semantischen Effekts bestimmen zu wollen. Denn bemerkbar wird sie nicht aufgrund von Ähnlichkeiten, sondern aufgrund einer Störung, die sie auffällig macht. *Sie* aber kommt nicht durch das Ähnliche, sondern durch etwas Unähnliches, durch die Abweichung, die der Sphäre der Differenz zugehört, zustande.

Gerade anhand der Fälle, in denen sich Metaphern schwerlich auf eine Relation der Ähnlichkeit zurückführen lassen, tritt eine mögliche Funktion ihrer figürlichen Uneigentlichkeit hervor, die sie über eine bloße Verrätselung weit hinausreichen läßt: Uneigentlichkeit der Bedeutung erweist sich in diesen Fällen gerade als der gleichsam tentative Modus, einer Sache, einer Person oder einem Sachverhalt vermittels ihrer metaphorischen Re-Interpretation eine ihnen bislang nicht zuerkannte Qualität zuzuweisen. Eine solche versuchsweise Zuschreibung neuer Qualitäten führt nicht zuletzt Schillers *Ode* vor, wenn sie aus der metaphorischen religiösen Besetzung der Freude am Beginn dieses Gedichts schließlich in aller Wörtlichkeit das euphorische Risiko des Glaubens an einen Gott heraustreibt, dessen Existenz die ekstatische Stimmung dieses Gedichts mit weit mehr als nur einem vorsichtigen *peut-être* zu versehen scheint.

Auch die Funktion der Metapher läßt sich deshalb nicht auf die eine, stets gleiche Zweckbestimmung zurückführen. Sie kennt vielmehr ein ganzes Spektrum von Alternativen, die von der Prägnanzbildung bis zur Neukodierung reichen. Im

---

lebnis mit einem Mal wieder möglich, ja womöglich sogar wahrscheinlich zu werden scheint. Schillers Modalverb – „überm Sternenzelt! / *Muß* ein lieber Vater wohnen!" (Hervorhebung A. K.) – macht die Notwendigkeit der Existenz eines solchen himmlischen Vaters zum Hoffnungsprinzip glückstrunkener Spekulation. Die Metaphorik dieser Ode betreibt so etwas wie einen suggestiven Gottesbeweis im emotional-figuralen Vorgriff auf eine ewige Seligkeit. Aber *sie* betreibt, was erst mit ihr *entsteht*.

[270] Konzeptuell kommt dieses Kriterium in der Metapherntheorie in unterschiedlicher Weise zum Ausdruck, die letztlich Variationen des Ähnlichkeitsbegriffs darstellen. Paul Henle etwa geht davon aus, daß Metaphern durch parallele Sachverhalte bestimmt seien (Paul Henle, *Language, Thought and Culture*, Ann Arbor: University of Michigan Press, 1958).

„Götter-funken", der ‚Ausgangsmetapher' von Schillers *Ode an die Freude* mit ihren beiden Bestandteilen steckt der Ansatz einer Deutung dieser Freude als gleichermaßen ekstatischer wie gemeinschaftsstiftender Erfahrung, die einen Grund zur Hoffnung auf transzendente Geborgenheit in sich trägt – eine Interpretation, die der Fortgang des Textes dann seinerseits metaphorisch entfalten wird. Die in diesem Gedicht vollzogene metaphorische Anreicherung der Freude um Dimensionen, die man ihr *prima facie* kaum zutrauen möchte, ihre Bestimmung zur Grundlage einer transzendenzträchtigen Sozialformation, übersteigt alle semantischen Verhältnisse, die sich in Kategorien der Ähnlichkeit verrechnen ließen.

Die Eindeutigkeit einer auf Ähnlichkeit gründenden Beziehung im Verhältnis von *proprium* und *translatum* mag hingegen beim ‚Lebensabend', der das Alter bezeichnet, durchaus der Fall sein.[271] Hier wie dort geht es um das Ende einer Zeiteinheit. Aber ein solches Verhältnis zwischen den Komponenten einer Metapher läßt sich eben nicht als deren grundsätzliche, wo nicht verbindliche (und damit womöglich ihre spezifische Qualität bestimmende) Eigenschaft verallgemeinern. Doch selbst in Anbetracht dieses ‚Lebensabends' wird man die Funktion der Metapher kaum auf die kognitive Lust an ihrer Auflösung durch die Aufhebung einer Substitution des einen durch das (aufgrund von Ähnlichkeit verbundene) andere beschränken können,[272] als ginge es dabei um nicht mehr als ein Vergnügen bereitende Lösung einer Rätselaufgabe. Vielmehr verursacht auch in diesem Fall die kontextuelle Störung eine komplexe semantische Wirkung, die sich gleichermaßen nicht auf Ähnlichkeiten beschränken läßt.

Dieser Effekt beruht im Wesentlichen darauf, daß an die Stelle einer linearen eine zyklische Konzeption der Zeit tritt. Das Alter gehört einer Verlaufsform zu, die durch Anfang und Ende gekennzeichnet ist. Die Nähe zu diesem Ende, die das Alter zum Gegenstück der Jugend macht, versieht es mit Konnotationen der Negativität, die durch solche seiner anderweitigen Positivierung kaum aufgewogen werden. Selbst um die ihm zugeschriebene Weisheit ist es (bekanntlich) nicht immer zum Besten bestellt, denn gleichermaßen sprichwörtlich schützt das Alter auch nicht vor Torheit. Der Gegensatz von *iucunda iuventus* und *molesta senectus* scheint schwerlich aus der Welt zu schaffen zu sein. Die Metapher vom Lebensabend möchte die Zeit vor dem Lebensende deshalb der Verlaufsform eines natürlichen Zyklus angleichen, dessen beständige Wiederkehr ihr einen Teil ihres Schreckens zu nehmen scheint.

Auf dieser Grundlage ermöglicht die betreffende Umbesetzung der zeitlichen Koordinaten den Anschluß weiterer metaphorischer Verfahren einer Positivierung des Alters. Man denke nur an das Abendrot, mit dessen Hilfe sich die letzte Phase des Lebens gleichsam ästhetisch in der Assoziation eines prächtigen Naturschau-

---

[271] Auch dieses Beispiel geht auf Aristoteles, näherhin auf seine Beschäftigung mit der Metapher in der *Poetik* (1457b) zurück.
[272] Zur Kritik an der Substitutionstheorie siehe Max Black, „Metaphor", in: *Proceedings of the Aristotelian Society* 55 (1954), S. 273-294.

spiels überhöhen läßt.[273] (Kaum zufällig dürfte es zum Namen so mancher Senioreneinrichtung geworden sein.)

Metaphern erfordern nicht nur kognitiven Scharfsinn. Sie zielen vielmehr auf hermeneutische Operationen der Bedeutungsveränderung und -anreicherung, die sich mit dem Konzept der *similitudo* kaum angemessen erfassen lassen. Selbst an einem so vergleichsweise trivialen Beispiel wie dem hier diskutierten, bei dem durch die Gemeinsamkeit eines Endes, das das Alter mit dem Abend verbindet, eine Ähnlichkeit zwischen *proprium* und *translatum* zweifellos gegeben ist, läßt sich dieser Sachverhalt beim Blick auf die keineswegs einsinnigen semantischen Verfahren metaphorischer Umbesetzung beobachten: Wenn mit der Rede vom Lebensabend die zyklische Größe des Tagesendes den linearen Verlauf des Lebens beschönigend zu überspielen unternimmt, dann akzentuiert dieser semantische Effekt der Metapher gerade nicht die Ähnlichkeit von individuellem Leben und zyklischem Naturverlauf, sondern nutzt ihren Berührungspunkt im Gegenteil gerade, um sich die Differenz zwischen beidem zunutze zu machen. Darin unterscheidet sich der metaphorische Fall des Lebensabends zweifellos von der anderen topischen Metapher des Aristoteles, die Achill zum Löwen erklärt. Sie nämlich setzt auf die Unterschiede zwischen ihnen, um ihre Gemeinsamkeiten herauszustellen. Beim Lebensabend verhält es sich hingegen genau umgekehrt. Hier ist die Gemeinsamkeit nur das Vehikel, um ihre Differenz fruchtbar zu machen.

Die Plausibilitätslücke der Ähnlichkeitskategorie, die allenthalben als *differentia specifica* der Metapher gehandelt wird und die letztlich eine Konsequenz der – prekären – Beschreibung dieser Trope als eines verkürzten Vergleichs darstellt, besteht mithin darin, daß vielfach gar nicht zu klären ist, zwischen welchen Phänomenen eine solche Relation denn bestehen soll. Vor allem das anhand von Schillers *Ode an die Freude* diskutierte Beispiel von Metaphernbildungen gibt gerade aufgrund seiner Komplexität zu erkennen, auf welche sprachlichen Verfahren diese theoretische Annahme im Grunde genommen zielt – wodurch der Ähnlichkeitsbegriff selbst zu einem ‚uneigentlichen' gerät. Wenn denn gilt, daß die Metapher auf einer „widersprüchlichen Prädikation" beruht, dann kommt sie einer Aufforderung gleich, diese Störung zu beheben – und zwar zu beheben durch die Herstellung kontextueller Kohärenz. Und diese ‚Aufforderung' stellt keine Sonderleistung der Metapher dar. Sie gründet auf nichts anderem als einer „regulativen Idee", die sprachlicher Kommunikation im Allgemeinen zugrunde liegt: auf der Annahme, *daß* alle Rede sinnvoll und kohärent ist. Durch die der Metapher inhärente Störung wird sie produktiv herausgefordert.

Insoweit die Metapher ein Effekt von Prädikation und also auf der Satzebene angesiedelt ist, verbietet es sich im Grunde auch, sie grundsätzlich vermittels einer Beziehung zwischen (nur) zwei Ausdrücken zu erklären.[274] Ihre theoretische

---

[273] Den Sonnenuntergang hat gleichfalls bereits Aristoteles an der bezeichneten Stelle seiner *Poetik* in den Zusammenhang mit der Metapher vom Lebensabend gerückt.

[274] Daß für die Konstitution einer Metapher in der Tat der Kontext eines gesamten Satzes maßgeblich ist, zeigt sich nicht zuletzt in Fällen, bei denen der metaphorische Ausdruck

Definition hat ebenso wie ihre im Einzelfall erfolgende Interpretation dem Kontext der Prädikationen Rechnung zu tragen, in denen sie auftritt.[275] Und wie unser Schiller-Beispiel belegt, genügt mitunter auch nicht der Kontext nur eines Satzes, um ihr hermeneutisch auf die Spur zu kommen. Das – theoretische wie (so bei Cicero) normative – Postulat des *simile* für die Metapher benennt deshalb ein am Verfahren des Vergleichs orientiertes Beispiel für die Herstellung solcher Kohärenz: den Ersatz eines übertragenen Ausdrucks durch einen ‚eigentlichen', d. h. störungsvermeidenden.

Das irreführende Moment in der kanonischen Bestimmung der Metapher vermittels einer Ähnlichkeit zwischen zwei Ausdrücken besteht darin, daß sie ein Phänomen zu einer semantischen Struktur erklärt, das nur in bestimmten – wenn auch durchaus häufigen – Fällen als Grundlage für ein Verfahren der Auflösung kontextueller Störung fungieren kann. Doch die Häufigkeit ihres Vorkommens täuscht darüber hinweg, daß die konzeptuelle Basis der Metapher eine andere ist. Hinter dem (uneigentlichen) Postulat der Ähnlichkeit als Konstitutionsbedingung der Metapher verbirgt sich mithin (eigentlich) das regulative Prinzip der Herstellung kontextueller Kohärenz. Und wenn es *als* ein solches nicht in den Blick gerät, dann deshalb, weil rhetorische Figuren in der klassischen Metapherntheorie auf

---

als ein solcher zur Debatte steht. Ein plastisches Beispiel dafür bietet Joseph von Eichendorffs Gedicht *Im Abendrot*, dessen erste Strophe wie folgt lautet: „Wir sind durch Not und Freude / Gegangen Hand in Hand, / Vom Wandern ruhn wir beide / Nun überm stillen Land" (zitiert nach: Joseph von Eichendorff, *Werke in sechs Bänden*, hg. von Wolfgang Frühwald, Brigitte Schillbach und Hartwig Schultz, Band 1, *Gedichte. Versepen*, hg. von Hartwig Schultz, Frankfurt am Main ²2008, S. 371f.). Kennzeichnend für diesen Satz ist der Konflikt zwischen verschiedenen Lesarten, die sich wechselseitig behindern. Die Abstrakta „Not und Freude" suggerieren, daß sich das Partizip „gegangen" auf einen gemeinsam beschrittenen Lebensweg bezieht und folglich metaphorisch zu verstehen ist. Einer solchen Deutung scheint sich auch der substantivierte Infinitiv „Wandern" zu fügen, wäre da nicht der vierte Vers dieses Gedichts: „Nun über stillem Land". An ihm bricht sich die Möglichkeit einer Deutung der bislang metaphorisch verstandenen Ausdrücke als figürlicher Rede. Die erste Strophe ist insofern geprägt vom Widerspruch zwischen einer Allegorie des Lebens und der Beschreibung einer Wanderung im wörtlichen Sinn dieses Begriffs. Dem Abbau dieser Spannung zwischen *proprium* und *translatum* dient das gesamte Gedicht Eichendorffs, ihre Auflösung erfolgt an dessen Ende vermittels einer symbolischen Deutung des Naturszenariums, der eine Versöhnung zwischen den beiden Lesarten gelingt: „O weiter, stiller Friede! / So tief im Abendrot / Wie sind wir wandermüde – / Ist das etwa der Tod?" (ebd.). In Anbetracht des den Tod aufrufenden Abendrots oszilliert das Adjektiv „wandermüde" nun zwischen dem Ausdruck einer Lebensüberdrüssigkeit und demjenigen der Erschöpfung nach einem beschwerlichen Gang auf einen Berggipfel. (Zur genaueren Interpretation dieses Gedichts siehe: Kablitz 2022).

[275] Deshalb scheint mir auch eine „Verbal-opposition Theory", wie sie Beardsley vertritt, zu kurz zu greifen (siehe Monroe Curtis Beardsley, „The Metaphorical Twist", in: *Philosophy and Phenomenological Research* 22 (1962), S. 293-307).

der Grundlage einer Relation zwischen einzelnen Lexemen konzipiert und nicht als Phänomen auf syntaktischer Ebene, d. h. als spezifische Formen der Prädikation begriffen wurden.

Bislang haben wir als Konstituenten der Metapher allerdings nur zwei Momente identifiziert, die diese rhetorische Figur kaum individualisieren, sondern die man für alle Tropen als charakteristisch bezeichnen muß: Sie gründet auf einer Störung, eben einer „widersprüchlichen Prädikation", und sie kommt einer Aufforderung zur Behebung dieser Störung durch die Bildung kontextueller Kohärenz gleich. Worin aber bestünde die für die Metapher *spezifische* Eigenart dieser Störung, wenn sie denn nicht durch eine präexistente Ähnlichkeit zwischen einem eigentlichem und einem uneigentlichen Ausdruck (die die Störung im Übrigen immer schon zu einer nicht mehr als oberflächlichen machte) bestimmt und gleichsam reguliert würde? Eine Antwort auf diese Frage scheint möglich zu werden, wenn man sich der Metonymie als einem anderen Fall einer widersprüchlichen Prädikation zuwendet. Sie wird schon in der Tradition der Rhetorik aus gutem Grund gleichsam wie die figürliche Zwillingsschwester der Metapher behandelt. Und in der Tat wird uns der vergleichende Blick auf beide rhetorischen Figuren den entscheidenden Hinweis geben, um jene *differentia specifica* zu benennen, die das Eigentümliche metaphorischer (wie metonymischer) Operationen darstellt.

Während für eine Theorie der Metapher die Kategorie der Ähnlichkeit als der für sie konstitutiven Beziehung zwischen *proprium* und *translatum* seit der Antike weithin Zustimmung gewinnen konnte, hat man sich für die Definition der Metonymie sehr viel schwerer dabei getan, eine vergleichbare, für sie charakteristische Relation zwischen einem eigentlichen und einem uneigentlichen Ausdruck zu bestimmen.
   Diese Sperrigkeit gegenüber einem entsprechenden Bestimmungsversuch geht schon aus der sog. *Herennius*-Rhetorik, einem aus dem ersten Jahrhundert vor Christus stammenden römischen Lehrbuch der Redekunst hervor, das zeitweilig irrtümlich Cicero zugeschrieben wurde. Bereits in dieser Abhandlung ist bei der Defintion der Metonymie eine gewisse terminologische Verlegenheit zu beobachten (4, 32, 43), kann ihr – anonymer – Verfasser sich doch nicht recht zwischen zwei Begriffen entscheiden, die das Verhältnis von *proprium* und *translatum* in ihrem Fall zu kennzeichnen haben:

Denominatio est quae ab rebus propinquibus et finitimis trahit orationem, qua possit intelligi res quae non suo vocabulo sit appellata.[276]	Die Metonymie bezieht die Rede aus nahen und aneinandergrenzenden Dingen, durch die eine Sache erkannt werden kann, die nicht mit ihren eigenen Worten bezeichnet wird.[277]

---

[276] Hier zitiert nach Lausberg 1973, S. 292.
[277] Übersetzung A. K.

Es sind zwei räumliche Ausdrücke, *propinquus*, ‚in der Nähe befindlich' und *finitimus*, ‚angrenzend', die hier zur Charakteristik der Bezeichnung zwischen *proprium* und *translatum* Verwendung finden. Dazu ist zweierlei zu bemerken: Die Doppelung der beiden Begriffe scheint eine gewisse Unsicherheit anzuzeigen, die daher rühren könnte, daß keineswegs alle Metonymien auf Beziehungen im Raum gründen; und dies gilt auch bereits für die Beispiele, die die *Herennius*-Rhetorik selbst andeutet. Sollte deshalb die mit dem Adjektiv *propinquus* bezeichnete Nähe, die einen Unterschied gegenüber der mit *finitimus* benannten räumlichen Kontinuität aufmacht, Sachzusammenhänge namhaft machen, die nicht unbedingt räumlicher Natur sein müssen? Etwas zweites, wesentlicheres noch, kommt hinzu: Bei der Bestimmung der Metonymie richtet sich das Augenmerk auf Beziehungen zwischen den Dingen und nicht vorrangig auf die Relation zwischen den sie bezeichnenden Ausdrücken.

In dieser Hinsicht nimmt es sich ein wenig erstaunlich aus, wenn Lausberg aus seinem *Herennius*-Zitat hingegen die folgende Definition ableitet: „Die Metonymie verwendet *also* ein Wort in der Bedeutung eines anderen Wortes, das semantisch mit dem verwendeten Wort in einer realen Beziehung steht."[278] Auffällig an diesem Satz ist zumal die Rede von einem Wort, das „*semantisch* mit dem verwendeten Wort in einer *realen* Beziehung steht".[279] Wie genau hat man sich den ein wenig irritierenden Zusammenhang zwischen den beiden Adjektiven ‚semantisch' und ‚real' vorzustellen? Ist es eine ihrerseits semantische Beziehung zwischen zwei Ausdrücken, die dabei zugrunde gelegt ist? Oder würde die Beziehung der beiden Worte zueinander durch eine in der Sache gegebene (und von ihrem *signifié* unabhängige) Relation hergestellt?

Diese Alternative bleibt bei Lausberg auffällig unentschieden. Die *Herennius*-Rhetorik nimmt sich in dieser Hinsicht im Grunde klarer aus und rückt die Beziehung zwischen den je bezeichneten *Dingen* in den Vordergrund. Denn aus deren „Nähe" zueinander – was immer unter dieser räumlichen Bezeichnung gemeint sein mag – bezieht sie die Möglichkeit einer Umbesetzung der Bezeichnung, die aufgrund der Kenntnis des Verhältnisses zwischen diesen Dingen zustande kommt und zustande kommen kann. Lausbergs dominant auf eine Beziehung zwischen semantischen Merkmalen von Ausdrücken hin ausgerichtete Definition der Metonymie scheint sich im Unterschied zu derjenigen der *Herennius*-Rhetorik, die Verhältnisse zwischen den von den Sprachzeichen bezeichneten Dingen akzentuiert, noch immer sehr deutlich am Modell der geläufigen Metapherndefinition zu orientieren. Insofern korrespondiert das für Lausbergs Verständnis der Metonymie konstitutive Prädikat „sachlich" dem Begriff der Ähnlichkeit, den er im Sinne der rhetorischen Tradition allen Metaphern als generisches Prinzip zuordnet.[280] Doch

---

[278] Lausberg 1973, S. 292. (Hervorhebung A. K.)
[279] Hervorhebung A. K.
[280] Diese Annahme beruht keineswegs auf einer bloßen Vermutung. Gleich zu Beginn seiner Bestimmung der Metonymie kommt diese von Lausberg vorausgesetzte Parallele

diese Äquivalenz, die Lausberg ja aus der Theoriebildung der antiken Rhetorik ableiten möchte, vermag schon deshalb nicht recht zu überzeugen, als dort ja gerade zwischen der an Beziehungen zwischen *Worten* orientierten Metapher und der auf die Relation zwischen *Dingen* bezogenen Metonymie unterschieden wird.

In aller Prägnanz tritt dieser Unterschied in Ciceros in Schrift *Orator* (27, 92) zutage:

translata dico …, quae per similitudinem ab alia re aut suavitatis aut inopiae causa transferuntur; immutata, in quibus pro verbo proprio subicitur quod idem significet sumptum ex re aliqua consequenti.[281]	Übertragene [Worte] nenne ich solche, die aufgrund einer Ähnlichkeit von einer anderen Sache her um eines gefälligen Effekts willen oder um einen Mangel zu kompensieren, transferiert werden. Als ausgetauschte Worte hingegen bezeichne ich solche, bei denen an die Stelle des eigentlichen Wortes eines gesetzt wird, welches dasselbe bezeichnet, weil es von einer damit zusammenhängenden Sache genommen wird.[282]

---

der beiden rhetorischen Figuren vielmehr unmißverständlich zum Ausdruck: „Die *metonymia* […] besteht darin, daß für das *verbum proprium* ein anderes Wort gesetzt wird, dessen eigentliche Bedeutung mit dem okkasionell gemeinten Bedeutungsgehalt in einer realen Beziehung […], also nicht in einer Vergleichsbeziehung […] wie bei der Metapher […], steht" (Lausberg 1973, S. 292).

[281] Lausberg 1973, S. 292.

[282] Übersetzung A. K. Übrigens läßt sich anhand dieser Textstelle aus Ciceros *Orator* ein wenig mehr Aufschluß über die Semantik der antiken Ausdrücke für die verschiedenen rhetorischen Figuren gewinnen. Ich habe oben festgestellt (siehe S. 246f.), daß der Begriff der Metonymie den Ersatz eines Wortes für ein anderes namhaft macht und darum letztlich auch für eine Bezeichnung der Metapher geeignet wäre. (Nicht anders stünde es um die entsprechenden lateinischen Ausdrücke *denominatio* oder *immutatio*.) Interessanterweise scheint die Beziehung zwischen beiden Termini allerdings asymmetrisch zu sein. Denn der Metaphern-Begriff samt seinen lateinischen Äquivalenten ließe sich umgekehrt nicht zur Bezeichnung der Metonymie benutzen. Dies ergibt sich daraus, daß er es nicht bei der Benennung des formalen Verfahrens des Ersatzes eines Wortes durch ein anderes beläßt, sondern auch die Qualität der Beziehung zwischen *proprium* und *translatum* in einem Punkt kenntlich macht, spricht er doch von einer *Übertragung*; und diese Übertragung impliziert eine bestimmte *semantische* Relation zwischen zwei Ausdrücken. Die Bezeichnung der Metonymie verzichtet hingegen völlig auf jegliche Kennzeichnung eines solchen Zusammenhangs in der Bedeutung der jeweiligen Ausdrücke. Und so verrät im Grunde schon ihre Terminologie, daß in der Auffassung der antiken Rhetorik die Relation zwischen den Sprachzeichen selbst bei der Metonymie eine geringere Rolle spielt als im Fall der Metapher. Diesem latenten, aber durchaus signifikanten Indiz gilt es weiter nachzugehen.

In dieser bemerkenswert klaren Begriffsbestimmung ist ein wesentlicher Unterschied zwischen den Definitionen von Metapher und Metonymie kaum zu übersehen: Erstere kommt vermittels einer *Ähnlichkeit* zwischen Dingen, letztere aufgrund einer Beziehung zustande, die in einem *Sachzusammenhang* zwischen Dingen besteht. Dabei ist die Qualität der zwischen den Dingen beschriebenen Relation durchaus aufschlußreich. Denn – anders als es in der *Herennius*-Rhetorik erfolgt – nennt Cicero kein Nachbarschaftsverhältnis, keine räumliche Beziehung zwischen den an der Metonymie beteiligten *res*, sondern rekurriert allgemeiner auf *irgendeinen* Sachzusammenhang („e x r e a l i q u a c o n s e q u e n t i ").

Die jüngere Diskussion scheint eher der *Herennius*-Rhetorik als Ciceros *Orator* bei der Bestimmung der Metonymie gefolgt zu sein, hat sie sich doch um einen Begriff bemüht, der nicht das *Faktum* eines sachlichen Zusammenhangs, sondern dessen *Qualität* zum Begründungsmerkmal der Metonymie erklärt. Ein solcher definitorischer Ausdruck scheint vor allem im Begriff der *Kontiguität* gefunden zu sein. Seine Karriere verdankt er im Besonderen Roman Jakobson, der ihn in einem berühmt gewordenen Aufsatz eingeführt hat.[283] Dieser Begriff ist seiner Wortbedeutung nach den Adjektiven der *Herennius*-Rhetorik durchaus nahe, weicht aber in seiner Begründung bei Jakobson von deren dort gegebener Definition maßgeblich ab. Denn gerade nicht auf Beziehungen zwischen Dingen, sondern auf Relationen zwischen Worten wird er bei ihm angewendet. Ja, Jakobson entwickelt das systematische Fundament der Metonymie (wie der Metapher) letztlich aus Grundprinzipien der Sprache selbst.[284]

---

[283] Roman Jakobson, „Two Aspects of Language and Two Types of Aphasic Disturbances", in: *Fundamentals of Language*, hg. von Roman Jakobson und Morris Halle, s' Gravenhage: Mouton & Co, 1956, S. 55-82.

[284] Die beiden rhetorischen Figuren beruhen aus seiner Sicht auf den beiden Operationen, die bei einer jeden sprachlichen Äußerung zum Tragen kommen, nämlich der Achse der Selektion wie derjenigen der Kombination. Jakobsons Ausführungen zufolge kommt ein jeder sprachlicher Satz dadurch zustande, daß man einzelne Ausdrücke aus einem Paradigma von Alternativen selegiert und die solchermaßen selegierten Worte zu einem Satz kombiniert. Die Bedingung einer Auswahlmöglichkeit besteht in der Ähnlichkeit der zu einem Paradigma gehörenden Ausdrücke, unter denen man dann jeweils einzelne selegieren kann. Die Voraussetzung der Kombination der ausgewählten Lexeme besteht hingegen in ihrer Kontiguität – ein Begriff, dessen *signifié* ungleich schwerer zu bestimmen ist als dasjenige der Ähnlichkeit. Das lat. Adjektiv *contiguus* bedeutet ‚benachbart', ‚aneinanderstoßend'. Es ist in diesem Sinne höchst bezeichnend, daß sich Jakobson zur Charakteristik der *semantischen* Beziehung, die die Bedingung der Möglichkeit einer Kombination einzelner Ausdrücke in einer Metonymie bezeichnet, eines Begriffs bedient, der sehr genau die Verhältnisse *innerhalb sprachlicher Sätze* bezeichnet, wo die Worte wirklich in des Wortes ureigenstem Sinn „aneinanderstoßen". Doch um damit die semantischen Bedingungen ihrer Kombinierbarkeit in metonymischen Ausdrücken namhaft zu machen, bedarf es einer erheblichen Metaphorisierung dieses Begriffs. Denn, um dies zu leisten, muß er sehr unterschiedliche Typen von Relationen, so etwa die Beziehung zwischen einem Hersteller und seinem Produkt

Zu den Errungenschaften von Jakobsons Definition dieser beiden rhetorischen Figuren aber zählt zweifellos, daß er einen konzeptuellen Zusammenhang *zwischen* ihnen definiert, auch wenn die von ihm in Angriff genommene sprachsystematische Herleitung einer solchen Relation m. E., wie zu begründen versucht, nicht zu überzeugen vermag. So hat es den Anschein, als ließe sich das Verhältnis von Metapher und Metonymie angemessener in anderer Weise aufzeigen. Ja, wie im Folgenden demonstriert sei, ist die nun des Näheren zu diskutierende Beziehung zwischen diesen beiden Tropen sogar konstitutiv für ihre jeweilige Definition.[285]

(„Vor seiner Tür stand schon wieder ein neuer BMW") ebenso namhaft machen wie diejenige zwischen etwas Abstraktem und etwas Konkretem („In der Nachbarschaft verbreitete sich das Gerücht schnell") oder diejenige zwischen einem Territorium und seiner Bevölkerung („Frankreich wählt ein neues Parlament"). So eindrucksvoll Jakobsons theoretischer Entwurf einer Rückführung der Tropen ‚Metapher' und ‚Metonymie' auf zwei Grundprinzipien der Sprache sich auch ausnimmt, sein ambitioniertes Vorhaben scheint mir dessen Ergebnis gleichwohl schon *ab ovo* zu diskreditieren. Dabei will ich gar nicht auf die Frage eingehen, ob er mit den beiden Operationen der Selektion und Kombination die tatsächlichen Prozesse, die bei der Entstehung konkreter Äußerungen zusammenwirken, exakt beschreibt (oder ob es sich dabei womöglich um eine sprachtheoretisch-strukturalistisch überformte Psychologie des Sprachgebrauchs handelt). Das konzeptuelle Grundproblem von Jakobsons Ansatzes liegt m. E. in seinen anderweitigen impliziten theoretischen Prämissen, nämlich in seiner für den Strukturalismus typischen Annahme, daß sich die Modalitäten des Sprach*gebrauchs* auf das Sprach*system* zurückführen lassen. Nun mag man diesem Argument entgegenhalten, daß Jakobson ja gerade die Modalitäten der Konstitution einer (jeden) Äußerung im Blick hat. Gleichwohl ist dem entgegenzuhalten, daß er sich bei seinem Blick auf Selektion und Kombination als strukturellen Voraussetzungen von Metapher und Metonymie einzig für die in der *langue* angelegten *Voraussetzungen* der Bildung konkreter sprachlicher Äußerungen bezieht. Ihre semantischen Funktionen wie ihr Wirklichkeitsbezug bleiben hingegen gänzlich unberücksichtigt. Aber gerade dadurch bringt er mit seinem theoretischen Zugriff die spezifischen Leistungen der uns hier beschäftigenden rhetorischen Figuren – und nicht zuletzt ihre bei allen Gemeinsamkeiten fortbestehenden elementaren Unterschiede – in beträchtlichem Maße zum Verschwinden. Für die Metapher haben wir bereits bemerken können, daß das auch von Jakobson in Anspruch genommene Kriterium der Ähnlichkeit kaum den Ansprüchen einer umfassenden theoretischen Beschreibung dieser rhetorischen Figur genügen kann. Und für die Metonymie werden wir gleichermaßen beobachten, daß das von ihm geltend gemachte Merkmal der Kontiguität im Grunde an den Konstitutionsbedingungen dieser Trope scheitert, weil mit ihm letztlich der Versuch unternommen ist, die für die Metonymie charakteristischen Verfahren an diejenigen der Metapher anzugleichen.

[285] Die Theoriedebatte erweckt statt dessen den Eindruck einer gewissen Nachrangigkeit der Metonymie gegenüber der Metapher, insofern diese das Modell für deren Definition zu bieten scheint. Ja, sie nimmt sich streckenweise wie die Stiefschwester der Metapher aus, läßt sich im Hinblick auf die Metonymie doch allenthalben das Bemühen um ein Kriterium beobachten, das demjenigen der Ähnlichkeit vergleichbar wäre. Insoweit es, wie erörtert, jedoch durchaus zur Debatte steht, ob sich die Metapher grundsätzlich auf

Um sich dessen zu vergewissern, lohnt es sich, auf eine komplementäre Unbestimmtheit bei diesen beiden rhetorischen Figuren zu achten. Wenn die Kontiguität als Bestimmungsmerkmal der Metonymie gilt, dann fallen unter diesen Begriff sehr unterschiedliche Typen von Relationen. Lausberg führt einen ganzen Katalog[286] für solche Beziehungen „qualitativer Art (Ursache, Wirkung, Bereich, Symbol)"[287] an. Es fällt angesichts der bemerkenswerten Disparatheit der von ihm aufgezählten Typen von Beziehungen allerdings schwer, ihre Unterschiedlichkeit unter einen gemeinsamen Begriff zu fassen – und sei es demjenigen der Kontiguität. Denn die mit ihm bezeichnete räumliche Beziehung gerät, wie diskutiert, ihrerseits zu weiten Teilen zu einer Metapher, die den theoretisch nicht sonderlich befriedigenden Effekt hat, metonymische Uneigentlichkeit metaphorisch-uneigentlich zu definieren. Letztlich liegt dem Verständnis des Kontiguitätsbegriffs als Bezeichnung einer semantischen Kategorie je schon die metaphorische Umbesetzung ihrer eigentlichen Bedeutung in Jakobsons theoretischem Konzept zugrunde. Ihr Ansatz besteht in der Charakteristik der Beziehungen zwischen den einzelnen Elementen innerhalb eines sprachlichen Satzes besteht und meint ihre dortige, ganz wörtlich zu verstehende Nachbarschaft, die dann metaphorische auf semantische Verhältnisse innerhalb von bestimmten Sachverhalten umgedeutet wird.

Das Anliegen des – aus diesem Grund nicht sonderlich glücklichen – Kontiguitätsbegriff besteht offensichtlich darin, die *Qualität* der Beziehung, die einer metonymischen Vertauschung von *proprium* und *translatum* innerhalb eines Sachzusammenhangs zugrunde liegt, des Näheren zu charakterisieren. Diese Absicht entsteht, wie besprochen, zweifellos aus dem Bedürfnis nach einer Analogiebildung zur überkommenen Metapherndefinition vermittels des Kriteriums der Ähnlichkeit, die ja ebenfalls eine *qualitative* Relation namhaft macht. Doch die Definition eines entsprechenden Kriteriums scheint im Fall der Metonymie angesichts der Fülle der Beziehungen, die ihr jeweils zugrundeliegen können, schwierig, wo nicht ausgeschlossen. Der weithin metaphorische Status des Kontiguitätsbegriffs bildet deshalb letztlich das Symptom der Unbestimmtheit jeglicher qualitativen Beziehung, die innerhalb einer Metonymie auftreten kann.

---

eine Ähnlichkeitsbeziehung zurückführen läßt, verliert ein solcher Versuch im Grunde bereits von daher seine theoretischen Voraussetzungen. Statt dessen werden wir beobachten können, daß Metapher und Metonymie in der Tat gleichwertige, wenn auch auf sehr unterschiedlichen semantischen Strukturen beruhende rhetorische Figuren darstellen, die nicht nur zueinander in Opposition stehen, sondern sich in dieser (komplementären) Gegensätzlichkeit auch wechselseitig erhellen.

[286] „1) die Person-Sache-Beziehung […] a) Autoren für ihre Werke […] b) Gottheiten für ihren Funktionsbereich […] c) Eigentümer (auch Einwohner) statt des Eigentums (auch Wohngebiets) […] d) Her. 4, 32, 43 instrumento dominum […] 2) die Gefäß-Inhalt-Beziehung […] 3) die Grund-Folge-Beziehung […] 4) die Abstraktum-Konkretum-Beziehung […] 5) die Symbol-Beziehung" (Lausberg 1973, S. 292-294).

[287] Lausberg 1973, S. 292.

Ich möchte deshalb den Vorschlag unterbreiten, das *tertium*, *quartum*, *quintum* oder *centesimum comparationis* all dieser Beziehungen, auf deren Grundlage sich eine Metonymie bilden läßt, in nichts anderem als in dem *Faktum* eines je *gegebenen* Zusammenhangs zu verstehen, innerhalb dessen es zu einer Vertauschung zwischen einzelnen Elementen dieses Zusammenhangs kommt. Durch eine solche Umbesetzung innerhalb eines jeweils präexistenten, d. h. unabhängig von der jeweiligen Metonymie selbst bestehenden Zusammenhangs, kommt in ihrem Fall die Verwandlung eines *proprium* in ein *translatum* zustande. „London hat erklärt, daß..." setzt die britische Hauptstadt an die Stelle der Regierung des Landes. „Nehmen Sie Ihren Cäsar heraus" setzt den Autor an die Stelle des Werks (resp. des Buchs, in dem es abgedruckt ist). Nicht die *Qualität*, sondern die *Existenz* eines solchen Zusammenhangs, so sei hier thesenhaft festgestellt, stellt die für eine Metonymie konstitutive Voraussetzung dar.

Wir werden gerade von hier aus den entscheidenden Unterschied gegenüber der Metapher bemerken können, der denn auch noch einmal schärfer zu erfassen erlauben wird, was mit dem Ausdruck eines jeweils ‚gegebenen Zusammenhangs' im Blick auf die Metonymie gemeint ist. Denn die beiden rhetorischen Figuren erhellen sich in der Tat wechselseitig.

Blicken wir aber zunächst auf die erwähnte komplementäre Unbestimmtheit der Metapher. Wenn für die Metonymie das Fehlen einer qualitativen Bestimmtheit der Beziehung zwischen *proprium* und *translatum* gegeben ist, so gilt für die Metapher umgekehrt, daß ihr traditionelles Bestimmungsmerkmal der Ähnlichkeit sich als unzuverlässiges Konstitutionskriterium erweist. Welche Schlußfolgerungen lassen sich aus diesem Umstand ziehen?

Zur Antwort auf diese Frage empfiehlt es sich, noch einmal auf den für die Metonymie festgestellten Sachverhalt zurückzukommen, daß kennzeichnend für sie die Vertauschung zweier Elemente innerhalb eines *gegebenen* Sachverhaltes ist. Nicht die *Qualität* der Beziehung zwischen *proprium* und *translatum*, sondern das Faktum der *Existenz* eines (der Metonymie selbst stets vorausliegenden) Zusammenhangs zwischen ihnen ist maßgeblich für diese rhetorische Figur. Wenn ein solcher Zusammenhang also, wie gesagt, je schon ‚gegeben' ist, dann will dies besagen, daß dieser Zusammenhang, auf dem eine jede Metonymie operiert, ihr immer schon vorausliegt.

Genau dies, und damit stoßen wir auf den entscheidenden Unterschied zwischen beiden Tropen, verhält sich bei der Metapher anders. In ihrem Fall ist es die rhetorische Figur selbst, die einen solchen Zusammenhang erst herstellt.[288]

---

[288] Der hier reklamierte Unterschied zwischen den beiden ‚Schwestertropen' läßt sich nicht zuletzt anhand einer syntaktischen Operation verifizieren. Eine traditionelle Definition der Metapher bestimmt sie, wie diskutiert, als einen „verkürzten Vergleich". Die Schwierigkeiten dieser Definition haben wir erörtert. Indessen läßt sich die Metonymie durchaus vermittels einer dem verkürzten Vergleich vergleichbaren Operation bestimmen, nämlich als eine verkürzte Umstandsbestimmung. „London hat erklärt..." läßt sich explizieren als: „Die britische Regierung, die ihren Sitz in London hat, hat

Ich kann an dieser Stelle noch einmal auf einen Gedanken Weinrichs in seiner zitierten Studie, die sich einmal mehr als höchst substantiell erweist, zurückkommen, um ihn fortzuführen – um ihn zu radikalisieren und dadurch seine Zielrichtung zu verändern:

> Wenn dem aber so ist, dann drängt sich uns die Gewißheit auf, daß unsere Metaphern gar nicht, wie die alte Metaphorik wahrhaben wollte, reale oder gedachte Gemeinsamkeiten abbilden, sondern daß sie ihre Analogien erst stiften, ihre Korrespondenzen erst schaffen und somit demiurgische Werkzeuge sind.[289]

Es ist eine wesentliche Einsicht, daß Metaphern sich nicht auf vorgegebene Ähnlichkeiten beziehen (resp. beziehen müssen, wie wir einschränkend sogleich argumentieren werden), daß sie vielmehr den Zusammenhang, der und den diese rhetorische Figur konstituiert, selbst herstellen (können). Indessen bleibt Weinrichs Konzept noch immer an der Ähnlichkeit als ihrem fundierenden Moment orientiert, nur verschiebt er dieses Kriterium scharfsichtig von einer vorfindlichen zu einer von der Metapher erst geschaffenen Grundlage ihrer selbst. Doch haben unsere vorausgehenden Überlegungen die grundsätzliche Pertinenz des Ähnlichkeitskriteriums als fundierendem Merkmal der Metapher in Zweifel gezogen. Nimmt man dieses Kriterium deshalb aus Weinrichs Argument heraus, so gelangt man zu der Erkenntnis, daß nicht das Stiften von Ähnlichkeiten die Grundlage dieser rhetorischen Figur darstellt, sondern – grundsätzlicher noch – die *Herstellung* eines *Zusammenhangs*, den erst die Metapher selbst produziert.

Das Moment der Ähnlichkeit haben wir statt dessen als (übrigens metonymische) Bezeichnung einer hermeneutischen Leitvorstellung verstehen können. Es stellt insofern eine Metonymie der hermeneutischen Operation, der Herstellung von semantischer Kohärenz, dar, die für das angemessene Verständnis einer jeden Metapher erforderlich ist. Der Begriff der Ähnlichkeit verfestigt oder verdinglicht

---

erklärt…" Die Aufforderung „Nehmen Sie ihren Cäsar heraus!" läßt sich umformulieren in den Satz: „Nehmen Sie das Buch, in dem der von Cäsar verfaßte *Gallische Krieg* steht, heraus". Diesmal sind es gleich zwei Umstände, die in der betreffenden metonymischen Redeweise vorausgesetzt werden. Und wenn bei der Metonymie gelingt, was bei der Metapher scheitert, dann ergibt sich dieser Unterschied daraus, daß die Kenntnis der Umstände, aus deren Verkürzung die Metonymie gebildet wird, in ihrem Fall bei den Adressaten der Rede erwartet wird – und erwartet werden kann, weil es sich um einen allgemein vertrauten Sachverhalt handelt, der dieser rhetorischen Figur zugrunde liegt. Bei der Metapher gilt es aufgrund der unterschiedlichen hermeneutischen Struktur dieser Trope hingegen, ein *proprium* allererst zu finden, *mit* dem etwas verglichen werden könnte. Und weil eine solche ‚eigentliche' Bedeutung häufig alles andere als eindeutig ist (ganz zu schweigen von der Unmöglichkeit ihrer Bestimmung im Falle einer ‚absoluten Metapher', auf die wir sogleich eingehen werden), bleibt die Möglichkeit, die Metapher in einem Vergleich aufzulösen, nur einem Bruchteil ihrer Verwendung vorbehalten.

[289] Weinrich 1963, S. 338.

also etwas zu einer definierbaren semantischen Beziehung zwischen zwei Ausdrücken, das *de facto* ein Prinzip hermeneutischer Bearbeitung eines Kontextes namhaft macht.[290]

Konstitutiv für den Unterschied zwischen einer Metapher und einer Metonymie sind deshalb letztlich die Differenzen zwischen den hermeneutischen Operationen, die zum Verständnis der jeweiligen rhetorischen Figur erforderlich sind: Die beiden rhetorischen Figuren sind nicht von ihren – semantischen – Voraussetzungen, sondern von ihren hermeneutischen Konsequenzen her zu denken.

Im Fall einer Metonymie ist eine *rekonstruktive* Deutung verlangt. Bei ihr gilt es, die Störung im Verhältnis zweier Ausdrücke durch die Rekonstruktion eines bekannten (resp. als bekannt vorausgesetzten) Sachverhalts aufzuheben, aus dessen Umbesetzung (resp. Verkürzung) die Metonymie gebildet ist. Bei einer Metapher ist hingegen eine *inventive* Deutung verlangt, die den (resp. einen) Zusammenhang, der die mit dieser rhetorischen Figur gegebene Störung aufzuheben vermag, allererst zu entdecken hat. Weil er nicht präexistent ist, gilt es, ihn zu *bestimmen*, statt ihn *wiederzufinden*, um die mit aller Figürlichkeit grundsätzlich verbun-

---

[290] Während die Rhetorik metonymischer Relationen im Hinblick auf eine semantische Störung innerhalb einer Äußerung nachgeht, beschäftigt sich die Pragmatik mit vielen Äußerungen, die sich als ‚pragmatische Metonymien' beschreiben ließen. In ihrem Fall wird Bedeutung nicht vermittels einer semantischen Inkompatibilität innerhalb eines Satzes produziert, sie kommt vielmehr durch eine Verletzung jener Regeln des Sprachgebrauchs zustande, die man als Konversationsmaximen klassifiziert hat, auf die wir auch in diesem Band verschiedentlich eingegangen sind (siehe Grice 1975). Die Störung ist in diesem Fall im Verhältnis zwischen einem Satz und den Umständen seiner Äußerung angelegt. Ein berühmt gewordenes Beispiel für eine entsprechende Produktion metonymischer Semantik liefert etwa Dieter Wunderlichs brillante Analyse des Satzes „es zieht" (Dieter Wunderlich, *Arbeitsbuch Semantik*, Königstein im Taunus: Athenäum, 1980, S. 56-61). Je nach Äußerungssituation kann dieser Satz besagen: ‚Macht das Fenster zu!", „Laß uns einen anderen Platz wählen!" oder „Hol mir meinen Mantel!". Immer dann, wenn der in diesem Satz formulierte propositionale Gehalt so evident ist, daß er selbst keinerlei Information für den Adressaten zum Inhalt haben kann, gerät er zu einer metonymischen Information über einen Umstand, der mit dem als bekannt vorauszusetzenden Sachverhalt verbunden ist. Die Störung stellt in diesem Fall, in der Terminologie von Grice gesagt, eine Verletzung der *maxim of quantity* dar. Im Fall einer pragmatischen Metonymie scheint sich übrigens die Struktur der hermeneutischen Operation, die zu ihrem Verständnis erforderlich ist, gegenüber derjenigen bei einer semantischen Metonymie zu ändern. Zwar bezieht sie sich nach wie vor auf eine gegebene Situation, indessen muß der Adressat nun *innerhalb* dieser Situation den Umstand auffinden, der den geäußerten Satz informationshaltig macht. Wenn sich das diesmal verlangte hermeneutische Verfahren zum Verständnis der Äußerung mithin der bei einer Metapher geforderten Operation annähert, dann deshalb, weil die Situation, innerhalb derer diese Äußerung getätigt wird, neu ist (was übrigens nicht bedeuten muß, daß sie unbekannt ist). Sie dient jedenfalls als Dekodierungshilfe, insofern sie den Rahmen absteckt, innerhalb dessen die metonymische Beziehung zwischen dem propositionalen Gehalt und seiner Bedeutung aufzusuchen ist.

dene Störung aufzuheben. Dieses Bemühen um eine Aufhebung der „widersprüchlichen Prädikation" einer Metapher aber kann gelingen oder scheitern.

Im Fall der – von Hans Blumenberg so genannten – „absoluten Metapher"[291] scheitert der Versuch kontextueller Kohärenzbildung.

Die Existenz eines solchen Metapherntyps ist noch einmal aufschlußreich für den generellen Unterschied dieser rhetorischen Figur gegenüber einer Metonymie. Charakteristisch für diese Trope erscheint es nämlich, daß man die Variante einer ‚absoluten Metonymie' nicht wird finden können. Gerade anhand dieser Asymmetrie zeigt sich übrigens erneut die wechselseitige Erhellung der beiden rhetorischen Figuren, für deren jeweilige Eigenart sich Differenzen wie diese als höchst aufschlußreich erweisen. Dazu später noch Genaueres. Halten wir für den Augenblick fest, daß die Existenz von „absoluten Metaphern" ebenso eine theoretische Herausforderung wie einen Fingerzeig für eine Bestimmung der spezifischen Merkmale von Metaphern darstellt.

Eine konsequente Theorie dieser rhetorischen Figur kann ihre absolute Variante, bei der sich jegliche Frage nach der Ähnlichkeit zwischen einem *prorpium* und einem *translatum* erübrigt, jedenfalls nicht zum bloßen Sonderfall deklarieren, der sich aus einer allgemeinen Theorie der Metapher ohne irgendwelche Konsequenzen für deren Definition herauslösen ließe. Sie erweist sich zudem, statt ein Skandalon der Theoriebildung darzustellen, als ein Fingerzeig für eine angemessene Analyse der Metapher. Bei näherer Überlegung zeigt sich nämlich, daß die „absolute Metapher" insoweit einen besonderen heuristischen Wert für eine Theorie dieser Trope besitzt, als an ihr gerade die Mechanismen, die metaphorischen Verfahren der Sprache schlechthin zugrunde liegen, mit besonderer Prägnanz zum Vorschein kommen.

Löst man Blumenbergs Definition der „absoluten Metapher" aus dem Kontext, der den philosophischen Begriffstheoretiker interessiert, und subsumiert sie der hier vorgeschlagenen Bestimmung der Metapher, dann zeichnet sie sich dadurch aus, daß die auch für sie konstitutive „widersprüchliche Prädikation" einer Aufhebung durch semantische Kohärenzbildung entzogen ist – entzogen zu sein scheint, sollte man präziser sagen. Denn, strenggenommen, läßt sich nicht mehr behaupten, als daß es (bislang) nicht gelungen ist, eine Aufhebung einer solchen Metapher zu betreiben. Die „Absolutheit" einer Metapher stellt deshalb nicht das intrinsische Merkmal der sie konstituierenden sprachlichen Verfahren selbst dar. Die Zuschreibung dieses Prädikats kommt vielmehr als Ergebnis eines Rezeptionsprozesses scheiternder Aufhebung einer semantischen Störung zustande.

---

[291] Der Begriff wurde bekanntlich von Hans Blumenberg eingeführt und von ihm wie folgt definiert: „Daß diese Metaphern absolut genannt werden, bedeutet nur, daß sie sich gegenüber dem terminologischen Anspruch als resistent erweisen, nicht in Begrifflichkeit aufgelöst werden können, nicht aber, daß nicht eine Metapher durch eine andere ersetzt bzw. vertreten oder durch eine genauere korrigiert werden könnte" (Hans Blumenberg, *Paradigmen zu einer Metaphorologie*, Frankfurt am Main: Suhrkamp, 1998, S. 10).

Gerade anhand dieser sog. „absoluten Metapher" kommt insofern das interaktive Moment, das für alle Tropen – und für die Metapher ebenso wie für die Metonymie – kennzeichnend ist, zum Vorschein. Denn im Wortlaut des dabei zur Debatte stehenden Textes ist nicht mehr als die „widersprüchliche Prädikation" der Metapher selbst zu finden. Sie aufzuheben, ist dem Adressaten aufgegeben. Und wenn den Anstoß zu dieser Aufhebung die erwähnte „regulative Idee" bietet, derzufolge *alle* Rede sinnvoll und kohärent sei, dann gehört dazu ebenso die Annahme, daß es sich auch bei einer rhetorischen Figur grundsätzlich um eine vom Verfasser beabsichtigte semantische Störung handelt, die deshalb an den Rezipienten des Textes die stillschweigende Aufforderung zur Aufhebung dieser Störung richtet.

Metaphern – und darin gleichen sich die verschiedenen Tropen – sind ein Phänomen reziproker Erwartungserwartung, um diesen Begriff der soziologischen Systemtheorie hier einmal zu benutzen. Sie gründen auf der Annahme eines Sprechers, der davon ausgeht, daß sich sein Adressat um die Aufhebung einer von ihm eingesetzten Störung bemühen wird. Und dieser Annahme entspricht die korrespondierende Einstellung eines Hörers oder Lesers (resp. Betrachters im Fall der Gebärdensprache), der voraussetzt, daß der Verfasser ihn absichtsvoll zur Aufhebung der von ihm produzierten Störung auffordert.

Tropen sind insoweit Erscheinungsformen eines impliziten hermeneutischen Vertrags, und schon allein deshalb erscheint es unangebracht, sie auf eine bestimmte Qualität zwischen zwei Ausdrücken festlegen zu wollen. Die kanonische Ähnlichkeit der Metapherntheorie ist deshalb, wie bereits erörtert, ein Name für die Evidenz von semantischen Beziehungen, die sich für eine kontextuelle Aufhebung semantischer Störung anbieten. Zweifellos gilt für viele Metaphern, daß sie einen solchen Grad von Evidenz besitzen, aber dies ist keineswegs notwendig der Fall und, wie gesehen, lassen sich zumal in poetischen Texten etliche Gegenbeispiele finden. Doch dieser Sachverhalt gibt keinen Anlaß, wie bisweilen geschehen,[292] eine „poetische" von einer anderweitigen, gleichsam normalsprachlichen Metapher zu unterscheiden. Ihnen allen liegen die gleichen sprachlichen Mechanismen zugrunde, nur können sie ein unterschiedliches Ausmaß des hermeneutischen erfordern – und es kann ebenso vorkommen, wie im besprochenen Fall einer „absoluten Metapher", daß dieses Bemühen um kontextuelle Kohärenzherstellung zu keinem Ergebnis gelangt.

Spätestens an der „absoluten Metapher" scheitert die theoretische Karriere der Ähnlichkeit zur Erklärung der sprachlichen Struktur dieser Trope. Und im Grunde war dieser Mißerfolg bereits in der antiken Rhetoriklehre vorprogrammiert. Erinnern wir uns an Ciceros Mahnung: „si simile nihil habet, repudiator". Eine Metapher ohne Ähnlichkeit stößt ab. Was hier in normativem Gestus einer Wertung formuliert ist, schließt indessen – sozusagen nebenbei – die theoretische *message*

---

[292] So etwa schon bei Friedrich Brinkmann, *Die Metaphern. Studien über den Geist der modernen Sprachen*, Band 1, *Die Thierbilder der Sprachen*, Bonn: Adolph Marcus, 1878, S. 43.

ein, daß die Metapher nicht an die Ähnlichkeit zwischen zwei Ausdrücken gebunden ist.

Wenn, wie erwähnt, die Metonymie, anders als die Metapher, eine „absolute" Variante nicht kennt, dann deshalb, weil die Metonymie, entsprechend der von uns vorgeschlagenen Definition, auf der Umbesetzung eines *gegebenen* Zusammenhangs gründet. Von einer Metonymie läßt sich immer nur dann sprechen, wenn man einen von dieser rhetorischen Figur selbst unabhängigen Zusammenhang zu entdecken vermag, innerhalb dessen sie eine Verschiebung vornimmt; und eine solche Verschiebung ruft die Störung hervor, die jede Trope als eine solche konstituiert. Weil deshalb ein – gegebener – Zusammenhang immer schon erkannt sein muß, um die Metonymie zu identifizieren, kann sie keine „absolute" Form ausbilden. Denn sie bezieht sich stets auf etwas ihr Vorgängiges. Nicht zuletzt an diesem Unterschied wird im Umkehrschluß erkennbar, daß die Metapher ihr Spezifikum darin besitzt, einen Zusammenhang erst herzustellen, der außerhalb dieser rhetorischen Figur nicht gegeben ist.

Hierin unterscheiden sich diese beiden Tropen; aber sie *unterscheiden* sich auf diese Weise nicht allein, die betreffende Differenz macht vielmehr auch ihr jeweiliges Bestimmungsmerkmal aus: Beide rhetorische Figuren beruhen auf einer „widersprüchlichen Prädikation". Im Fall der Metonymie kommt sie durch eine Vertauschung innerhalb eines präexistenten Zusammenhangs zustande, bei der Metapher beruht sie statt dessen auf der Konstitution eines erst von ihr gestifteten Zusammenhangs.

Wir können vor dem Hintergrund dieser Überlegungen Weinrichs These, daß die Metapher nicht auf existente Ähnlichkeiten zurückgreift, sondern diese erst stiftet, in der folgenden Weise reformulieren: Die Metapher stellt vermittels einer „widersprüchlichen Prädikation" einen Zusammenhang her, der erst durch sie zustande kommt. Dabei kann dieser Zusammenhang einen unterschiedlichen Evidenzgrad für die Aufhebung der semantischen Störung, die ihn produziert, besitzen. Vom Grad dieser Evidenz ist es abhängig, ob man von einer Ähnlichkeit zwischen einem *proprium* und einem *translatum* sprechen kann, ob die Herstellung von metaphorisch gestörter Kohärenz also aufgrund einer Ähnlichkeitsbeziehung zwischen zwei Ausdrücken gelingen kann oder nicht.

Ähnlichkeit besagt des Näheren, daß es eine hinreichende Menge geteilter semantischer Merkmale gibt, die die Evidenz der Bedeutung einer Metapher erzeugen. Dies ist beim Lebensabend zweifellos der Fall, insofern das Alter wie der Abend eine zeitliche Größe darstellen und beide Begriffe eine ‚Endzeit' bezeichnen. Doch so geläufig solche semantischen Verhältnisse für Metaphern auch sein mögen, sie *definieren* nicht die Metapher. Denn es kann eben durchaus sein, daß sich für einen metaphorischen Ausdruck gar keine ‚eigentliche' Entsprechung zwischen ‚eigentlicher' und ‚uneigentlicher' Bedeutung entdecken läßt, die Herstellung von Kohärenz deshalb erst in einem größeren Kontext als vermittels der Beziehung zweier Ausdrücke gelingt, so etwa auch durch eine Kombination mit weiteren Metaphern. Und es kann der Fall eintreten, daß die Metapher „absolut" bleibt und jede Aufhebung durch hermeneutische Kohärenzbildung fehlschlägt. Die Metapher stiftet also keineswegs notwendigerweise Ähnlichkeit, sondern sie stellt durch semantische Störung einen erst durch sie zustande kommenden Zusammenhang her, der möglicherweise aufgrund einer Ähnlichkeit zwischen zwei Ausdrücken aufgehoben werden kann. Auf diese – durchaus nicht seltene – Möglichkeit beschränkt sich das kanonische Kriterium der *similitudo* für die Metapher, weshalb es zu ihrer Definition nicht genügt.

Von dem beschriebenen Unterschied zwischen Metapher und Metonymie her erklärt sich auch die von uns bemerkte – komplementäre – Unbestimmtheit in der überkommenen Bestimmung der beiden rhetorischen Figuren: Die (jeweilige) *Eigenart* des Zusammenhangs, innerhalb dessen eine Metonymie spielt, ist für deren Verständnis nachrangig. Diese Trope läßt sich als eine solche erkennen, weil der betreffende Zusammenhang, im Blick auf den sie mit einer Verschiebung operiert, als bekannt vorausgesetzt werden kann. Die (potentielle) Unbestimmtheit des *proprium* einer Metapher ergibt sich hingegen gerade daraus, daß sie selbst einen neuen Zusammenhang erst herstellt, der aus dem übertragenen Ausdruck zu erschließen ist. Und weil die Aufhebung der „widersprüchlichen Prädikation" in der Herstellung semantischer Kohärenz für einen erst zu bestimmenden Zusammenhang besteht, gibt es angesichts von dessen Voraussetzungslosigkeit keineswegs notwendigerweise auch nur eine einzige Lösung für die Produktion semantischer Kohärenz.

Dies verhält sich bei der Metonymie etwas anders. Weil sie auf der Grundlage eines bekannten Sachzusammenhangs operiert, fällt es bei ihr auch sehr viel leichter, den Tausch eines *proprium* gegen ein *translatum* zu rekonstruieren. Der Titel eines Artikels in einer Zeitschrift, „London dementiert angebliche Festnahme eines Diplomaten",[293] der sich auf eine aus Teheran kommende Behauptung des Gegenteils bezieht, läßt kaum Zweifel daran aufkommen, daß der Name der Stadt hier für die britische Regierung resp. ein Organ dieser Regierung, etwa das Außenministerium, steht.

Die im Vorausgehenden herausgearbeitete strukturelle Unterschiedlichkeit von Metapher und Metonymie, die durch die überkommene Theoriebildung mit der von ihr aufgestellten Analogie von Ähnlichkeit und Kontiguität ein Stück weit eher verstellt als erhellt zu werden scheint, läßt sich indessen noch in einer weiteren Hinsicht anhand der stillschweigenden Annahmen der rhetorischen Tradition demonstrieren.

Die den Eindruck von Parallelität erzeugenden überkommenen Definitionen der beiden rhetorischen Figuren legen es nahe, daß ihre Eigenart von ihren jeweiligen Voraussetzungen her bestimmt werde. Doch dieser Eindruck täuscht. Das Kriterium der Kontiguität benennt in der Tat eine für jede Metonymie unabdingbare Voraussetzung. Es läßt sich auf den präexistenten Zusammenhang beziehen, innerhalb dessen diese rhetorische Figur eine Vertauschung vornimmt, deren

---

[293] *Stern*, 7. Juli 2022.

Erkenntnis die „widersprüchliche Prädikation" für diese Trope aufzuheben erlaubt. Hinter der für die Metapher als ihr Konstitutionskriterium genannten Ähnlichkeit verbirgt sich statt dessen das (vorweggenommene) Ergebnis einer hermeneutischen Operation, die, verursacht durch eine semantische Störung, vermittels der Entdeckung eines erst von dieser rhetorischen Figur produzierten Zusammenhangs, Kohärenz herstellen möchte.

Die Metonymie ist voraussetzungsdeterminiert: Sie kommt zustande durch die Störung eines bekannten Sachzusammenhangs, innerhalb dessen sie eine Umbesetzung vornimmt. Die Metapher ist innovationsorientiert: Die durch sie hervorgerufene Störung kommt zustande durch das Postulat der Existenz eines außerhalb dieser Metapher nicht gegebenen Zusammenhangs.

Vielleicht ist deshalb die Metapher auch besonders anfällig für ihre Abnutzung durch Wiederholung, wiewohl sich dies bei der Metonymie nicht grundsätzlich, aber vielleicht graduell anders verhält. Aber weil sie auf etwas Neues angelegt ist, mag sich ein solcher Effekt bei ihr rascher einstellen. Zum anderen wird man konzedieren müssen, daß die Metapher, insofern sie einen Zusammenhang erst stiftet, während die Metonymie mit der Umbesetzung im Rahmen eines präexistenten Zusammenhangs operiert, die ‚radikalere' Form tropischer Rede darstellt. Sie hat aus diesem Grund wohl auch weit mehr theoretische Aufmerksamkeit gefunden.

Diese gegenüber der Metonymie gesteigerte Radikalität der Metapher erklärt sich nicht zuletzt aus ihrem jeweiligen Wirklichkeitsverhältnis, und der betreffende Unterschied zwischen ihnen führt uns zu der letzten hier zu erörternden Facette der Differenz beider rhetorischer Figuren.

Die entsprechenden Überlegungen lenken den Blick auch noch einmal auf die antike Rhetorik zurück. Ich rufe zu diesem Zweck die uns bereits bekannte, aus Ciceros *Orator* stammende, kombinierte Definition der Metapher und der Metonymie in Erinnerung: „Übertragene [Worte] nenne ich solche, die aufgrund einer Ähnlichkeit von einer anderen Sache [...] transferiert werden. Als ausgetauschte Worte hingegen bezeichne ich solche, bei denen an die Stelle des eigentlichen Wortes eines gesetzt wird, welches dasselbe bezeichnet, weil es von einer damit zusammenhängenden Sache genommen wird." Zwar spricht auch Cicero von der Ähnlichkeit zu einer anderen *Sache* als Grund für die Übertragung eines Wortes in eine andere Bedeutung im Fall der Metapher, doch funktioniert das Verhältnis von *res* und *verba* auch seiner Definition zufolge bei der Metonymie offensichtlich anders. Denn im Blick auf sie spricht Cicero bezeichnenderweise von einem Tausch zwischen Worten, die dasselbe bedeuten („quod idem significet"). Weil es sich aber dennoch um bedeutungsverschiedene Worte handeln muß (sonst machte die Rede von einer *immutatio* ja keinen Sinn), kann in diesem Fall nur ein *Bezeichnungsverhältnis* gemeint sein. Die Metonymie also wird bei Cicero im Unterschied zur Metapher auf der Grundlage einer Bezeichnungsrelation definiert.

Dieser Befund aber korrespondiert letztlich auch dem Ergebnis unserer Überlegungen zum Verhältnis der beiden komplementär aufeinander bezogenen rhetorischen Figuren: Die Metapher läßt sich innerhalb semantischer Relationen beschreiben. Die Metonymie hingegen kombiniert semantische und referentielle Beziehungen. Sie beruht auf einer semantischen Störung, die durch eine Verschiebung innerhalb eines als bekannt vorauszusetzenden referentiellen Zusammenhangs zustande kommt.[294] Auch diese Differenz gegenüber dem Vertrauten artikuliert sich mithin in semantischen Beziehungen, operiert indessen zugleich mit der Bezugnahme auf einen referentiellen Zusammenhang, der unabhängig von dieser rhetorischen Figur gegeben ist.[295]

---

[294] Unserer Definition der Differenz zwischen Metapher und Metonymie scheint eine prominente Bestimmung des Verhältnisses der beiden rhetorischen Figuren zueinander zu widersprechen, die von dem sog. *Groupe μ* vorgeschlagen worden ist, einer Gruppe belgischer Linguisten, die sich in den 60er Jahren des vergangenen Jahrhunderts an der Universität Lüttich formierte und sich vor allem mit Fragen der Rhetorik beschäftigt hat. (Schon der griechische Buchstabe *μ* im Namen dieser Gruppe steht für die Metapher). Ihre originelle Charakteristik der Relation beider Tropen zueinander besteht in dem Postulat, daß sich die eine auf die andere zurückführen läßt, wobei interessanterweise die Synekdoche (wie die Metonymie in ihrer Terminologie genannt wird) als die elementare Figur im Vergleich der beiden erscheint. Ihrer These zufolge läßt sich die Metapher nämlich auf eine Kombination zweier Synekdochen zurückführen: „Um eine Metapher zu konstruieren, müssen wir zwei komplementäre Synekdochen koppeln, die in genau entgegengesetzter Weise funktionieren und eine Überschneidung zwischen A und Z herbeiführen" (Jacques Dubois, Francis Édeline, Jean-Marie Klinkenberg, Philippe Minguet, Francis Pire, Hadelin Trinon, *Allgemeine Rhetorik*, übersetzt und herausgegeben von Armin Schütz, München: Fink, 1974, S. 180). Es sei wenigstens ein Argument angeführt, das m. E. gegen die Möglichkeit einer solchen Definition der Metapher spricht. Es betrifft die Bestimmung der Synekdoche durch die Autoren des *Groupe μ*; denn sie macht eine Reihe von – alles andere als evidenten – Voraussetzungen, durch die die von ihnen zur Diskussion gestellte Definition der Metapher erst ermöglicht wird. Das dabei auftretende Problem scheint darin zu bestehen, daß die Synekdoche für sie auf logischen Beziehungen beruht: „vom Besonderen zum Allgemeinen, vom Teil zum Ganzen, vom Weniger zum Mehr, von der Spezies zum Genus" (ebd., S. 170). Doch eine Reduktion der Metonymie auf Relationen dieses Typs spielt darüber hinweg, daß sich die Metonymie – und hier mag schon ihre terminologische Identifikation mit einer Synekdoche theoretisches Gewicht gewinnen – keineswegs auf solche Relationen zurückführen läßt. Die Tatsache, daß die Regierung des Vereinigten Königreichs ihren Sitz in London hat, ist keine Frage einer Beziehung zwischen Teil und Ganzem, sondern bezieht sich auf ein Wissen über einen bestimmten referentiellen Sachverhalt. Um die Metapher als eine Kombination zweier Metonymien bestimmen zu können, ist die skizzierte logische Aufbereitung der Synekdoche indessen unverzichtbar. Insofern bleiben erhebliche Zweifel an der Angemessenheit ihrer Definition durch den *Groupe μ* bestehen. Das systematische Verhältnis der beiden Tropen zueinander erklärt sich nicht von daher, daß sich die eine auf die andere zurückführen ließe. Sie stellen statt dessen komplementäre Fälle einer semantischen Störung dar, die alternative Strategien ihrer hermeneutischen Aufhebung herausfordert.

[295] Es ist dies der Grund, weshalb auch Jakobsons erwähnte Unterscheidung von Metapher und Metonymie (siehe Anm. 284) m. E. nicht zu überzeugen vermag. Seine inner-

Von der Herstellung kontextueller Kohärenz zu unterscheiden ist die Frage nach der semantischen Funktion des Tausches von *proprium* und *translatum*. Für die von uns besprochenen Metaphern haben wir bereits diskutiert, welche Umwertung die von ihnen namhaft gemachten Sachverhalte jeweils erfahren. Analog ist auch bei der Metonymie zu verfahren.

Der zitierte Titel aus dem *Stern*, „London dementiert angebliche Festnahme eines Diplomaten", beschränkt sich natürlich nicht auf eine Einladung, zur Dekodierung dieses Satzes den Namen der Stadt durch die an diesem Ort lokalisierte Institution auszutauschen. Auch hier stellt sich die Frage nach der semantischen Funktion dieses Tausches. Was dieser Ersatz des einen durch das andere sinnfällig macht, ist im Grunde die Autorität, die dem institutionellen Äußerungssubjekt zukommt. Indem der Ort, an dem die Regierung ihren Sitz hat, an deren Stelle tritt, macht diese Metonymie die Machtfülle dieser Regierung kenntlich, indem sie das Territorium ins Spiel bringt, auf das sich ihre Autorität bezieht. Dabei kommt gleichsam eine doppelte metonymische Relation zum Tragen: London ist als Sitz der Regierung zugleich die Hauptstadt des Landes, über das sie Befehlsgewalt besitzt; und so markiert diese rhetorische Figur die Verwurzelung der Institution in einem ganzen Land, für das sie Verantwortung trägt.

Machte man hingegen das Land insgesamt zu einem metonymischen Subjekt des betreffenden Satzes – „Großbritannien dementiert angebliche Festnahme eines Diplomaten" –, so verlöre die Möglichkeit der Identifizierung des Urhebers der betreffenden Erklärung an Eindeutigkeit.

Was sich hieran beobachten läßt, ist ein relativer Unterschied im Blick auf die Mehrdeutigkeit der jeweiligen rhetorischen Figur. Insofern die Metonymie auf je

---

sprachlichen Kategorien, auf die er die beiden rhetorischen Figuren zurückführen möchte und die die semantischen Konzepte der Ähnlichkeit und Kontiguität bezeichnen, spielen im Hinblick auf die Metonymie über den Sachverhalt hinweg, daß *sie* sich eben nicht allein auf semantische Relationen zurückführen läßt, sondern der Kenntnis referentieller Sachverhalte der außersprachlichen Wirklichkeit bedarf, auf deren Grundlage sie operiert. Sage ich beispielsweise „Bei unseren Nachbarn gab es wieder fürchterlichen Krach", dann kann – abhängig von den Umständen der Äußerung dieses Satzes – das Wort ‚Krach' ‚Streit' bedeuten. Daß ein Streit sich lauthals artikulieren muß, ist jedoch nicht notwendig der Fall. ‚Lautstärke' gehört deshalb nicht zu den semantischen Merkmalen des Wortes Streit, sondern allenfalls zu seinen Konnotationen (die allerdings ihrerseits Kenntnisse über die Umstände eines Streits voraussetzen). Um ‚Krach' als Metonymie eines Streits verstehen zu können, bedarf es mithin des Wissens darum, daß er sich bei den betreffenden Leuten häufig lautstark vollzieht. Das Beispiel ist insofern höchst instruktiv, als der betreffende Satz eine Metonymie nur unter bestimmten Bedingungen enthält. Er kann sich unter anderen Umständen auch auf lästigen Baulärm in der Nachbarschaft beziehen, den ein nicht enden wollender Umbau seit geraumer Zeit zum Verdruß leidgeprüfter Anwohner verursacht. Es bedarf also des Wissens darum, *daß* sich die Nachbarn häufig lauthals zu streiten pflegen, um in der zitierten Äußerung den Krach als metonymisches Synonym ihrer gewohnheitsmäßigen verbalen Auseinandersetzungen verstehen zu können.

schon existente Sachzusammenhänge zurückgreift, scheint ihre Polysemie geringer als diejenige von Metaphern zu sein, die einen außerhalb ihrer nicht gegebenen Zusammenhang postulieren und deshalb naturgemäß einen größeren Spielraum ihrer Aufhebung kennen. Aber dies bedeutet auch, daß die semantische Leistung von Metonymien sich weithin auf eine Prägnanzbildung, auf die Akzentuierung bestimmter Gesichtspunkte innerhalb eines (bekannten) Zusammenhangs beschränkt. Eine Produktion *neuer* Bedeutung scheint deshalb eher der Metapher vorbehalten zu sein.

Die strukturell unterschiedlichen Konstitutionsmerkmale von Metapher und Metonymie, die zugleich als Schwestertropen aufeinander bezogen sind, bringen es mit sich, daß sich beide rhetorische Figuren auch miteinander kombinieren lassen. Diese Möglichkeit ihrer Verbindung hat in der Sprachwissenschaft sogar zu einem neuen Begriff geführt, man spricht dort inzwischen von einer „Metaphtonymie".[296] Derlei Kombinationen kommen schon im alltäglichen Sprachgebrauch vor. Ein Beispiel bietet die ‚Kühlerhaube'. Die Haube ist eine Kopfbedeckung, die metaphorisch auf den Deckel, der den Motor bedeckt, übertragen wird. Und der Kühler steht metonymisch für alle Elemente, die zum Motor eines Automobils gehören. Die Kombinierbarkeit beider rhetorischer Figuren bietet selbstredend poetischen Texten ein reichhaltiges Repertoire. Dies sei abschließend zu diesem Exkurs anhand eines Beispiels genauer erörtert.

Zuvor aber haben wir noch einen Nachtrag zu unserer Typologie von Phänomenen sekundärer Zeichenhaftigkeit zu leisten, nämlich eine Bestimmung des Symbols.

Es ist hier nicht der Ort, die umfängliche Diskussion um den Symbolbegriff zu rekonstruieren. Die Debatte über ihn unterscheidet sich darin von der Diskussion über Metapher und Metonymie, daß über die jeweilige Identität der solchermaßen bezeichneten Phänomene weithin Einigkeit besteht. Strittig sind hingegen die sprachlichen Mechanismen, die zur Konstitution dieser beiden Tropen führen. Im Fall des Symbols werden statt dessen nicht nur voneinander verschiedene Typen von Zeichen mit diesem Begriff belegt, bisweilen wird er sogar für gegensätzliche Phänomene beansprucht.

Der *Cours de linguistique générale* definiert das Symbol als ein nicht rein arbiträres Zeichen, sondern als eines, das einen ikonischen Anteil besitzt.[297] Umge-

---

[296] Zu diesem Begriff siehe Louis Goossens, „Metaphtonymy: The interaction of metaphor and metonymy in expressions for linguistic action", in: *Cognitive Linguistics* 1.3 (1990), S. 323–340.

[297] Ferdinand de Saussure, *Cours de linguistique générale*, Première partie, § 2: "On s'est servi du mot *symbole* pour désigner le signe linguistique, ou plus exactement ce que nous appelons le signifiant. Il y a des inconvénients à l'admettre, justement à cause de notre premier principe. Le symbole a pour caractère de n'être jamais tout à fait arbitraire ; il n'est pas vide, il y a un rudiment de lien naturel entre le signifiant et le signifié.

kehrt hat Peirce als Symbole gerade solche Zeichen bestimmt, denen jede Motiviertheit fehlt, und den Zusammenhang zwischen dem Zeichen und seiner Bedeutung für sie auf eine (bloße) Konvention *(law)* zurückgeführt.[298]

Jeder theoretisch orientierte Gebrauch des Symbolbegriffs ist mithin von seiner jeweiligen Definition abhängig (und folglich auch einer solchen Bestimmung bedürftig), sofern er zur Bezeichnung einer spezifischen Form von Zeichenhaftigkeit Verwendung finden soll. In diesem Sinn knüpfe ich an den Beginn dieses Exkurses an und definiere das Symbol als eine spezifische Modalität sekundärer Zeichenhaftigkeit, die sich von derjenigen bei einer Metapher oder Metonymie unterscheidet.

Diese beiden rhetorischen Figuren basieren auf einer Zeichenhaftigkeit zweiter Ordnung, insofern durch ihren sekundären Zeichenwert eine primäre Zeichenhaftigkeit verändert wird. Nichts anderes besagt der überkommene Begriff der ‚übertragenen Bedeutung'. Beim ‚Lebensabend' wird der primäre Zeichenwert des Lautkörpers [a:bnd], der den Zeitabschnitt des Tagesendes bedeutet, umgewidmet und zur Bezeichnung des Lebensendes benutzt. Analoges vollzieht sich bei einer Metonymie.

Ebenso können beide rhetorischen Verfahren im Verbund miteinander aufkommen. Bescheinigt man einem Politiker, daß er bei einer Wahl sein Waterloo erlebt hat, dann betreibt diese Formulierung zum einen die metonymische Vertauschung der letzten Schlacht, die Napoleon verloren hat, mit dem Ort, in dessen Nähe sie stattgefunden hat. Zum anderen überträgt dieser Satz metaphorisch die vernichtende Niederlage in einer Schlacht auf einen erheblichen Verlust in einer Wahlauseinandersetzung.

Der semantische Effekt des figürlichen Ausdrucks ‚Waterloo' ist mithin unschwer zu bestimmen: Er kondensiert eine ganze Fülle von miteinander verbundenen Informationen: Er markiert ebenso die Heftigkeit des Wahlkampfes wie das Ausmaß der Niederlage, das jegliches *Comeback* des Verlierers auszuschließen

---

Le symbole de la justice, la balance, ne pourrait pas être remplacé par n'importe quoi, un char, par exemple" (Ferdinand de Saussure, *Cours de linguistique générale*, édition critique préparée par Tullio de Mauro, Paris, 1974, S. 101). („Man hat sich des Wortes ‚Symbol' bedient, um das sprachliche Zeichen allgemein, genauer gesagt, das was wir den Signifikanten nennen, zu bezeichnen. Der Zustimmung zu dieser Definition stellen sich jedoch gerade aufgrund des ersten von uns genannten Prinzips [sc. der Arbitrarität der Verbindung von Signifikant und Signifikat] einige Hindernisse entgegen. Es gehört zur Eigenart eines Symbols, nicht vollständig arbiträr zu sein. Es ist nicht leer; es gibt vielmehr den Ansatz einer natürlichen Verbindung zwischen Signifikant und Signifikat. Das Symbol der Justiz, die Waage, könnte nicht durch irgendein anderes, etwa einen Wagen, ersetzt werden." Übersetzung A. K.)

[298] "A Symbol is a sign which refers to the Object that it denotes by virtue of a law" (Charles Sanders Peirce, *The Essential Peirce*, Band. 2, hg. von Nathan Houser und Christian Kloesel, Bloomington: Indiana University Press, 1988, S. 292).

scheint. Die Zusatzbedeutung, die der bezeichnete Sachverhalt durch seine Bezeichnung mit Hilfe dieser rhetorischen Figur gewinnt, beschränkt sich mithin nicht auf die Hinzufügung einzelner Gesichtspunkte, sondern gibt gerade den Zusammenhang dieser verschiedenen Aspekte zu erkennen: Je heftiger sich Politiker in einem Wahlkampf engagieren, um so deutlicher nähert sich der Wahlkampf der gewaltsamen Auseinandersetzung einer Schlacht. Je deutlicher seine Niederlage in einer solchen [Wahl-]Schlacht ausfällt, desto geringer sind seine Aussichten auf einen Wiederaufstieg oder eine neuerliche Gelegenheit, um Spitzenpositionen in seinen eigenen Reihen kämpfen zu können.

Der Unterschied sekundärer Zeichenhaftigkeit eines Symbols gegenüber derjenigen der Tropen besteht, entsprechend der hier vorgeschlagenen Definition, darin, daß es sich bei einem Symbol um einen Gegenstand, eine Person oder einen Sachverhalt (resp. ein Ereignis oder einen Ereigniszusammenhang) handelt, die eine Funktion unabhängig von ihrem Zeichenwert besitzen, aber unter bestimmten Umständen eine zeichenhafte Qualität gewinnen können.

Dabei können sowohl die Umstände, unter denen eine solche semiotische Qualität zustande kommt, wie die Eigenart der Beziehung, die eine zeichenhafte Bedeutung zwischen einem Symbol und dem mit ihm bezeichneten Phänomen herstellt, sehr unterschiedlicher Art sein.

Ein Symbol kann durch häufigen Gebrauch entstehen, so dient der Eiffelturm als Symbol der Stadt Paris (wozu zweifellos auch seine Auffälligkeit im Stadtbild der französischen Metropole beiträgt). Eine zeichenhafte Qualität aber kann ein Phänomen beispielsweise ebenso aufgrund einer als gültig vorausgesetzten Theorie gewinnen. So wird etwa, wer der Psychoanalyse viel Kredit einräumt, Gegenständen bestimmter Form bereitwillig die Bedeutung eines Phallussymbols zubilligen wollen.

Besonders ‚anfällig' sind literarische Texte für die Aufladung ihrer Gegenstände mit symbolischen Bedeutungen, und zwar deshalb, weil unsere Grundannahme von der Sinnhaftigkeit und Kohärenz jeglicher sprachlichen Äußerung im Fall fiktionaler Texte eine besondere Verdichtung erfährt.[299] Weil die dort berich-

---

[299] Nur um einem Mißverständnis vorzubeugen: Auch wer einen Text als Absage an jegliche Kohärenz deutet – ein gerade für Texte der Moderne durchaus häufig zu beobachtender Befund –, bescheinigt ihm *diese* Kohärenz seiner Botschaft. Interpretationen kommen ohne ein Kohärenzpostulat nicht aus. Nur gilt es, konzeptuell die Semantik der Textbedeutung und das methodische Vorgehen, das zu deren Bestimmung dient, voneinander zu trennen. Verzichtet man auf diese Differenzierung, stellt man sein eigenes Verfahren in Frage. Ein beredtes Beispiel dafür bietet der von uns besprochene Fall der dekonstruktiven Theorie Paul de Mans (siehe Anm. 9). Indem er allen literarischen Texten eine irreduzible Polysemie bezeichnet, stellt sich der dialektische Effekt einer Fixierung identischer Bedeutung für jedwede literarische Rede ein. Sie besagt demzufolge grundsätzlich nichts anderes, als daß die Sprache nur referentielle Illusionen erzeugt – daß sie eine Wirklichkeit, auf die sie Bezug zu nehmen vorgibt, *de facto* nur simuliert. Zu einem solchen dialektischen Umschlag, der den Widerspruch in die

teten Ereignisse und beschriebenen Gegenstände sowie ihre Kombination nicht dem Zufall geschuldet sind, sondern sich einer bewußten Komposition verdanken, existiert die Vermutung, daß auch ihr Zusammenhang sich nicht auf Beziehungen der ‚Kontiguität' in einem raum-zeitlichen Kontinuum beschränkt, sondern ebenfalls eine semiotische Qualität gewinnt. Auch hier ist, wie im Falle von Tropen, die elementare Annahme wirksam, daß alle Rede größtmögliche semantische Kohärenz besitzt. Und weil die Gegenstände fiktionaler Rede nicht durch irgendeine ‚Realität' vorgegeben sein müssen, sondern der Verfügungsgewalt eines sprechenden Subjekts unterliegen, existiert die Vermutung, daß auch sie selbst bedeutungstragend sind. Die „regulative Idee" maximaler semantischer Kohärenz sprachlicher Äußerungen dehnt sich im Fall fiktionaler Rede deshalb auch auf ihre Gegenstände und folglich auf die Annahme ihrer symbolischen Qualität aus.

Ein anschauliches Beispiel für den hier diskutieren Sachverhalt bietet die Todesszene der Titelheldin in Leo Tolstois Roman *Anna Karenina*. Auf dem Weg zu ihrem Selbstmord trägt sie eine rote Reisetasche, und es fällt schwer, dieser Farbe *keine* zeichenhafte Qualität zuzubilligen. Denn das betreffende Utensil nimmt sich wie ein bedeutungsschwangeres Accessoire aus, das auf ihren Tod vorausdeutet, weil es ihm metonymisch verbunden ist: Das Rot präfiguriert das Blut, das den Körper Anna Kareninas bedecken wird, wenn sie sich vor den Zug geworfen haben wird. So gerät die Tasche zu einem Symbol ihrer physischen Vernichtung.

Ich wähle sehr bewußt das Tempus der vollendeten Zukunft für meinen Kommentar zu Tolstois Erzählung. Denn die subtile Dezenz seiner Schilderung von Anna Kareninas Tod beläßt es bei einer solchen figürlichen Vorausdeutung, die gleichsam die Funktion eines rhetorisch arrangierten *futurum exactum* gewinnt, indem sie andeutungsweise Künftiges imaginär vorwegnimmt. Mit keiner einzigen Silbe erwähnt die ganz aus der Erlebnisperspektive der Selbstmörderin erfolgende Darstellung ihres Todes hingegen die nur in dieser vorgreifenden symbolischen Verschlüsselung aufgehobene körperliche Entstellung der Frau, deren Schönheit ihr zum Verhängnis wurde. In der Meisterschaft von Tolstois Erzählkunst bleibt Anna Kareninas tragisch begehrter Körper – ungeachtet der zerstörerischen Brutalität ihres gewaltsamen Todes – sprachlich unversehrt.[300]

---

eigene Theorie hereinträgt, aber kommt es dadurch, daß zwischen dem methodischen Verfahren des Interpreten, dem Aufweis irreduzibler Polysemie, und der Semantik des Textes nicht unterschieden wird.

[300] Schon im ersten Teil des Romans, in dessen 29. Kapitel, spielt Anna Kareninas rote Reisetasche – красный мешочек lautet ihre Bezeichnung im russischen Original – eine (dort noch wenig signifikant erscheinende) Rolle. Dieses Utensil ihrer Todesszene gewinnt insofern auch innerhalb des Romans insgesamt den Status eines symbolischen Mittels zur Vorausdeutung auf ihren Tod und demonstriert auf diese Weise vom Ende der Erzählung her den verhängnisvollen Zusammenhang einer tragischen Ereignisfolge. Wenn gerade im scheinbar nebensächlichen Accessoire ein wesentliches Element der Bedeutungskonstruktion dieses Romans verschlüsselt ist, dann zeigt sich hier zugleich in paradigmatischer Weise noch einmal, wie anders die ‚Karriere' eines Gebrauchsge-

Gründet dieses Symbol auf einem Sachzusammenhang, wie er auch einer Metonymie zugrunde liegt, näherhin auf einer zeitlichen Sukzession von Ereignissen – Entsprechendes gilt für die räumlichen Beziehungen, die den Eiffelturm als Symbol von Paris konstituieren –, so kann eine symbolische Qualität ebenso auf einer Beziehung gründen, wie sie für eine Metapher charakteristisch ist. Der Trauring stellt eine Verbindung zwischen einem Schmuckstück und der Institution der Ehe her, die sich in symbolischer Hinsicht etwa aufgrund einer Korrespondenz zwischen der Geschlossenheit der Ringform und der Unverbrüchlichkeit des Ehebunds einander zuordnen lassen.

Der entscheidende Unterschied der Zeichenhaftigkeit von Symbolen – im hier definierten Verständnis – gegenüber derjenigen rhetorischer Tropen besteht folglich darin, daß das Symbol auf einer Zeichenhaftigkeit von *Gegenständen* resp. anderen Größen der empirischen Wirklichkeit gründet, während rhetorische Figu-

---

genstands hier funktioniert als im Fall einer karnevalesken Aufwertung des ‚dummen Dings' in der „verkehrten Welt" einer Komödie. (Siehe hierzu bereits Anm. 38) Diesem komischen Realismus ist die Ernsthaftigkeit einer Welt gegenübergestellt, in der alles bedeutungsvoll – und zwar im doppelten Sinne dieses Wortes – wird oder doch werden kann, und d. h. Bedeutsamkeit ebenso wie Sinn gewinnt. Denn beides bedingt sich wechselseitig. Der Aufstieg des Nebensächlichen stellt nun nicht mehr das Instrument einer spielerischen Inversion gegebener Hierarchien dar, sondern markiert die Zugehörigkeit von allem und jedem zu der einen Welt, in der sich keine von Natur aus vorgegebenen Ordnungen mehr finden lassen. Und wenn gerade das vordergründig Nebensächliche nun den verborgenen Sinn der Geschicke der Welt zu entschlüsseln hat, dann wird daran die Kontingenz dieses Sinnes selbst zum Vorschein gebracht. (Es wäre verlockend des Näheren zu überlegen, ob sich in dieser symbolischen Qualität des scheinbar Nebensächlichen im Realismus des 19. Jahrhunderts eine Alternative zu jenem vormodernen Realismus beschreiben läßt, den Auerbach für das Mittelalter charakterisiert hatte und der auf Zeichenbeziehungen beruhte. Weil sich die von Gott geschaffene Welt in all ihren Gegenständen zeichenhaft auf eine höhere Wirklichkeit beziehen läßt, zerbrechen auch hier die hierarchischen Kategorisierungen des antiken Klassizismus. Denn aufgrund seiner Geschöpflichkeit gewinnt alles eine Bedeutung, aber damit zugleich seine Bedeutsamkeit. Die Zeichenhaftigkeit der Dingwelt im vormodernen Realismus verdankt sich insofern einer vorgegebenen Ordnung, in der nicht nur der Sinn der Dinge je schon fixiert wird, sondern grundsätzlich ihre Zeichenhaftigkeit garantiert ist. Sinnhaftigkeit und Bedeutsamkeit der Welt gehören hier zusammen. Anna Kareninas Reisetasche gerät statt dessen zu einem Symbol erst vom Ende ihrer Geschichte her, deren Verlauf sich in hohem Maße Zufällen verdankt, zwischen denen sich eine – teilweise – Schlüssigkeit ausbildet. Sie markiert insoweit so etwas wie eine kontingente Kohärenz des Kontingenten. Sinnhaftigkeit ist mithin auf eine ungleich niedrigere Schwelle von Sinnbildung reduziert. Vielleicht wird man sagen können, daß der vormoderne Realismus die Lesbarmachung vorgegebener Zeichen erfordert, Zeichenhaftigkeit im Realismus der Moderne hingegen eine hermeneutische Konstitution des sinnstiftenden Zeichens als solchem verlangt. Wäre also der Sinn in dieser Welt nur noch retrospektiv zu haben?)

ren Zeichenhaftigkeit durch *sprachliche Verfahren* produzieren. Gleichwohl gilt es zu beachten, daß auch ein Symbol ein Phänomen *sekundärer* Zeichenhaftigkeit darstellt, was in seinem Fall besagen will, daß der Träger einer symbolischen Funktion zugleich eine von dieser semiotischen Qualität unabhängige Funktion zu besitzen hat. Verkehrszeichen oder Fahnen fallen insofern, strenggenommen, nicht unter den hier definierten Symbolbegriff, da sie in ihrer Zeichenfunktion aufgehen und keine anderweitige Verwendung finden.

An das Ende dieses Exkurses sei, wie schon angekündigt, die Untersuchung eines Gedichts gestellt, in dem sich das Zusammenwirken der verschiedenen von uns analysierten und definierten Typen sekundärer Zeichenhaftigkeit paradigmatisch verfolgen läßt. Es ist dasselbe Gedicht, das schon Weinrich an das Ende seines Artikels gestellt hatte, weil es ihm ein besonders prägnantes Exempel für eine „kühne Metapher" zu bieten schien, die den Ausgangspunkt seiner allgemeinen Überlegungen zu dieser rhetorischen Figur darstellt. Ich möchte seine Interpretation deshalb im Lichte der im Vorausgehenden angestellten Überlegungen ein Stück weit revidieren.

Es handelt sich bei diesem Gedicht um einen Text aus Paul Celans 1959 erschienener Gedichtsammlung *Sprachgitter*:

> EINE HAND
>
> Der Tisch, aus Stundenholz, mit
> dem Reisgericht und dem Wein.
> Es wird
> geschwiegen, gegessen, getrunken.
>
> Eine Hand, die ich küßte,
> leuchtet den Mündern.[301]

Weinrichs Interesse kreist vor allem um die erste rhetorische Figur in diesem Text, den in der Tat höchst auffälligen, schon im ersten Vers vorkommenden Ausdruck „Stundenholz". (Nur noch eine weitere Trope findet sich in diesem Gedicht, und zwar in seiner vorletzten Zeile, eine Metapher, die in der Verbform „leuchtete" steckt.) Die Kühnheit des „Stundenholzes" kommt für Weinrich vor allem in der Schwierigkeit der Bestimmung zum Vorschein, welche der beiden Komponenten dieses Ausdrucks einen figürlichen Status besitzt:

> Wir erwarten eher eine Metapher für die Zeit als für das Holz, weil die Zeit in mehr Bildfeldern metaphorisiert ist als das Holz. Wir können ja die Zeit gar nicht anders benennen als metaphorisch. [...] Formal, grammatisch gesehen, bleibt die Metapher in der uns vertrauten Richtung auf die Zeit als das Eigentliche der Rede. Das Holz

---
[301] Celan 1983, S. 181.

ist nur Bildspender. Aber der weitere Kontext des Verses – „der Tisch, aus Stundenholz" – läßt das nicht zu. Er übt einen Determinationsdruck in der Gegenrichtung aus, auf das Holz als das Eigentliche, wenigstens fürs erste. Die Metapher bleibt zwischen den beiden Kräften ihrer grammatischen Form und der Kontextdetermination in der Schwebe, unentschlossen zwischen gegensinniger Dynamik. Der Leser wird vielleicht darüber hinweglesen, aber er wird auf diese Metapher zurückkommen müssen, wenn er das Gedicht verstehen will; nämlich im vorletzten Vers, in dem Celan vom Präsens ins Imperfekt übergeht: „Eine Hand, die ich küßte..." und wo in der erinnerten Vergangenheit die Zeit erscheint. Hier weiß der Leser: es ging doch schon immer um die Zeit. Die Dynamik kommt zur Ruhe.[302]

Die „Lösung", die Weinrich gegen Ende des Gedichts für das von ihm selbst aufgeworfene Problem gefunden sieht, besteht in der Auflösung der Frage, welcher *Bestandteil* des zweiteiligen Ausdrucks „Stundenholz" einen metaphorischen Status besitzt. Weil es auch später um die Zeit gehe, so sein Argument, sei rückblickend zu erkennen, daß bereits das Stundenholz eine Zeitmetapher darstelle.

Unbeantwortet bleibt dabei allerdings die Frage nach der genauen *Bedeutung*, die diese Metapher im Kontext dieses Gedichtes hat, scheint es doch nicht sonderlich wahrscheinlich, daß ihre Funktion sich in der bloßen Auflösung des formalen Problems, welcher Teil des „Stundenholzes" einen figürlichen Status besitze, erschöpft. Gefragt ist vielmehr zunächst und vor allem die Bestimmung des semantischen Gehalts dieser Metapher. Sie aber bleibt Weinrich schuldig.

Nun geht seine – in diesem Punkt unvollständig bleibende – Deutung freilich selbstverständlich davon aus, *daß* es sich bei dem Stundenholz um eine Metapher handelt – und dies ungeachtet der Tatsache, daß die grammatischen Verhältnisse im Grunde dagegensprechen. Denn, wie er selbst bemerkt, verhält es sich im Deutschen so, daß bei Ausdrücken, die das *proprium* und das *translatum* kombinieren – der Lebensabend oder das Tischbein bieten plastische Beispiele dafür – der jeweils zweite Teil die metaphorische Komponente darstellt. Doch, so stellt er gleichfalls fest, scheint der Kontext, nämlich der tatsächlich aus Holz gefertigte Tisch, diese grammatischen Üblichkeiten (jedenfalls anfänglich) zu überspielen. Nicht zuletzt diese sprachlichen Umstände der rhetorischen Figur des betreffenden Ausdrucks aber geben Anlaß zu der Frage, ob es sich beim „Stundenholz" überhaupt um eine Metapher handelt. Wir werden sehen, daß diese Frage tatsächlich angebracht ist.

Weinrichs Vorgehen bei seiner Analyse von Celans Gedicht besteht darin, den gesamten Text ausgehend von der Trope des „Stundenholzes" in den Blick zu nehmen. Ich möchte im Folgenden den umgekehrten Weg einschlagen und zunächst die Struktur dieses Gedichtes insgesamt zu rekonstruieren versuchen, bevor ich auf diese rhetorische Figur, auf ihren figürlichen Status wie ihre semantische Funktion, des Näheren eingehe.

---

[302] Weinrich 1963, S. 338f.

Celans hermeneutisch höchst herausforderndes Gedicht *Eine Hand* wird bestimmt von einer semantischen Bewegung, die durch eine Zunahme an Zeit und Bewegung gekennzeichnet ist, wobei die sich ausweitende Dynamik mit einer gleichzeitigen Steigerung von Elementen eines Handelns einhergeht.

Die betreffende semantische Bewegung spiegelt sich bereits in der grammatischen Struktur der aufeinander folgenden drei Sätze, aus denen das Gedicht besteht. Dem ersten dieser Sätze, der die ersten beiden Zeilen füllt, fehlt ein Prädikat: „Der Tisch, aus Stundenholz, mit / dem Reisgericht und dem Wein." Es handelt sich um eine Beschreibung, die zunächst jeden zeitlichen Bezug vermissen läßt. Der zweite Satz, der sich von Vers 3 bis Vers 4 erstreckt, macht statt dessen drei Vorgänge namhaft: „Es wird / geschwiegen, gegessen, getrunken". Zu seinen Eigenheiten gehört es, daß das Enjambement nach „Es wird" die Aufmerksamkeit für das, was sich – vom Hilfsverb angekündigt – ereignet, steigert.

Allerdings handelt es sich zugleich um einen sog. subjektlosen Satz, d. h., die grammatische Funktion des Subjekts wird von dem Pronomen ‚es' wahrgenommen. „Es" markiert die Tatsache, *daß* sich das Gesagte ereignet. (Die Bedeutung dieses Pronomens läßt sich etwa mit dem Satz „Es ist der Fall, daß…" umschreiben.) Doch ermöglicht diese Ausdrucksweise keine Zuschreibung zu einem Subjekt der betreffenden Handlungen. Erst der dritte Satz, der eine zweite Strophe dieses Gedichts zu bilden scheint, kennt ein ‚regelrechtes' Subjekt, das allerdings aus einem (freilich bereits mit dem Titel des Gedichts namhaft gemachten) Körperteil, „eine Hand", besteht. Einzig der in diesen Satz eingefügte Nebensatz kennt ein Pronomen, das auf eine Person deutet, die zugleich mit dem Sprecher dieser Rede identisch ist: „ich". Ein Subjekt im semantischen Sinne kommt also nur in einem, um diesen grammatischen Terminus hier zu benutzen, untergeordneten Satz vor; damit aber verfügt er im Vergleich zu allen Hauptsätzen über ein Alleinstellungsmerkmal.

Die hier beschriebenen grammatischen Verhältnisse können uns nun bereits zu einer Beobachtung führen, die ein wesentliches semantisches Strukturelement dieses Textes zu erkennen gibt: Kennzeichnend für ihn ist eine große Anonymität. Besonders deutlich wird dieser Sachverhalt anhand des zweiten, subjektlosen Satzes. In der grammatischen Form des Passivs werden Vorgänge geschildert, die ein übliches Verhalten bei Tisch darstellen: Es wird gegessen und getrunken. Doch dieses Verhalten wird eben zugleich auf diese Vorgänge als solche reduziert und jeglichem Subjekt entzogen. Dazu paßt es, daß zunächst in diesem Vers ein ‚Vorgang' benannt wird, der eigentlich gar keiner ist, sondern in der Negation eines (erwartbaren) Verhaltens besteht: „Es wird / geschwiegen". Es findet mithin keinerlei Konversation bei Tisch statt, und dies trotz des Weins, der doch eigentlich belebend wirken und ein Tischgespräch befördern müßte. Doch die geschilderte Mahlzeit wird auf den bloßen physiologischen Vorgang der Ernährung selbst beschränkt.

Diese Beobachtungen bieten zugleich einen Schlüssel für das Verständnis der zweiten ‚Strophe' des Gedichts. Denn das einzige menschliche Subjekt, das in diesem Text vorkommt, das Ich, tritt auch nur im Zusammenhang mit einem vergangenen Ereignis in Erscheinung. Es steht mit dem Kuß einer Hand in Verbindung, den dieses Ich erinnert – einer Hand, die offenkundig auch im Augenblick der geschilderten Szenerie anwesend ist. Sie ist es folglich, die den Zusammenhang zwischen der (glücksträchtig erinnerten) Vergangenheit und der (todtraurig wirkenden) Gegenwart herstellt. Diese Hand scheint deshalb das einzig positiv konnotierte Phänomen in dieser sich anderweitig trostlos ausnehmenden Situation darzustellen, in der alles Menschliche auf den Zustand bloßer Körperlichkeit beschränkt zu bleiben scheint, weshalb sie denn wohl auch schon im Titel dieses Gedichts vorkommt.

Eine solche Wirkung kommt nicht zuletzt durch die in der Verbform „leuchtet" steckende Metapher zustande, die die Hand zu charakterisieren hat. Das darin implizierte Licht läßt sich zu einer traditionellen bildlichen Ausdrucksweise zur Bezeichnung von Schönheit in Beziehung setzen. In der zur Routine gewordenen, dem alltäglichen Sprachgebrauch zugehörigen Metapher von der ‚strahlenden Schönheit' ist dieser Zusammenhang gleichsam aufgehoben. Doch in Celans Text ist selbst dem anfänglich nichts als positiv erscheinenden Effekt der leuchtenden Hand eine Facette eingeschrieben, die sie wiederum jener Reduktion des Humanum auf seine Schwundstufe annähert, die für die gesamte in diesem Gedicht geschilderte Szenerie kennzeichnend ist.

Wenn die Hand leuchtet, dann sollte sie den Augen leuchten; doch sie sind ebenso ausgespart wie es die Personen bei der Schilderung des Essens und Trinkens waren. An ihre Stelle treten statt dessen dieselben „Münder", die auch die Nahrung zu sich nehmen. Zwar deuten diese „Münder" ebenso auf den Kuß zurück, von dem das Ich aus der Vergangenheit berichtet. Doch durch ihre plurale Typisierung in der Rede von „den Mündern" bewirkt die Nachbarschaft zum Vorgang des Essens auch hier die Reduktion auf eine körperliche Bedürfnishaftigkeit, die jeglichen Augenkontakt ausspart. Und so man weiß nicht so recht, ob die Münder gierig nach Körperkontakt oder nach der Speise sind, die diese Hand womöglich reicht. Aber *daß* wir selbst das nicht wissen und diesen Unterschied nicht machen (können), verstärkt nur den Eindruck einer Beschränkung auf schiere körperliche Bedürfnishaftigkeit.

Die betreffende Operation, die Verschiebung von den Augen zu den Mündern, ähnelt im Übrigen einer Metonymie. Und doch wird man nicht sagen wollen, daß die Münder, denen die Hand leuchtet, zu einer Metonymie der Augen geraten. Denn die betreffende „Verschiebung innerhalb eines präexistenten Zusammenhangs" – so unsere Definition der Metonymie – ist nicht (nur) sprachlicher Natur. Sie findet vielmehr auf der Ebene der benannten Phänomene – und nicht nur derjenigen ihrer sprachlichen Bezeichnung – statt. Das Dargestellte selbst fällt solchermaßen im Zeichen seiner Entstellung des Üblichen und Zuträglichen einer „Verschiebung" anheim, die derjenigen rhetorischer Figuren entspricht. Aus der semantischen Störung der Trope wird unter den Bedingungen der in Celans *Eine*

Hand so eindringlich geschilderten Lebensumstände eine Störung des Lebens selbst.

In einer solchen „Verfremdung" vertrauter Verhaltensmuster vollzieht sich noch einmal eine gleichsam ‚a-soziale' Reduktion des Umgangs der Menschen miteinander auf biologische Funktionen, deren Ausschließlichkeit auch keine Tischgemeinschaft aufkommen läßt, sondern alles Miteinander auf ein Nebeneinander beschränkt und nichts als körperliche Bedürfnisse gelten läßt. Wenn die Hand (nur) den Mündern leuchtet, dann entkommt auch dieses Element, das scheinbar einzige, das für einen Moment aus der Trostlosigkeit der geschilderten Situation herauszuführen scheint, nicht jener Entmenschlichung, in der eine Kernbotschaft der dargestellten Szenerie von Celans Gedichts besteht. Im Vergleich mit der in Erinnerung gerufenen Vergangenheit des einstigen Kusses gerät die (gierige) Gegenwart der (begehrlichen) Münder ebenfalls zu einer Reduktionsstufe, wo nicht zur Perversion dieses Kusses.

An den semantischen Strategien, die wir in dem Gedicht *Eine Hand* beobachten können, hat nicht zuletzt ein weiteres grammatisches Strukturmuster einen gewichtigen Anteil, und zwar die Verwendung der Artikel, präziser gesagt, die Verteilung des bestimmten und des unbestimmten Artikels.

Das Spiel um den Artikel beginnt schon im Verhältnis zwischen dem Titel des Gedichts und seiner ersten Zeile: „Eine Hand" – „Der Tisch". Nachgerade ostentativ ist der bestimmte dem unbestimmten Artikel der Überschrift gegenübergestellt. Auch alles weitere, das mit dem Tisch in Verbindung steht, wird mit dem bestimmten Artikel versehen: „mit / *dem* Reisgericht und *dem* Wein". Daraus geht hervor, daß es sich um Bekanntes handeln muß. Und damit gewinnt die Beschreibung des Tisches auch eine zeitliche Dimension. Es ist offensichtlich immer derselbe Tisch mit stets der gleichen Speise und dem gleichen Wein, von dem hier die Rede ist.

Dieser semantische Effekt des bestimmten Artikels gibt dem Leser auch schon einen Hinweis für die Funktion des unbestimmten Artikels in Celans Gedicht: Er steht für das Ereignishafte, für das, was sich der Routine, dem Einerlei, der „Ewigkeitssuppe", wie es in Thomas Manns *Zauberberg* einmal heißt, entzieht. Bezeichnenderweise aber hängt das Besondere zugleich mit der Vergangenheit zusammen. Nur dort scheint es vorzukommen. Der *erinnerte* Kuß individualisiert die „eine Hand". In der öden Gegenwart aber fällt auch sie wieder dem Allgemeinen und mithin dem bestimmten Artikel anheim; denn sie „leuchtet *den* Mündern": *Alle* scheinen sich dieser Hand gegenüber gleichermaßen bedürfnisgesteuert zu verhalten; aber sie alle schrumpfen gleichsam auf ihren Mund zusammen, dem körperlichen Medium ihrer Begehrlichkeit(en).

Unsere Interpretation des bestimmten Artikels in diesem Text führt auch zu der Frage zurück, von der wir ausgegangen waren und deren Beantwortung wir zurückgestellt hatten: zur Frage nach der Bedeutung der rhetorischen Figur „Stundenholz". Wenn es denn so ist, daß schon der (bestimmte) Artikel des Tisches eine

Brücke zur Dimension der Zeit schlägt, insofern er ihn als den stets identischen Tisch aller Mahlzeiten markiert, dann betont auch das „Stundenholz" die immer wiederkehrende Zeit der Mahlzeit, die an diesem Tisch gleichfalls in steter Routine eingenommen wird. Der Tisch von Celans Gedichts bestimmt sich nicht durch das – vermutlich ziemlich gleichgültige – Material, aus dem er besteht. Er ist nicht aus „Eichen-", nicht aus „Nußbaum-" oder „Fichtenholz" gefertigt, sondern aus „Stundenholz" gemacht, d. h. er wird einzig durch die Zeit, die Routine der an ihm eingenommenen „Mahlzeit(en)", determiniert.

Das „Stundenholz" ist mithin keine Metapher.[303] Es handelt sich um eine Metonymie. Sie gibt den Tisch als das Gerät der – mutmaßlich ebenso routinemäßig wie alles andere wiederkehrenden und den Tag mit einem stupiden Rhythmus gliedernden – Mahlzeiten zu verstehen. Aus diesem Grund ist der Tisch aus „Stundenholz" gefertigt. Es gibt also nicht nur „kühne" Metaphern, deren Eigenart Weinrich hellsichtig analysiert hat.[304] Es gibt auch kühne Metonymien;[305] und je komplexer der Zusammenhang, innerhalb dessen sie eine Verschiebung vornehmen, sich darstellt, desto kühner fallen sie aus.[306] Nur zu einer ‚absoluten Metonymie'

---

[303] Wollte man das „Stundenholz" im Sinne einer Metapher deuten, fiele mir nur die Möglichkeit ein, das Material des Holzes auf eine Widerständigkeit der Zeit zu beziehen, auf Stunden, die nicht vergehen wollen. Dagegen spricht jedoch, daß sich nirgends sonst im Text Hinweise auf eine quälende Dauer finden, die beschriebene Verwendung des bestimmten Artikels statt dessen die Wiederkehr des immer Gleichen als den Ansatz einer Reduktion des Lebens zu erkennen gibt. Wir werden zudem sogleich bemerken, daß die Deutung des „Stundenholzes" als Metonymie eine weitere Stütze in Celans Gedicht besitzt.

[304] Die Kühnheit der Metapher bemißt sich für Weinrich anhand der Eigenart ihrer „Bildspanne": „Aber es hängt von der Bildspanne ab, ob wir die Widersprüchlichkeit bemerken und die Metapher als kühn empfinden. Bei großer Bildspanne bleibt die Widersprüchlichkeit in der Regel unbemerkt. Eine kleine Bildspanne hingegen erzwingt unsere Aufmerksamkeit für diese Widersprüchlichkeit und verleiht der Metapher den Charakter der Kühnheit" (Weinrich 1963, S. 328). Das Paradebeispiel der kühnen Metapher mit kleiner Bildspanne bietet Celans „schwarze Milch".

[305] Deren Existenz ist indessen – zu Unrecht, wie mir scheint – ausdrücklich bestritten worden: „Eine ‚kühne' Metonymie ist schlechterdings nicht vorstellbar und wäre wohl unkommunizierbar" (Thomas Claviez, „Die Rückkehr des Mythos – das Ende der Aufklärung? Überlegungen zu einer metonymischen Gesellschaft", in: *Perspektiven der Aufklärung. Mythos und Realität*, hg. von Dietmar J. Wetzel, München: Fink, 2011, S. 43-56, hier S.46).

[306] Der von uns beschriebene Unterschied zwischen Metapher und Metonymie scheint es auch mit sich zu bringen, daß die Kriterien für die Kühnheit der jeweiligen Figur unterschiedlicher, ja womöglich gegensätzlicher Natur sind. Dieser Sachverhalt läßt sich plausibel machen, wenn wir Weinrichs Erklärung der kühnen Metapher in die in diesem Exkurs vorgeschlagene Definition dieser Trope übersetzen. (Und wie wir bemerken werden, spielt dabei auch noch einmal die beschriebene Komplementarität der Kriterien für Metaphern und Metonymien eine Rolle.) Metaphern, so lautet unsere Definition, beruhen auf einem durch semantische Störung hergestellten Zusammenhang zwischen

zwei Phänomenen, der außerhalb dieser/einer Metapher nicht gegeben ist. Aus diesem Grund wird eine Metapher in der Tat besonders auffällig, wenn sie einen Zusammenhang zwischen Phänomenen stiftet, die eine semantische Nähe zu einem gegebenen und vertrauten Sachverhalt aufweisen. Die „schwarze Milch" illustriert diesen Sachverhalt sehr prägnant, denn ihre Störung kommt ja nicht zuletzt dadurch zustande, daß sie einen naheliegenden Zusammenhang, die weiße Milch, negiert. Hier ist im Grunde mehr als eine semantische Inkompatibilität wie bei dem Löwen im Kampf involviert. Denn in seinem Fall beruht diese Störung auf einem Konflikt zwischen den semantischen Merkmalen ‚menschlich' und ‚tierisch', der auf einer abstrakten Ebene angesiedelt ist. Die „schwarze Milch" wartet hingegen mit einer semantischen Störung auf, die sich als Abweichung von einem wohlvertrauten referentiellen Zusammenhang darstellt. Auf die gleiche Weise erklärt sich, warum „hölzernes Eisen" eine kühne Metapher ist, während dies für den „hölzernen Verstand" nicht gilt. Die hier skizzierte Erklärung für die Kühnheit bestimmter Metaphern unterscheidet sich von derjenigen, die Weinrich selbst angibt: „Die Metapher ‚hölzernes Eisen' ist nicht widersprüchlicher als etwa die Metapher ‚hölzerner Verstand'. Der Unterschied liegt nur darin, daß wir das eine Mal den Widerspruch widerspruchslos hinnehmen. Das andere Mal nicht. Wir nehmen ihn hin, wenn die Bildspanne so groß ist, daß die Verifizierung ohnehin aussichtslos ist. Wir sträuben uns hingegen, wenn die Bildspanne so klein ist, daß wir uns beispielsweise einen Kreis und ein Quadrat mühelos nebeneinander vorstellen können" (Weinrich 1963, S. 336). Aber ist die ‚Verifizierung' wirklich das hier pertinente Kriterium? Verfiele man wirklich darauf, ein „hölzernes Eisen" – wo auch immer – auftreiben zu wollen? So wenig dieses Kriterium m. E. zur Erklärung einer kühnen Metapher geeignet zu sein scheint, so aufschlußreich ist es gleichwohl. Denn das Interesse an einer *Verifikation* läßt sich nicht mehr allein semantisch begründen, hier kommen vielmehr referentielle Bezüge ins Spiel. Und eben dies führt uns zu unserer Explikation einer kühnen Metapher zurück: Kühne Metaphern sind solche, die zwischen zwei Dingen einen Zusammenhang herstellen, den erst diese Metapher begründet und der zugleich einem vertrauten Zusammenhang ähnelt. Die kühne Metapher hat gleichsam eine Dimension mehr: Sie produziert eine semantische Störung, und diese Störung erweist sich zugleich als Abweichung von einem dem metaphorischen ähnlichen, referentiellen Zusammenhang. Metapherntheoretisch ist es übrigens ausgesprochen instruktiv, daß die Ähnlichkeit hier gerade nicht als Begründungskriterium einer Metapher fungiert, sondern vielmehr als Steigerung ihres Irritationspotentials. Ergibt es sich also aus der Struktur der Metapher, daß sie besonders kühn dann erscheint, wenn die „Bildspanne" klein wirkt, weil der von ihr gestiftete Zusammenhang einem bekannten referentiellen Zusammenhang ähnelt, so ist es ebenso in der Natur der Metonymie angelegt, daß die Verhältnisse in ihrem Fall genau umgekehrt liegen. Weil sie ihre Grundlage in einer Verschiebung innerhalb eines präexistenten Zusammenhangs besitzt, fällt sie um so kühner aus, je weniger Evidenz der jeweilige Zusammenhang, auf dem sie operiert, aufweist. Bei der Metonymie des „Stundenholzes" verliert sich diese Evidenz bis zu dem Punkt, daß selbst der figürliche Status dieser Trope anfangs unklar zu sein scheint. Darin zeigt sich noch einmal ein theoretisch interessanter Sachverhalt, der wiederum auf die strukturellen Grundlagen von Metapher und Metonymie deutet. Eine kühne Metapher gewinnt einen solchen Status dann, wenn sie einem referentiellen Zusammenhang ähnelt, aus dem sich eine Metonymie bilden ließe. Die kühne Metonymie ähnelt hingegen einer Metapher, weil der fehlen dieser rhetorischen Figur aus den von uns erörterten Gründen, d. h. aufgrund ihrer konstitutiven Merkmale, die Voraussetzungen.

Indessen hat es mit dem „Stundenholz" in Celans *Eine Hand* noch eine weitere Bewandtnis. Und sie liefert gleichsam den Schlußstein des Nachweises, daß wir es bei dieser rhetorischen Figur mit einer Metonymie und nicht mit einer Metapher zu tun haben.

Die Einsicht in diese zusätzliche Dimension des „Stundenholzes" verdanke ich dem Lyriker Alexandru Bulucz, der in seinem unlängst erschienenen Gedichtband *was Petersilie über die Seele weiß*[307] einen Text mit dem Titel *Stundenholz* (und natürlich damit auch auf Celan verweisend) veröffentlicht hat. ‚Stundenholz' oder ‚Sēmantron' – im Rumänischen lautet das Wort zur Bezeichnung dieses Gerätes *toaca* – ist ein hölzernes Schlagbrett, das in der orthodoxen Kirche neben oder anstelle von Glocken Verwendung findet.[308] (Auch in der katholischen Liturgie ist es in Gebrauch und kommt in der Karwoche, genauer gesagt, nach dem *Gloria* der Messe am Gründonnerstagabend sowie in der Karfreitagsliturgie zum Einsatz. Bis zum *Gloria* der Osternachtfeier schweigen alle Glocken). Das Stundenholz steht insofern ebenso in Verbindung mit einer äußerst regulierten Zeit, findet es doch zu stets festgelegten Uhrzeiten Verwendung.

Mit einer solchen liturgischen Funktion des „Stundenholzes", das sich auf eine bloße Metonymie nicht festlegen läßt, weil der Tisch ja tatsächlich aus Holz gemacht ist, wächst diesem Tisch in der Szenerie von Celans *Eine Hand* eine weitere Dimension der Zeichenhaftigkeit zu, nämlich eine symbolische – ganz im Sinne unserer Definition, derzufolge ein Symbol einen Gegenstand darstellt, dem neben

---

Zusammenhang, auf dem sie operiert, nicht unmittelbar zu erkennen ist. Aus diesem Grund *könnte* es der Fall sein, daß diese rhetorische Figur selbst, wie es für Metaphern konstitutiv ist, einen Zusammenhang stiftet, den es nur in (dieser) Metonymie gibt. In beiden Fällen gibt es mithin jeweils eine gewisse Affinität zu der jeweiligen Schwestertrope. Im Hinblick auf das „Stundenholz" erklärt sich die für diese Metonymie konstitutive ‚Dunkelheit' darin, daß man gleich mehrere Verschiebungen ansetzen muß, um den referentiellen Sachverhalt zu rekonstruieren, den diese rhetorische Figur repräsentiert. Zunächst bedarf es der Einsicht, daß der Tisch nicht nur ein Möbelstück darstellt, vielmehr gilt es, auch seine Funktion zu berücksichtigen. Denn sitzt man ‚bei Tisch', dann ist mit diesem Ausdruck bekanntlich nicht allein das Sitzen an einem solchen Möbelstück gemeint, sondern die Mahlzeit bezeichnet, die man dort einnimmt. Und damit kommt der Faktor ‚Zeit' ins Spiel, denn die Mahl*zeiten* finden zu bestimmten *Stunden* statt. Die Metonymie des „Stundenholzes" umfaßt also gleich zwei metonymische Beziehungen, und eben diese Komplexität macht sie *kühn*. Wenn die Konstitutionskriterien von Metapher und Metonymie zueinander, wie gesehen, in einem Verhältnis der Komplementarität stehen, dann kann es nicht wundernehmen, wenn dies auch für die Voraussetzungen ihrer radikalisierten Erscheinungsformen gilt.

[307] Alexandru Bulucz, *was Petersilie über die Seele weiß. Gedichte*, Frankfurt am Main: Schöffling & Co, 2020.
[308] Geoffrey Chew, „Sēmantron", in: *The Grove Dictionary of Musical Instruments*, hg. von Laurence Libin, Band 4, Oxford University Press, Oxford/New York 2014, S. 466f.

seiner Gebrauchsfunktion auch eine Zeichenqualität zukommt. Und so verhält es sich, wenn der Tisch der Szenerie unseres Gedichts durch den Bezug zu einem Gottesdienst in Relation zu dem Mahl der liturgischen Feier gesetzt wird. Nicht zuletzt durch die symbolische Dimension des „Stundenholzes" findet die Annahme, daß es sich dabei um eine Metonymie (und nicht um eine Metapher) handelt, eine Bestätigung.

Indessen handelt es sich auch hier nicht um eine positive, sondern wiederum um eine negative Bezugnahme. Das gottesdienstliche Mahl bildet gleichsam eine Kontrastfolie, die seiner Profanierung dient.

Im Sinne eines solchen Verhältnisses lassen sich schon die Speisen auf dem Tisch verstehen. Denn an die Stelle von (biblischem) Brot und Wein treten ein Reisgericht und Wein. Die Abendmahlsfeier wird auf diese Weise gleichsam entstellend ,zitiert'. Zudem ergreift niemand während dieses Mahls das Wort, ja eine Tischgemeinschaft scheint gar nicht zustande zu kommen. Und aus der Hand, die im *Neuen Testament* dem Bericht der Synoptiker[309] sowie dem (noch älteren) Bericht in Paulus' erstem Korintherbrief[310] zufolge, nach der Danksagung den Jüngern das Brot wie auch den Kelch reicht, ist eine gierig begehrte Hand geworden, mit der zugleich die Perversion eines Kusses evoziert wird. Es handelt sich insoweit auch um eine Travestie des biblischen Liebesmahls oder des liturgischen Abendmahls, zu der die Szenerie dieses Gedichts durch die Metonymie des „Stundenholzes" gerät.

Celans Gedicht *Eine Hand* operiert nachgerade strukturell mit lakonischer Information. Wir erfahren nichts über die Umstände dieser Tischgemeinschaft, die nur als die Leerstelle ihrer selbst in Erscheinung tritt. Handelt es sich auch hier – der Autor Celan könnte eine solche Annahme durchaus nahelegen – um die poetische Gestaltung einer Lagererfahrung? Oder ist auch dieses rundherum profane Mahl gar ein *letztes* Mahl? Nichts von alledem wird gesagt. Doch ein solcher Lakonismus gehört zu den Strategien der Bedeutungskonstitution in diesem Gedicht. Auch die ihm geschuldete radikale Herauslösung aus jeglichem Kontext trägt zur Produktion jener Semantik der Enthumanisierung des Lebens bei, die sich vermittels der Metonymie des „Stundenholzes" zugleich im symbolischen Horizont einer Profanierung des Sakralen vollzieht.

Eine einzige Metapher kennt das Gedicht *Eine Hand*, das auch mit seinen rhetorischen Verfahren äußerst sparsam – aber darum um so wirkungsvoller – umgeht: das Leuchten der Hand. Doch auch ihr ist – wenn das ,metaphtonymische' Wortspiel an dieser Stelle erlaubt sei – der ,Glanz' ihrer Figürlichkeit genommen. Denn die metaphorisch produzierte Schönheit verfällt bedürfnisgesteuerter Körperlichkeit.

---

[309] Mt 26, 26-29; Mk 14, 22-25; Lk 22, 19-20.
[310] 1 Kor 11, 23-25.

Eine Hand ist ein grandioses Gedicht heilloser Trostlosigkeit. Die Dürftigkeit einer darin beschriebenen, auf das Körperliche reduzierten und entindividualisierten Existenzform menschlichen Lebens findet ihren kongruenten Ausdruck in der Reduktion der Sprache auf einen semantischen – wie syntaktischen – Minimalismus. Nicht zuletzt seine Kürze hat an der expressiven Kraft dieses eindrucksvollen Textes teil.

Auch im Fall dieser Interpretation aber zeigt sich, daß die Eigenheit rhetorischer Figuren von der Spezifik der hermeneutischen Operationen her bestimmt wird, mit denen sich die jeweilgen semantischen Störungen aufheben lassen. Das „Stundenholz" ist im Kontext von Celans Gedicht zu verstehen, wenn man weiß, um welches liturgische Gerät es sich dabei handelt und welcher Verwendung es in dieser kulturellen Praxis dient. Es bedarf mithin der Kenntnis eines bestimmten Sachverhalts, den es zu rekonstruieren gilt, um die Bedeutung dieser Trope zu erkennen. Hingegen fordert die Metapher dazu auf, einen Zusammenhang, der kontextuelle semantische Kohärenz zu stiften erlaubt, anhand der Bedeutung der benutzten sprachlichen Ausdrücke allererst zu definieren. Der *rekonstruktiven* Hermeneutik der Metonymie steht deshalb auch in unserem abschließend behandelten Gedicht die *inventive* Hermeneutik der Metapher als Voraussetzung seines angemessenen Verständnisses gegenüber.

Beide Tropen, die durch eine „widersprüchliche Prädikation" entstehen, bestimmen sich in ihrer Eigenart nicht aufgrund semantischer Merkmale, sondern von ihrer hermeneutischen Struktur her. Gleiches gilt für das Symbol. Denn es will als ein Zeichen allererst erkannt sein.

8. Bibliographie

Appelbaum-Graham 1955 = Ilse Appelbaum-Graham, „The Broken Pitcher: Hero of Kleist's Comedy", in: *Modern Language Quaterly* 16 (1955), S. 99-113.
Aristoteles 1982 = Aristoteles, *Poetik*, griechisch / deutsch, übersetzt und herausgegeben von Manfred Fuhrmann, Stuttgart: Reclam, 1982.
Aristoteles 2002 = Aristoteles, *Rhetorik*, übersetzt und erläutert von Christof Rapp, Erster Halbband, Berlin: Akademie Verlag, 2002.
Arntzen 1968 = Helmut Arntzen, *Die ernste Komödie. Das deutsche Lustspiel von Lessing bis Kleist*, München: Nymphenburger Verlagsbuchhandlung, 1968.
Artaud 1985 = Antonin Artaud, *Le théâtre et son double. Le Théâtre de Séraphim*, Paris: Gallimard, 1985.
Auerbach 1964 = Erich Auerbach, *Mimesis. Dargestellte Wirklichkeit in der abendländischen Literatur*, Bern / München: Francke, ³1964.
Augustinus 1955 = Aurelius Augustinus, *De civitate Dei. Libri XI – XXII, Corpus Christianorum Series latina* 48, hg. von Bernhard Dombart und Alfons Kalb, Turnhout: Brepols, 1955.
Augustinus 1962 = Aurelius Augustinus, *De doctrina christiana*, in: *Corpus Christianorum Series Latina* 32, hg. von Klaus-Detlef Daur und Josef Martin, Turnhout: Brepols, 1962, S. 1-167.
Bachtin 1990 = Michail M. Bachtin, *Literatur und Karneval. Zur Romantheorie und Lachkultur*, Frankfurt am Main: Fischer, 1990.
Beardsley 1962 = Monroe Curtis Beardsley, „The Metaphorical Twist", in: *Philosophy and Phenomenological Research* 22 (1962), S. 293-307.
Beaumarchais 1964 = Pierre-Augustin Caron de Beaumarchais, *Théâtre. Le Barbier de Séville. Le Mariage de Figaro. La Mère coupable*, introduction, notices, notes, relevé de variantes et bibliographie par Maurice Rat, Paris : Garnier, 1964.
Bibel 1999 = *Die Bibel*, nach der Übersetzung Martin Luthers, hg. von der Evangelischen Kirche in Deutschland, Stuttgart: Deutsche Bibelgesellschaft, 1999.
Binder 1981/1982 = Wolfgang Binder, „Kleists und Hölderlins Tragödienverständnis", in: *Kleist-Handbuch* 1981/1982, S. 33-49.
Black = Max Black, „Metaphor", in: *Proceedings of the Aristotelian Society* 55 (1954), S. 273-294.
Blamberger 2011 = Günter Blamberger, *Heinrich von Kleist. Biographie*, Frankfurt am Main: Fischer, 2011.
Blumenberg 1983 = Hans Blumenberg, *Säkularisierung und Selbstbehauptung*. Erweiterte und überarbeitete Neuausgabe von *Die Legitimität der Neuzeit*, erster und zweiter Teil, Frankfurt am Main ²1983.
Blumenberg 1990 = ders., *Arbeit am Mythos*, Frankfurt am Main: Suhrkamp, ⁵1990.

Blumenberg 1998 = ders., *Paradigmen zu einer Metaphorologie*, Frankfurt am Main: Suhrkamp, 1998.
Boehm 1994 = Gottfried Boehm, „Die Wiederkehr der Bilder", in: *Was ist ein Bild?*, hg. von Gottfried Boehm, München: Fink, 1994, S. 11-38.
Borelbach 1998 = Doris Claudia Borelbach, *Mythos-Rezeption in Heinrich von Kleists Dramen*, Würzburg: Königshausen und Neumann, 1998.
Peter Borscheid, „Alltagsgeschichte – Modetorheit oder neues Tor zur Vergangenheit", in: *Über das Studium der Geschichte*, hg. von Wolfgang Hardtwig, München: dtv Wissenschaft, 1990, S. 389–407.
Boyd 1973 = James Boyd White, *The Legal Imagination. Studies in the Nature of Legal Thought and Expression*, Boston: Little, Brown and Co., 1973.
Braudel 1949 = Fernand Braudel, *La Méditerranée et le monde méditerranéen à l'époque de Philippe II*, Paris: Armand Colin, 1949.
Brinkmann 1878 = Friedrich Brinkmann, *Die Metaphern. Studien über den Geist der modernen Sprachen*, Band 1, *Die Thierbilder der Sprachen*, Bonn: Adolph Marcus, 1878.
Bulucz 2020 = Alexandru Bulucz, *was Petersilie über die Seele weiß. Gedichte*, Frankfurt am Main: Schöffling & Co, 2020.
Cassirer 1919 = Ernst Cassirer, *Heinrich von Kleist und die Kantische Philosophie*, Berlin: Reuther & Reichard, 1919.
Celan 1983 = Paul Celan, *Gesammelte Werke in fünf Bänden*, hg. von Beda Allemann und Stefan Reichert unter Mitwirkung von Rudolf Bücher, Frankfurt am Main: Suhrkamp, 1983, Band 1, *Gedichte I*.
Chew 2014 = Geoffrey Chew, „Sēmantron", in: *The Grove Dictionary of Musical Instruments*, hg. von Laurence Libin, Band 4, Oxford University Press, Oxford / New York 2014.
Christlieb 1979 = Wolfgang Christlieb, *Der entzauberte Ödipus. Ursprünge und Wandlungen eines Mythos*, München: Nymphenburger Verlag, 1979.
Cicero 1962 = M. Tulli Ciceronis *De oratore libri tres*, with introduction and notes by Augustus S. Wilkins, Amsterdam: Adolf M. Hakkert, 1962.
Claviez 2011 = Thomas Claviez, „Die Rückkehr des Mythos – das Ende der Aufklärung? Überlegungen zu einer metonymischen Gesellschaft", in: *Perspektiven der Aufklärung. Mythos und Realität*, hg. von Dietmar J. Wetzel, München: Fink, 2011, S. 43-56.
Corsen 1930 = Meta Corsen, *Kleist und Shakespeare*, Weimar: A. Duncker, 1930.
Curtius 1984 = Ernst Robert Curtius, *Europäische Literatur und lateinisches Mittelalter*, Bern / München: Francke, [10]1984.
Delbrück 1971 = Hansgerd Delbrück „Zur dramentypologischen Funktion von Sündenfall und Rechtfertigung", in: *DVJs* 45 (1971), S. 706-756.
Derrida 1994 = Jacques Derrida, *Force de loi. Le ‚Fondment mythique de l'autorité'*, Paris: Galilée, 1994.
Diers 2007 = Michael Diers, „Ein Scherbengericht. Zur politischen Ikonographie von Heinrich von Kleists Lustspiel *Der zerbrochne Krug*, in: *Bild / Geschichte. Festschrift für Horst Bredekamp*, hg. von Philine Helas, Maren Polte, Claudia Rückert und Bettina Uppenkamp, Berlin 2007, S. 461-478.
Donatus 1902 = *Aeli Donati Commentum Terenti*, hg. von Paul Wessner, Band 1, Stuttgart 1902.

Dubois 1974 = Jacques Dubois, Francis Édeline, Jean-Marie Klinkenberg, Philippe Minguet, Francis Pire, Hadelin Trinon, *Allgemeine Rhetorik*, übersetzt und herausgegeben von Armin Schütz, München: Fink, 1974.

Eichendorff 2008 = Joseph von Eichendorff, *Werke in sechs Bänden*, hg. von Wolfgang Frühwald, Brigitte Schillbach und Hartwig Schultz, Band 1, *Gedichte. Versepen*, hg. von Hartwig Schultz, Frankfurt am Main ²2008.

Ellis 1974 = John M. Ellis, „Das Erbeben in Chili", in: ders., *Narration in the German Novelle. Theory and Interpretation*, Cambridge: Cambridge University Press, 1974, S. 46-76.

Evanthius 1979 = Evanzio, *De fabula*, introduzione, testo critico, traduzione e note di commento a cura di Giovanni Cupaiuolo, Napoli: Società Editrice Napoletana, 1979.

Feddern 2020 = Stefan Feddern, „Die Diskussion über Wesen und Wert der (Plautinischen) Komödie in lateinischen poetologischen Schriften zwischen 1350 und 1500", in: *Plautus in der Frühen Neuzeit*, hg. von Thomas Baier und Tobias Dänzer, Tübingen: Gunter Narr, 2020, S. 165-189.

Fink 2012 = Kristina Fink, *Die sogenannte „Kantkrise" Heinrich von Kleists: Ein altes Problem aus neuer Sicht*, Würzburg: Königshausen & Neumann, 2012.

Fischer 1998 = Bernd Fischer, *Ironische Metaphysik. Die Erzählungen Heinrich von Kleists*, München: Fink, 1988.

Fix 2009 = Ulla Fix, „Muster und Abweichung in Rhetorik und Stilistik", in: *Rhetorik und Stilistik. Ein internationales Handbuch historischer und systematischer Forschung*, hg. von Ulla Fix, Andreas Gardt und Jochen Knape, Berlin/New York 2009, S. 1300–1315.

Fleig 2008/2009 = Anne Fleig, „Das Gefühl des Vertrauens in Kleists Dramen *Die Familie Schroffenstein*, *Der zerbrochne Krug* und *Amphitryon*", in: *Kleist-Jahrbuch* 2008/2009, S. 138-150.

Goethe 1847 = *Le Faust de Goethe*, traduction revue et complète, précédée d'un essai sur Goethe par Henri Blaze. Édition illustrée par M. Tony Johannot, Paris: Michel Lévy frères, 1847.

Goodrich 2009 = Peter Goodrich, „Screening Law", in: *Law and Literature* 21 (2009), S. 1-3.

Goossens 1990 = Louis Goossens, „Metaphtonymy: The interaction of metaphor and metonymy in expressions for linguistic action", in: *Cognitive Linguistics* 1.3 (1990), S. 323–340.

Grathoff 1981/1982 = Dirk Grathoff, „Der Fall des Krugs. Zum geschichtlichen Gehalt von Kleists Lustspiel" in: *Kleist-Jahrbuch* 1981/1982, S. 290-313.

Greiner 2000 = Bernhard Greiner, *Kleists Dramen und Erzählungen. Experimente zum ,Fall' der Kunst*, Tübingen / Bern: Francke, 2000.

Greiner 2005 = ders., „Sturz als Halt. Kleists dramaturgische Physik", in *Kleist-Jahrbuch* 2005, S. 67-78.

Greiner 2010 = ders., „Das Forschungsfeld ,Recht und Literatur'", in: *Recht und Literatur*, hg. von Bernhard Greiner, Barbara Thums und Wolfgang Graf Vitzthum, Heidelberg: Winter, 2010, S. 7-26.

Greiner 2017 = Bernhard Greiner, „Komödie / Tragikomödie", in: *Komik. Ein interdisziplinäres Handbuch*, hg. von Uwe Wirth, unter Mitarbeit von Julia Paganini, Stuttgart: Metzler, 2017, S. 30-35.

Grice 1975 = Paul Grice., „Logic and Conversation", in: *Syntax and Semantics*, Band 3, *Speech Acts*, hg. von Peter Cole und Jerry L. Morgan, New York: Academic Press, 1975, S. 41-58.

Gundolf 1922 = Friedrich Gundolf, *Heinrich von Kleist*, Berlin: Bondi, 1922.

Haller 2003 = M.[artin] H.[aller], „Der Fall Adam" in: *FAZ*, 7. 12. 2003.

Hamacher 1993 = Werner Hamacher, „Das Beben der Darstellung", in: *Positionen der Literaturwissenschaft. Acht Modellanalysen am Beispiel von Kleists* Das Erdbeben in Chili, hg. von David E. Wellbery, München: Beck, ^{5}1993, S. 149-192.

Hegel 1975 = Georg Wilhelm Friedrich Hegel, *Werke in zwanzig Bänden*, auf Grundlage der Werke von 1832-1845 neu ediert von Eva Moldenhauer und Karl Markus Michel, Frankfurt am Main: Suhrkamp, 1975, Band 12, *Vorlesungen über die Philosophie der Geschichte*.

Henle 1958 = Paul Henle, *Language, Thought and Culture*, Ann Arbor: University of Michigan Press, 1958.

Hettche 1993 = Walter Hettche, „'Ein eignes Blatt'. Der Schreiber Licht und der Prozeß um den zerbrochnen Krug", in: *Text + Kritik*. Sonderband Heinrich von Kleist, hg. von Heinz Ludwig Arnold, München: Text + Kritik, 1993, S. 84–99.

Holz 1962 = Hans Heinz Holz, *Macht und Ohnmacht der Sprache. Untersuchungen zum Sprachverständnis und Stil Heinrich von Kleists*, Frankfurt am Main: Athenäum, 1962

Isensee 2023 = Josef Isensee, *Hermeneutik. Studien über den Umgang der Jurisprudenz mit Normtexten im Vergleich zur biblischen Theologie und zur Literaturwissenschaft*, Frankfurt am Main: Klostermann, 2023.

Jakobson 1956 = Roman Jakobson, „Two Aspects of Language and Two Types of Aphasic Disturbances", in: *Fundamentals of Language*, hg. von Roman Jakobson und Morris Halle, s' Gravenhage: Mouton & Co, 1956, S. 55-82.

Jakobson 1960 = ders., „Linguistics and Poetics", in: *Style and Language*, hg. von Thomas A. Sebeok, Cambridge (MA): MIT, 1960, S. 350–377.

Jauß 1968 = Hans Robert Jauß, „Molière, *L'Avare*", in: *Das französische Theater vom Barock bis zur Gegenwart*, hg. von Jürgen von Stackelberg, Band 1, Düsseldorf 1968, S. 290-310.

Kablitz 1996 = Andreas Kablitz, „Lachen und Komik als Gegenstand frühneuzeitlicher Theoriebildung. Rezeption und Verwandlung antiker Definitionen von *risus* und *ridiculum* in der italienischen Renaissance", in: *Semiotik, Rhetorik und Soziologie des Lachens. Vergleichende Studien zum Funktionswandel des Lachens vom Mittelalter zur Gegenwart*, hg. von Lothar Fietz, Joerg O. Fichte und Hans-Werner Ludwig, Tübingen: Max Niemeyer, 1996, S. 123–153.

Kablitz 1997 = ders., „Renaissance - Wiedergeburt: zur Archäologie eines Epochennamens (Giorgio Vasari – Jules Michelet)" in: *Saeculum tamquam aureum*. Internationales Symposion zur italienischen Renaissance des 14.-16. Jahrhunderts am 17./18. September 1996 in Mainz. Vorträge, hg. von Ute Ecker und Clemens Zintzen, Hildesheim 1997, S. 59–108.

Kablitz 2006 = ders., „Geschichte – Tradition – Erinnerung? Wider die Subjektivierung der Geschichte", in: *Geschichte und Gesellschaft* 32 (2006), S. 220–237.

Kablitz 2008 = ders., „Literatur, Fiktion und Erzählung – nebst einem Nachruf auf den Erzähler", in: *Im Zeichen der Fiktion. Aspekte fiktionaler Rede aus historischer und systematischer Sicht. Festschrift für Klaus W. Hempfer zum 65. Geburtstag*, hg. von Irina Rajewski und Ulrike Schneider, Stuttgart 2008, S. 13–44.

Kablitz 2012 = ders., „Alterität(en) der Literatur. Überlegungen zum Verhältnis von Geschichtlichkeit und Ästhetik poetischer Rede (nebst einem Fallbeispiel: Der zehnte Gesang des *Inferno* aus Dantes *Divina Commedia* und die Geschichte seiner Deutung)", in: *Alterität als Leitkonzept für historisches Interpretieren*, hg. von Anja Becker und Jan Mohr, Berlin: De Gruyter, 2012, S. 199–242.

Kablitz 2020 = ders., „Vom Nutzen und Nachteil eines Neologismus: Derridas *différance*", in: *Sprache und Literatur* 49 (2020), S. 297–332.

Kablitz 2020a = ders, *„Daran ist die Gesellschaft schuld!": Zur Vorgeschichte eines Diktums der Moderne*, Baden-Baden: Nomos, 2020.

Kablitz 2021 = ders., *Epistemologie und Ästhetik. Die Philosophie der Dichtung im Spiegel ihrer Transformationen*, Heidelberg: Winter, 2021.

Kablitz 2022 = ders., „Selbstreferenz und Gestaltungspotential poetischer Rede. Anmerkungen zur strukturalistischen Definition von Dichtung [exemplifiziert an Joseph von Eichendorffs *Im Abendrot* und Johann Wolfgang von Goethes *Wandrers Nachtlied I* und *II*)", in: *Saussure et l'épistémè structuraliste. Saussure und die strukturalistische Episteme*, hg. von Ludwig Jäger und Andreas Kablitz, Berlin: De Gruyter, 2022, S. 175–220.

Kant 1913 = Immanuel Kant, *Kant's Gesammelte Schriften*, Bd. V, Abt. 1, Werke, Bd. 5, *Kritik der Urtheilskraft*, hg. von der Königlich Preußischen Akademie der Wissenschaften, Berlin: Georg Reimer, 1913.

Kleist 1995 = Heinrich von Kleist, *Sämtliche Werke* (Brandenburger Ausgabe), hg. von Roland Reuß und Peter Staengle, Band I/3, *Der zerbrochne Krug*, hg. von Roland Reuß in Zusammenarbeit mit Peter Staengle, Basel / Frankfurt am Main, 1995.

Kleist 2018 = ders., *Sämtliche Erzählungen. Anekdoten. Gedichte. Schriften*, hg. von Klaus Müller-Salger, Frankfurt am Main: Deutscher Klassiker Verlag, 2018.

Koselleck = Reinhart Koselleck, „*Historia Magistra Vitae*. Über die Auflösung des Topos im Horizont neuzeitlich bewegter Geschichte", in: ders., *Vergangene Zukunft. Zur Semantik geschichtlicher Zeiten,* Frankfurt am Main: Suhrkamp, 1992, S. 38-66.

Krumpelmann 1951 = John T. Krumpelmann, „Kleist's *Krug* and Shakespeare's *Measure for Measure*", in: *The Germanic Review* 26 (1951), S. 13-21.

Krumpelmann 1951a = ders., „Shakespeare's Falstaff Dramas and Kleist's *Zerbrochener Krug*", in: *Modern Language Quarterly* 12 (1951), S. 462-472.

Lausberg 1973 = Heinrich Lausberg, *Handbuch der literarischen Rhetorik. Eine Grundlegung der Literaturwissenschaft*, zweite, durch einen Nachtrag vermehrte Auflage, München: Hueber, 1973.

Lefèvre 1987 = Eckard Lefèvre, „Die Unfähigkeit, sich zu erkennen: Unzeitgemäße Bemerkungen zu Sophokles' *Oidipus Tyrannos*", in: *Würzburger Jahrbücher* 13 (1987), S. 37-58.

Lotman 1972 = Jurij M. Lotman, *Die Struktur literarischer Texte*, München: Fink, 1972.
Lukács 1964 = Georg Lukács, „Die Tragödie Heinrich von Kleists", in: ders., *Werke*, Band 7, *Deutsche Literatur in zwei Jahrhunderten*, Neuwied / Berlin: Luchterhand, 1964, S. 201-231.
Luhmann 1984 = Niklas Luhmann, *Soziale Systeme. Grundriß einer allgemeinen Theorie*, Frankfurt am Main: Suhrkamp, 1984.
De Man 1983 = Paul de Man, *Blindness and Insight. Essays in the Rhetoric of Contemporary Criticism*, Introduction by Wlad Godzich, Minneapolis: University of Minnesota Press, ²1983.
De Man 1986 = ders., „The Resistance to Theory", in: Paul de Man, *The Resistance to Theory*, Foreword by Wlad Godzich, Manchester: Manchester University Press, 1986, S. 3-20.
Mandelartz 2008/2009 = Michael Mandelartz, „Die korrupte Gesellschaft. Geschichte und Ökonomie in Kleists *Zerbrochnem Krug*", in: *Kleist-Jahrbuch* 2008 / 2009, S. 303-323.
Manuwald 1992 = Bernd Manuwald, „Oidipus und Adrastos. Bemerkungen zur neueren Diskussion um die Schuldfrage in Sophokles' *König Ödipus*", in: *Rheinisches Museum* 135 (1992), S. 1-43.
Martini 1974 = Fritz Martini, *Lustspiele – und das Lustspiel. J. E. Schlegel, Lessing, Goethe, Kleist, Grillparzer, G. Hauptmann, Brecht*, Stuttgart: Klett, 1974.
Matala de Mazza 2001 = Ethel Matala de Mazza, „Recht für bare Münze. Institution und Gesetzeskraft in Kleists *Zerbrochnem Krug*", in: *Kleist-Jahrbuch* 2001, S. 160-176.
Metapher 1968 = „Die Metapher" (Bochumer Diskussion), in: *POETICA* 2 (1968), S. 100-130.
Monod 1876 = Gabriel Monod, „Introduction: du Progrès des études historiques en France depuis le XVIe siècle", in: *Revue historique* 1 (1876), S. 5-38.
Moog-Grünewald 2008 = *Mythenrezeption. Die antike Mythologie in Literatur, Musik und Kunst von den Anfängen bis zur Gegenwart*, hg. von Maria Moog-Grünewald, Stuttgart / Weimar: Metzler, 2008.
Müller 1995 = Gernot Müller, *Man müßte auf dem Gemälde selbst stehen. Kleist und die bildende Kunst*, Tübingen / Basel: Francke, 1995.
Müller-Salget 2002 = Klaus Müller-Salget, *Heinrich von Kleist*, Stuttgart: Reclam, 2002.
Müller-Seidel 1961 = Walter Müller Seidel, *Versehen und Erkennen. Eine Studie über Heinrich von Kleist*, Köln / Graz: Böhlau, 1961.
Muth 1954 = Ludwig Muth, *Kleist und Kant. Versuch einer neuen Interpretation*, Köln: Kölner Universitätsverlag, 1954.
Oei 2021 = Bernd Oei, *Heinrich von Kleist. Bunte Träume am Abgrund*, Bremen: epubli, ²2021.
Papke 1980 = David R. Papke, „Law and Literature. A Comment and Bibliography of Secondary Works", in: *Law Library Journal* 73 (1980), S. 421-37.
Peirce 1988 = Charles Sanders Peirce, *The Essential Peirce*, Band 2, hg. von Nathan Houser und Christian Kloesel, Bloomington: Indiana University Press, 1988.

Pickerodt 2004 = Gerhart Pickerodt, „‚Bin ich der Teufel? Ist das ein Pferdefuss?' Beantwortung der Frage, warum Kleists Dorfrichter Adam den linken Fuß zeigt", in: *Kleist-Jahrbuch* 2004, S. 107-122.

Posner 2009 = Richard A. Posner, *Law & Literature*, Cambridge (MA): Harvard University Press, ^{3}2009.

Radbruch 1919/1920 = Gustav Radbruch, „Wilhelm Meisters sozialpolitische Sendung. Eine rechtsphilosophische Studie", in: *Logos* 8 (1919/20), S.152-162.

Reh 1981 = Albert M. Reh., „Der komische Konflikt in dem Lustspiel *Der zerbrochne Krug*", in: *Kleists Dramen. Neue Interpretationen*, hg. von Walter Hinderer, Stuttgart: Reclam, 1981, S. 93-113.

Reinert 1975 = Claus Reinert, *Detektivliteratur bei Sophokles, Schiller und Kleist* oder *Das Rätsel der Wahrheit und die Abenteuer des Erkennens*, Kronberg: Scriptor, 1975.

Ribbat 1988 = Ernst Ribbat, „Babylon in Huisum oder der Schein des Scheins. Sprach- und Rechtsprobleme in Heinrich von Kleists Lustspiel *Der zerbrochne Krug*", in: *Komödiensprache. Beiträge zum deutschen Lustspiel zwischen dem 17. und dem 20. Jahrhundert*, hg. von Helmut Arntzen, Münster: Aschendorff, 1988, S. 67-81.

Riffaterre 1970 = Michel Riffaterre, *Essais de stylistique structurale*, Paris: Flammarion, 1970.

Ritter 1989 = Joachim Ritter, „Über das Lachen", in: ders., *Subjektivität. Sechs Aufsätze*, Frankfurt am Main: Suhrkamp, 1989, S. 62-92.

Rösch 1974 = Ewald Rösch, „Bett und Richterstuhl. Gattungsgeschichtliche Überlegungen zu Kleists Lustspiel", in: *Kritische Bewahrung. Beiträge zur deutschen Philologie. Festschrift für Werner Schröder zum 60. Geburtstag*, hg. von Ernst-Joachim Schmidt, Berlin: Erich Schmidt, 1974, S. 434-475.

Roussel 2014 = Martin Roussel, „Todverfallenheit. Eine Einführung in das Verhältnis von Leben und Werk Kleists", in: *Kleist-Jahrbuch* 2014, S. 106-116.

Saussure 1974 = Ferdinand de Saussure, *Cours de linguistique générale*, édition critique préparée par Tullio de Mauro, Paris, 1974.

Schadewaldt 1967 = Wolfgang Schadewaldt, „*Der zerbrochene Krug* von Heinrich von Kleist und Sophokles' *König Ödipus*", in: In: *Heinrich von Kleist. Aufsätze und Essays*, hg. von Walter Müller-Seidel, Darmstadt: Wissenschaftliche Buchgesellschaft, 1967, S. 317-325.

Schiller 1808 = Friedrich Schiller, *Gedichte. Zweiter Theil*, Leipzig: Siegfried Lebrecht Crusius, ^{3}1808.

Schmidt 2003 = Jochen Schmidt, *Heinrich von Kleist. Die Dramen und Erzählungen in ihrer Epoche*, Darmstadt: Wissenschaftliche Buchgesellschaft, 2003.

Schmitt 1988 = Arbogast Schmitt, „Menschliches Fehlen und tragisches Scheitern. Zur Handlungsmotivation im Sophokleischen *König Ödipus*", in: *Rheinisches Museum* 131 (1988), S. 8-30.

Schmitz-Emans 2002 = Monika Schmitz-Emans, „Das Verschwinden der Bilder als geschichtsphilosophisches Gleichnis. *Der zerbrochne Krug* im Licht der Beziehungen zwischen Text und Bild", in: *Kleist-Jahrbuch* 2002, S. 42-69.

Schneider 1988/1989 = Hans-Peter Schneider, „Justizkritik im *Zerbrochnen Krug*", in: *Kleist-Jahrbuch* 1988/1989, S. 309-326.

Schürmann / Hähnel 2005 = Elmar Schürmann und Herbert Hähnel, „Sexuelle Nötigung, Freiheitsberaubung, Rechtsbeugung. Der Prozeß gegen Adam u. a. vor dem Landgericht Osnabrück. Edition der Gerichtsakten", in: *Heilbronner Kleist-Blätter,* 17 (2005), S. 88–130.
Schulz 2007 = Gerhard Schulz, *Kleist. Eine Biographie*, München: Beck, 2007.
Seeba 1984 = Hinrich C. Seeba, „Overdragt der Nederlanden in't jaar 1555: Das historische Faktum und das Loch im Bild der Geschichte bei Heinrich von Kleist", in: *Barocker Lust-Spiegel. Studien zur Literatur des Barock. Festschrift für Blake Lee Spahr*, hg. von Martin Bircher, Jörg-Ulrich Fechner und Gerd Hillen, Amsterdam: Rodopi, 1984, S. 409-443.
Seidlin 1977 = Oskar Seidlin, „What the Bell Tolls in Kleist's *Der zerbrochne Krug*", in: *DVJs* 51 (1977), S. 78-97.
Siegen 1879 = Karl Siegen, *Heinrich von Kleist und* Der Zerbrochene Krug. *Neue Beiträge,* Sondershausen: Faßheber, 1879.
Silk 2003 = Michael Silk, „Metaphor and Metonymy: Aristotle, Jakobson, Ricœur, and Others", in: *Metaphor, Allegory, and the Classical Tradition. Ancient Thought and Modern Revisions*, hg. von George Robin Boys-Stones, Oxford / New York: Oxford University Press, 2003, S. 115-147.
Sophokles 1985 = Sophokles, *Dramen*, griechisch und deutsch, herausgegeben und übersetzt von Wilhelm Willige, überarbeitet von Karl Bayer, mit Anmerkungen und einem Nachwort von Bernhard Zimmermann, München / Zürich: Artemis, ²1985.
Stempel 1973 = Wolf-Dieter Stempel, „Erzählung, Beschreibung und der historische Diskurs", in: *Geschichte – Ereignis und Erzählung*, hg. von Reinhart Koselleck und Wolf-Dieter Stempel, München: Fink, 1973, S. 325-346.
Szondi 1961 = Peter Szondi, *Versuch über das Tragische*, Frankfurt am Main: Insel, 1961.
Thomé 1923 = Nobert Thomé, *Kantkrise oder Kleistkrise?*, Dissertation, Bonn 1923.
Vogl 2004 = Joseph Vogl, „Scherben des Gerichts. Skizze zu einem Theater der Ermittlung", in: *Gesetz. Ironie. Festschrift für Manfred Schneider*, hg. von Rüdiger Campe und Michael Niehaus, Heidelberg: Synchron Wissenschaftsverlag der Autoren, 2004, S. 109-121.
Vogt / Niekerk 2015 = Margrit Vogt / Carl Niekerk, „Die widersprüchliche Ordnung der Dinge. Objekte, Körper und Identitäten in *Der zerbrochne Krug*, *Amphitryon* und den Kant-Briefen", in: *Kleist-Jahrbuch* 2015, S. 130-149.
Voltaire 1980 = Voltaire, *Candide ou l'optimisme*, édition critique par René Pomeau, Oxford: The Voltaire Foundation, 1980.
Voss 1976 = Ernst Theodor Voss, „Kleists *Zerbrochner Krug* im Lichte alter und neuer Quellen", in: *Wissen aus Erfahrungen. Werkbegriff und Interpretation heute. Festschrift für Herman Meyer zum 65. Geburtstag*, hg. von Alexander von Bormann, Tübingen 1976, S. 338-370.
Voßkuhle / Gerberding 2012 = Andreas Voßkuhle / Johannes Gerberding, „Michael Kohlhaas und der Kampf ums Recht", in: *Juristen Zeitung* 67 (2012), S. 917-925.

Warning 1976 = Rainer Warning, „Elemente einer Pragmasemiotik der Komödie", in: *Das Komische*, hg. von Wolfgang Preisendanz und Rainer Warning, München: Fink, 1976, S. 279-333.

Weinrich 1963 = Harald Weinrich, „Semantik der kühnen Metapher", in: *DVJs* 37 (1963), 325–344.

Wellbery 1994 = David E. Wellbery, „Kleist's *The Broken Jug*: The Play of Sexual Difference", in: *Reading after Foucault. Institutions, Disciplines, and Technologies of the Self in Germany, 1750-1830*, hg. von Robert S. Leventhal, Detroit: Wayne University Press, 1994, S. 117-126.

Wheelwright 1960 = Philipp Wheelwright, „Semantics and Ontology", in: *Metaphor and Symbol*, hg. von Lionel C, Nights und Basil Cottle, London 1960, S. 1-9.

White 1973 = Hayden White, *Metahistory. The Historical Imagination in Nineteenth-Century Europe*, Baltimore: Johns Hopkins University Press, 1973.

Wittkowski 1981 = Wolfgang Wittkowski, „*Der zerbrochne Krug*. Gaukelspiel der Autorität oder Kleists Kunst, Autoritätskritik durch Komödie zu verschleiern", in: *Sprachkunst* 12 (1981), S. 110-130.

Wohlhaupter 1953-1957 = Erich Wohlhaupter, *Dichterjuristen*, hg. von H. G. Seifert, 3 Bände, Tübingen: Mohr, 1953-1957.

Willoweit 1997 = Dietmar Willoweit, „Heinrich von Kleist und die Universität Frankfurt an der Oder. Rückblick eines Rechtshistorikers", in: *Kleist-Jahrbuch* 1997, S. 57-71.

Wolff 1939 = Hans M. Wolff, „*Der zerbrochene Krug* und *König Ödipus*", in: *Modern Language Notes* 54 (1939), S. 267-272.

Wunderlich 1972 = *Linguistische Pragmatik*, hg. von Dieter Wunderlich, Frankfurt am Main: Athenäum, 1972.

Wunderlich 1980 = ders., *Arbeitsbuch Semantik*, Königstein im Taunus: Athenäum, 1980.

Zolling 1882 = Theophil Zolling, *Heinrich von Kleist in der Schweiz*, Stuttgart: W. Speemann 1882, S. 36-43.